普通高等教育"十四五"规划教材

低碳经济学

胡道玖 编著

LOW CARBON
ECONOMICS

上海财经大学出版社

上海学术·经济学出版中心

图书在版编目(CIP)数据

低碳经济学 / 胡道玖编著. -- 上海：上海财经大学出版社, 2025.1. -- (普通高等教育"十四五"规划教材). -- ISBN 978-7-5642-4528-3

Ⅰ.F062.2

中国国家版本馆 CIP 数据核字第 2024NR2041 号

□ 策划编辑　汝　涛
□ 责任编辑　石兴凤
□ 封面设计　贺加贝

低碳经济学

胡道玖　编著

上海财经大学出版社出版发行
(上海市中山北一路 369 号　邮编 200083)
网　　址:http://www.sufep.com
电子邮箱:webmaster @ sufep.com
全国新华书店经销
上海新文印刷厂有限公司印刷装订
2025 年 1 月第 1 版　2025 年 1 月第 1 次印刷

787mm×1092mm　1/16　16.5 印张　391 千字
定价:56.00 元

目 录

第一章　低碳经济概述 / 1

　　第一节　低碳经济的产生背景与发展历程 / 1

　　第二节　低碳经济的内涵、目标与特征 / 14

　　第三节　低碳经济发展的意义 / 23

第二章　低碳经济的理论基础 / 26

　　第一节　可持续发展理论 / 26

　　第二节　人类命运共同体理论 / 36

　　第三节　外部性理论 / 39

　　第四节　环境库兹涅茨曲线理论 / 42

　　第五节　碳交易理论 / 46

第三章　低碳经济中国新发展 / 51

　　第一节　碳达峰与碳中和概述 / 51

　　第二节　"双碳"战略发展现状与挑战 / 60

　　第三节　"双碳"战略发展路径 / 71

第四章　低碳政策 / 83

　　第一节　低碳政策概述 / 83

　　第二节　国际低碳经济政策 / 89

　　第三节　低碳经济政策工具 / 94

　　第四节　"双碳"政策新发展 / 104

第五章　低碳技术 / 116

第一节　低碳技术概述 / 116

第二节　低碳技术发展现状与问题 / 120

第三节　低碳技术发展对策 / 132

第六章　低碳城市 / 141

第一节　低碳城市概述 / 141

第二节　国内外低碳城市发展现状 / 145

第三节　低碳城市发展对策 / 158

第七章　低碳园区 / 166

第一节　低碳园区概述 / 166

第二节　低碳园区发展现状与问题 / 172

第三节　低碳园区发展对策 / 180

第八章　低碳社区 / 189

第一节　低碳社区概述 / 189

第二节　低碳社区发展现状与问题 / 196

第三节　低碳社区治理对策 / 205

第九章　全球气候变化与低碳经济 / 211

第一节　全球气候变化概述 / 211

第二节　气候变化经济学 / 215

第三节　中国在全球气候变化中的贡献 / 237

参考文献 / 243

前　言

工业革命以来，人类以过度的资源消耗和牺牲生态环境为代价换取经济的发展。随着社会经济的发展，资源利用与生态环境问题愈演愈烈，全球气候变暖也成为不争的事实。低碳经济提出的大背景，是全球气候变化对人类生存和发展的严峻挑战。随着全球人口和经济规模的不断增长，全球气候变暖、海平面上升、极端天气和自然灾害频发、生物多样性锐减等问题已经严重威胁人类的生存与发展。

传统的经济发展模式是高能耗、高排放、高污染的经济发展模式，这种发展模式会产生大量的温室气体，破坏地球的生态环境，以牺牲社会公共利益为代价。低碳经济以低能耗、低排放、低污染为特征，其实质是提高能源利用效率和构建清洁能源结构，核心是技术创新、制度创新和发展观的革新。发展低碳经济是一场涉及生产模式、生活方式、价值观念和国家权益的系统性变革，是绿色经济的一个重要组成部分。发展低碳经济就是要改变传统的经济发展模式，减少碳排放和温室气体的排放，减少温室气体带来的气候变化及其给社会带来的危害。发展低碳经济，有利于产业结构的调整和优化升级，提高经济效益；有利于转变经济发展方式，使经济发展由主要依靠物质资源消耗向主要依靠科技进步转变；有利于拉动投资，增加消费需求，带动相关产业链高质量发展。

改革开放以来，我国经历了近40年的经济高速增长期，取得了举世瞩目的增长奇迹。但在过去的几十年间，在国民经济高速发展的同时，我国也出现了资源高消耗以及生态环境污染等一系列问题，尤其是以煤和石油等为主的能源结构，导致二氧化碳的排放量越来越多，产生了较为严重的温室效应，制约了我国经济的高质量可持续发展。为了进一步促进低碳经济发展、加速经济结构转型，我国提出了转变经济增长方式以及调整产业结构的思路，这种低碳经济发展方式也必将成为化解经济社会发展与生态环境建设之间矛盾的关键点。发展低碳经济是中国未来的发展方向，也是中国赶超世界的契机。

中国是个人口众多的发展中国家，因此发展低碳经济必须结合中国的实际情况，建立与中国国情相适应的低碳经济发展模式。中国发展低碳经济不仅可以促进经济的可持续发展，而且可以改善民生，还是我国履行国际公约的必然选择。世界各国已基本达成共识，认为发展低碳经济是全球未来经济增长的动力；发展低碳经济、提高可再生能源的比重，可以有效避免出现我国依赖高碳能源的弊端，减少能源消费的碳排放，减轻碳排放的压力。中国式现代化，民生为大。民生是中国共产党和中国政府施政的最高准则，保障民生就是保障人民对生存条件的全部需求和提高生活质量的普遍需求。高碳经济发展模式所引发的环境污染严重影响了人民的健康和生存条件，降低了人民的生活质量，因此发展低碳经济是改善民生的重要保障，通过发展低碳经济，实现高质量发展，从而保障人民的健康需求、改善人民的生活质量，最终实现改善民生的目的。民生问题关系到人民群众的切身利益，关系到人民的生存和生命健康问题。只有发展低碳经济，才能从各个方面解决气候变化和高碳经济模式带来的民生问题，实现改善民生的政策目的。

2020年9月，习近平总书记在第七十五届联合国大会一般性辩论上明确提出中国碳达峰、碳中和目标（简称"双碳"目标），即"二氧化碳排放力争于2030年前达到峰值，努力争取2060年前实现碳中和"。这是中国在《巴黎协定》之后第一个明确的长期气候目标愿景，向全世界宣示了中国为全球气候保护做出更大贡献与致力于共建人类命运共同体的决心和意志。这是一个负责任的大国对于整个地球环境、生态保护的一种承诺，也是大国的责任担当。党和政府将生态文明建设纳入中国特色社会主义事业"五位一体"总体布局，提出"创新、协调、绿色、开放、共享"的新发展理念。党的二十大报告指出，推动经济社会发展绿色化、低碳化是实现高质量发展的关键环节。推进低碳经济转型发展是贯彻习近平经济思想和生态文明思想的内在要求，不仅体现了党和国家以人民为中心的发展理念，而且彰显了中国推动构建人类命运共同体的大国责任与担当。

《巴黎协定》确定了2020年后的国际气候制度。协定制定的核心目标是在21世纪末将全球的平均气温升幅控制在较工业化前水平之上2℃以内，并通过加强合作，争取将全球升温幅度控制在1.5℃以内。世界资源研究所（WRI）的统计显示，全球已经有54个国家碳排放实现达峰。当前，中国正处于"平台期"，新兴工业化国家的排放还在增加，广大发展中国家的排放还未开始。从数据可以看出，二氧化碳排放达峰的国家大部分是发达国家，少数是新兴工业化或正迈向新兴工业化的国家。当下的中国已经进入能源革命新时代，扛起了全球绿色经济的大旗，崛起于世界。"双碳"目标的提出，把我国的绿色发展之路提升到新的高度，成为我国未来几十年社会经济发展的主基调之一。中国必须抓住机会，在发展和低碳中找到最佳的平衡点。中国已经意识到这点，并且已经成为应对气候变化和实践低碳经济的先锋国家之一。中国企业目前已经在多个低碳产品和服务领域取得世界领先地位，其中，以可再生能源相关行业最为突出。数据显示，全球70%以上的光伏产品是中国制造，中国成为世界利用新能源和可再生能源的第一大国。

中国是气候问题受影响最大的国家之一。气象学家预测，未来随着气温升高，百年一遇的极端降雨会越来越多，并且发生地区也主要集中在长江流域和黄淮一带。从实际利益得失考虑，推动全球气候问题的改善、实施"双碳"战略也是中国必须走的一步棋。如果能把气候问题解决好，中国则将是受益最大的国家之一。我们要时刻牢记"绿水青山是生存之本，金山银山是发展之源"，在保护生态环境的同时实现经济绿色、低碳、循环的高质量协同发展，用科技创新解决生态环境与发展之间的矛盾。

全书内容共分九章，第一章：低碳经济概述，内容主要包括：低碳经济的产生背景与发展历程；低碳经济的内涵、目标与特征；低碳经济发展的意义。第二章：低碳经济的理论基础，内容主要包括：可持续发展理论；人类命运共同体理论；外部性理论；环境库兹涅茨曲线理论；碳交易理论。第三章：低碳经济中国新发展，内容主要包括：碳达峰与碳中和概述；"双碳"战略发展现状与挑战；"双碳"战略发展路径。第四章：低碳政策，内容主要包括：低碳政策概述；国际低碳经济政策；低碳经济政策工具；"双碳"政策新发展。第五章：低碳技术，内容主要包括：低碳技术概述；低碳技术发展现状与问题；低碳技术发展对策。第六章：低碳城市，内容主要包括：低碳城市概述；国内外低碳城市发展现状；低碳城市发展对策。第七章：低碳园区，内容主要包括：低碳园区概述；低碳园区发展现状与问题；低碳园区发展对策。第八章：低碳社区，内容主要包括：低碳社区概述；低碳社区发展现状与问题；低碳社区治理对策。第九章：全球气候变化与低碳经济，内容主要包括：全球气候变化概述；气候变化经济学；中国在全球气候变化中的贡献。

作为世界上最大的发展中国家，实现"双碳"目标，中国需要付出比欧美发达国家更多的努力。中国应以引领者的定位，坚定支持多边主义框架下的碳中和，推动全球碳中和治理规则的谈判；要主动参与全球共同目标和行动方案的设定，确定具有共同利益的合作领域；要秉承共同、可持续发展的理念，更加积极地参与全球气候谈判和国际规则制定进程，推动建立公平合理、符合新发展理念的全球气候治理体系。

推进"双碳"工作是具有重要战略意义的系统复杂工程。"十四五"时期是碳达峰的关键期、窗口期，实现"双碳"目标必须遵循系统的战略原则和实践要求，科学有序推进，以重要领域和关键环节为突破口实现提速跨越。"十四五"时期，我国生态文明建设进入以降碳为重点战略方向、推动减污降碳协同增效、促进经济社会发展全面绿色转型、实现生态环境质量改善由量变到质变的关键时期，全社会的生产方式、生活方式都会产生重要变化。对于中国来说，发展低碳经济需要每个人的努力，只有大家都自觉跟上低碳经济发展的步伐，中国向低碳经济高质量发展转型才有坚实的基础和希望。

编著者

2024年10月

第一章 低碳经济概述

第一节 低碳经济的产生背景与发展历程

一、低碳经济的产生背景

人类最初的实践活动以及延续整个原始社会和古代社会的实践活动,是使用手工工具进行的,从技术上看,它们都处于手工工具技术时代。在这个时期内,人类的实践活动必须以自己的行动来发挥动力,由人的体力行动承载,也就是说,必须由人亲自参加。工业革命之后,当技术的演进使得机器工具代替手工工具之后,人类在实践活动中的职能发生改变,不再或者基本不再充当提供动力的手段,机器的动力机替代了人类在实践活动中的动力行动,职能主要变为行使操作的职能。实践过程中机器代替人的行动,一方面使得人从充当动力手段的繁重体力劳动中解放出来,改变了劳动者为推动工具而终日辛勤劳作的境遇,另一方面极大地提高了人的实践能力,使人类向着更强大、更富足大大前进了一步。人们为了满足自己无限的欲望,使生活变得越来越好,不断地发明创造具有强大的生产能力的技术体系,从自然界的索取越来越多,以满足自身的物质和精神需要。在我们满怀激情歌颂技术功绩的同时,我们不得不冷静地正视这把"双刃剑"的破坏性潜力。

工业革命以来的现代化进程表明,科技对人类的发展具有双重效应:一方面,极大地拓展了人的活动空间,构造了人的发展新平台;另一方面,也给人的发展带来了不少负面效应。人类追求经济的高速增长,促进了生产力的空前发展,以至于马克思、恩格斯当时就惊呼:"资产阶级在它不到一百年的阶级统治中所创造的生产力,比过去一切世代所创造的生产力还要多、还要大。"(马克思、恩格斯:《共产党宣言》)但由于这种建立在以物质资源的极度消耗为基础之上的不健康经济增长模式,具有明显的四个特点,即高资源消耗、高能源消耗、高污染排放、高物品废弃。这样的生产方式造成了严重的资源短缺、生态环境污染与生物多样性危机,并极大地影响了经济发展的成果和危害人类赖以生存的蓝色星球。

(一)气候变化的影响

气候是一个地区多年的天气特征,包括该区域的平均状况和极端状况,是由地面性质、太阳辐射、大气环流等诸多因素相互作用所产生的。气候变化指的是气候在几十年甚至几千年来长期的演变和发展趋势。当前，气候变化已经严重威胁到人类的可持续发展，全球应对气候变化面临着重大挑战。除了自然因素，气候变化与人类的活动尤其是使用化石燃料所产生的二氧化碳排放量有着密切的关系。诺贝尔化学奖获得者阿累利乌斯（Arrhenius）早在1896年就预测：使用化石燃料将会增加大气中的二氧化碳的浓度，导致全球变暖。近年来，随着不断加剧的全球气候变化与极端天气频发、全球变暖趋势的进一步强化，人们越来越意识到加快发展低碳经济的紧迫性与必要性。

在经济学中，一些相互依赖、相互影响的决策行为及其结果的组合称为博弈。全球气候问题的复杂性不仅在于生态环境和气候是公共产品，是市场失灵的领域，而且在于温室气体的全球流动性与生态环境气候资源的国家属性之间的悖论，即只有通过国家之间的政治谈判与经济合作才能共同解决。因此，气候变化问题表面上是一个生态环境问题，实质是国际政治问题与经济问题。低碳经济的发展既是不同国家之间气候政治博弈的结果，也反映了不同经济发展模式博弈竞争的动态过程。

（二）经济增长与超载的地球

经济增长支配着当今人类生活，政治、科技、文化等都必须服务于经济增长。现行的经济、政治、社会系统稳定存在的前提是持续的经济扩张和生活水平的不断提高。只有经济高增长，才能创造高税收，才能减少政府的财政赤字。为满足日益增长的公共产品与服务需求，政府公共财政需要更多的公共收入；维持社会凝聚力也需要经济增长。然而，这种"增长至上主义"已经让地球不堪重负，并严重恶化了生态环境、气候、收入分配不公等诸多问题。全球经济在增长，但生态系统不会随之增长。增长意味着更快地把更多的资源转换成更多的废弃物，以满足由于全球消费主义风潮招致的毫无节制的个人欲望扭曲与膨胀。当今天的科学家们谈论气候变化条件下气候变暖与极端天气越来越多时，实际上预示着一种剧烈的生态与社会变迁。这些潜在的生态危机将带来不可预知的后果，会使整个人类社会面临更大的风险与不确定性。

低碳经济反映了不同经济发展模式的博弈竞争。与传统的高能耗、高污染、高排放"高碳"经济发展模式相比，低碳经济是以低能耗、低污染、低排放为基础的新经济发展模式，是一次重大经济转型与产业革命。如果说，低碳经济发展模式下的经济转型与新兴产业革命将会导致各国的生产力水平达到一个新的水准，那么必然要求生产关系即各种制度条件做出相应的调整，以适应低碳生产力发展的需求。

（三）全球最大的市场失灵

市场失灵是经济学的基本概念，通常是指自由的市场均衡背离帕累托最优的一种情况，即无法通过正常的市场机制实现资源的最优配置，无法实现帕累托效率的一种状况。公共产品和外部性往往是导致市场失灵的重要原因。当前，全球气候变化是由于人类活动向大气中排放了过量的二氧化碳等温室气体，导致大气中的温室气体浓度过高，从而在全球平均气温基础上产生了以增温为主要特征的全球范围的气候变化现象。在《斯特恩回顾：气候变化经济学》中，气候变化问题被称为迄今为止范围最大、规模最大的市场失灵现象。

首先，地球大气层是全球性公共产品，具有全球公共资源（common resources）的属性，往往会导致"公地悲剧"（common tragedy）。正是由于大气环境资源不具有排他性、没有产权的划定,各国为了经济快速发展,向大气排放的温室气体越来越多,使得气候变化问题越来越严重。

其次,全球气候变化问题具有很强的外部性,并且外部负效应大于外部正效应。气候变化问题直接造成人类自然环境的改变,例如,海平面上升、冰川消融、物种灭绝乃至暴雪、飓风、洪水、干旱等极端天气频繁发生等。不仅如此,气候变化还严重影响人类经济社会的发展。斯特恩对全球变暖可能造成的经济影响进行了较为全面的分析,认为如果在未来几十年内不能及时采取行动,全球变暖带来的经济和社会危机将堪比世界大战以及20世纪30年代的经济大萧条。

最后,与公共产品相联系的还有"搭便车"效应。"搭便车"指的是得到一种产品的收益却不需要为此付费。在公共产品的消费中,价格反映偏好的机制失灵,每个经济主体都有"搭便车"的动机。在应对全球气候变化的问题中,单个国家的温室气体减排也具有积极的外部效应,其他国家不承担减排成本也会得益。因此,每个主权国家都希望其他国家去承担减排责任和成本,自己可以"免费搭车"。国际生态环境合作本应是解决全球生态环境问题的有效途径,但严重的"搭便车"问题又会导致有效的国际生态环境合作很难达成。由于全球气候和大气环境所具有的公共产品特性、外部性和"搭便车"效应,必然导致全球范围经济体系的市场失灵,而要解决这一问题,必须跨越国家和地区的界限,通过全球性的"减碳"联合行动,运用谈判、碳税、碳交易等手段消除外部性。在全球各国应对全球气候变化的过程中,低碳经济的概念应运而生。

(四)可持续发展及人与自然全面博弈的进程

低碳经济还是人类和自然生态系统博弈均衡的产物。人类文明的发展史本身就是一部人类与自然相互影响、博弈运动的历史。在农业社会,人们的生产和生活均处于较低的水平,他们崇拜自然、敬畏自然,对生态环境基本不会造成太大污染,即便存在温室气体,也能被自然系统消纳和吸收,社会处于一个低收益、低消耗、低排放的自然低碳经济阶段;在工业社会,随着生产力水平的快速提升,人类对自然系统的干扰和影响不断加大,加之经济增长方式粗放,能源利用效率不高,且化石能源消费占比较大,温室气体排放骤然增加,此时的社会进入一个以高投入、高消耗和高排放为特征的高碳经济阶段;进入后工业化社会以后,资源枯竭、生态环境污染、自然生态系统的失衡严重制约人类经济社会的可持续发展,人类逐渐认识到生态环境也是稀缺资源,与自然生态系统均衡发展才是博弈中的最优解,从而不断强化资源节约与生态环境保护力度,力争迈入高收入且温室气体低排放的低碳经济阶段。低碳经济是人类社会继农业文明、工业文明之后的又一次重大革命,是推动人类社会从工业文明发展为生态文明的重要保障。发展低碳经济,可促使人类协调与自然生态系统的关系,自觉维护自然环境,保持人类自身赖以生存发展的生态平衡,实现人与自然的和谐共生与博弈均衡,构建可持续的生命共同体。

(五)生态环境危机

工业革命以来,随着科技进步和生产力水平的提高,人类创造了前所未有的物质财富,但由于传统工业化时代,主要是通过资源高投入,推动短期内满足人类利益的经济增长,而忽视了资源的集约性以及社会经济持续与自然和谐发展,因此一方面造成生产力空前发展,但另一方面也造成资源短缺、环境污染加重、经济社会发展不可持续的时代难题和困境。生态环境遭到破坏向整个人类预示全球性的威胁和危机,这就是全球气候变暖,即"温室效应"和"臭氧层的破坏"。温室效应是由于资源特别是煤炭的过度消耗等因素,造成环境严重破坏。自工业革命以来,由于人们消耗能源的急速增加,大量增加了二氧化碳的排放量,破坏了这种平衡状态。根据联合国政府间气候变化专门委员会的报告,自1906年以来,全球平均地表温度升高0.74℃,超过65万年以来自然变化的范围,并且升温速度不断加快,这有可能使得两极冰冠消融,海平面升高。如果海平面持续上升,则将淹没许多沿海城市,许多岛屿也将不复存在,或将威胁到约40个国家的存亡,其中,基里巴斯、马绍尔群岛、图瓦卢、巴布亚新几内亚、斐济、瓦努阿图以及密克罗尼西亚等太平洋岛国将首当其冲。另外,臭氧层的破坏会导致大量的紫外线照射进来,这就势必会损害动植物的基本结构,降低生物的产量,使得生态环境和气候发生变异。

(六)人类自身的反省

人与动物最重要的不同特征就是,人类具有理性思维,可以理性地思考,可以不断地反省自己的所作所为。在以经济发展为中心的发展模式持续百年之后,人们开始深刻检讨自身,人类作为生物链上的一个环节,不能以有限资源为代价,而忽视生态环境的保护,在满足当代人需求的同时,也要尊重子孙后代对资源的代际需求。人类社会发展的过程实际是经济增长与生活水平持续改进的过程。在自给自足的农业时代,就是原始低碳经济的雏形。在经历工业时代的发展盲目索取的时代里,人类给予大自然的承受力以最大的挑战。现今的发展就是转变发展方式,将生产、交换、分配、消费都融入人与人、人与社会、人与自然协调发展的生态文明中。在成功实现低碳经济的转型后,生态环境与经济发展之间的长期冲突才能得到有效遏制和消除。我们每个人都有义务为全人类减少生存危机做出努力,这样做就是努力增加整个人类社会的民生福祉。

(七)生态经济学的兴起

生态经济学所涉及的主题贯穿整个人类历史,自古以来就争论着,包括财富创造的极限、美好生活的意义、如何实现个人福祉和社会福祉、伦理与行为、价值认识论与炫耀性消费的心理和社会影响。这些现代主题的推理与观念线索在18世纪和19世纪的资料中均可检索到,并唤起很多被主流经济学家遗弃和忽略的话题,包括亚当·斯密的有关社会动因的作品,马尔萨斯关于人口与贫困的作品,杰文斯关于对再生能源依赖的作品,密尔关于稳态经济的作品,马克思关于剥削、阶级冲突与资本积累的作品,凡勃伦关于演进制度分析和炫耀性消费的作品。生态经济学虽发轫于20世纪四五十年代,波兰尼和加尔布雷思有关现代工业经济的著作各自涵盖了自我控制市场经济体与公司的兴起,两者都明确将其主题与环境退化联系起来。20世纪60年代,《寂静的春天》(Rachael Carson)和《人口炸弹》(Paul Ehrlich)的出版预示对环境问题的一种更普遍和广泛的社会觉醒。经济增长问题也被置于议程之中。流行文化中,嬉皮士运动倡导与自然的和谐共处,去物质化,选择简单、随意、公社式的生活。不过,流行的环境文学作品直到20世纪70年代才风行,然后进入经济辩论之中。辩题也从人口增长扩展到对经济增长的一般限制、对生产方式的质疑和增长对社会的巨大影响。

在经济学里,环境与能源危机是吸引注意力的主要生态环境问题。但这遭到主流经济学家的轻蔑与反对,这类经济学家过去和现在都与公众的认知大相径庭,对技术工业污染给这个星球上的生命造成的威胁不以为然。工业技术在推动经济增长的同时有意无意地强加给人类不少怨恨、忧虑、恐惧和无奈。以给人类社会带来的后果而言,经济增长具有糟糕的误导性。人们认为,生态环境包含一系列被忽略的和经济学以外的价值,但这些必须符合成本—效益分析和福利经济理论框架。在主流经济学内部,偏好功利主义、最优控制模型、折现、一元论价值体系和教义化的数学崇拜,严重限制了批评、创新和解决生态环境、能源及社会问题的能力。然而,环境与能源经济学家也没有能力开宗立派,他们也固执地教授一个个核心模型,将污染描述为易于纠正的两个参与者之间的局部问题,是一次性的市场失灵;更糟的是,因为交易成本的存在,所以将污染视为一种最优行为。经济系统与伦理道德判断的分割会带来灾难性的后果,我们既要关注当代人类的生活水准,又要关注未来子孙后代的福祉。赫尔曼·戴利认为,面对经济熵定律和对增长的批判,最好的目标选择是"稳态经济";否则,大自然的反噬与反馈循环将迫使我们不得不这样做,到那时可能就是灾难性的,人类的家园或许将面临不可逆的颠覆性激变。

二、低碳经济的发展历程

(一)低碳经济的起源

低碳经济产生于20世纪90年代以来备受关注的与气候相关的问题的国际大背景下。1896年,瑞典科学家阿列纽斯预测大气中的二氧化碳浓度升高将带来全球气候变化。比较系统地谈论低碳经济,应追溯至1992年的《联合国气候变化框架公约》和1997年的《京都议定书》。英国政府在2003年《我们的能源未来——创造低碳经济》的能源白皮书中首次提出了"低碳经济"的概念。2006年,前世界银行首席经济学家尼古拉斯·斯特恩牵头做出的《斯特恩报告》指出,全球GDP以每年1%的投入,可以避免将来每年5%—20%的损失,呼吁全球向低碳经济转型。

低碳经济是国际气候政治博弈的结果。从1992年《联合国气候变化框架公约》签署到1997年《京都议定书》生效,再到2007年"巴厘岛路线图"的艰难出台,一直到2009年的《哥本哈根协议》与2015年的《巴黎协定》,应对气候变化的国际行动逐渐深入,关于发展权与排放权的政治博弈也不断升级。在这个过程中,博弈的焦点在于谁应该承担更多的减排责任。发达国家竭力弱化自身碳排放的历史责任和摆脱对发展中国家提供资金、转让技术的义务,试图将自己的气候欠账转嫁给发展中国家,要求发展中国家共同承担量化的强制减排义务;而发展中国家既没有享受到高碳能源时代的红利,又深受当前气候危机的灾难性影响,还不可避免地通过增加能源消费以完成工业化进程,承受着前所未有的碳减排压力。解决全球问题需要有人类利益最大化的"世界观",但是在当前以国家、民族乃至区域利益最大化为导向的现实世界中,经济利益与生态利益、现实利益与长远利益、国家利益与全球利益矛盾重重。在这种情况下,摒弃零和博弈,采取合作的方式以减少二氧化碳排放的低碳经济越来越成为气候变化大背景下人类社会发展的必然选择。当前,低碳经济作为实现生态经济、绿色经济的有效途径之一,作为循环经济的重要组成部分和深化,已被各国视为应对气候、环境和能源变化挑战的必由之路和实现经济转型、可持续发展的共同方向。

(二)低碳经济的主要历程

低碳经济的发展与全球应对气候变化的行动紧密关联。自20世纪90年代以来,世界各国一直为应对气候变化做出努力,并制定了《联合国气候变化框架公约》(以下简称《公约》)及《京都议定书》(以下简称《议定书》)。《公约》是气候变化谈判的总体框架,《议定书》则是第一份具有法律效力的气候法案。联合国政府间气候变化专门委员会(IPCC)是气候大会的组织者。推动联合国气候大会召开和IPCC诞生的是一份报告——《我们共同的未来》,该报告提出了可持续发展的理念。IPCC也就是在该报告发布的第二年即1988年成立的。IPCC重点关注四个问题:第一,气候变化是不是科学的事实,是不是正在发生。第二,气候变化以后,对自然生态和人类社会会带来什么样的影响。第三,当前气候变化是什么原因引起的。第四,我们人类社会如何联合以应对气候变化。

全球气候谈判自1991年国际气候公约谈判启动,到2023年已持续32年。32年来的气候谈判是极为艰难的,关乎全人类的共识与命运。谈判大致分为以下五个阶段:

第一阶段:1991年启动国际气候公约谈判开始。发展中国家团结一致,强调发达国家在气候变化问题上的历史责任,要求在公约的有关对策实施条款中明确体现南北间的公平和"共同但有区别责任"的原则。1992年,在巴西里约热内卢达成《公约》以来,国际社会围绕细化和执行该公约开展了持续谈判。

第二阶段:1995—2005年,是《议定书》谈判、签署、生效阶段。《议定书》是《公约》通过后的第一个阶段性执行协议。由于《公约》只是约定了全球合作行动的总体目标和原则,并未设定全球和各国不同阶段的具体行动目标,因此1995年缔约方大会授权开展《议定书》谈判,明确阶段性的全球减排目标以及各国承担的任务和国际合作模式。《议定书》于2005年正式生效,首次明确了2008—2012年《公约》下各方承担的阶段性减排任务和目标。

第三阶段:2007—2010年,谈判确立了2013—2020年的国际气候制度。2007年,印度尼西亚巴厘岛气候大会上通过了"巴厘岛路线图",开启了后《议定书》的国际气候制度谈判进程,覆盖执行期为2013—2020年。根据"巴厘岛路线图"授权,缔约方大会应在2009年结束谈判,但当年大会未能全体通过《哥本哈根协议》,而是在次年即2010年坎昆大会上,将《哥本哈根协议》主要共识写入2010年大会通过的《坎昆协议》中。其后两年,通过缔约方大会"决定"的形式,逐步明确各方的减排责任和行动目标,从而确立了2012年后国际气候制度。

第四阶段:2011—2015年,谈判达成《巴黎协定》,基本确立2020年后国际气候制度。2011年,南非德班缔约方大会授权开启"2020年后国家气候制度"的"德班平台"谈判进程。根据奥巴马政府在《哥本哈根协议》谈判中确立的"自上而下"的行动逻辑,2015年《巴黎协定》不再强调区分南北国家,法律表述为一致的"国际自主决定的贡献",仅能通过贡献值差异看出国家间自我定位差异,形成多个国家共同行动的全球气候治理范式。

第五阶段:2016年至今,主要就细化和落实《巴黎协定》的具体规则开展谈判,将影响全球应对气候变化的行动,是人类经济社会可持续发展的关键节点。其间,国际气候治理进程再次经历美国、巴西等政府换届产生的负面影响,艰难前行。卡托维兹缔约方大会就《巴黎协定》关于自主贡献、减缓、适应、资金、技术、能力建设、透明度全球盘点等内容涉及的机制与规则达成基本共识,并对落实《巴黎协定》、加强全球应对气候变化的行动力度做出进一步安排。

三、历届气候大会及主要成果

自《公约》年度缔约方大会 1995 年 3 月在德国柏林首次召开以来,已经累计举行了 28 次。

1995 年在德国柏林召开 COP1,主要成果是第一届世界气候大会召开,通过了工业化国家和发展中国家《共同履行公约的决定》,要求工业化国家和发展中国家"尽可能开展最广泛的合作"。

1996 年在瑞士日内瓦召开 COP2,主要成果是各国就共同履行公约内容进行讨论。

1997 年在日本东京召开 COP3,主要成果是《议定书》作为《公约》的补充条款在日本京都通过。

1998 年在布宜诺斯艾利斯召开 COP4,主要成果是发展中国家分化为 3 个集团:一是易受气候变化影响,自身排放量很小的小岛国联盟,它们自愿承担减排目标;二是期待清洁发展机制(CDM)国家以此获取外汇收入;三是中国和印度坚持目前不承诺减排义务。

1999 年在德国波恩召开 COP5,主要成果是通过了《公约》附件,细化《公约》的内容。

2000 年在荷兰海牙召开 COP6,主要成果是谈判形成欧盟—美国—发展中大国(中、印)的三足鼎立之势。

2001 年在摩洛哥马拉喀什召开 COP7,主要成果是通过了有关《议定书》履约问题的一揽子高级别政治决定,形成马拉喀什协议文件。

2002 年在印度新德里召开 COP8,主要成果是会议通过的《德里宣言》强调减少温室气体的排放与可持续发展仍然是各缔约国今后履约的重要任务。

2003 年在意大利米兰召开 COP9,主要成果是未取得实质性进展。

2004 年在布宜诺斯艾利斯召开 COP10,主要成果是资金机制的谈判艰难,效果甚微。

2005 年在加拿大蒙特利尔召开 COP11,主要成果是《议定书》正式生效,"蒙特利尔路线图"生效。

2006 年在肯尼亚内罗毕召开 COP12,主要成果是达成包括"内罗毕工作计划"在内的几十项决定,以帮助发展中国家提高应对气候变化的能力;在管理"适应基金"的问题上取得一致,将其用于支持发展中国家具体的适应气候变化活动。

2007 年在印度尼西亚巴厘岛召开 COP13,主要成果是通过了"巴厘岛路线图"。

2008 年在波兰波兹南召开 COP14,主要成果是 G8 领导人就温室气体长期减排目标达成一致,并声明寻求与《公约》其他缔约国共同实现到 2050 年将全球温室气体排放量减少至少一半的长期目标。

2009 年在丹麦哥本哈根召开 COP15,主要成果是商讨《京都议定书》一期承诺到期后的后续方案。

2010 年在墨西哥坎昆召开 COP16,主要成果是谈判未有实质性进展。

2011 年在南非德班召开 COP17,美国、日本、加拿大以及新西兰不签署《京都协议书》。

2012 年在卡塔尔多哈召开 COP18,主要成果是最终就 2013 年起执行《议定书》承诺期及承诺期以 8 年为期限达成一致,从法律上确保了《议定书》承诺期在 2013 年实施。加拿大、日本、新西兰及俄罗斯明确不参加承诺期。

2013年在波兰华沙召开COP19,主要成果是发达国家再次承认应出资支持发展中国家应对气候变化。

2014年在秘鲁利马召开COP20,主要成果是就2015年巴黎气候大会协议草案的要素基本达成一致。

2015年在法国巴黎召开COP21,主要成果是《巴黎协定》签署,为2020年后全球应对气候变化行动做出安排。

2016年在摩洛哥马拉喀什召开COP22,主要成果是通过《巴黎协定》第一次缔约方大会决定和《公约》第22次缔约方大会决定。

2017年在德国波恩召开COP23,主要成果是按照《巴黎协定》的要求,为2018年完成《巴黎协定》实施细则的谈判奠定基础,同时确认下一年进行的促进性对话。

2018年在波兰卡托维兹召开COP24,主要成果是各缔约方达成《巴黎协定》的实施细则,为落实《巴黎协定》提供了指引。名为"卡托维兹气候一揽子计划"的文件将促进应对气候变化的国际合作,也稳固了各国在国内层面开展更有力的气候行动的信心。

2019年在西班牙马德里召开COP25,主要成果是达成包括"智利—马德里行动时刻"及其他30多项决议,见证了全球对于提高国家自主贡献(NDCs)目标的广泛呼声。

2021年第26次缔约方大会(COP26)原计划2020年11月在英国苏格兰格拉斯哥召开,由于新冠疫情的原因推迟到2021年10月31日至11月12日。大会在最后一刻签署了《格拉斯哥气候公约》。这项得到所有与会国家支持的协议巩固了此前的气候共识,并让各方认识到所有国家都需要立即采取更多措施,努力将全球升温控制在1.5℃(现已升温近1.2℃),以防止全球灾难性气候事件发生频率大幅上升。

2022年11月6日至18日COP27在埃及沙姆沙伊赫召开。2022年是一个多事之秋。气候变化,特别是热浪、干旱、洪水、火灾等极端气候事件为全球各国和地区带来了灾难性的影响。夏季,热浪席卷欧洲,西班牙、法国、英国等由于持续的炎热天气,高温相继刷新了历史纪录。为了解决这一场接一场的气候"悲剧",COP27决议强调了推动清洁能源组合建设的重要性,不仅呼吁增加可再生能源,而且呼吁增加低排放能源。缔约方在激烈争论后达成艰难共识,同意设立"损失和损害"基金,由发达国家在发展中国家的物质和基础设施被极端天气严重影响时提供经济援助。

2023年11月30日至12月12日,第二十八次缔约方大会(COP28)在阿联酋迪拜举办。本次大会就《巴黎协定》首次全球盘点达成共识。大会就《巴黎协定》首次全球盘点、减缓、适应、资金、损失与损害、公正转型等多项议题达成"阿联酋共识",具有重要的里程碑意义。COP28主席苏尔坦·贾比尔说:"中国为全球应对气候变化做出巨大贡献,是全球可再生能源发展的引领者。"中国在清洁能源技术方面的持续引领,是助力实现全球能源转型和应对气候变化、促进发展的重要因素。

四、低碳经济国外发展现状

(一)英国:最早提出低碳经济概念的国家

英国作为第一次工业革命的先驱,是最早提出低碳经济概念的国家,并积极推动世界范围的低碳经济。"低碳经济"这一名词首次出现在英国政府 2003 年发布的能源白皮书《我们的能源未来——创造低碳经济》。该报告指出,在全球气候变化背景下,需要通过改进英国的能源结构,鼓励发展更加清洁、智能和可靠的能源系统,同时明确了低碳经济的发展目标。英国的二氧化碳排放量自 1973 年实现碳达峰后整体保持下降趋势。

英国把发展低碳经济置于国家战略高度,是西方国家中最早实现碳达峰的国家、全球首个就减排目标立法的国家。2008 年,英国颁布了全球首个确立净零排放目标的法律《气候变化法》,发布了全球首个碳中和规范。一方面,以清洁增长作为现代工业战略的核心,通过限制高碳排放行业发展来降低碳消费量;另一方面,出台一系列税收优惠政策,引导企业发展低碳生产技术,培养公民的低碳意识。在低碳生活上,英国运用多种手段引导人们转变生活方式。比如,要求所有新盖房屋在 2016 年达到零碳排放,新建房屋中至少有 1/3 要体现碳足迹减少计划,不使用一次性塑料袋等。在洁净能源的开发上,英国发挥其海岛国家的自然优势,注重利用海洋资源,在发展海上风能、海藻能源等低碳能源方面居于全球领先水平。英国布朗政府宣布将碳预算纳入政府预算框架,英国也因此成为世界上第一个公布碳预算的国家。

2019 年,英国颁布了修订后的《气候变化法》,正式确立 2050 年实现温室气体"净零排放"的目标,明确了气候治理路线图,设立了基于公民的信用碳排放账户。2020 年 11 月,英国政府发布《绿色工业革命十点计划》,提出了包括发展海上风电、推动低碳氢发展、提供先进核能、加速向零排放汽车过渡等在内的 10 个计划要点,为未来 10 年内英国在工业、运输和建筑行业减少 2.3 亿吨碳排放的目标制定行动规划,预计将带动 120 亿英镑的政府投资和 25 万个新增就业岗位。英国正式脱欧后,还通过"气候变化外交"提升国际地位,并在全球领导人气候峰会上提出 2035 年碳排放水平较 1990 年降低 78% 的发达国家"最大幅度减排目标"。

2020 年 12 月,英国政府发布能源白皮书《为零碳未来提供动力》,对能源系统转型路径做出规划,明确力争 2050 年能源系统实现碳净零排放目标。为此,英国积极推动清洁能源技术的开发和应用。能源白皮书中的一大亮点是确认英国将拥有本国的排放交易体系,以取代此前的欧盟碳交易市场。2021 年 1 月 1 日,英国启动了《碳排放交易计划》,为工业制造业企业规定温室气体排放总量上限,并在 2023 年 1 月或最迟到 2024 年 1 月将排放上限锁定 2050 年净零排放目标路径。英国的排放交易计划遵循"上限和交易"原则,对可以排放的某些温室气体总量设定上限,企业还可以通过二级市场交易碳排放配额。

2021 年,英国继续推进碳中和计划,在能源、工业、交通、建筑等领域动作频频,向着"2030 年温室气体排放量至少降低 68%"的目标迈进,但也存在发力不均、政策难以落地等问题。2021 年,英国商业、能源和工业政策部成立了一项 1 750 万英镑的市场竞争基金,以支持海上风力发电;在核能方面,继续推动大型核电项目,与西泽韦尔核电项目投资商进行对接,以达成最终投资决定;在传统能源方面,宣布到 2024 年 10 月逐步淘汰现有的煤炭发电厂。英国计划到 2030 年大幅减少制造业企业二氧化碳排放,到 2040 年打造全球首个净零排放工业区。但有分析指出,英国政府虽然在应对气候变化上做出了一系列承诺,但是存在政策发力不均衡、战略计划难以落地、有效投入不足等问题。比如,低碳供暖是英国净零排放的最大障碍之一,要让 2 000 万户家庭以及数百万英国企业停止使用燃气供暖,英国需要投入更多资源翻新基础设施,而英国政府目前对推动低碳供暖缺乏行动力。

此外,支撑绿色转型需要可持续的基础设施投资和技术研发投入。新冠肺炎疫情暴发后,英国推出大规模的财政救济方案,支持企业、员工和失业群体。在英国经济尚未从疫情中恢复的情况下,对能源转型、工业脱碳等战略的预算支持面临更多"硬约束",对工业、交通、城市基础设施的低碳转型资金投入的承诺将面临更多给付困难。目前,英国少部分地区政府已经遇到了能源转型和基础设施绿色升级带来的预算支出压力。为了实现碳净零排放目标,英国政府需要将减排战略转化为行之有效的政策,进一步加强顶层设计,避免出现不同政府部门在低碳政策上的"不同速"问题,同时还要考虑如何让政策更好地落地,让减碳从政府文件变为大家实实在在的行动。

(二)欧盟:积极引导低碳经济与环保产业的发展

欧盟是应对全球气候变化领域的引领者,早在 2018 年就提出到 2050 年实现碳中和的目标。2019 年,欧盟发布《欧洲绿色协议》,制定了碳达峰碳中和总体规划和路线图,并提出经济向可持续发展转型的七大路径。2020 年 5 月,欧盟通过《欧洲气候法》提案,提出 2030 年温室气体较 1990 年减排 55% 的目标。2021 年 7 月,欧盟又发布了"Fit for 55"计划,涉及立法提案 12 个,为推进绿色低碳转型提供了完善的政策依据。值得强调的是,德国、法国作为欧盟巨头,在实现碳达峰碳中和道路上先行先试,积累了许多先进经验,值得学习和借鉴。

(三)德国:最积极实施能源转型的国家

德国在应对气候变化问题上走在全球前列,于 1990 年已经实现碳达峰。2019 年,德国颁布《气候保护法》,提出 2050 年实现碳中和的目标,明确了能源、工业、建筑、交通、农林等不同经济部门在 2020—2030 年的刚性年度减排目标。

2020 年,德国出台《气候保护计划 2030》,构建了包括减排目标、措施、效果评估在内的法律机制,并确立了六大重点领域的减排目标。2021 年,德国修订了《德国联邦气候保护法》,提出了更加严苛的排放目标,将实现碳中和目标的时间点提前到 2045 年,同时将 2030 年的温室气体减排目标提高到 65%。

(四)法国:积极践行碳达峰碳中和目标

法国是《巴黎协定》的主要牵头国家,2015 年首次提出《国家低碳战略》,颁布《绿色增长能源转型法》,公布了绿色增长与能源转型计划。法国是最早采用"碳预算"的国家之一,通过明确温室气体排放上限,确保减排进展的可见度。2020 年,法国颁布"国家低碳战略"法令,明确 2050 年实现碳中和目标,并先后出台建筑、农林业、废弃物等领域若干配套政策措施,为产业结构调整、高耗能材料替代、能源循环利用等低碳目标保驾护航。此外,《多年能源规划》《法国国家空气污染物减排规划纲要》等政策,也为法国实现节能减排、促进绿色增长提供了有力保障。

(五)美国:在不确定性中重返气候外交

受政治因素影响,美国碳达峰碳中和行动始终摇摆不定,不同党派的气候政策差距明显。克林顿担任总统期间,于 1997 年签署了《京都议定书》;布什担任美国总统期间,于 2001 年宣布退出《京都议定书》;奥巴马担任总统期间,于 2005 年出台《新能源法案》《美国清洁能源与安全法案》,把削减温室气体排放纳入法律框架。2007 年 7 月 11 日,美国参议院提出了《低碳经济法案》,呼吁低碳经济为美国未来的战略选择。2009 年 3 月 31 日,由美国众议院能源委员会向国会提出了《2009年美国绿色能源与安全保障法案》，该法案由绿色能源、能源效率、温室气体排放、向低碳经济转型四个部分组成。法案规定美国2020年的温室气体排放要在2005年的基础上减少17%，到2050年减少83%；要求逐步提高美国来自风能、太阳能等清洁能源的电力供应，到2025年有25%的电力来自可再生资源。

特朗普担任总统期间，于2017年宣布退出《巴黎协定》。2021年，拜登就任美国总统后立即宣布重返《巴黎协定》，并提出了2050年实现碳中和的目标。总的来看，美国社会对应对气候变化、推进碳中和仍然有着诸多共识。气候问题也经常成为美国对外博弈的重要手段。美国在不同政府执政期间不断推进技术革命、产业发展的方向始终没有改变。比如，备受瞩目的《零碳排放行动计划》(ZCAP)，从推广零碳排放技术、建立清洁能源经济、优化产业政策和开展气候外交四个方面助推美国2050年实现碳中和目标。

(六)日本：运用经济增长推动碳达峰碳中和

作为岛国的日本，向低碳经济发展模式转变存在更为迫切的内在要求。早在1979年，日本政府就颁布实施了《节约能源法》。2006年，日本经济产业省编制了《新国家能源战略》，通过强有力的法律手段，全面推动各项节能减排措施的实施。针对低碳社会建设，日本政府提出了非常详细的目标，将气体排放减排中期目标定为2020年与2005年相比减少15%，长期目标定为2050年比现阶段减少60%—80%，2020年要使70%以上的新建住宅安装太阳能电池板，太阳能发电量提高到目前水平的十倍，到2030年要提高到目前水平的四十倍。2009年4月，日本公布了名为《绿色经济与社会变革》的政策草案，目的是通过实行减少温室气体排放等措施，强化日本的低碳经济。日本由于工业化进程较西方发达国家要晚，因此在推进气候立法、实施碳中和目标方面也晚于欧美。日本先后出台《关于促进新能源利用措施法》《新能源利用的措施法实施令》《面向低碳社会的十二大行动》《绿色经济与社会变革》《全球气候变暖对策基本法》等一系列法律法规，为应对气候问题、发展绿色经济提供了法律依据。2020年，日本发布《绿色增长战略》，明确2050年实现碳中和与构建"零碳社会"的目标，通过绿色投资，鼓励海上风电等14个行业创新发展，通过标准化改革、税收减免等多种手段为绿色转型提供支持。2021年，日本将《绿色增长战略》升级为《2050碳中和绿色增长战略》，对原有重点发展产业进行调整，形成了海上风电、太阳能、地热、新一代热能等全新的14个碳中和战略产业体系。

(七)巴西：采取积极措施大力发展低碳经济

作为南北经济发展最快的国家之一，巴西为了减少对自然资源的过度开采，首先是大力推动生物燃料业的发展。政府专门设置一个跨部门委员会，由总统府牵头、14个政府部门参加，负责研究和制定有关生物柴油生产与推广的政策和措施，减少对传统能源的依赖，选择化废为宝，为实现低碳生活的理念，在新技术能源的利用上实现节能减排。

五、我国低碳经济发展现状

(一)发展概况

在中国，习近平总书记提出的"绿水青山就是金山银山"是对低碳经济最为形象的描述和概括，也是最为明确的指示和要求。2005年，时任浙江省委书记的习近平指出："生态环境优势转化为生态农业、生态工业、生态旅游等生态经济的优势，那么绿水青山也就变成了金山银山。"发展绿色经济强调"科技含量高、资源消耗低、环境污染少的生产方式",强调"勤俭节约、绿色低碳、文明健康的消费生活方式"。

低碳经济作为新的发展模式,不仅是实现全球减排目标的战略选择,而且是保证经济持续健康增长的最佳选择。全球经济发展理念和模式的转型,为中国经济发展提供了重大机遇。在政府倡导和企业自觉的双向努力下,中国已经成为积极发展低碳经济的引领者。历经数年发展,中国企业目前已经在多个低碳产品和服务领域取得世界领先地位,其中以可再生能源相关行业最为突出。数据显示,不包括港、澳、台地区,2023年上半年,国内新增光伏并网为7 842万千瓦。其中,集中式光伏发电新增并网3 746万千瓦;分布式光伏发电新增并网4 096万千瓦,其中,户用光伏发电新增并网2 152万千瓦。各省区市中,河南、山东、湖北三省位列前三,分别为759万千瓦、676万千瓦、568万千瓦。前十省份合计4 927万千瓦,占全国光伏发电新增并网的63%。截至2023年6月底,不包括港、澳、台地区,国内光伏发电累计并网容量共470GW,其中集中式272GW、分布式198GW。2016—2021年,中国风电行业累计装机规模持续上升,年增幅均保持在10%以上,其中,2020年风电累计装机规模达到33.81%。截至2022年底,中国风电累计装机规模达到3.96亿千瓦,同比增长20.73%。

中国的碳排放总量有持续上升趋势。长期的经济增长形成了对传统化石能源的过度依赖,导致中国高碳排放量的局面。自2004年以来,由于经济发展方式的转变和能源利用技术的不断创新,碳排放增长率开始下降。2009年,我国在联合国气候变化哥本哈根大会上提出到2020年把碳排放强度降低40%—45%,这是我国首次提出碳减排目标,表明中国参与全球气候保护的积极态度。2014年,中国和美国签订《中美气候变化联合声明》,中国计划努力在2030年左右碳排放达到峰值,并计划到2030年非化石能源占一次能源消费的比重提高到20%左右。

2015年召开的联合国气候变化巴黎大会上,中国进一步提出2030年单位GDP碳排放强度会比2005年同比下降60%—65%的目标。国家主席习近平在气候变化巴黎大会领导人活动开幕式上的讲话透露,中国在2016年开始启动在发展中国家开展10个低碳示范区、100个减缓和适应气候变化项目及1 000个应对气候变化培训名额的合作项目,继续推进清洁能源、防灾减灾、生态保护、气候适应型农业、低碳智慧型城市建设等领域的国际合作,并帮助他们提高融资能力。

2020年9月举行的第七十五届联合国大会一般性辩论上,习近平主席代表中国提出了中国将提高国家自主贡献力度,提出将于2030年左右使二氧化碳排放达到峰值并争取尽早达峰;2060年力争实现碳中和。2030年,单位国内生产总值二氧化碳排放比2005年下降60%—65%,非化石能源占一次能源消费的比重达到20%左右,森林蓄积量比2005年增加45亿立方米左右。

目前,我国低碳经济发展面临诸多挑战:首先是我国传统化石燃料需求、能源消耗仍然大量存在,经济结构优化与能源转型困难。我国目前还处在工业化中期,随着人口的增加以及城镇化进程的加快,对于化石能源的需求也持续增加,因此短时间内中国经济不可能彻底摆脱对传统化石能源的依赖,也正是因为我国工业化、城镇化任务还尚未完成,既要发展经济,同时又要控制能源使用和二氧化碳的排放。其次是人口规模一定程度上阻碍低碳经济发展。我国作为人口大国，在经济发展和人民生活消费中也在产生大量的二氧化碳气体。最后是低碳技术创新资金投入成本高、回报时间长、收益不稳定为低碳转型带来了不确定性。

（二）从"低碳经济"走向"美丽中国"

低碳经济成为 21 世纪世界经济发展的主要特征和趋势。低碳经济是在可持续发展理念指导下通过技术创新、制度创新、产业转型、新能源开发等多种手段，尽可能地减少煤炭、石油等高碳能源消耗，减少温室气体排放，达到经济社会发展与生态环境保护双赢的一种经济发展形态。在中国大力发展低碳经济，也是构建小康社会、实现"美丽中国"的蓝图必由之路和坚实保障。

十八届五中全会提出了"创新、协调、绿色、开放、共享"的新发展理念，同时也首次提出"推进绿色发展、循环发展、低碳发展"和"建设美丽中国"。绿色发展战略的提出，既是在新常态下对中国经济发展的科学选择和判断，同时又与世界整体发展趋势相合。低碳化成为继农业化、工业化、信息化之后的第四次文明浪潮，低碳经济成为当今世界经济发展的主要特征和趋势。习近平总书记提出的"绿水青山就是金山银山"是对低碳经济最为形象的概括，也是最为明确的指示。

中共十九大报告提出，建立健全绿色低碳循环发展的经济体系，这是我国立足基本国情、结合国际趋势、面向第二个百年奋斗目标做出的战略选择，是建设现代化国家的必由之路，具有十分重要的战略意义。我国提出到 2035 年基本实现社会主义现代化、2050 年建成社会主义现代化强国的目标，届时人均 GDP 将在当前基础上翻番，达到中等发达国家水平乃至更高。这种情况下，传统发展模式势必难以为继，构建绿色低碳循环发展的经济体系成为必然选择。

中共二十大报告指出，高质量发展是全面建设社会主义现代化国家的首要任务。报告指出，要推动形成绿色低碳的生产方式和生活方式。在推进中国式现代化进程中，每一个人都有责任践行生态文明理念，养成绿色低碳的生活方式，贡献自己的力量。二十大报告强调把绿色低碳作为发展导向，推动绿色发展，促进人与自然和谐共生。报告指出，大自然是人类赖以生存发展的基本条件。尊重自然、顺应自然、保护自然，是全面建设社会主义现代化国家的内在要求。二十大报告强调，必须牢固树立和践行"绿水青山就是金山银山"的理念，站在人与自然和谐共生的高度谋划发展。

"十四五"时期是我国开启全面建设社会主义现代化国家新征程的第一个五年。推动"十四五"时期经济社会发展全面绿色转型，对于建设生态文明和"美丽中国"、实现碳达峰碳中和目标具有十分重要的意义和作用。"十四五"规划纲要提出，要加快发展方式、绿色转型，坚持生态优先、绿色发展，推进资源总量管理、科学配置、全面节约、循环利用，协同推进经济高质量发展和生态环境高水平保护。要以习近平新时代中国特色社会主义思想为指导，深入贯彻习近平生态文明思想，坚持"绿水青山就是金山银山"的理念，实施可持续发展战略，完善生态文明领域统筹协调机制，全面推进生产生活方式绿色转型，使发展建立在高效利用资源、严格保护生态环境、有效控制温室气体排放的基础上，推动我国绿色发展迈上新台阶。"十四五"规划主要突出"四大理念"：一是突出绿色低碳发展引领。面向碳达峰、碳中和目标，以布局优化、结构调整和效率提升为着力点，协同推进经济高质量发展和生态环境高水平保护。二是突出改善环境质量核心要求。将以改善环境质量为核心，贯穿生态环境，保护各领域、全过程。三是突出防控环境风险安全底线思维。坚持以人为本，推进重点领域环境风险防控，强化环境社会风险防范与化解。四是突出发挥体制机制改革创新牵引作用。坚持多元共治，健全生态环境保护统筹协调机制，推动形成导向清晰、决策科学、执行有力、激励有效、多元参与、良性互动的环境治理体系。

在人类发展进程中，世界文明先后经历了三次浪潮：第一次浪潮是农业文明，实现人类农耕文明的兴起，带动农业的发展；第二次浪潮是工业文明，由农业文明向工业文明转变，带来工业化的飞速发展；第三次浪潮是信息化引领信息化改革，全球进入知识经济时代。继工业化信息化浪潮之后，世界已经迎来了第四次浪潮，就是低碳化浪潮。前三次浪潮的进程，可以概括为人类通过对自然的改造，不断加速向大自然攫取资源和转化资源；而低碳经济浪潮则是为了提高发展的质量、为了可持续发展、为了缓和与减少对自然的改造，实现人与自然的和谐共生。低碳经济是"绿色发展"的物质基础。经济发展和生态环境保护是一致性的统一关系。经济行为须以保护环境和生态为前提，不再以牺牲生态环境为代价，而是更有利于环境的保护和生态的健康；经济效益要在生态和自然环境保护中实现，新的经济增长点要建立在生态平衡、环境健康、社会发展统筹考虑的基础上。

第二节 低碳经济的内涵、目标与特征

低碳经济是人类经济发展方式的新变革。在当前的经济形势下，全球产业结构进一步调整优化升级。我国结合自身的实际情况进行低碳经济的发展，进一步有效落实相对应的发展战略。通过低碳经济改革我国的经济发展方式，不仅使我国经济发展水平得到显著提升，而且可以实现经济的可持续发展。通过大力发展低碳经济，针对经济发展方式进行不断地改进和创新，融入节能环保、绿色低碳减排等相关内容，减少污染成本，提高经济发展综合效益。

一、低碳经济的内涵

低碳经济是以可持续发展理念为基础的一种新型经济发展形态，以低能耗、低污染、低排放为发展目标的绿色生态经济，以尽可能低的发展成本谋求最大的经济收益、生态环境效益和社会福利，在发展经济的同时最大限度地减少对社会与生态环境的破坏，追求人类可持续发展的经济发展模式。其思想源自对传统工业文明发展路径的反思。发展低碳经济既是当前国际社会的广泛共识，也是迈向生态文明的一条新路。低碳经济突破了传统经济增长模式的弊端，通过融合低碳理念创新、低碳技术创新、低碳制度创新、低碳产业转型、新能源开发等多种手段，倡导低碳生活方式和低碳经济发展模式，不断减少对煤炭、石油等高碳能源的使用，减少温室气体的排放，尽可能达到排放与生态环境转化平衡。

低碳经济的实质是能源高效利用、清洁能源开发、追求绿色GDP的问题，核心是能源技术和减排技术创新、产业结构和制度创新以及人类生存发展观念的根本性转变。从社会经济发展的长期趋势看，低碳经济发展的过程也是生产力不断提高、节能技术进步、消费模式改进、能源结构优化的过程。其实质就是通过技术、制度、产业等方面的创新来减少碳排放，从而缓解当代的能源危机，减少经济发展对于环境和生态的破坏，从而促进人类的可持续发展。其中，

低碳技术是低碳经济最为核心的内容，同时也是经济发展中低排放、低消耗以及低污染目标得以实现的手段。

低碳经济没有一个普遍的、全世界确定的衡量标准。世界各国在经济水平发展、资源种类、技术手段、产业机构等方面存在差异，会形成各具特色的低碳经济发展局面。低碳经济在节能减排、增加商业和就业机会、提高生活质量等方面都有积极影响。发展低碳经济不仅是对人类社会发展与环境保护关系的一种理性权衡，更是人类社会继工业革命之后的又一次经济发展方式的变革。

低碳经济的概念可以分为广义和狭义两种。广义的低碳经济是指低投入、高产出经济发展方式，其目标是实现人类的可持续发展；狭义的低碳经济是指低能耗、低排放、低污染从而产生较少温室气体排放的经济发展方式，其目标是应对当前气候变暖问题。这两个概念的共同之处在于低碳经济的目标是为了解决人类的生存与发展问题，其不同之处在于狭义的概念集中于"碳"本身，广义的概念则考虑的是经济发展中所有资源的有效利用；狭义的低碳经济要实现的目标是短期目标，广义的则是长远目标。某种程度上，狭义的低碳经济是广义低碳经济中最迫切实现的部分目标。低碳经济是新发展理念的重要组成部分，低碳经济发展就是要处理好碳排放总量控制与经济社会稳定发展之间的关系。新时代我国低碳经济发展的脉络，是中国古典生态智慧"道法自然"的精炼，在丰富发展马克思主义生态观理论内涵的基础上明确了高质量可持续发展的核心要义。

低碳经济的发展模式是一场涉及生产方式、生活方式和价值观念的全球性革命，是人类社会继农业文明、工业文明之后的又一次重大进步。为有效应对全球气候变化，发展低碳经济的途径主要包括两个方面：一是应全面推动包括生产、交换、分配、消费在内的社会再生产全过程的经济活动低碳化，把二氧化碳排放量减少到最低限度乃至零排放，获得最大的生态经济效益；二是应重点推动社会再生产全过程的能源消费生态化，形成低碳能源和无碳能源的国民经济体系，保证生态经济社会有机整体的清洁发展、绿色发展和可持续发展。"低碳经济"的理想形态是充分发展"阳光经济""风能经济""氢能经济""生物质能经济"。在"碳素燃料文明时代"向"太阳能文明时代"（风能、生物质能都是太阳能的转换形态）过渡的未来几十年里，"低碳经济""低碳生活"的重心就是最大限度地减少化石能源的消耗，为绿色新能源的大规模普及利用提供保障。

二、低碳经济的目标

在全球气候变暖的大背景下，低碳经济是指通过尽可能低的温室气体排放量（尤其是二氧化碳）实现经济社会最优发展的一种经济发展方式，是在目前能够满足能源、环境和气候变化挑战的前提下实现可持续发展的唯一途径。在发展经济学的理论框架下，低碳经济是经济发展的碳排放量、生态环境代价及社会经济成本最低的经济。在传统的经济发展模式中，经济发展的目标是单纯地追求 GDP 的增长。为了实现这一目标，人们往往以牺牲资源环境生态为代价，导致经济发展成本过高，甚至超过了发展的收益，从而形成不可持续性的发展。低碳经济是一种具有竞争力的低成本经济，就是要通过对能源资源的合理利用，减少温室气体排放，保护生态环境，使经济发展对全球环境气候系统的损害所形成的发展成本达到最小状态。

(一)低碳经济的目标一：实现能源资源消耗最少和能源利用成本最低

由于化石能源燃烧与二氧化碳排放密切相关,低碳经济的首要任务是在全球范围内发起一场能源革命,通过减少高碳能源消耗和开发利用低碳能源,即通过提高能源利用效率和优化能源结构两种途径减少碳排放。具体来讲,提高能源使用效率是指在工业和生活的各个环节中使用节能技术,减少能源使用而实现碳减排。优化能源结构主要是加大可再生能源的开发与利用,包括集中式光伏、分布式光伏、陆上风电、海上风电、生物质能、海洋能、绿色氢能等诸多形态。能源成本涵盖化石能源的开发利用、各类新能源的开发利用以及节能技术的研发与推广等方面的费用,要通过建立完善的能源优化开发机制、能源节约制度、优化资源配置体制以及能源技术创新等途径来降低能源成本。

(二)低碳经济的目标二：实现温室气体排放量的最少和生态环境成本的最小化

全球气候变化所带来的生态环境成本主要包括大气污染造成的损失和温室气体减排的费用。实现生态环境成本内部化是治理环境问题、发展低碳经济的有效途径。在全球范围看,各国发展低碳经济的政策工具主要有三大类：一是直接监管,主要通过制定排放限额、排放标准、罚款等手段对温室气体排放水平进行直接控制。二是财税政策,包括碳基金、碳税、环保税等与环境相关的税收、补贴和资助等。三是排放权交易制度,在排放限额的基础上进行的直接管制与经济激励相结合的减排手段,一般也称为"限额—交易"制度。

(三)低碳经济的目标三：实现气候变化的最小和生态成本的最低

低碳经济首先是一种生态经济。全球气候变化的生态系统影响相当广泛,如直接财产损失(海平面上升、耕地减少、防御性支出等)、生态系统损失(湿地减少、物种灭绝、生物多样性减少等)、基础产业部门损失(农业、林业、渔业等)、其他产业部门损失(能源、水、建筑、交通、旅游等)、人类福利损失(人类舒适性降低、疾病增加、人口迁移等)和灾害性气候风险(洪水、干旱、台风、风暴潮等)等。人类对生态系统的破坏在时间和空间上都是不均衡的,生态成本往往具有代际累积性和扩散迁移性两种特征。发展低碳经济必须借鉴生态学的物质循环和能量转化原理,从整体上去研究生态系统和生产力系统的相互影响、相互制约和相互作用,揭示自然和社会之间的本质联系和规律,持续优化人类的生产和消费方式,科学、高效、合理地利用生态资源,最大限度地减少与避免全球经济发展所带来的生态危机与风险。

三、低碳经济的主要特征

低碳技术创新是发展低碳经济的直接手段；以开发与利用新型、清洁的可再生能源作为重要抓手；经济发展过程中要实现"三低",即低能耗、低排放、低污染；完善低碳经济体制机制创新与法治体系建设；经济增长与能源消费、碳排放脱钩,在保持经济增长的同时提高能源效率,最大限度地减少排放,具体特征体现在以下几个方面：

(一)理念先进

要实现低碳发展,并不是要依靠发展上的退步来达成,而是需要依靠技术上的进步。为了摆脱这样的思想误区,思想理念上的进步至关重要,上至国家的战略政策,下到普通公民个体的意识都要与时俱进,培育全民低碳理念,以全民低碳为核心目标推动技术发展,切实将各项低碳措施落实下去,才能使低碳技术得到高效研发与推广应用,只有通过全社会的共同努力,才能达成低碳目标。只有对传统的社会发展模式展开深刻反思,结合日常生产与生活中的低碳实践,才能认识到低碳经济的重要性,并且积极配合开展以低碳为核心的各类发展项目。

(二)经济集约

低碳经济的经济性特征包含两层含义:一是低碳经济应按照市场经济的原则和机制来发展,力争实现综合效益帕累托效率。二是低碳经济的发展不应导致人们的生活条件和福利水准下降,既要反对各类生态不友好的消费,又要保障人民生活水平随着经济发展不断提升。

(三)目标导向

低碳经济的目标性是指减少对传统碳基能源的依赖,保障能源安全在经济增长的基础上应对气候变化,将大气中温室气体的浓度保持在相对稳定的水平上;促进经济可持续发展,进而实现人与自然的和谐发展,力争实现综合效益最大化。在以往的发展过程中,社会普遍将经济效益的最大化视作社会发展的唯一目标,而对生态环境与社会问题缺乏足够的重视,甚至不惜以生态环境为代价,谋取经济效益,这样的错误思潮不但会阻碍社会发展,更会最终反噬人类社会。

(四)技术引领

低碳经济是以技术进步为基础的发展模式。低碳技术是低碳经济的引擎,其创新目标在于提高能源效率的同时降低二氧化碳等温室气体的排放强度,在排放同等温室气体下保障人们的生活条件和福利水平不降低。为了构建完善的低碳经济发展技术体系,必须持续提升低碳技术水准。只有利用低碳科技的力量,让生态环境问题得到缓解,让资源的利用率得到提升,才能推动社会的可持续发展,通过低碳产业链的新能源技术、节能技术和温室气体减排技术等的研发和商业化来实现低碳经济的良性发展。

(五)全球视野

人类生活在同一个蓝色的星球,在同一个无法区隔的生态系统中有维护后代人生存发展的能力,以传承繁衍的共同目标,在此基础上构成了人类命运共同体。在保护地球生态环境的联合行动中,全球各国都必须站在人类整体利益的高度,通过联合行动,解决好相互之间的各类利益矛盾与冲突,共同面对日益恶化的生存环境,保护与维护好这一人类共同的家园。

四、低碳经济的研究体系

低碳经济是一个涉及多个方面内容的完整体系,是未来经济发展的必然趋势。无论采取何种发展模式,其中都必然会涉及相关的内容。完整的低碳经济体系模式一般应该包含以下几个重要的组成部分:

(一)作为研究基础的低碳经济科技创新

低碳经济科技创新,是基于低碳经济背景下的科技研究与应用改革,是基于协同发展这一大目标的改革创新。时展至今,累积的生态环境问题是无法单纯依靠人为控制去解决的,只有依靠科学知识以及专业技术,才能缓解目前存在的生态环境问题,达成低碳发展的目标。低碳理念必须与先进的技术结合起来,才能真正体现出更加理想的发展。低碳经济科技创新是低碳经济在科学和技术领域范畴内开展的创新活动,是在低碳经济领域当中开展的新技术研究。新产品、新设备、新工艺的开发发明以及新制度的建立,具体来说包含许多方面,涉及电力、交通、建筑、化工、石化等诸多相关单位及部门,同时涉及诸多可再生能源、新能源、油气资源、二氧化碳的捕获与封存、利用以及诸多低碳新技术。低碳经济科技创新对我国能否在低碳发展中取得理想成果发挥着决定性的影响。在双碳背景下,相关部门及科技人员一定要更新理念,积极引进更先进的技术,尤其要在能源科技发展探索中明确具体方向、目标,以及重、难点,突破传统理念与模式的种种局限,强化能源科技创新。低碳科技创新能够决定低碳经济的未来,也能够创造低碳经济的未来。

(二)作为研究支撑的低碳政策体系

为了促进低碳经济的发展,必须有一套完整的低碳政策体系作为支撑,从而对阻碍低碳经济发展的行为进行规制与惩处,对于推动低碳经济发展的行为进行有效保护和激励。低碳经济必然会对原有的经济发展模式带来巨大的冲击,从而带来短期的经济利益损失,这也是低碳经济发展需要冲破的重要阻碍。通过出台科学的低碳政策,可以为各个行业低碳经济的发展指明方向。在政策体系构建的过程中,我国必须充分发挥财税、金融、碳交易等经济政策工具作用,对于在低碳发展中做出贡献的企业适时提供财政补贴、税收优惠、碳交易及绿色金融政策支持,从而促使更多的企业积极参与到低碳经济的发展建设中,形成一个良性的低碳经济发展生态圈。

(三)作为研究重心的低碳城市

城市无疑是当代经济活动最为活跃的区域,所以城市发展对于能源的消耗巨大,在碳排放上也远远大于乡村地区。建设低碳城市是建设低碳社会、发展低碳经济的重点所在。低碳城市的建设涉及社会、资源、经济、环境以及人口等各个方面,是一项复杂的系统工程,实践中可以把低碳园区、低碳社区等作为重要抓手,积极、稳妥地开展。低碳城市的发展需要低碳绿色能源的支撑,以便在满足城市发展对于能源需求的同时减少碳排放;需要对经济结构进行优化,淘汰高能耗、高排放,对于环境污染和破坏严重的产业,通过产业结构的优化来减少碳排放;在城市当中,还需要通过倡导和推行碳普惠的方式,比如,低碳出行、低碳消费等来改变城市中人的行为,从而使每一个人都主动参与到低碳经济的发展大潮中。

(四)作为研究发展手段的碳交易

碳交易就是通过构建碳市场机制,将二氧化碳排放权当作一种商品进行交易,是全球解决碳排放问题的一个重要途径。碳交易无疑是以经济的手段来发展低碳经济的典型代表,为节能减排与新能源加速发展提供了一个有效的途径。碳交易的发展首先需要构建一个完善的碳交易市场,通过相关的制度、标准、规则和规范,使得各种类型的碳交易产品可以在碳市场上进行规范的交易与有序地流通;同时,必须加强碳交易产品的开发,如将其与金融衍生品结合起来,开发出碳金融衍生品;此外,还必须选择合适的碳交易市场模式,通过环境交易所、排放权交易所等来推动各类碳交易产品的交易。

五、低碳经济学的研究对象与核心问题

(一)研究对象

低碳经济学是一门研究温室效应与人类社会发展之间的经济关系和经济规律的学科,即一切与温室效应有关的人类经济活动都是低碳经济的研究对象,目的在于找到并运用其中的

规律。在现实中,通过对大量低碳经济现象的观察,可以将其从四个维度抽象概括,即低碳经济成分、样态、模式以及秩序。凡是与低碳有关的各种经济活动,我们都可以称之为低碳经济成分,它是低碳经济中的最小元素,也是构成低碳经济的基本单元。我们日常生活中所见到的各种低碳经济行为,如减少化石能源使用、增加可再生资源利用率、植树造林等具体行为都是低碳经济的一种成分。低碳经济样态,是指低碳经济各种成分的总和,是各种低碳经济现象的总和。低碳经济发展模式,指低碳经济的发展过程及其最终形成的结果,是在一定地区、一定历史条件下形成的独具特色的低碳经济发展路子,包括在这一过程中所形成的所有制形式、产业结构和经济发展思路、分配方式等。低碳经济秩序,比如联合国气候变化框架公约等,代表着国际社会一种新规则的形成,温室气体问题导致气候成本与收益在不同群体和个体之间的重新分配。秩序是低碳经济内在运营的要求,这一秩序的形成不仅将重塑全球产业结构的形态和布局,而且将决定各国在未来国际分工中的地位与作用。

(二)低碳经济学的核心问题

低碳经济学的核心问题是温室气体配置问题,即通过对温室气体(目前主要是二氧化碳)排放空间的配置,实现经济高增长和低排放的目标。基于温室气体排放空间的配置,国际社会形成了以下共识:低碳经济发展与经济持续增长、消费水平提高高度兼容。人类社会的一切活动都必须在自然系统最大可排放温室气体这个客观尺度的刚性约束下展开。削减温室气体排放量、遏制全球气候暖化是世界各国需要共同承担的责任。通过对温室气体排放空间的合理配置,降低经济发展对生态系统碳循环的影响,维持生物圈的碳平衡,实现以碳生产力为核心的"碳中和"经济,即经济发展人为排放的温室气体与通过人为措施吸收的温室气体实现动态均衡。

六、低碳经济学的理论基础和分析方法

低碳经济学的理论基础和分析方法主要来自经济学以及环境经济学、生态经济学、能源经济学等相关学科。目前,已经提出的低碳经济学的理论基础包括可持续发展理论、外部性理论、科斯定理、碳交易理论、脱钩理论、环境库兹涅茨曲线(EKC)、人类命运共同体理论等;研究方法包括情景分析法、灰色关联度方法、简单平均分解法(Simple Average Division,SAD)、自适应权重分解法(Adaptive Weighting Division,AWD)、Topio脱钩指标、数据包络分析(DEA)技术、投入产出结构分解方法、IPAT[环境冲击(I)、人口(P)、富裕度(A)和技术(T)]方程理论等。由于统计体系和口径差异,国外气候变化分析工具在研究我国气候问题时存在适应性差、结论出入大等问题,因此,应开发符合发展中国家利益的计算模型,形成更适应中国国情的模型工具和分析方法:充分吸收国内外有关应对气候变化和政策模拟模型的优、缺点,在 LEAP(Long-range Energy Alternatives Planning)模型、MARKAL(Market Allocation)模型、SGM(Second Generation Model)模型等分析工具的基础上寻求更适应中国国情的模型和预测方案;通过研究发达国家碳发展轨迹,估算各国低碳减排成本,建立一致的间接代价评估方法,对中国的减排途径进行优化选择并为国际气候谈判提供依据;进一步完善 IPAC(Integrated Pollution Assessment and Control)模型系统对中国能源与温室气体的排放情景分析,形成综合评价模型框架。

随着低碳经济研究的深入,低碳经济学的理论和分析方法进一步发展并完善。模型分析工具形成了以 IPAC 系统为核心的能源经济模型(IPAC-SGM)、排放模型(IPAC-emission)、能源技术模型(IPAC-AIM),中国科学院引入的经济分析和预测模型(REMI Policy Insight),以及 CGE 模型、MARKAL-MACRO 模型、STIRPAT 模型等。对于建立中国低碳经济的评估模型,研究概念相对标准化,即在已设计好的指标体系中应用多元统计等理论方法,整合来自不同层次和不同类型的数据信息,最终完成中国各区域低碳经济发展的定量评估、排名或分类。通常这种建模研究方法可以分为四类:一是分解方法(decomposition methods),又可分为等式分解和指数分解。通常碳排放被等式分解成人均 GDP、人口规模、能耗强度以及能源消费的碳强度,这又称为 IPAT 等式或 KAYA 恒等式。指数分解又可以分为拉氏(Laspeyres)指数分解方法、迪氏(Divisia)指数分解方法以及 LMDI(Logarithmic Mean Divisia Index)分解方法。二是计量分析方法。这包括环境库兹涅茨曲线、STIRPAT 模型、调整后的索洛增长模型、固定效应和随机效应模型、VAR 模型、时序模型、协整技术和马尔可夫链模型、省级面板数据以及格兰杰因果关系论在其线性关系和非线性关系中的应用。三是模拟方法和系统优化方法,前者包括 LEAP 模型,后者包括 MARKAL 模型、IPAC 模型、混合模型等。四是投入—产出分析(I—O)模型,即使用投入—产出模型及其衍生类的模型将经济增长、能源消耗及碳排放量纳入同一个框架体系内考量。不同的建模方法各有利弊。分解方法相对简单、直观和易于理解;计量方法通过过去的统计关系预测未来的发展趋势;模拟和优化方法中的参数往往通过校准得到;投入—产出方法侧重部门之间的相互联系,但是方程中的系数是固定的,难以描述技术变化、要素替代以及行为变化。这些方法在预测时通常结合情景分析方法使用。

七、低碳经济面临的主要挑战

在全球气候变暖的背景下,以低能耗、低污染为基础的低碳经济成为全球热点。现阶段,我国的低碳经济高速发展,但是某些地区与行业在低碳经济发展过程中还存在着比较明显的资源浪费严重、生态环境污染等方面的问题,生态环境恶化现象仍然没有得到有效根治。粗放式的经济发展方式使资源环境受到严重的破坏,这对我国低碳经济的良性发展也会造成很大影响。

挑战之一:工业化、城市化、现代化还在加速推进的中国,正处在能源需求快速增长阶段,大规模的基础设施建设不可能停止;长期贫穷落后的中国,以全面小康为追求,致力于改善和提高 13 亿人民的生活水平和生活质量,带来能源消费的持续增长。"高碳"特征突出的"发展排放",成为中国高质量可持续发展的一大制约。怎样既确保人民的生活水平不断提升,又不重复西方发达国家以牺牲生态环境为代价谋发展的老路,是必须面对的一道难题。

挑战之二:我国产业结构还没有充分转型升级,不适应低碳经济的内在要求。我国有些产业结构并没有得到及时、有效的调整和优化升级,无法充分适应低碳经济的发展节奏和步伐。我国经济的主体还是第二产业,这决定了能源消费的主要部门是工业,而工业生产技术水平落后,又加重了中国经济的高碳特征。如何进一步调整和优化产业结构、提升工业生产技术和能源利用水平,是一个绕不过去的棘手问题。

挑战之三:我国"富煤、少气、缺油"的资源禀赋条件,决定了中国能源结构以煤为主,低碳能源资源的选择受到很多限制。电力中,水电占比只有20%左右,火电占比超过一半,"高碳"目前还占据优势地位。据计算,每燃烧一吨煤炭,产生4.12吨二氧化碳气体,比石油和天然气每吨分别多30%和70%。

挑战之四:我国的低碳经济相关法律法规还不完善。低碳发展过程中还缺乏足够的法律法规的指导和规范,虽然当前我国已经结合不同地区的实际情况颁布了《节约能源法》《清洁生产促进法》等一系列法律法规,但是具体的条款仍然不够细化,法律执行力与可操作性仍然不足。普法举措也存在诸多问题,并没有达到有法可依、有法必依、执法必严、违法必究的实际效果。因此我国在低碳经济的推进过程中需要持续改进与完善立体的低碳法律法规、制度与标准,为低碳经济又快又好发展提供法治保驾护航。

挑战之五:作为发展中国家,我国经济由"高碳"向"低碳"转变的最大制约,是整体科技水平还比较落后,技术研发创新能力不足。尽管《联合国气候变化框架公约》规定,发达国家有义务向发展中国家提供技术转让,但实际情况与之相去甚远,我国不得不主要依靠商业渠道引进。我国由高碳经济向低碳经济转变,每年需要巨额资金。这样的巨额投入,显然是中国的一大负担。

挑战之六:支撑我国低碳经济发展的新型投融资机制还不健全。从总体情况来看,我国的低碳与绿色金融近年来已经获得巨大发展,无论是从规模还是体量上都居于国际前列,但是低碳与绿色金融的体制机制还不健全,国际化、制度化、标准化方面还有不少短板,需要进一步优化。我国碳金融发展也刚刚起步,低碳经济的投资多元化还不到位,过分依赖政府的投入和国际机构的帮助,并没有形成系统、完善的市场融资机制和政府投入机制。此类情况对投资融资、银行贷款、碳交易、碳金融衍生品等方面造成很大影响,进而导致低碳经济的发展缺少高效、良性的投融资生态环境。

八、我国低碳经济研究的目标和重点任务

为应对全球气候变化和国际金融危机,低碳经济成为越来越多国家实现可持续发展的必选之路。西方发达国家已经在全球低碳经济发展中取得了技术领先并掌握了一定的主导权。我国的特殊国情决定了发达国家的低碳发展道路并不完全适合我国,因此,如何借鉴发达国家的经验,走出一条有中国特色的低碳经济发展道路是我国低碳经济研究解决的首要问题。

(一)我国低碳经济研究的目标

国际层面,为我国经济争取更多的发展空间。如何让我国争取到更多机会参与国际气候制度体系的建立、如何为我国实现新型工业化和高质量现代化争取应有的发展权和必要的排放空间,是国内低碳经济研究需要深入思考的问题。对减排问题,我国应研究减排的真实成本和社会经济风险,构建符合国家利益的减排指标和目标。国内层面,提供低碳经济发展战略和路径选择。从全国层面统筹考虑低碳经济的发展战略问题,通过各种情景分析,评价中国对低碳经济发展的适应性,明确低碳经济发展战略定位和优先领域,为国家经济发展战略制定和应对各种低碳经济问题提供决策依据;立足国内低碳经济发展中多元主体的利益诉求,解释低碳经济发展推进过程中利益激励和约束的可能性,提出低碳经济发展中的利益分配均衡对策,诱发低碳经济发展的内在动力,从利益机制的有效运作上确保低碳经济的可持续发展。行业和

区域层面,提供低碳发展技术路线和发展模式选择。我国应全面分析和评价各种低碳经济政策、发展方案对我国各行业和区域的经济影响,提供行业或区域的低碳发展能力建设与决策支持系统,探索不同背景下的低碳发展模式及选择。

(二)我国低碳经济研究的重点任务

1. 完善低碳经济数字化系统

目前,我国尚缺少完备、系统的碳排放监测数据,且气候变化信息分散在不同领域和部门,国外关于中国的信息和数据容易影响到对我国排放地位的科学判断,不利于我国应对气候变化的科学决策,因此,要建立中国气候变化及能源利用数字化管理系统,提升碳系统透明度,将目前分散的、与气候变化相关的数据信息整合到一个系统化的架构中,为我国应对气候变化提供强有力的数字化支撑;完善我国碳排放数据统计、采集、监测体系,发展数字化碳排放系统,为相关决策、评估和研究工作提供高质量的数据库支撑。

2. 研究低碳经济运行内在机理和发展规律

我国应从不同的角度深入研究低碳经济的内在运行机理,深入具体区域、产业、行业研究碳排放与经济增长及经济发展演进的关系、与进出口贸易的关系、与能源总量及结构演进的关系、与区域发展格局的关系;在碳排放影响因子和驱动因素研究中,具体结合地方经济发展情况和产业、行业发展情况研究碳排放问题,加强居民消费行为对碳排放影响的研究;进一步分析核算碳排放,得出具体行业、区域的碳足迹边界系统,构建碳足迹核算框架体系;加强碳税对经济发展影响的研究,提出我国碳税制度的实施框架,以及碳税与相关税种的功能定位,制定我国开征碳税的实施路线图;深入开展碳交易研究,对全球碳交易市场构架、碳交易品种、额度、市场规模以及地区分布进行统计和估算,推动国内交易机制发展;进一步深化碳汇研究,分析如何提升我国的森林碳汇、海洋碳汇等的发展潜力。

3. 制定我国低碳经济发展路线图

我国应结合"双碳"战略,研究不同领域、不同层面低碳经济与"碳中和"发展路径,勾画国家层面低碳经济与碳中和发展路线图,探讨各个区域、行业、部门等微观层面的碳排放轨迹,分析不同途径所形成的现实节能减排量及其贡献率,以各种途径所能实现的节能减排量及其现实难度为基础对未来中国低碳发展选择重点做出判断,分析不同系统下低碳经济的发展路径;同时,对发达国家碳轨迹开展总量和结构比较研究,在比较的基础上探讨碳轨迹的一般性规律及不同经济和政策情景对碳轨迹的影响,结合中国的具体国情,得到未来中国可能的碳轨迹及其峰值年份,为国家"双碳"战略目标下的绿色低碳发展路线图选择提供可靠的决策依据。

4. 构建高效的低碳经济政策体系

我国应对低碳经济政策模拟模型进行持续改进,预测低碳经济政策可能产生的综合效应,寻求更适合国情的"一揽子"低碳经济政策组合,减缓碳减排压力对经济造成的冲击;针对国家相关政策和措施的具体实施效果建立评价体系,如碳排放动态评估与政策分析体系,可对相关碳税、碳关税和相关技术经济政策开展评价;以项目为基础的碳减排量评估机制,为碳市场的买卖双方开展温室气体减排量交易提供公平、公正、公开的第三方评估结果;研究资源性产品价格和矿产资源产权制度,完善资源有偿使用制度,建立生态环境补偿机制,形成合理的能源价格和税费体系;研究如何为我国低碳经济关键技术如新能源技术、新型储能技术、碳捕集、封存与利用(CCUS)技术,超高效热泵,氢能的生成、运输和存储等的研发、推广、运用提供公共财政补贴、绿色金融、绿色税收等政策支撑。

第三节　低碳经济发展的意义

随着工业科技的快速发展,温室气体的大量排放对人们的影响也在不断地增大。我国作为温室气体排放大国,推动低碳经济不断深化,对我国的整体发展至关重要。随着我国经济建设的快速发展、对矿产资源的消耗速度快速提升、各类温室气体的大量排放,对生态环境造成了极为严重的影响。同时,我国本身的资源状态呈现明显的"富煤、缺油、少气"的状态。大量的资源消耗,使我国的经济发展与资源、环境之间产生了巨大的矛盾。近年来,世界各国对于资源的重视程度正在不断地提升。碳关税不断地提高,已经成为很多发达国家的贸易壁垒,对传统优势产品贸易造成了极为严重的影响。因此,为了巩固我国的经济地位,我国必须强化低碳经济的发展,提高我国的全球综合竞争力。

一、低碳经济有利于推动生态文明建设

党的十八大以来,面对资源约束趋紧、环境污染加重以及全球气候变暖等一系列自然生态危机,党中央高瞻远瞩,从新的历史起点和全局高度做出了"大力推进生态文明建设"的战略决策。在党的报告中,总书记指出,人与自然是生命共同体,要推进绿色发展,建立健全绿色低碳循环发展的经济体系。生态文明和低碳经济的产生有共同的环境背景、共同的伦理价值观,在逻辑关系上相互耦合、互有侧重、相互支持,共同指引人与自然的和谐相处之道。

生态文明是人类文明继农业文明、工业文明之后又一全新的人类文明形态。低碳与生态环保正逐渐成为人们生产和生活的基本准则和要求。生态文明从更加宏观的层面指明了工业文明的未来演化和发展方向,而低碳经济产生于工业文明内部,其最终将成为推动工业文明向生态文明演化和发展的驱动力。在价值同构层面,生态文明的构建需要低碳经济作为基础,而低碳经济的发展则需要生态文明从宏观层面做出前瞻性的指导。在理论层面,生态文明和低碳经济都是为了克服发展过程中的资源、环境、生态问题,实现人与自然和谐共生;在实践层面,两者都是围绕新的生产生活方式、新经济模式、新能源产业链等展开。倡导低碳经济、加速人类文明向生态文明转型是实现社会可持续发展以及构建人类命运共同体的关键。在理论互动和支持方面,低碳经济模式与生态文明理念实质上就是经济实践与发展理论的互动和支持。新的发展理念催生了全新的发展模式,而新的发展模式又是新的发展理念不断丰富和完善的重要实践支撑。

生态文明理论的提出和兴起恰逢我国加速推进中国式现代化和中华民族伟大复兴的历史阶段,这从根本上决定了两者之间的不可分割性。实现中华民族伟大复兴是近代以来中华民族最伟大的梦想,而建设生态文明是中华民族永续发展的千年大计,因此生态文明建设注定是中华民族伟大复兴的历史机遇和必由之路。民族复兴是目标,低碳经济和生态文明是手段和路径。我国具有建设生态文明的一系列基础条件和综合优势,拥有全球最大的绿色能源市场和最大的绿色产业基础,同时我国社会主义制度强调人类命运共同体、人与自然和谐相处的理

念是我国建设生态文明的最大制度优势。

二、发展低碳经济有利于促进经济发展方式变革

低碳经济的有效推进可以引领未来世界经济发展,实现可持续发展。在全球经济背景下,大多数国家都着重针对自身的经济发展模式进行重新审视和认知。我国进一步结合自身的实际情况探寻如何才能更有效地实现经济的高质量发展与可持续增长。在当前转型发展背景下,低碳经济有巨大的发展潜力,将成为我国经济发展转型升级的重要契机。低碳经济的发展,更注重制度创新、技术创新等,借助数字产业、生命科学、能源环保产业等相关方面进一步着力打造全新的绿色产业链,以此有效打造和推广低碳经济发展模式,使国家提前布局未来经济发展的制高点,提升绿色竞争优势,促进可持续发展战略深入推进。发展低碳经济、实现经济发展方式的转型升级是大势所趋。

低碳经济的发展,其重要内容体现在充分利用新能源,进一步广泛研发和应用低碳创新技术、开发和应用低碳产品,进而更有效地降低生产成本,促使相应的产业转型升级,实现高质量的创新发展。当前,我国进一步加大新能源技术的研究和开发力度,对其进行更加广泛深入的应用,例如,太阳能、风能、氢能、生物质能源、新型储能等都得到了充分的开发和应用,各类技术不断优化创新,进而确保可再生能源与资源得到更充分的利用和更科学、合理的转换。

国际与区域间的贸易与碳博弈对世界格局重塑有巨大影响。在低碳经济的进一步深化发展过程中,以低碳为代表的新技术、新标准和新专利,以及最先开发和掌握低碳技术的国家,会成为全新的经济主导,而其他国家在新一轮的竞争体中会遭遇全新的技术贸易壁垒。特别对发展中国家而言,碳壁垒会成为当前需要着重关注的焦点问题。绿色技术成为全新的世界标准,对于依赖传统工业的发展中国家会形成更高的技术门槛,由此使碳生产率的竞争成为当前国际区域之间合作交易的关键,同时国际和区域之间的碳合作以及碳博弈等竞争也会愈演愈烈。如何抢抓机遇、迎头赶上全球低碳发展大趋势,是我国提升全球综合竞争力、实现中国式现代化的必由之路。

三、低碳经济的经济学价值

(一)经济学发展的新范式

由于以往人们的经济活动的范围程度比较小,因此各类经济活动所产生的二氧化碳等温室气体都能够被生态系统的自我调节能力所吸收,并不会导致环境受到不可逆的破坏。但是随着工业革命的不断推进,传统的轻工业逐渐向重工业转轨,一些机器大工业生产随之而来,因此,重工业所产生的温室气体排放量逐渐增多,就会严重破坏环境的生态平衡,造成严重的环境问题,同时影响经济的发展。而根据以往的经济学理论,经济活动的大部分目标是为了提高经济收入,增加物质产出,但是低碳经济理念的提出为经济发展方式的转变提供了重要的理论支撑,同时也为大企业的未来发展方向提供了重要依据,是我国经济高质量转型发展的重要基础。

(二)拓展经济学的研究范畴

低碳经济在不断发展的过程中产生了相应的交流工具,推动着市场的循环交流。但是由

于我国对低碳经济理论的掌握还不够深入,因此这些交流工具的应用开发还存在一定的滞后性,尚且处于一种不完善的阶段。然而,这种开发阶段已经被纳入经济学的研究范围,从而客观上丰富了有关经济学的研究内容。与此同时,以往经济学家在探究经济风险的问题时往往忽略了对生态环境污染问题的考量,在低碳经济理论的影响下,经济学研究者不得不重新审视结合气候变化与生态环境风险的经济结构,同时,低碳经济理论也为优化经济结构确立了方向。

(三)完善世界经济体系

随着各国经济学者对国际经济理论的全面分析,国际经济合作已经成为国家间发展的重要基础,同时也成为国际经贸的主要方式,为国家的发展起到了强有力的推动作用。而国际合作能够有效地整合资源,在获得更多利益的同时污染全球生态环境。导致发达国家与发展中国家之间合作的主要矛盾在于全球生态环境问题日趋恶化,许多发展中国家为了谋求经济利益而忽略了对生态环境的保护。低碳经济理论倡导的理念与价值观,能够有效缓解国际经济合作产生的矛盾,将发展的目标放在促进全球经济可持续发展上。

(四)变革传统的生产和消费模式

从传统方式来看,一旦刺激物质消费,就会与低碳经济的发展产生矛盾,但低碳经济理论的传播致力于更好地解决这种矛盾,在满足人们的生产生活基本需要的同时,引导人们的低碳消费方式转型,从而为我国的经济可持续发展提供强有力的支持。

总而言之,低碳经济作为一种新型的经济范式,是新经济环境下降低碳排放与生态环境污染、提高经济效益的重要手段。低碳经济发展对我国的经济学价值研究以及推动我国经济高质量发展具有重要的现实意义。通过低碳经济理论与实践的不断推进,有利于构建符合我国国情的低碳经济发展方式与发展战略,推动我国更高质量地发展与构建人类命运共同体的目标早日实现。

第二章 低碳经济的理论基础

第一节 可持续发展理论

一、可持续发展理论概述

工业革命以后,人类开发和利用自然资源的能力得到了极大提高,但接踵而至的环境污染和极端事故也给人类造成巨大灾难。1943年的美国洛杉矶光化烟雾事件、1952年的伦敦酸雾事件、20世纪50年代的日本水俣病事件、1984年的印度博帕尔化学品泄漏事件等,均造成大面积污染和大量民众伤病死亡。这些事故引起了人们的思考。

1972年,以研究环境和发展问题著称的"罗马俱乐部"发表了《增长的极限》报告,提出如果世界按照现在的人口和经济增长以及资源消耗、环境污染趋势继续发展下去,那么我们这个星球迟早将达到极限进而崩溃,引起国际社会的极大争论。同年,联合国在斯德哥尔摩召开人类环境研讨会,会上首次提出了"可持续发展"的概念。1983年,联合国成立"世界环境与发展委员会"进行专题研究。该委员会1987年发表《我们共同的未来》报告,正式将可持续发展定义为"既能满足当代人需要,又不对后代人满足其需要的能力构成危害的发展"。此后,可持续发展成为国际社会的共识。

1992年,联合国在巴西的里约热内卢召开"环境与发展大会",通过了以可持续发展为核心的《里约环境与发展宣言》等文件,被称为《地球宪章》。2002年,联合国又在南非召开"可持续发展问题世界首脑会议",通过了《约翰内斯堡执行计划》。2012年,各国首脑再次聚会里约热内卢,出席联合国可持续发展大会峰会,重申各国对可持续发展的承诺,探讨在此方面的成就与不足,发表了《我们憧憬的未来》成果文件。2015年,联合国193个会员国共同达成了《2030可持续发展议程》这一份纲领性文件,涵盖经济、社会、环境三大维度,为今后一段时间的全球可持续发展提供了战略方向。

二、联合国2030年可持续发展议程

2030年可持续发展议程是2015年9月25日在联合国发展峰会上审议通过的,这份文件

为未来15年世界各国发展和国家发展合作指引方向。《2030年可持续发展议程》是对千年发展目标的继承和升级,力求完成尚未完成的目标,特别是帮助弱势群体。议程包括17个可持续发展目标及169个相关具体目标,其重点是:消除贫困和饥饿,促进经济增长;全面推进社会进步,维护公平正义;加强生态文明建设,促进可持续发展。从内容上看,《2030年可持续发展议程》涉及经济发展、社会进步和环境保护三个方面,三位一体,缺一不可;从适用范围来看,它适用于世界上所有国家,既包括穷国又包括富国;从制订过程来看,所有会员国都参与了讨论,有雄厚、坚实的基础。如何在发展水平不一的全球各地实现这些可持续发展目标,可谓2030年可持续发展议程的关键。

(一)联合国发布2030年可持续发展战略目标及行动议程

联合国可持续发展司发布的《改造我们的世界:2030年可持续发展议程》,于联合国成立70周年之际公布了新的全球可持续发展战略目标及行动议程,目的是在全球所有国家创造可持续、包容和持久的经济增长,实现经济、社会和环境三方面平衡的可持续发展。该议程提出了下述17项主要战略目标及具体行动。

(1)在全球消除所有形式的贫困。到2030年,各国要消除极端贫困人口(每日生活费不足1.25美元),实现贫困人口比例下降一半;实施全面的社会保障机制,实现对穷人和弱势群体的实质性覆盖,建立针对穷人和弱势群体的援助体制,主要行动包括:通过全球合作,为发展中国家提供充分援助,以消除贫困,加速投资,支持消除贫困和性别不平等的行动。

(2)消除饥饿,实现粮食安全并改善营养,促进农业可持续发展。到2030年,确保所有人免受饥饿,解决各种形式的营养不良问题。通过平等土地使用权、增加投资、提供知识与金融服务等方式,使各国个体农牧渔民的收入翻倍增长,建立全球可持续粮食生产系统;通过建立国家和国际的种子与植物银行,保持种子、栽培植物、养殖动物及野生物种的遗传多样性,主要行动包括:增加投资,促进农村基础设施建设、农业研究、技术开发与推广服务,建设植物和牲畜基因库,纠正和防止世界农产品市场的贸易壁垒和价格扭曲。

(3)形成健康的生活习惯,促进人类福祉。到2030年,降低全球孕产妇的死亡率和新生儿的死亡率,结束艾滋病、结核病、疟疾和热带病的流行,控制传染病和非传染性疾病带来的死亡;加强控制麻醉品滥用和酗酒,减少交通事故,普及全民健康保险,大幅降低各种污染造成的危害,主要行动包括:在所有国家控制烟草,支持疫苗和药物研发;灵活处理知识产权,为发展中国家提供廉价的基本药物和疫苗;支持发展中国家培养卫生人员,加强全球健康风险的早期预警和管理能力。

(4)确保包容和公平的素质教育,提供终身学习的机会。到2030年,确保所有女性和男性都能获得公平和优质的学前教育、小学和初中教育,都能获得负担得起且高质量的技术、职业和高等教育;确保所有弱势群体都能获得各级教育和职业培训的平等机会,主要行动包括:建设针对儿童、残疾人和不歧视性别的教育设施,提供安全、非暴力、包容和有效的学习环境;向发展中国家提供职业培训和科技领域的奖学金,在发展中国家培养大量的合格教师。

(5)实现性别平等并提高所有女性的地位。消除所有形式对女性的歧视和针对女性的暴力行为,通过提供公共服务、基础设施和社会保护政策,促进家庭和睦,主要行动包括:进行改革,赋予妇女平等获得经济资源的权利;通过运用技能技术(特别是信息和通信技术)、健全政策与法律,提高女性和儿童的地位。

(6)确保为所有人提供供水和卫生设施,并能有效和可持续运行。到2030年,为所有人公平地提供安全饮用水和卫生设施,大幅增加废水的回收利用比例。在所有行业大幅提高水的使用效率,确保可持续的淡水供应,通过跨国界合作,实施水资源的综合管理,主要行动包括:扩大国际合作,资助发展中国家的有关计划;支持地方社区参与水和卫生的管理工作。

(7)确保所有人能够获得经济、可靠、可持续和现代化的能源。到2030年,形成普及、可靠和现代化的能源服务,大幅增加可再生能源在全球能源中的份额,双倍提高全球能源的使用效率,主要行动包括:促进对能源基础设施和清洁能源技术研究的投资,为发展中国家提供现代化和可持续的能源服务。

(8)促进持续、包容和可持续的经济增长,为所有人提供充分就业和体面的工作环境,在最不发达国家保持每年至少7%的GDP增长率。通过技术升级和创新,向高附加值和劳动密集型产业转型;支持创业和创新并鼓励微型和中小型企业发展,提高全球资源使用效率,努力将经济增长与环境退化脱钩,由发达国家带头实现可持续的消费与生产;大幅减少青年不能获得就业、教育和培训的比例。主要行动包括:增加对发展中国家的技术援助;在2020年前制定和实施青年就业全球战略。

(9)建设基础设施,推进包容性和可持续的产业发展,促进创新。建设质量可靠、可持续、有发展弹性的基础设施,促进包容性和可持续的工业发展,在所有国家升级基础设施和改造产业,提高资源利用效率,采用清洁和环境无害技术;加强科学研究,提高所有国家工业部门的技术能力,到2030年大幅增加研发人员的数量,主要行动包括:通过加强对非洲国家、最不发达国家、内陆发展中国家与小岛屿国家的经济和技术援助,促进发展中国家建设可持续和有发展弹性的基础设施;支持本土技术研发与创新,建设有利于创新产业化和商业化的政策环境。

(10)减少国家之间和国家内部的不平等。到2030年,逐步实现各国40%最穷人口的收入增长高于全国的平均水平,确保机会平等,消除歧视性法律和政策;确保发展中国家在国际经济和金融机构的决策中增加代表性和发言权;对国际移民实施有计划和良性的管理,主要行动包括:按照世界贸易组织协定,对发展中国家的贸易执行特殊和差别待遇;鼓励发达国家援助发展中国家。

(11)构建具备包容性、安全性、发展弹性和可持续性的城市和居住区体系。到2030年,确保所有人能够获得安全、负担得起的住房和基本服务,提供安全、经济、便利和可持续的交通系统;增强城市的规划和管理能力;努力保护世界文化和自然遗产;大幅减少灾害所造成的死亡人数、受影响人数和直接经济损失;减少城市对环境的不利影响,主要行动包括:加强国家和区域发展规划,支持城市、郊区和农村之间在经济、社会和环境方面的互动;提高资源利用效率,减缓气候变化,制定和实施对灾害的综合风险管理方案。

(12)构建可持续消费和生产模式。到2030年,实现对自然资源的可持续管理和高效利用,全球在零售和消费环节的人均食品浪费减半,减少粮食在生产和供应环节的损失;实现对化学品和所有废物的环境无害化管理,尽量减少其不利影响;鼓励企业采取可持续生产模式,促进可持续的公共采购,主要行动包括:支持发展中国家加强科技能力,实现更加可持续的消费和生产模式;监测可持续发展对可持续旅游的影响;减少各国对低效化石燃料的补贴。

(13)采取紧急行动应对气候变化及其影响。加强所有国家的气候和自然灾害应变能力,将气候变化应对措施纳入国家的政策、战略和规划,提升对气候变化的应对和预警能力,主要行动包括:发达国家应该履行在《联合国气候变化框架公约》中的承诺,每年筹集100亿美元援助发展中国家的减排行动。

(14)保护海洋资源,可持续发展和利用海洋。到2025年,显著减少各种海洋污染,能够可持续管理和保护海洋与海岸的生态系统,并采取行动恢复海洋的健康;加强科学合作,尽量减轻和解决海洋酸化的影响;有效规范,结束过度、非法、未报告、无管制的捕捞和破坏性的捕鱼方法;基于科学管理在最短的时间内尽可能恢复鱼类储量,主要行动包括:发展研究能力,促进有关海洋的技术转移,帮助个体渔民进入海洋资源市场,通过执行《联合国海洋法公约》等国际法,保护和可持续管理海洋及其资源。

(15)保护、恢复和促进可持续利用陆地生态系统。可持续管理森林,防治荒漠化,制止和逆转土地退化,遏制生物多样性的流失;确保对陆地淡水生态系统的保护、恢复和可持续利用,防止荒漠化继续发展,恢复已退化土地;保护生物多样性,停止物种灭绝;制止偷猎和贩运受保护的动植物;防止和减少外来物种入侵对土地和水生态系统的影响,主要行动包括:增加投资,用于生物多样性与生态系统的保护和可持续发展;资助森林保护和植树造林;在全球加强打击偷猎行动。

(16)构建和平、包容、可持续发展的社会。建立有效、负责和包容的各级机构,为所有人提供公平的机会;显著降低任何形式的暴力活动及相关死亡率,结束虐待、剥削、人口贩运;大幅减少非法资金和武器流动,大幅减少贪污贿赂犯罪;建立有效、负责、透明的各级机构;确保决策的代表性、参与性、包容性和响应性;加强发展中国家对全球治理机构的参与,主要行动包括:通过国际合作强化有关国家的能力,防止暴力,打击恐怖主义和犯罪行为;推动制定和执行非歧视性的法律与政策。

(17)加强全球可持续发展合作。在财政方面,加强对发展中国家的国际援助,发达国家要履行其承诺,给发展中国家的官方开发援助(ODA)应达到国民生产总值(GNP)的0.7%,其中给最不发达国家的ODA应达到GNP的0.15%—0.20%;帮助发展中国家解决债务危机问题;在技术方面,加强各类国际合作,促进科技和创新,加强知识共享;在发展中国家促进对环境无害技术的开发、转移、传播和推广;在能力建设方面,援助发展中国家的能力建设,支持其国家可持续发展计划的实施;在贸易方面,结束多哈谈判,建立一个具有普遍性、有规则、开放、非歧视和公平的多边贸易体制;在管理方面,促进各国可持续发展政策保持一致,但尊重每个国家的政策选择权利;通过全球合作,共享知识、技术和财政资源;鼓励和促进公众参与、公私合作和社区合作;到2030年,制定关于可持续发展的计量指标体系,并支持发展中国家的统计能力建设。

(二)联合国2030年可持续发展议程面临的挑战

当前,全球可持续发展事业正面临前所未有的严峻挑战。过去几年,接连不断的全球性危机使发展中国家受到重创。高昂的能源和食品价格加剧了世界上一些最贫穷国家面临的挑战。人类发展指数32年来首次连续两年下降,低至2016年的水平。贫困和饥饿正在加剧,不平等现象也在扩大。此外,全球金融状况迅速收紧、借贷成本上升,增加了脆弱国家的债务风险,并削弱了其投资于复苏的能力,更无法投资于气候行动和长期可持续发展。

目前在全球范围内,可持续发展目标(Sustainable Development Goals,SDG)实施取得了一定进展。但由于气候变化、新冠疫情、地区冲突以及逆全球化等综合影响,特别是俄乌冲突、能源危机、金融危机与物价狂涨等多重因素叠加,联合国 SDG 实现受到极大挑战。

世界银行报告,目前约有 7.36 亿极端贫困人口;粮农组织报告,8.2 亿人面临饥饿。2021年,全球营养不良率已上升到 10.4%。世界气象组织报告,气候变化正引发全球陆地、海洋和大气难以预知的反应;全球极端天气,如高温热浪、暴雨洪涝、病虫害、人蓄疾病等灾害频率增加,造成巨大的经济损失;陆地物种数量已经减少三成左右,目前地球平均每天都有大约 50—150 种生物种灭绝。联合国环境署报告,全球森林面积继续减少(全球每年 5 万—7 万平方公里);75%的土地仍在退化,损失耕地 600 万公顷;影响人口超过 13 亿。联合国水—机制报告,全球 20 亿人没有安全饮用水,36 亿人没有安全管理的卫生设施;联合国能源—机制报告,全球仍有 7.33 亿人用不上电,24 亿人仍在使用有害健康和环境的燃料做饭。情况的确令人担忧。经济合作与发展组织(OECD)认为,联合国 SDG17 个目标 169 个子目标约有 105 个目标将难以在中期评估时实现。目前有 40%目标、子目标缺乏有效的监测数据或模型,或方法。

多个联合国机构在各种场合反复指出成员国政府的政治意愿、国际社会的积极参与、发达国家兑现发展援助承诺、伙伴合作推动 SDG、缩小数字鸿沟、推动信息技术及发展中国家的能力建设的重要性。现任秘书长古特雷斯指出,贫富悬殊造成一系列全球性问题,包括经济不稳定、腐败、金融危机和犯罪率提高,而这一切都使人的身心健康日益恶化。食物、健康、水、适当的社会和卫生条件、教育、体面的工作和社会保障是"每个人的固有权利,而不是特权"。他特别强调:"除非全球社会共同努力,联合国 2030 可持续发展目标将大大偏离轨道。"

古特雷斯在 2023 年发展融资论坛开幕式上警告称,2030 年可持续发展议程正在变成一座"理想中的海市蜃楼"。联合国经济及社会理事会主席拉切扎拉·斯托耶娃坦言:"我们无法承受资金不足带来的打击,这会把许多目标置于风险之中。如果无法确保加以落实,2030 年可持续发展议程将遥不可及,给人类和地球造成严重后果。"她呼吁立即在债务减免、投资、气候融资和国际税务合作方面采取措施,并将此次论坛描述为一个寻找大胆解决方案的机会,以应对当前的融资挑战。

世界急需更多的融资来实现 2030 年可持续发展议程所勾勒的雄心目标,促进国际发展合作正当其时。中国提出全球发展倡议并建立全球发展和南南合作基金,可以在一定程度上弥补融资缺口,并利用中国自身的技术专业知识帮助发展中国家应对优先事项,最终让全世界在实现可持续发展目标的道路上加快步伐。

(三)实现"2030 议程"需全球多元利益相关方共同努力

实现"2030 议程"最重要的第一点是全球人人参与其中,并在科学技术方面取得进步。我们必须持续地利用这些新的技术来加强可持续目标的发展和实现,同时也要减少这些有可能会影响旧技术的负面影响,联合国针对新技术也会有很多讨论,新技术也有一些不利的地方,比如它会影响就业率等,这些都是值得我们关注的。第二点就是融资。我们应该去突破传统的一些方式,意味着我们要去探索投资和资本流。世界范围内可能是缺少资金的,但是要去实现可持续发展目标,我们可能也要有一些短期目标,必须把重点放在三个更广泛领域的行动上。首先,加大国内资源配置效率,促进工业化的公共投资;其次,创造私人投资的环境;最后,加强国际合作,支持各国国内的可持续发展进程。另外,我们还需要解决的另一个问题是加强伙伴关系,使所有人参与进来,因为光有各国政府的努力是不足以实现"2030年可持续发展议程"的,还要有企业、学术机构、NGO(非政府组织)的共同参与。此外,当地政府、个人以及青年的参与也很重要。目前世界范围内总计有18亿青年人口,这个数据是人类历史上青年人口最多的一个时段。第三点就是要加强证据数据的作用,要加强公共机构在减缓气候变化和灾难影响方面的作用,要加强生产力和经济适应性,要加强地方政府之间的职能,也要加强机构的协调力,垂直的和平行的都是如此。尽管我们已经在努力推进全球范围内可持续发展的理念,但还不够,也没有看到更多具体成果,需要持续付出更加艰苦的努力。

(四)消除极端贫困仍需社会各界出力

虽然目前极端贫困人口数量仅为1990年时的1/3,但全球仍有10.9%的人口生活在贫困线以下。除了这些数据,经济及社会理事会(ECOSOC)的数据还显示,2022年的营养不良人口已超过2016年。如今,全世界有71%的人口可以获得清洁水,但是基本公共卫生的渠道在减少,仍有20%的人口并没有获得清洁水的渠道,其实这个数据较2000年的12%已经有所上升。因此,很重要的一点就是我们获得成绩的话,国家和国家之间的努力很重要。消除极端贫困是可持续的,这也是ECOSOC在全球范围内的首要目标。从"2030年可持续发展议程"的角度来看,光有经济增长还不足以帮助那些仍然生活在贫困线以下的人,今后还需要做到以下几点:首先是需要为这些穷人提供体面的工作,让他们能获得稳定的经济来源;其次是要设计并实施一种社会保障体系;最后是要对自然灾害有足够的防备,因为自然灾害通常会给经济和社会发展造成间接性损失。很重要的一点是,2030年议程把它视为一个整体,所有17个目标都是互相联系的,比如性别平等。它其实与解决贫困问题都是息息相关的。

(五)"数据之治"与可持续发展

可持续发展是人类社会繁荣进步的必然选择,实现强劲、绿色、健康的全球发展是世界各国人民的共同心愿。第四届联合国世界数据论坛2023年4月在杭州开幕。联合国世界数据论坛是落实2030年可持续发展议程的重要举措,是全球数据生产者和使用者深入交流合作的重要平台。当前,世界百年未有之大变局加速演进,全球可持续发展面临多重挑战。高效、合规利用数据和统计信息将有助于更好地实现可持续发展目标。

数据缺失、发展不均衡、目标间关联且相互制约等问题正在成为实现联合国可持续发展目标的主要挑战。据了解,由于缺少充分、有效的数据支持,对全球范围内约68%的相关指标无法进行有效监测;同时,受疫情影响,低收入国家和地区的基本数据收集和分析能力显著降低,导致目标实现进程受阻。坚持真正的多边主义,深化全球数字治理;强化数字创新应用,加强新一代数字技术协同创新;促进公平发展,营造开放、包容、公平、公正、非歧视的数字经济发展环境;强化对全球减贫、粮食安全、能源供应、卫生健康等领域的统计监测。各国共谋大数据支撑可持续发展之计,必将为落实2030年可持续发展议程、推动构建人类命运共同体凝聚起强大力量。国家主席习近平向联合国世界数据论坛致贺信指出,中国是联合国2030年可持续发展议程的支持者和践行者,坚持创新、协调、绿色、开放、共享的新发展理念,不断完善数字基础设施,建立健全数据基础制度体系,加强数据和统计能力建设,积极分享中国可持续发展目标监测实践和经验。中国愿同世界各国一道在全球发展倡议框架下深化国际数据合作,携手构建开放、共赢的数据领域的国际合作格局,促进各国共同发展进步。

大数据是人类认识地球的新钥匙和知识发现的新引擎,为人们认识世界提供了全新思维,为科学研究带来新的方法论和新的范式,正深刻改变着人类的生产生活方式以及对世界的理解。准确、可靠、及时和分类清晰的数据,是实现 2030 议程 17 项可持续发展目标的关键。近年来,中国成立可持续发展大数据国际研究中心,加强与国际组织、科研机构的协同合作,努力构建大数据研究的国际化平台和国际科技交流平台,为可持续发展目标实现提供有力支撑;发布《地球大数据支撑可持续发展目标报告》,采用多源数据采集、云数据分析、人工智能和区块链等技术方法,系统分析从全球到地方尺度的典型案例,构建全球和区域的联合国可持续发展目标空间评估指标体系,动态评估相关联合国可持续发展目标的全球和国别进展,以"数据之治"为推动落实全球发展倡议贡献中国力量。各国加强国际合作,共谋大数据支撑可持续发展之计,必将为落实联合国 2030 年可持续发展议程、推动构建人类命运共同体凝聚起强大力量。

三、中国落实 2030 年可持续发展议程

中国落实联合国 SDG 的贡献举世瞩目。2015 年,中国第一个实现联合国千年发展目标,得到国际社会高度赞赏;2020 年宣布在现行标准下全面脱贫,实现了人类历史上最大规模的减贫。在保障国家粮食安全和居民营养健康方面,中国仅用世界 9% 的耕地和 6% 的淡水资源养活了全世界约 18% 的人口,成为全球粮食安全的压舱石;营养不良率下降到 2.5% 以下,成绩取得不易。目前,中国是全球第一个实现联合国 2030 可持续发展目标 1(消除贫困)与目标 2(零饥饿)的国家。在气候变化方面,中国做出了巨大的努力,制定了《国家适应气候变化战略 2035》,提出了极具挑战性的"3060"双碳目标,采取了一系列的行动;制定执行了适应气候变化在减贫、城乡建设、生态环境保护、健康保障等多领域的政策与科技项目。同时,我们还积极践行生态文明理念,把推动发展与环境保护、绿色发展、美丽中国、人与自然和谐共生等纳入乡村振兴发展目标。中国推动联合国可持续发展目标靠的是实实在在的行动与艰苦努力的工作。可以说,中国消除贫困与实现零饥饿、全面小康的经验与理念模式,为全球治理提供了一个公共产品,是对联合国可持续发展目标实现的重要贡献。2016—2020 年是全球落实《联合国 2030 年可持续发展议程》的第一个五年,也是中国决胜全面建成小康社会的五年。该阶段可持续发展主要取得以下阶段性成果:

其一,历史性地消除绝对贫困,全面建成小康社会。打赢脱贫攻坚战是全面建成小康社会的底线。2020 年底,中国如期完成脱贫攻坚目标任务,现行标准下 9 899 万农村贫困人口全部脱贫,提前 10 年实现《联合国 2030 年可持续发展议程》减贫目标,其中,2015 年底以来减贫 5 575 万人。脱贫人口全面实现不愁吃、不愁穿,全面实现基本医疗、住房安全和饮水安全有保障,义务教育阶段建档立卡辍学学生问题实现动态清零。贫困地区基础设施快速改善,基本实现稳定、可靠的供电服务全覆盖,贫困村通光纤和 4G 比例均超过 98%,生产生活条件大幅提升,发展内生动力和能力明显增强。中国历史性地解决了绝对贫困问题,全面建成小康社会,为实现共同富裕和中华民族伟大复兴提供了更为坚实的物质基础,也是对全球减贫事业和人类发展的重大贡献。

其二，国民经济持续增长，发展韧性进一步增强。一是经济保持稳定增长。2016—2019年，中国年均国内生产总值增长率达6.6%，明显高于世界平均水平，对全球经济增长的贡献率保持在30%左右。2020年，国内生产总值增速达2.3%，成为全球唯一实现经济正增长的主要经济体，国内生产总值历史性突破百万亿元大关，人均国内生产总值超过1万美元。二是在经济结构优化中不断提质增效，使农业基础更加稳固，乡村振兴全面推进，工业转型升级步伐加快，持续保持和巩固全球第一制造业大国地位。2016—2020年，制造业增加值年均名义增长6.14%，由20.95万亿元增至26.59万亿元，占全球28%左右的货物贸易大国地位更加巩固，贸易高质量发展再上新台阶。2016—2019年，货物贸易年均增速达7.5%，继续保持全球第二大进口国地位。由于数字经济快速发展，现代服务业已成为重要支撑。2016—2020年，新产业、新业态、新商业模式的增加值占GDP的比重由15.4%提高到17.08%，第三产业增加值占GDP的比重从52.4%增至54.5%。2020年，中国数字经济核心产业增加值占GDP的比重达7.8%。高速铁路覆盖近95%的百万以上人口城市，高速公路覆盖近100%的20万以上人口城市。三是中小微企业不断壮大。全国实有各类市场主体从8 705.4万户增加到1.38亿户，年均净增1 247.7万户。同期，新增减税降费规模合计超过7.6万亿元。

其三，居民收入和公共服务全面改善，人民的物质和文化生活水平不断提高。一是居民人均收入稳定增长。2020年，全国居民人均可支配收入达到32 189元，比2015年名义增长46.5%，2016—2020年年均名义增长7.9%，扣除价格因素，年均实际增长5.6%。2020年，城镇、农村居民人均可支配收入分别为43 834元和17 131元。城乡居民人均可支配收入比值由2016年的2.72收窄至2020年的2.56，城乡差距不断缩小。二是居民消费结构加速升级。"十三五"期间，城镇、农村居民恩格尔系数持续稳定在较低水平，2020年分别为29.2%和32.7%。"十三五"期间，移动电话普及率从95.6部/百人增加到112.9部/百人，互联网普及率从53.2%提升到70.4%。千人汽车保有量从2016年的133辆增至2020年的195辆。三是医疗、教育、社会保障等公共服务水平持续提升，国民主要健康指标稳步提高，居于中高收入国家前列。截至2020年，建成世界上规模最大的社会保障体系，基本医疗保险参保人数逾13.6亿人，基本养老保险覆盖近10亿人。全国孕产妇死亡率从19.9/10万降至16.9/10万，5岁以下儿童死亡率从10.2‰降至7.5‰，婴儿死亡率从7.5‰降至5.4‰。人均预期寿命由2015年的76.34岁提高至2019年的77.3岁。2020年，九年义务教育巩固率达到95.2%。中国之所以能够取得经济快速发展和社会长期稳定两大奇迹，关键在于发展的包容性和共享性，始终把实现好、维护好、发展好最广大人民的根本利益作为一切工作的出发点和落脚点。在全面建设社会主义现代化强国的新征程中，中国将继续坚持以人民为中心的发展思想，始终把人民对美好生活的向往作为不懈奋斗的目标。

其四，生态环境总体优化，绿色低碳转型稳步推进。一是坚持"绿水青山就是金山银山"的理念，打响蓝天、碧水、净土"三大战役"，环境质量得到明显改善。2020年，主要污染物排放总量减少目标超额完成，地级及以上城市优良天数比率为87%，全国地表水优良比例提升至83.4%，全国受污染耕地安全利用率和污染地块安全利用率双双超90%。二是山、水、林、田、湖、草、沙系统治理成效显著，生物多样性保护进展良好，累计完成防沙治沙1 000多万公顷，荒漠化沙化面积和程度连续3个监测期实现"双缩减"。2015年底到2020年，森林覆盖率从

21.66%提高至23.04%,森林蓄积量由151亿立方米提高到175亿立方米。中国为全球贡献了1/4的新增绿化面积和1/5的土地恢复净面积,全面禁止食用野生动物,大熊猫、朱鹮等300多种珍稀濒危野生动植物种群数量稳中有升。三是实施积极应对气候变化的国家战略,推进减缓、适应气候变化的各项行动,加快发展方式、绿色低碳转型,坚定落实《联合国气候变化框架公约》及其《巴黎协定》,积极参与全球气候治理,提高国家自主贡献力度。2020年,清洁能源消费占比增至24.3%,光伏和风能的装机容量、发电量均居世界首位。到2020年,单位GDP二氧化碳排放比2015年下降18.8%,比2005年下降约48.4%,超额完成向国际社会承诺的应对气候变化相关目标。

其五,促进高质量共建"一带一路"与2030年议程协同增效,努力构建人类命运共同体。一是把支持落实2030年议程融入高质量共建"一带一路"。倡导和平、发展、公平、正义、民主、自由的全人类共同价值,对接国际上普遍认可的规则、标准和最佳实践,统筹推进经济增长、社会发展、环境保护,让各国从中受益,实现共同和可持续发展。截至2021年8月,中国政府与141个国家或地区和32个国际组织签署200余份共建"一带一路"合作文件。中欧班列累计开行突破4万列,通达23个欧洲国家的170多个城市,有效提升各地区的基础设施建设和互联互通水平。二是持续推进正确义利观下的南南合作。相继设立中国—联合国和平与发展基金、中国南南合作援助基金、气候变化南南合作基金,成立中国国际发展知识中心、南南合作与发展学院等机构,积极开展务实合作,在南南合作框架下为其他发展中国家落实2030年议程提供了大量力所能及的帮助。

中国发展得益于国际社会,也为全球发展做出贡献。中国式现代化取得的伟大成就,拓展了发展中国家走向现代化的途径,为解决人类问题贡献了中国智慧和中国方案。中国将始终站在全球繁荣的高度,承担大国责任,共享发展机遇,贡献智慧力量,推动构建人类命运共同体。

四、"一带一路"倡议与2030年可持续发展议程

进入新时期以来,在全面参与全球治理与推动国际合作中,中国先后提出了一系列的理念与倡议。"一带一路"倡议是构建全球命运共同体的重要"抓手",按照共商共建共享的原则,遵循创新、协调、绿色、开放、共享的理念,9年来取得了举世瞩目的成就:137个国家或地区与40多个国际组织签署了200多个合作协议;20多个国家建立了近60个经贸合作区,累计投资超过1 000亿美元;130多个国家或地区已经从"一带一路"建设中获益,例如,通过能源领域合作,增加了80多个国家或地区的人均用电量,提高了44个国家或地区的可再生能源占比和49个发展中国家或地区的人均可再生能源装机,此外,还成功建立了多种合作平台,开展了大批能力建设与人才培训活动等,使众多的参与国特别是发展中国家获益,并得到它们的高度认可与赞赏。

"一带一路"倡议和2030年可持续发展议程理念相通,都以联合国宪章的宗旨和原则为基础,致力于维护多边主义,促进世界和平与发展。"一带一路"倡议源于中国,但机会和成果属于世界。"一带一路"倡议有助于实现减贫,消除饥饿、卫生、就业、环境等可持续发展目标,有助于促进多边主义和经济全球化,是推动国际发展合作的重要平台。"一带一路"倡议不仅涉

及发展中国家的项目融资、交通改善和南南合作,还是对可持续发展目标和多边主义的承诺。"一带一路"倡议通过铁路、公路、机场和港口等基础设施,将中国与亚洲、欧洲、非洲等地众多国家或地区联系起来。这些基础设施项目将打造一个巨型网络,促进沿线国家或地区间的贸易交流。"一带一路"建设将促进全球贸易繁荣。贸易增长能够刺激就业岗位增加,许多国家或地区将因此受益。"一带一路"倡议被公认为是跨区域经济增长和合作的强大平台,将创造新的贸易和投资机会,相信"一带一路"可以为实现可持续发展目标创造全球公共产品。"一带一路"倡议将加强全球联接,不仅是在基础设施方面,而且在人与人的关系方面。此外,该倡议的另一个亮点是"双赢的理念",它还将推进经济与金融的融合以帮助各国分享贸易的成果。

值得特别指出,政府与民间的积极合作,是"一带一路"建设成功的重要因素之一。根据《"一带一路"沿线中国民营企业现状调查研究报告》,民营企业已经成为促进"一带一路"建设走深走实的生力军,创新驱动发展目标更加明确,抱团合作发展趋势更加明显,投资合作模式更加多元,履行社会责任更加积极,在推动"一带一路"建设中做出了积极贡献。当前的国际形势变得愈加复杂,往后需要民营企业进一步发挥自身机制灵活、形式多样、市场敏锐度高的特点,进一步推动"一带一路"建设高质量发展。国家要紧密地抱团出海,形成合力;坚守底线,练好内功,不断提高防范风险的意识。走向国门需要学习许多东西,如所在国的法律、当地的文化、老百姓的风俗习惯以及它们的发展诉求等。企业家需有大视野,恪守诚信,遵纪守法,合规经营,同时,还要有大胸怀,多点担当,主动履行社会责任,注意弱小群体的利益以及生态环境保护等问题。据估计,迄今为止,60%的企业总体运营还是比较顺利的。由于全球性新冠疫情,对"一带一路"项目的执行有所影响。未来,我国应重视与联合国 SDG 紧密对接,与参与国家发展战略有机衔接,注重评估反馈、调整提升,抓住新的机遇窗口。

五、全球发展倡议促进共同发展

全球发展倡议获得国际社会的积极响应。全球发展倡议是中国于 2021 年 9 月份向国际社会提出的一个重要的公共产品与合作平台。2021 年 9 月,习近平总书记在第二十六届联合国大会上提出了《全球发展倡议》。2022 年 1 月份,"全球发展倡议之友小组"在纽约联合国总部成立,至今其成员已达到近 70 个国家或地区。

全球发展高层对话围绕构建新时代全球发展伙伴关系,携手落实 2030 年可持续发展议程,明确落实这个全球性倡议的 7 个原则(坚持)与 8 个领域以及一份 32 项务实合作的清单。这是中国在总结了"一带一路"倡议实施 9 年来的成功经验与评估建议而提出的助力联合国 2030 可持续发展目标的实施的又一个升级版的大型国际公共物品,自然引起了国际社会的广泛重视。

全球发展倡议的初衷是促进共同发展,打造共同未来。为此,中国推出一系列落实倡议的重大举措,包括全球发展和南南合作基金、全球发展促进中心等成果纷纷落地,加大对联合国和平与发展信托基金的投入、建设开放式项目库等工作正在积极推进。通过与 17 个可持续发展目标进行对接,全球发展倡议确立了八大重点合作领域,包括减贫、粮食安全、大流行病应对、发展融资、气候变化以及数字经济等。全球发展倡议已得到 100 多个国家或地区以及联合国和其他国际与区域组织的支持,实施了 100 多个早期收获项目,使 60 多个发展中国家或地区受益。此外,中国已同20多个国家签署了全球发展倡议双边合作文件。建设美丽中国、实施乡村振兴将是我国在国际合作中的又一张名片,可望为实现联合国可持续发展目标提供又一个具有中国特色的方案。乡村振兴的本质是推动"三农"的现代化、数字化、生态化,通过"三化",实现可持续发展。成功的关键在于改变传统观念,按系统工程方法,搞好顶层设计,统筹规划,既大胆创新,又有序推进。

"全球发展倡议"的目标是助力联合国2030可持续发展目标实施,同时也可以借助它提升我们实施乡村振兴战略的能力。"全球发展倡议"的32项举措需要同合作伙伴一道推进,才能真正助力联合国SDG的实现。特别是在包括全球减贫联盟、数字技术、跨境电商、生态保护、绿色能源等领域,都是既有国际需求,又有合作优势的领域,这将是中国企业参与发展科技、振兴产业、促进贸易与提升能力、建设国际合作的一个新平台、新机遇、新窗口。

第二节 人类命运共同体理论

人类命运共同体从最初概念提出到经过十来年的探索实践,已形成相对较为完善的体系,具有丰富的内涵。人类命运共同体有着深厚的思想渊源,建立在中华优秀传统文化、马克思主义经典理论以及其他共同体思想基础之上,既彰显中国智慧,又有着超越民族和国家边界的魅力。党的二十大报告指出,构建人类命运共同体是世界各国人民的前途所在。中国共产党是为中国人民谋幸福、为中华民族谋复兴的党,也是为人类谋进步的党。构建人类命运共同体是习近平新时代中国特色社会主义思想中具有战略高度、具有全局性和现实紧迫性的重大理论命题。该理论着眼于全人类共同利益和共同福祉,致力于为人类谋进步的现实举措,是对创造人类文明新形态的重大贡献。

一、人类命运共同体的基本内涵

人类命运共同体(a Community with a Shared Future for Mankind)旨在追求本国利益时兼顾他国合理关切,在谋求本国发展中促进各国共同发展。人类只有一个地球,各国共处一个世界,要倡导"人类命运共同体"意识。人类只有一个地球,各国共处一个世界,各国在追求本国利益时兼顾他国合理关切,在谋求本国发展中促进各国共同发展,形成相互依存的国际权力观、共同利益观、可持续发展观和全球治理观,共建开放包容、和平美好的世界,促进人类全面发展。

人类命运共同体对人的本体意义做了重新定义,把"个人全面而自由的发展"作为最终的价值追求。马克思认为,人类历史发展的第三个阶段,生产力高度发展,摆脱了"异化",每个人的兴趣和创造能力都能得到有效的发挥,每个人都能得到全面自由的发展。构建人类命运共同体正是朝着第三个阶段方向努力,把人的全面发展、人的幸福作为奋斗目标。习近平总书记在阐述人类命运共同体理念时始终把"人民对美好生活的向往"放在中心位置,特别是2018年他在写给纪念《世界人权宣言》发表70周年座谈会的贺信中明确提出了"人民幸福生活是最大的人权"。人的主体地位被强调,主张人是作为自己幸福生活目的的本身,而不是某些利益集团实现目的的工具。人类命运共同体划出了国与国之间交往的"共同体底线",即尊重每一个国家的独立性和个性,在充分发挥每一个国家的独立性和个性中求合作、谋发展。习近平总书记提出:"文明因交流而多彩,文明因互鉴而丰富。文明交流互鉴,是推动人类文明进步和世界和平发展的重要动力。"

人类命运共同体把正义、平等、自由等伦理价值拓展至自然界,强调自然本身的价值。共谋全球生态文明建设是习近平总书记人类命运共同体思想的重要内容,这一思想的提出在理念上延续了中华优秀传统文化中"天人合一"的整体生态观,化生态环境保护的被动为主动,一方面,人与自然是生命共同体,因此破坏自然就是破坏我们人类自身;另一方面,与人类一样,自然万物有着自身的生存价值与意义,人类无权恣意破坏。从方法论的角度来讲,"绿水青山就是金山银山"这一重要论断的提出为我们的生态文明建设提供了实现路径。在全球气候变化问题日益严峻的今天,呼吁全世界人民团结起来,停止破坏地球生态的行为,构建可持续性发展的人类命运共同体、人与自然和谐共生的生命共同体。

(1)人类命运共同体倡导共同利益观。经济全球化促使人们对传统的国家利益观进行反思。瞬间万里、天涯咫尺的全球化传导机制把人类居住的星球变成了"地球村",各国利益的高度交融使不同国家成为一个共同利益链条上的一环。任何一环出现问题,都可能导致全球利益链中断。一个国家的粮食安全出现问题,则饥民将大规模地涌向别国。交通工具的进步为难民潮的流动提供了可能,而人道理念的进步又使拒难民于国门之外面临很大的道义压力。互联网把各国空前紧密地连在一起,在世界任何一点发动网络攻击,看似无声无息,但给对象国经济社会带来的损失却有可能不亚于一场战争。气候变化带来的冰川融化、降水失调、海平面上升等问题,不仅给小岛国带来灭顶之灾,而且将给世界数十个沿海发达城市造成极大危害。资源能源短缺涉及人类文明能否延续,环境污染导致怪病多发并跨境流行。面对越来越多的全球性问题,任何国家都不可能独善其身,任何国家要想自己发展,必须让别人发展;要想自己安全,必须让别人安全;要想自己活得好,必须让别人活得好。在这样的背景下,人们对共同利益也有了新的认识。既然人类已经处在"地球村"中,那么各国公民同时也就是地球公民,全球的利益同时也就是自己的利益,一个国家采取有利于全球利益的举措,也就同时服务自身利益。

(2)人类命运共同体奉行国际权力观。不同国家和国家集团之间为争夺国际权力发生了数不清的战争与冲突。随着经济全球化深入发展,资本、技术、信息、人员跨国流动,国家之间处于一种相互依存的状态,一国经济目标能否实现,与别国的经济波动有重大关联。各国在相互依存中形成了一种利益纽带,要实现自身利益,就必须维护这种纽带,即现存的国际秩序。国家之间的权力分配未必像过去那样通过战争等极端手段来实现,国家之间在经济上的相互依存有助于国际形势的缓和,各国可以通过国际体系和机制来维持、规范相互依存的关系,从而维护共同利益。人类社会是一个相互依存的共同体,已经成为共识。国际社会发生的如1997年亚洲金融危机、2008年国际金融危机、2019年新冠疫情等事件,使相互依存现象具有了更加深刻的内涵。在经济全球化背景下,一国发生的危机通过全球化机制的传导,可以迅速波及全球,危及国际社会整体。面对这些危机,国际社会只能"同舟共济""共克时艰"。如果国家之间互不合作、以邻为壑、危机外嫁,那么这些危机完全可能像20世纪30年代大萧条一样,引发冲突甚至战争,给整个人类社会带来灾难性后果。

(3)人类命运共同体推进可持续发展观。中国从斯德哥尔摩会议开始就参加了可持续发展问题的历次重要国际会议，在可持续发展理念形成、制度建设、发展援助等方面都发挥了建设性的作用。1994年，中国发布了《中国21世纪议程——中国21世纪人口、环境与发展白皮书》；1996年，可持续发展被正式确定为国家的基本发展战略之一。中国用占全球不到10%的耕地和人均仅有世界平均水平28%的水资源，养活了占全球1/5的人口；中国已免除50个重债穷国和最不发达国家约300亿元债务，对38个最不发达国家或地区实施了超过60%的产品零关税待遇，并向其他发展中国家提供了1 000多亿元优惠贷款。这些数据说明，可持续发展不仅已经从理念变成中国政府的行动纲领和具体计划，而且已经取得了巨大的成就。

(4)人类命运共同体践行全球治理观。20世纪90年代，联合国支持成立了由28位国际知名人士组成的"全球治理委员会"。该委员会于联合国成立50周年之际发表《我们天涯成比邻》报告，其对全球治理概念的定义被国际社会广泛接受。全球治理理论的核心观点是，由于全球化导致国际行为主体多元化，全球性问题的解决成为一个由政府、政府间组织、非政府组织、跨国公司等共同参与和互动的过程，这一过程的重要途径是强化国际规范和国际机制，形成一个具有机制约束力和道德规范力的、能够解决全球问题的"全球机制"。国际上各种协调磋商机制非常活跃，推动国际社会朝着更加制度化和规范化的方向前进。中国将秉承共商共建共享的全球观，积极参与全球治理体系改革与建设，并坚定维护以《联合国宪章》的宗旨和原则为核心的国际秩序和国际体系，推进国际关系民主化，支持联合国发挥积极作用，支持广大发展中国家在国际事务中的代表权和发言权，建设性参与国际与地区热点问题的解决进程，积极应对各类全球性挑战，维护国际和地区的和平稳定。中国将继续发挥负责任大国的作用，不断地为完善全球治理贡献中国智慧和力量。

相互依存的国际权力观、共同利益观、可持续发展观和全球治理观，为建设人类命运共同体提供了基本的价值观基础。国际社会存在的各种价值观仍主要服务于不同国家的现实利益，人类命运共同体的建设仍是一个长期、复杂和曲折的过程。如果各国政治家能真正从全人类长远利益出发来考虑问题，而不是从短期国内政治需求出发来制定政策，一个更高程度的、走向共同繁荣的人类命运共同体完全是可以建成的。

二、人类命运共同体的时代蕴涵和实践价值

近年来，人类命运共同体思想内涵不断丰富、实践成果不断充实，国际影响力、感召力、吸引力越发增强，为建设更加美好的世界注入强大的信心、勇气和力量。当前人类面临的共同挑战越来越具有跨国性、综合性、多样性，粮食安全、资源短缺、气候变化、疾病流行、恐怖袭击、核扩散、网络攻击、环境污染等层出不穷。在这些灾难面前，没有哪个国家能独善其身，也没有哪个国家可以包打天下。因此，不论人们身处何国、信仰如何、愿意与否，实际已处在你中有我、我中有你、命运与共的集体中。最近几年，我们不断面对各种自然的或人为的、突发的或持续的艰难困苦和严峻挑战，进一步感受到构建人类命运共同体的重要性、急迫性。

人类命运共同体强大的生命力在于思想内涵不断丰富拓展。十年来，从莫斯科国际关系学院的开篇破题，到联合国场合的引领阐释，到达沃斯论坛的系统解读，再到写入上合组织、"金砖国家"等多边机制或宣言，构建人类命运共同体指明了新型国际关系方向，勾勒出建设持

久和平、普遍安全、共同繁荣、开放包容、清洁美丽世界的美好图景。联合国秘书长古特雷斯表示,我们践行多边主义的目的,就是要建立人类命运共同体。在中国共产党与世界政党领导人高层对话会上,习近平总书记首次提出全球文明倡议,这是继全球发展倡议、全球安全倡议后新时代中国为国际社会提供的又一重要公共产品,再一次释放了中国推动人类现代化进程、推动构建人类命运共同体的强烈信号。

人类命运共同体强大的影响力在于闪烁着全人类共同价值的光芒。人类命运共同体致力于建构一个既能手拉手又能心连心的新世界。人类命运共同体理念承载的全人类共同价值、真正的多边主义、共商共建共享的全球治理等丰富内涵,得到了越来越多国家或地区的欢迎、支持和认同,聚合越来越多的国际共识。人类命运共同体所展示的美好前景,植根于中华优秀传统文化的沃土,符合人类经济社会发展的规律,顺应绝大多数国家人民对美好生活的向往。构建人类命运共同体的过程,是追求和实现人类共同价值的过程。

人类命运共同体强大的实践力在于双边、区域、全球命运共同体落地生根。人类命运共同体顺应世界潮流,回应当代世界迫切需要,取得了有目共睹、举世公认的实践成果。双边层面,中国同十几个国家就构建双边命运共同体发表行动计划、联合声明或达成重要共识,共同打造新时代国家关系典范;区域层面,中国同近十个地区共同推进命运共同体建设,成为发展中国家团结合作、携手共进的生动写照;在全球层面,人类卫生健康共同体、网络空间命运共同体、核安全命运共同体等应运而生。人类命运共同体的深刻实践,为维护地区和世界持久和平、促进共同繁荣做出了积极贡献。"一带一路"倡议秉持共商共建原则,推动经济全球化向更公平、普惠发展,完全契合人类命运共同体理念,也是"一带一路"成为构建人类命运共同体生动实践的重要机理所在。

第三节 外部性理论

一、外部性的含义

主流经济学关于完全竞争市场的假定是不现实的,是一种理想的市场结构,在现实中是不存在的。在现实经济生活中,完全竞争市场的必要条件不可能同时完全具备,只要缺少其中任何一个条件,市场机制在实现资源配置的效率方面就有可能出现运转失灵。因此,市场失灵是客观存在的现象。格林沃德和斯蒂格利茨以较复杂的数学模型证明,当市场不完备、信息不完全、竞争不完全时,市场机制不会自动达到帕累托最优,这就是格林沃德-斯蒂格利茨定理。此定理为政府大范围地干预经济提供了理论支持。正是由于市场失灵和市场失败,才成为公共部门介入社会经济活动的基本理由。

外部性是市场失灵的一种重要表现形式。经济学家把外部性看作经济学文献中最难捉摸的概念之一。因此,有的干脆就不提外部性的定义,如斯蒂格利茨的《经济学》、范里安的《微观经济学:现代观点》等就是这样处理的。但是不下定义就来分析这一问题往往是困难的。因此,经济学家总是企图明确界定这一定义。但不同的经济学家对外部性给出了不同的定义,归结起来不外乎两类定义:一类是从外部性的产生主体角度来定义;另一类是从外部性的接受主体来定义。

前者如萨缪尔森和诺德豪斯的定义:"外部性是指那些生产或消费对其他团体强征了不可补偿的成本或给予了无需补偿的收益的情形。"后者如兰德尔的定义:外部性是用来表示"当一个行动的某些效益或成本不在决策者的考虑范围内的时候所产生的一些低效率现象;也就是某些效益被给予,或某些成本被强加给没有参加这一决策的人"。用数学语言来表述,所谓外部效应,就是某经济主体的福利函数的自变量包含他人的行为,而该经济主体又没有为他人提供报酬或索取补偿。上述两种不同的定义本质上是一致的。外部效应或外部性(externality),是指某些个人或企业的经济行为影响了其他人或企业,却没有为之承担应有的成本费用或没有获得应有的报酬的现象。换言之,外部效应就是未在价格中得以反映的经济交易成本或效益。前述两类定义的差别在于考察的角度不同。

二、外部性理论的发展与演进

许多经济学家对外部性理论的发展做出了重要贡献,但具有里程碑意义的经济学家却不多见。论及外部性理论,三位经济学家的名字是不得不提及的,并且可以提到里程碑意义的高度。这三位经济学家的名字就是马歇尔、庇古和科斯。

(一)马歇尔的"外部经济"理论

马歇尔是英国"剑桥学派"的创始人,是新古典经济学派的代表。马歇尔并没有明确提出外部性这一概念,但外部性概念源于马歇尔1890年发表的《经济学原理》中提出的"外部经济"概念。在马歇尔看来,除了以往人们多次提出过的土地、劳动和资本这三种生产要素外,还有一种要素,就是"工业组织"。工业组织的内容相当丰富,包括分工、机器的改良、有关产业的相对集中、大规模生产以及企业管理。马歇尔用"内部经济"和"外部经济"这一对概念来说明第四类生产要素的变化如何导致产量的增加。

从马歇尔的论述可见,所谓内部经济,是指由于企业内部的各种因素所导致的生产费用的节约,这些影响因素包括劳动者的工作热情、工作技能的提高、内部分工协作的完善、先进设备的采用、管理水平的提高和管理费用的减少等。所谓外部经济,是指由于企业外部的各种因素所导致的生产费用的减少。这些影响因素包括企业离原材料供应地和产品销售市场远近、市场容量的大小、运输通信的便利程度、其他相关企业的发展水平等。实际上,马歇尔把企业内分工带来的效率提高称作内部经济,这就是在微观经济学中所讲的规模经济,即随着产量的扩大,长期平均成本的降低;而把企业间分工而导致的效率提高称作外部经济,这就是在"温州模式"中普遍存在的块状经济的源泉。马歇尔虽然并没有提出内部不经济和外部不经济概念,但从他对内部经济和外部经济的论述可以从逻辑上推出内部不经济和外部不经济的概念及其含义。所谓内部不经济,是指由于企业内部的各种因素所导致的生产费用的增加;所谓外部不经济,是指由于企业外部的各种因素所导致的生产费用的增加。马歇尔以企业自身发展为问题研究中心,从内部和外部两个方面考察影响企业成本变化的各种因素,这种分析方法给经济学后继者提供了无限的想象空间。

如上所述,有内部经济,必然有内部不经济;有外部经济,必然有外部不经济,从最简单的层面可以发展马歇尔的理论。马歇尔考察的外部经济是外部因素对本企业的影响,由此自然会想到本企业的行为如何会影响其他企业的成本与收益。这一问题正是由著名的经济学家庇古来完成的。从企业内的内部分工和企业间的外部分工这种视角来考察企业成本变化,自然会让我们思考科斯的《企业的性质》与《社会成本问题》这两篇重要文献是不是受到马歇尔思想的影响。

(二)庇古的"庇古税"理论

庇古是马歇尔的嫡传弟子,于1912年出版了《财富与福利》一书,后经修改充实,于1920年易名为《福利经济学》出版。这部著作是庇古的代表作,是西方经济学发展中第一部系统论述福利经济学问题的专著。因此,庇古被称为"福利经济学之父"。

庇古首次用现代经济学的方法从福利经济学的角度系统地研究了外部性问题,在马歇尔提出的"外部经济"概念基础上扩充了"外部不经济"的概念和内容,将外部性问题的研究从外部因素对企业的影响效果转向企业或居民对其他企业或居民的影响效果。这种转变正好是与外部性的两类定义相对应的。庇古通过分析边际私人净产值与边际社会净产值的背离来阐释外部性。他指出,边际私人净产值是指个别企业在生产中追加一个单位生产要素所获得的产值,边际社会净产值是指从全社会来看在生产中追加一个单位生产要素所增加的产值。庇古把生产者的某种生产活动带给社会的有利影响,称作"边际社会收益";把生产者的某种生产活动带给社会的不利影响,称作"边际社会成本"。适当改变一下庇古所用的概念,外部性实际上就是边际私人成本与边际社会成本、边际私人收益与边际社会收益的不一致。边际私人成本与边际外部成本之和就是边际社会成本。当存在正外部效应时,企业决策所产生的收益并不是由本企业完全占有的,还存在外部收益。边际私人收益与边际外部收益之和就是边际社会收益。通过经济模型可以说明,存在外部经济效应时纯粹个人主义机制不能实现社会资源的帕累托最优配置。

既然在边际私人收益与边际社会收益、边际私人成本与边际社会成本相背离的情况下,依靠自由竞争是不可能达到社会福利最大的,于是就应由政府采取适当的经济政策,消除这种背离。政府应采取的经济政策是:对边际私人成本小于边际社会成本的部门实施征税,即存在外部不经济效应时,向企业征税;对边际私人收益小于边际社会收益的部门实行奖励和津贴,即存在外部经济效应时,给企业以补贴。庇古认为,通过这种征税和补贴,就可以实现外部效应的内部化。这种政策建议后来被称为"庇古税"。庇古税在经济活动中得到广泛的应用。在基础设施建设领域采用的"谁受益,谁投资"的政策、环境保护领域采用的"谁污染,谁治理"的政策,都是庇古理论的具体应用。

(三)科斯的"科斯定理"

科斯是新制度经济学的奠基人,因他发现和澄清了交易费用和财产权对经济的制度结构和运行的意义,荣获1991年度诺贝尔经济学奖。科斯获奖的成果在于两篇论文,其中之一就是《社会成本问题》。而《社会成本问题》的理论背景是"庇古税"长期以来关于外部效应的内部化问题被庇古税理论所支配。在《社会成本问题》中,科斯多次提到庇古税问题。从某种程度上讲,科斯理论是在批判庇古理论的过程中形成的。

科斯对庇古税的批评主要集中在如下几个方面:第一,外部效应往往不是一方侵害另一方的单向问题,而具有相互性。例如,化工厂与居民区之间的环境纠纷,在没有明确化工厂是否具有污染排放权的情况下,一旦化工厂排放废水就对它征收污染税,这是不严肃的事情,因为也许建化工厂在前,建居民区在后。在这种情况下,也许化工厂拥有污染排放权。要限制化工厂排放废水,也许不是政府向化工厂征税,而是居民区向化工厂"赎买"。第二,在交易费用为零的情况下,庇古税根本没有必要,因为这时通过双方的自愿协商,就可以产生资源配置的最佳化结果。既然在产权明确界定的情况下,自愿协商同样可以达到最优污染水平,可以实现和庇古税一样的效果,那么政府又何必多管闲事呢?第三,在交易费用不为零的情况下,解决外部效应的内部化问题要通过各种政策手段的成本—收益的权衡比较才能确定。也就是说,庇古税可能是有效的制度安排,也可能是低效的制度安排。上述批评就构成所谓的科斯定理:如果交易费用为零,无论权利如何界定,都可以通过市场交易和自愿协商达到资源的最优配置;如果交易费用不为零,制度安排与选择是重要的。这就是说,解决外部性问题可能可以用市场交易形式即自愿协商替代庇古税手段。

科斯定理认为,在交易费用为零的情况下,解决外部性问题不需要"庇古税";在交易费用不为零的情况下,解决外部性问题的手段要根据成本—收益的总体比较,也许庇古方法是有效的,也许科斯方法是有效的。可见,科斯已经站在巨人——庇古的肩膀之上。科斯理论是对庇古理论的一种扬弃。

随着20世纪70年代环境问题的日益加剧,许多国家开始积极探索实现外部性内部化的具体途径,科斯理论随之而被投入实际应用中。在环境保护领域,排污权交易制度就是科斯理论的一个具体运用。科斯理论的成功实践进一步表明,"市场失灵"并不是政府干预的充要条件,政府干预并不一定是解决"市场失灵"的唯一方法。

科斯理论也存在局限性:第一,在市场化程度不高的经济中,科斯理论不能发挥作用。特别是发展中国家,在市场化改革过程中,有的还留有明显的计划经济痕迹,有的还处于过渡经济状态。第二,自愿协商方式需要考虑交易费用问题。自愿协商是否可行,取决于交易费用的大小。如果交易费用高于社会净收益,那么自愿协商就失去意义。在一个法治不健全、不讲信用的经济社会,交易费用必然十分庞大,这样就大大限制了这种手段应用的可能,使得它不具备普遍的现实适用性。第三,自愿协商成为可能的前提是产权是明确界定的。而事实上,像环境资源这样的公共产品产权往往难以界定或者界定成本很高,从而使得自愿协商失去前提。任何一种理论都不可能是完美无缺的,科斯理论也不例外。诚然,科斯定理的理论和实践意义远远不是局限于外部性问题,为经济学的研究开辟了十分广阔的空间。

第四节 环境库兹涅茨曲线理论

环境库兹涅茨曲线(EKC)描述了生态环境质量与经济发展之间的关系。环境库兹涅茨曲线是指当一个国家经济发展水平较低的时候,生态环境污染的程度较轻,但是随着人均收入的增加,生态环境污染由低趋高,生态环境恶化程度随经济的增长而加剧;当经济发展达到一定水平后,也就是说,到达某个临界点或称"拐点"以后,随着人均收入的进一步增加,生态环境污染又由高趋低,其生态环境污染的程度逐渐减缓,生态环境质量逐渐得到改善。

一、环境库兹涅茨曲线的内涵

20世纪50年代,美国经济学家库兹涅茨通过研究收入差距与经济发展的关系,提出了库兹涅茨曲线,即收入差距随着经济增长先升后降,呈现倒U型曲线关系。借用这一假说,有学者将描述环境质量与经济发展之间关系的曲线称为环境库兹涅茨曲线(Environmental Kuznets Curve),简称EKC。最早对EKC的研究出现在3篇论文中:(1)Grossman&Krueger(1991)评价北美自由贸易协定对环境影响的研究。该论文针对北美自由贸易区谈判中美国人担心自由贸易会恶化墨西哥和美国环境的问题,首次实证研究了环境污染与人均收入水平的关系,即环境污染在低收入水平上随人均GDP的增加而上升,在高收入水平上随人均GDP的增加而下降。(2)Shafik&Bandyopadhyay(1992)为世界银行1992年《世界发展报告》所做的背景研究。以"发展与环境"为主题,扩大了环境质量与收入关系研究的影响。该研究表明森林年度总开发量与国民收入呈倒U形函数关系。(3)Panayotou(1993)为国际劳动组织所做的发展研究。借用1955年库兹涅茨界定的人均收入与收入不均等之间的倒U形曲线,首次将这种环境质量与人均收入间的关系称为环境库兹涅茨曲线(EKC)。EKC揭示出环境质量开始随着收入增加而退化,收入水平上升到一定程度后随收入增加而改善,即环境质量与收入为倒U形关系。Panayotou测算出转折点处的人均收入水平为3 000—4 500美元。

二、环境库兹涅茨曲线的理论解释

经济学家主要从以下几个方面解释了EKC呈倒U形的原因:

(一)规模效应、技术效应和结构效应

Grossman和Krueger提出经济增长通过规模效应、技术效应与结构效应三种途径影响环境质量。规模效应指经济增长从总量规模上对环境产生负影响,因为经济增长一方面要增加资源投入,另一方面也带来污染排放的增多。技术效应指的是高收入水平能支持研发支出的上升,从而推动技术进步,对环境产生正的影响。结构效应是指收入水平提高带来的产出投入结构变化会影响环境。当经济结构从农业转向资源密集型重工业时,污染排放增加;当经济转向低污染的服务业和知识密集型产业时,污染排放减少。在经济发展早期,规模效应超过技术效应和结构效应,环境不断恶化;当经济发展到新阶段,技术效应和结构效应胜出,环境质量好转,环境污染与经济发展呈现倒U型关系。

(二)对环境质量的需求

当收入水平低时,社会群体对环境质量的需求较低,人们关注的焦点是如何摆脱贫困和获得经济增长,此时环境的污染承载力也较高。社会资本主要用于商品生产,环保投资几乎为零。过度忽视环境导致污染加剧。在收入水平提高后,人们对环境的关注度上升,环境质量需求大增。

(三)市场价格机制

经济发展早期,自然资源低价或无价,其过度使用和浪费逐步降低了自然资源的存量。在收入水平提高的过程中,市场机制不断完善,自然资源在市场中交易,自我调节的市场机制会减缓环境的恶化。当经济发展到一定阶段后,自然资源的价格开始反映出其稀缺性而上升,社

会减少了对自然资源的需求,并不断提高自然资源的使用效率,同时促进经济向低资源密集的技术发展,环境质量改善。同时,在经济发展到一定阶段后,市场参与者日益重视环境质量,对施加环保压力起到了重要作用,如金融机构对环保不力的企业用脚投票等。

(四)环境保护规制

伴随着收入上升的环境改善,大多来自环境规制的变革。没有环境规制的强化,环境污染的程度不会下降。当环境规制宽松时,污染成本低,污染逐渐加剧。当经济增长到一定阶段,随着政府财力和管理能力的增强,新的环境法规政策不断出台,环保制度逐步完善,环境规制加强,有关污染者、污染损害、地方环境质量、排污减让等信息不断健全,促成政府加强地方与社区的环保能力和提升一国的环境质量管理能力。污染成本上升,环境污染得到控制,严格的环境规制进一步引起经济结构向低污染转型。

(五)减污投资影响

环境质量的变化也与环保投资密切相关,不同经济发展阶段资本充裕度有别,环保投资的规模因而不同。有学者将资本分为两部分:一部分用于商品生产,产生了污染;另一部分用于减污,充足的减污投资改善环境质量。低收入阶段所有的资本用于商品生产,污染重,并影响环境质量;收入提高后充裕的减污投资防止环境进一步退化。环境质量提高需要充足的减污投资,而这以经济发展过程中积累了充足的资本为前提。减污投资从不足到充足的变动构成环境质量与收入间呈倒 U 型的基础。

这些理论研究表明,在收入提高的过程中,随着产业结构向信息化和服务业的演变、清洁技术的应用、环保需求的加强、环境规制的实施以及市场机制的作用等,环境质量先下降,然后逐步改善,呈倒 U 形。

三、环境库兹涅茨曲线研究中存在的问题

自环境库兹涅茨曲线(EKC)提出后,学者们从不同的角度进行了研究和探讨。采用不同的样本数据、模型形式、代表性指标或检验方法,都会导致结论不同。EKC 是对环境—收入关系的一种概括,而现实的复杂性和动态化会不断打破其演变路径,新问题使环境—收入关系偏离 EKC,呈现多样性。当前,EKC 研究中存在的问题主要有以下几个方面:

(1)虽然大部分研究证明了 EKC 的存在,但这种存在不是必然的,因为其结果依赖于某些假定和特定的参数值。在这些特定的假定下建立产生 EKC 的模型比较容易,但也导致模型不具备一般性。比如,有很多人在没有对经济发展与环境质量之间的因果关系进行判断的情况下,就盲目地使用简化式模型来拟合各省、市的 EKC,而忽略了 EKC 简化式模型隐含的假设前提,即只存在经济发展对环境质量的单向影响。如果影响是双向的,那么经济发展就应作为内生变量来处理;若仍采用简化式模型,则会产生内生性问题。阿罗(Arrow)等批评 EKC 假定收入仅是一个外生变量,环境恶化并不减缓生产活动进程,生产活动对环境恶化无任何反应,并且环境恶化也未严重到影响未来的收入。

(2)缺乏环境指标的良好数据。即使是发达国家,环境数据也是从 20 世纪 70 年代才开始的。而对于一些发展中国家,还存在数据不可信的问题,包括数据质量低和样本选择偏误。比如环境监测站往往位于污染严重的地区,仅采用其数据会导致污染被高估。

(3) EKC 研究没有反映排放削减对整个系统的影响。比如,某国家某种污染物的减少可能与另一种污染物的增加有关,也可能是因污染物向别国转移引起的。

(4) EKC 无法揭示存量污染的影响。在污染指标上,污染可分为存量污染和流量污染,流量污染物仅对环境产生影响,存量污染物经一段时间积累后在将来对环境产生影响。两者的区分视考察时间长短而定,二氧化硫、悬浮物、氧化氮、一氧化碳以及一些水污染物等从短期看可作存量污染物,但从长期来看则是流量污染物。典型的存量污染物是城市废物(因为这些废物在处理场所不断积累)和二氧化碳(存在大约 125 年)。流量污染物的控制见效快,存量污染物的削减在短期内则难见成效。现实中政府具有短期行为,仅注重削减流量污染,导致经济增长过程中存量污染物一直增加。因此,流量污染在经济增长过程中下降也不能代表所有污染物的改变。

(5) EKC 的长期性问题。从 EKC 的适用时间长短来看,EKC 即使在考察时间段或较短时期内成立,在长期也可能不成立,会呈现 N 形曲线,即开始显示倒 U 形,达到特定收入水平后,收入与污染间又呈现同向变动关系,原因在于提高资源利用率的清洁技术被充分利用后再无潜力可挖,同时减少污染的机会成本提高,收入增加导致污染上升。因此,EKC 反映了多种环境—收入理论关系的一种形态,且更适用于流量污染物和短期的情况,而不适用于存量污染物,在长期内可能呈 N 形。

(6) 非收入因素对污染的影响。针对 EKC 支持者认为经济增长带动技术进步和环境规制强化,批评者提出一些清洁技术和环境规制加强的压力也可能来自外国,因而与本国的收入无关。一国环境质量也会受制于邻国的污染状况,特别是二氧化硫和氧化氮等污染物易于在相邻国土间传播,从而淡化了环境质量与本国收入的关系。

(7) 环境规制趋同与触底竞争型。一国环境标准高,提高了其排污成本,使生产成本高于低环境标准国家,驱动一些污染密集型产业移向低环境标准国家。资本外流使高环境标准国家面临放松环境规制的压力,在经济全球化进程中各国以保持竞争力为借口,放松环保规制,形成触底竞争。随着触底竞争的加剧,形成收入提高而污染排放保持不变,曲线趋于平坦,即所谓的触底竞争型,呈倒 L 形。

(8) 关系局限性。倒 U 形 EKC 仅是一般化环境—收入关系的一种,不足以说明环境质量与收入水平间的全部关系。EKC 更多地反映地区性和短期性的环境影响,而非全球性的长期影响。对于中国的情况,赵细康等认为仅烟尘具有弱 EKC 特征,中国多数污染物的排放与人均 GDP 变化间的关系还不具有典型的 EKC 变化特征。若一些污染物在中国存在 EKC,则是中国人均 GDP 尚未达到转折点。

(9) 指标局限。EKC 的概念不能适用于所有的环境指标,如土地使用的变化、生物多样性的丧失等。这主要基于环境退化分为污染与自然资源(土地、森林、草地及矿产资源等)的减少两类,而且一些环境损害很难衡量,特别是土地腐蚀、沙漠化、地下水层的污染与耗竭、生物多样性的损失、酸雨、动植物物种的灭绝、大气变化、核电站风险等。

EKC 的局限性还包括消费的外部性和努力改善环境的外部性导致市场失效,难以在收入提高后改善环境;从一些国家一年或多年的污染—收入静态关系中推出适用于每个国家污染排放与收入的动态依存关系,是不恰当的;当收入水平提高后社会增加对环境质量的需求,但现实收入水平尚未能大幅提高环境质量需求,从而达到 EKC 转折点,即使美国的高收入家庭对环境质量的需求也不足以使环境质量达到 EKC 转折点;并且自然资源退化与人均收入间呈正相关,EKC 不能说明不可逆的生物多样性损失等,EKC 的合理性受到质疑等,这些都从理论上呈现经济增长与生态环境质量之间关系的动态性、复杂性和多层次性。

第五节 碳交易理论

一、碳交易的内涵与背景

碳交易的概念最早出现于 1997 年 12 月在日本东京签订的《联合国气候变化框架公约京都议定书》(简称《京都议定书》,Kyoto Protocol)。从《京都议定书》到《巴黎协定》,碳排放权交易(简称碳交易)逐渐由理论走向实践,成为国际社会应对气候变化的主流灵活机制之一。碳交易市场的建设反映出一国应对气候变化所做出的努力。通过碳交易市场进行碳交易,能够将碳排放的外部性问题内部化,促进碳减排,降低社会碳减排平均成本。碳交易(或称碳排放权交易),是温室气体排放权交易及与之相关的金融交易活动的总称,是应对气候变化的重要手段。碳交易市场就是通过明确企业的温室气体排放权益(也就是碳排放权),实现温室气体排放最低成本的资源配置。具体从形式上来讲,碳交易市场的交易标的就是碳资产,是可直接或间接影响温室气体排放的碳排放配额或减排信用。一类是碳配额,是由政府发放,企业从政府或其他企业购买;另一类是碳减排项目的碳减排量,通过一定程序获得主管部门的确认和签发,可以用来抵消企业的碳排放,也被称为"碳抵消"。《京都议定书》提供了三大履约机制:联合履行机制(Joint Implementation,JI)、排放贸易机制(Emissions Trade,ET)和清洁发展机制(Clean Development Mechanism,CDM),缔约方对于超出限额的温室气体排放量可以通过履约机制进行交易。由于二氧化碳排放比重最大,所以将六种温室气体的排放量均折算为二氧化碳当量进行计算,温室气体排放权交易就被称为碳排放权交易,从事碳排放权交易的市场被称为碳交易市场。

2002 年,英国最早建立了全球第一个全国范围的碳交易市场(UK ETS)。2005 年,《京都议定书》正式生效后,全球碳交易市场出现爆炸式增长。同年,欧盟启动了碳排放权交易体系(EU ETS),这是欧盟各成员国自上而下建立的联合碳市场,覆盖了 31 个主权国家。欧盟碳市场(EU ETS)在气候变化治理上取得了显著成效,据统计,2016 年欧盟温室气体排放量比 1990 年降低了 24%(不包括国际航空排放量),超额完成欧盟设定的"2020 年减排 20%"的目标。随后新西兰、美国、日本、哈萨克斯坦、韩国相继启动碳市场交易。2019 年,全球已经有 20 个碳市场交易体系运行,这些碳市场所覆盖的全球碳排放份额相比 2015 年翻了一番,占 8%,市场所处行政区域涵盖全球约 1/8 的人口,占全球 GDP 的 37%。

在全球碳市场蓬勃发展的背景下,中国碳市场也正在崛起,并逐渐成为引导全球碳减排的重要力量。2011 年,国家发改委批准北京、天津、上海、重庆、深圳、广东、湖北七个省市从 2013 年开始开展碳排放权交易试点工作。2021 年全国统一碳市场的建立,为后续碳交易高质量发展打下了重要基础。国际碳行动合作组织(ICAP)统计数据显示,目前,中国碳市场规模最大,覆盖33亿吨二氧化碳排放;其次为欧盟碳市场,覆盖19.51亿吨二氧化碳排放;韩国碳市场覆盖了4.72亿吨二氧化碳排放。未来全球碳市场交易额有望超过石油,成为世界第一大市场。

二、碳交易原理

碳交易的基本原理是,不同企业由于所处国家、行业或者技术、管理方式存在差异,减排成本不同,合同一方通过支付给另一方获得温室气体减排额,买方可以将购得的减排额用于实现减排目标。减排成本低的一方如果实现了超额减排(实际二氧化碳排放低于配额),可以将其所获得的剩余配额或减排信用通过交易方式出售给减排成本高的一方,减排成本高的一方通过购买超排部分的配额以完成履约,实现设定的减排目标。减排成本低的一方能够获利,同时减排成本高的一方能够以更低的成本实现减排目标,这种制度安排能够激励减排成本低的企业进行最大限度的减排,减排成本高的企业则会选择购买配额来履约,从而使得企业边际减排成本相等,整个市场以最低的平均成本完成减排目标,实现资源帕累托最优。

引用国家发改委列举的例子,可以很好地理解碳交易市场节约减排成本的作用。例如,国家发改委或当地发改委设定的减排目标是,企业A和企业B各减排3 000吨二氧化碳当量,企业A的边际减排成本为20元/吨,企业B的边际减排成本为10元/吨。如果通过行政强制手段减排,企业A的减排成本为6万元,企业B的减排成本为3万元,企业A+B的总减排成本为9万元;如果通过碳市场减排,假定市场上碳配额减排15元/吨,企业A考虑到减排成本高于市场上的价格,不采取减排措施,从市场上花费4.5万元购买3 000吨配额完成减排目标,相对自己减排减少1.5万元;企业B考虑减排成本低于市场价格,决定花费6万元减排6 000吨,即超额减排3 000吨,通过向市场销售超额排放量获得4.5万元收益,节省1.5万元,企业A和企业B总减排成本为6万元。相比强制减排,碳交易市场总共节约了3万元减排成本。

三、碳交易与碳税机制

由于大量研究已经证明市场化的减排机制相比传统的收费罚款式行政监管手段,在节约交易成本、促进减排技术创新、弱化政治阻力和调动经济主体积极性等方面具有绝对优势,所以当前学术界争论的重点并非市场化减排机制和行政监管手段的孰优孰劣,而是集中在对两类市场化减排机制——碳税和碳交易机制之间进行比较。

在信息完全且交易成本为零,并将价格或者排放上限确定在边际减排成本和边际减排收益相等处时,这两种市场减排机制的政策效果应该是相同的。但这种前提假设仅局限于理论层面的讨论,现实中两种减排机制的成本和激励效果差异非常明显。在成本上,碳交易机制比碳税机制的信息成本更低;但在实施成本上,碳交易机制相较于碳税机制并不占据优势。从减排激励效果来看,碳交易机制的有效性高于碳税。虽然两种机制均可以通过改进净化设备提高减排效率以及通过更新生产设备提高生产效率来减少排放量,但碳税的征收会使企业的利润空间受到挤压,排放企业可能会通过提高产品价格,将碳税带来的额外成本转嫁至消费者或产业链下游生产者,最终导致整体经济状况恶化。而在碳交易机制下,总排放配额一旦确定,无论排放企业采取的是何种减排方式,减排目标的达成都可以得到有力保障。同时,碳交易对排放者企业的竞争力和创造力不仅没有显著的负向影响,而且在一定程度上能激发以钢铁企业为代表的污染密集型产业的技术创新能力。

碳交易和碳税机制各有利弊,不同的经济主体应根据具体的减排目标和国情设计具有差异性的减排政策,较为可行的方案是两种减排机制相互补充使用。大量研究证明,碳交易和碳税这两种机制融合实施的减排效率和经济效率高于仅仅采用单一机制所产生的效果。但如何设计合理的融合机制,将二者结合起来实施复合型减排政策工具,则成为更加重要且棘手的问题。在减排政策推行的初始阶段,碳税机制因其低廉的实施成本而更容易被推广,但随着减排政策逐步为大众和排放主体所接受,碳交易机制会因其易于明确总体减排目标及其在跨国减排治理上的巨大潜力而更宜于被采用。也有学者认为,应该对不同的排放主体实施不同的减排政策工具,排放量较小的小公司和一般居民应该为化石能源消费支付碳税,而大的排放源则应成为碳交易市场的行为主体。近年来,以丹麦、芬兰、荷兰、挪威等为代表的欧洲国家逐渐抛弃了初期方案中仅采用碳税和碳交易机制中一种机制的做法,开始将二者结合起来实施复合型减排政策工具,即在开征碳税之后又加入 EU ETS。其中,英国对参与碳交易市场的企业给予碳税减免的优惠政策;而在挪威,参与碳税政策的企业的碳排放占总额的 60%,参与 EU ETS 的企业的碳排放则占 40%。

四、碳交易的实施效果

(一)碳交易带来的减排效果

早在 20 世纪 60 年代,产权手段对于气体排放污染控制应用的可行性就得到学者们的关注,人们普遍认为,基于科斯第一定理构建的污染排放权交易手段会对温室气体的减排目标产生积极的作用。随着数理模型和计量工具的不断发展,人们已不满足于对减排效果的理论分析,开始有目的地对碳交易机制进行系统模拟。很多学者运用可计算一般均衡(Computable General Equilibrium,CGE)模型,从不同的分析角度对不同的考察对象进行了深入研究。研究发现,如果碳交易市场能在全球范围内得到推广,将会有效降低世界各国的碳排放总量。如果分区域来看,Gottinger 利用 CGE 模型模拟了碳交易制度对欧盟节能减排进程的影响,发现采用可拍卖的排放许可证制度能实现温室气体净排放量的大幅减少,同时也间接验证了构建一个排放权交易市场对于发达国家的必要性。Garbaccio 等利用动态 CGE 模型分析了在以中国为例的发展中国家实施碳交易主导的减排措施的情景,同样发现二氧化碳排放量会因此大幅下降。但对于不同的产业部门来说,碳交易带来的减排效果会有很大不同。

(二)碳交易对经济产出的影响

控制温室气体排放是否会对政策实施地区的经济发展增速带来负面影响,是人们对于碳交易机制最大的疑惑,学术界对此问题的争论也一直持续至今。从国家宏观层面来看,EU ETS 在第一阶段和第二阶段取得了不少成效,能够以更经济的方式实现二氧化碳减排,极大地降低了欧盟国家的履约成本。如果将碳交易与碳税两种机制结合使用,则可以更加清楚地看出碳交易对经济发展的良性促进作用,减弱了单一碳税制度对 GDP 的不利影响,尤其对发达国家来说更是如此。但在微观层面上,大量以 EU ETS 为考察对象的实证研究结果却并不支持上述结论。以德国为例,聚焦到电力行业,发现 EU ETS 虽然驱动了一些小规模的投资,但对大规模投资的影响甚微。Anger 和 Oberndorfer 考察了碳交易对德国企业的经营状况和民众就业机会的影响，发现碳交易影响企业收入和就业机会的论点并不成立。Abrell 等以 2 000 家欧盟企业为例的研究，亦发现 EU ETS 不会对企业增加值、利润率和就业带来统计意义上显著的影响。对于这种理论与现实的不一致性，现行偏高的排放权价格对企业未来现金流施加了更紧的约束，极大地削弱了碳交易对经济发展的良性促进作用。也有学者更侧重于研究碳交易机制对不同部门的影响，Kara 等以 EU ETS 为例，发现发电行业会从碳交易市场中获得巨额利润，因此带来的电价上升会使钢铁行业和消费者成为最大的利益受损者。

（三）碳交易对碳生产率的提升效果

多数研究是将碳生产率提升目标（或碳强度降低目标）作为一个既定目标，进而分析该目标的实现需要付出怎样的政策成本。例如，有学者以中国行业层面数据为样本，依照各行业边际减排成本相等的原则构建了多行业一般均衡模型来研究随着碳强度降低目标的不断提升，相应的碳交易政策会对社会福利、宏观经济和碳排放量带来何种影响；并基于全行业碳强度约束的减排方案，给出了在实现福利损失最小化时各行业的最优减排路径。类似研究的科学性在于能够基于多情景模拟，清晰展示碳交易下的不同碳强度降低目标会引致怎样的经济社会效果。但是，类似研究疏于解决一个问题，即虽然既定的碳生产率提升目标均可以通过碳交易得以实现，但究竟什么样的碳生产率提升目标在当前是合理可行的？有些文献关注到这一薄弱之处，从碳交易就是为了实现二氧化碳影子价格均等这一内在本质出发，估算当前国情背景下碳生产率的提升潜力（或碳强度的降低潜力）。如果把最大幅度降低中国碳强度作为目标，并在保持全国 GDP 总量不变的国情无约束情景下，有学者发现在中国实行碳交易能使碳强度降低 20.06%；如果不再施加对全国 GDP 总量的国情约束，并对各省份施加经济增长和节能减排的现实约束，碳交易能使碳强度降低 22.20%，但全国 GDP 也会降低 2.71%。类似地，另外也有学者等将碳交易引致的"波特假说"效应引入分析中，并得到类似的结论。研究认为中国实施全国性碳交易可以将碳强度降低 20%－25%，而且该潜力还会随着"波特假说"效应的逐步释放而逐年上升。

（四）碳交易对技术进步的激励效果

碳交易主要希望达到三个目的：一是促进节能减排，即使碳排放增速放缓；二是降低碳减排成本；三是推动技术进步。其中，技术进步是产业碳强度降低的重要动力来源。碳交易通过价格机制来调节排放者的行为，排放者会对发展节能减排技术的投资和购买排放配额的投资进行比较和决策，因此如何构建价格机制以促进节能减排的技术进步是碳交易机制成功与否的关键。大部分学者认同碳交易可以推动企业使用、开发和创新绿色生产技术，从而减少污染物排放的观点。但该问题也始终存在争议，争议的焦点主要在于排放权应该如何有效分配。如果碳配额分配过多，碳交易价格过低，就无法弥补节能减排技术投资，企业也就缺乏动力去降低碳排放；但碳价格过高会增加企业负担，并在一定程度上阻碍该行业技术的更新换代。部分学者认为免费分配制度可以激励企业环境友好技术创新，但更多学者通过计算和比较厂商采用节能减排新技术前后的利润，得出结论，排放权拍卖制度对技术进步的推动作用最大，其次依次是排污税、排放权交易和污染排放标准机制，排放权免费分配制度反而会抑制企业的环境技术创新力度。

尽管大量理论分析和实证研究证明了排放权交易对于技术进步的激励作用，但现实似乎并不那么美好。有学者以在中国试点实行了数十年的二氧化硫排放权交易为考察对象,试图研究中国的排放权交易政策能否通过刺激技术进步来实现"波特效应",结果并不乐观。研究发现该政策在短期内并未通过环境技术效率的提升达到环境保护和经济发展的双赢局面,在长期也未出现"波特效应",原因主要来自国内低效率的交易市场和整体较弱的环境规制。还有学者通过在7个碳交易试点地区进行在线问卷调查,发现国内公司似乎并未对参与碳交易机制表现出令人期待的热情,碳交易不能刺激公司升级减排技术。大多数公司将参与碳交易机制视作改善与政府的关系以及获得良好的社会声誉的手段,而并不是一种有效减少温室气体排放的机制。

第三章　低碳经济中国新发展

第一节　碳达峰与碳中和概述

一、"双碳"战略背景

气候变化是人类面临的全球性问题,随着各国二氧化碳排放,温室气体猛增,对生命系统形成威胁。碳排放的直接危害就是产生温室效应,导致全球气候变暖,从而导致冰川融化、海平面上升以及极端天气频发等。为了避免灾难性的气候崩溃,联合国秘书长号召各国进入"气候紧急状态",联合国环境署提出"为实现全球气候变暖限制在 1.5℃ 的目标,需在 21 世纪中叶实现全球碳中和"。《巴黎协定》的签署标志着全球气候治理体系的形成。2020 年 9 月 22 日,习近平总书记在第七十五届联合国大会一般性辩论上明确提出中国碳达峰、碳中和目标(简称"双碳"目标),即"二氧化碳排放力争于 2030 年前达到峰值,努力争取 2060 年前实现碳中和"。这是中国在《巴黎协定》之后第一个明确的长期气候目标愿景,向全世界宣示了中国为全球气候保护做出更大贡献与致力于共建人类命运共同体的决心和意志。在目前 110 多个做出碳中和承诺的国家或地区中,中国的承诺意义深远,影响最大。

碳达峰、碳中和关系人类命运共同体的构建,关系人类文明的可持续发展。在过去的一个世纪里,气候变化已严重威胁人类的生产和生活,其中对农业生产产生了非常不利的影响,例如,气温、光照、水分等主要因素变化异常,降低了农作物的产量和质量;洪涝、干旱、热浪、野火、气旋等极端天气事件频发,导致人们丧失宝贵生命;大量粮食和经济作物、房屋建筑和生活基础设施被破坏,在全球范围内更是造成了海平面上升、冰川融化、物种灭绝等极端恶劣的影响。因此,保护生态环境迫在眉睫。

《中共中央关于制定国民经济和社会发展第十四个五年规划和 2035 年远景目标的建议》提出,"十四五"期间,加快推动绿色低碳发展,降低碳排放强度,支持有条件的地方率先达到碳排放峰值,制定 2030 年前碳排放达峰行动方案。党的十九届五中全会、2020 年的中央经济工作会议对"双碳"战略目标做出了重要部署,2021 年 9 月相继发布的《中共中央国务院关于完整准确全面贯彻新发展理念做好碳达峰碳中和工作的意见》和《关于 2030 年前碳达峰行动方案》，为"双碳"目标的实现构建了顶层设计。

在新发展格局下，实现"双碳"战略目标，是我国立足新发展阶段、贯彻新发展理念、实现高质量发展的必由之路，是一场广泛而深刻的系统性变革，对经济结构、能源结构、交通运输结构和生产生活方式等都将产生深远影响。作为一个负责任的大国，中国政府相继采取一系列政策措施，积极进行能源体系变革，为"双碳"目标的实现奠定了坚实的政策基础。"双碳"目标对人类改善生存环境及实现绿色低碳生活具有重要的现实意义，实现"双碳"战略目标可以加快解决气候变暖问题，重塑全球生态文明。对于作为"世界工厂"的中国而言，产业链日渐完善，国产制造加工能力与日俱增，同时碳排放量加速攀升。我国积极布局"双碳"战略目标，有利于增强我国的全球综合竞争力。中国实现碳达峰目标的速度直接关系到世界碳达峰的发展进度。在新发展格局下，中国承诺的双碳战略目标在一定程度上向世界展示了推进气候治理的决心，必将为推进社会经济全方位绿色低碳发展、为全球经济绿色复苏做出巨大贡献。

"双碳"战略目标对未来中国的经济活动和生活方式都将产生反推式影响。从经济学的角度，碳中和、碳达峰将使人类社会的经济活动面临一个难以定价的新约束，影响整个经济发展格局，是未来我国发展的新机遇，同时也对主流经济学思维提出了挑战。自碳中和概念提出以来，整个社会的运行引入新的约束条件，对未来中国的经济活动和生活方式都将产生反推式影响。从经济学的角度，"双碳"战略有两个方面值得我们深入探究：第一，人类社会的经济活动面临一个难以定价的新约束。市场经济活动的一个重要特征就是生产要素是由一个自由市场交易并定价。比如说劳动力、生产性资本、自然资源等，这些生产要素都由市场定价。但是二氧化碳的排放没有市场定价。现在要建立碳交易市场，但这个碳交易市场本身不是一个自由的市场，是由政策决定碳排放的供给，这个供给的弹性非常小，这对现行经济运行模式甚至对过去40年市场经济的配置资源是一个非常大的挑战。这种行政性的资源配置对经济总量、行业以及经济结构产生什么样的影响，是值得深入研究的问题。第二，主流经济学思维将遭到挑战。主流新古典经济学做研究时都需要一个生产函数，经济增长取决于劳动力、生产性资本以及全要素生产率，也就是生产要素的组合方式、管理方式、技术进步，这是新古典经济增长理论主流的框架。但自然资本也是生产要素，我们过去没有重视它。新古典经济学认为生产要素都可以市场定价，劳动力的回报多少、资本的回报多少，这些都由市场定价。目前有两个新的生产要素不由市场定价：一个是数据，另一个就是自然资本。这两个重要的生产要素无法由市场定价，会产生效率和公平两方面的问题。这个公平不仅仅指我们当代人之间，比如穷人和富人、不同行业的关系，也涉及当代人和后代人之间的关系。"双碳"战略不仅是一个气候问题，而且是减排的技术问题，它对人类从生活方式到生产组织方式以及理念，都可能带来深刻且长远的影响。

二、"双碳"战略的内涵

（一）碳达峰

1. 碳达峰的含义

碳达峰是指在经济体发展进程中在某一个时点二氧化碳排放量达到峰值，之后不再增长，逐步回落。碳排放达峰后，会进入一段"平台期"，即受社会经济发展惯性影响，碳排放在达峰后一段时间内会出现小幅波动。因此,在碳达峰后往往需要一段时间检验碳排放是否真正达峰。通常情况下,一国实现碳达峰是由于经济衰退或经济转型而实现的自然达峰过程。因此,中国提出"力争于2030年前达到峰值"完全属于自我加压的主动行为,具体的碳排放峰值为116亿吨CO_2e(CO_2当量)。

2. 碳达峰的测算

(1)测算范围

根据国际通用的碳核算方法,工业企业的碳排放可以分成直接排放、间接排放和隐含排放三个范围。一般工业企业碳排放只需要计算并报告直接排放和间接排放,可以自行选择隐含排放。

(2)测算方式

直接排放中,最主要的就是燃料燃烧。燃料种类很多,每一种燃料的二氧化碳排放因子不同,因此都应各自计算。计算燃料燃烧的二氧化碳量有多少,与两个因素有关:燃料用了多少、这种燃料单位量能产生多少二氧化碳,前者称为活动水平,后者称为排放因子,将二者相乘,便是这一种燃料的二氧化碳产生量。在间接排放中,用电力或热力的用量与排放因子相乘。排放因子与所在地区发电厂的实际生产情况有关。不同火电厂的生产情况不同,燃煤的转化效率不同,排放因子也不同,且有可能随时间改变。具体数值需要与当地电力供应部门确认,或参考国家每年公布的数值测算。

(3)测算重要变量

企业在测算碳达峰的时间时需要进行能源消耗量预测和节能减排的一些辅助指标预测,例如,能效提升比例、清洁能源使用比例等。因为自身的减排是企业实现碳中和非常重要的一环,是所有企业碳中和相关标准共同要求企业必须实现的部分。在推动碳达峰、实现碳中和的过程中,企业须提出一定的减排目标并达成,而且需要定期检查和更新减排目标。

(二)碳中和

1. 碳中和的含义

碳中和是指企业、团体或个人测算在一定时间内直接或间接产生的温室气体排放总量,通过清洁能源使用、植树造林、节能减排等形式,抵消自身产生的二氧化碳排放量,实现二氧化碳"净零排放"。净零排放是指基于一个基准目标,可应用于企业或其他组织、国家或全球经济,是经济体通过清洁能源使用、植树造林和节能减排等综合措施实现的CO_2减排量,与其自身产生的CO_2排放量相抵,刚好为"零"的状态。碳中和是人类保护生态环境、避免物种灭绝的根本措施。

目前全球已有85个国家或地区提出了碳中和目标,但各国对碳中和概念的理解和减排气体范围的界定存在差异。《巴黎协定》规定的碳中和减排对象为全部温室气体(包含CO_2、甲烷、氧化亚氮等多种气体),而IPCC的《全球升温1.5℃特别报告》则将碳中和定义为CO_2的净零排放,可以将前者定义为广义碳中和,后者为狭义碳中和。对碳中和概念界定的差异,一方面是因为目标实现难度不同,CO_2可以通过加大清洁能源利用和固碳的方式实现大规模的快速减排,其他温室气体中还需要大量的自然碳汇(如森林、草原、农田、湿地、海洋等);另一方面是考虑温室气体的特性、数量和统计难度的区别。与甲烷等气体相比,CO_2在大气中存留时间更长、占比高且容易统计核算,通常被视为温室气体的代表。全球已有2个国家(不丹和苏里南)实现碳中和,芬兰与爱尔兰通过执政党联盟协议承诺实现碳中和;哥斯达黎加、欧盟等国家和地区通过提交联合国确定碳中和目标;瑞典、丹麦、法国等国家通过立法制定碳中和目标;奥地利、冰岛等国家向联合国宣布其碳中和目标。大多数国家和地区将实现碳中和目标的时间设置在2050年前后。相比之下,更为严格的广义碳中和所要求的减排力度与经济代价要远高于狭义和碳中和。

从碳中和目标实现过程来看,中国需要依靠提高能效与非化石能源比重来实现CO_2排放尽早低位达峰,将能源活动的CO_2排放控制在105亿—108亿吨以内,为广义/狭义碳中和创造可能性;在高能效、低能耗的前提下,实施大规模的可再生能源替代才能实现能源系统快速减排至近零排放,2050年一次能源消费中的80%和55%(甚至更高)分别来自低碳能源和非生物质可再生能源,此时依靠自然碳汇可提前实现狭义碳中和目标;但广义碳中和目标要求碳捕获技术达到一定的规模,以实现能源行业负排放。

2. 碳中和是一项系统工程

碳中和的实现是一项复杂的系统工程,不仅与能源的低碳转型相关,而且涉及产业、经济结构的变化甚至经济、社会等诸多方面。如何从系统的角度着手,多措并举、有序推进,既避免过高的转型成本,又促进本国及本地区的优势产业发展,是各国政府都非常重视的战略问题。

(1)能效是第一能源

根据IEA的相关研究,在以巴黎协议为目标的可持续发展情景中,为实现《巴黎协定》不超过温控2℃的目标,可再生能源(包括风、光、水电、生物质等)的贡献率是32%,而能效的贡献率最高,为37%。这里的能效不仅包括狭义上的能源节约,而且包括整个系统和经济结构的能效提高。国际可再生能源署(IRENA)也有类似研究,归类标准有所不同;按照相关模型模拟,为实现《巴黎协定》不超过温控2℃的目标,可再生能源与能效的贡献率各占25%,单列出来的电气化贡献率为20%。电气化的最大优势是能够大幅度提高能效,这也从侧面反映了能效的重要性。能效是第一能源的理念在IEA、IRENA的分析预测中都得到了很好的体现。除能效和可再生能源之外,氢能、碳捕获利用与封存(CCUS)以及其他碳汇技术等也将发挥重要作用。

(2)碳中和的实现模式多样

关于能源转型的目标模型,来自欧洲、美国机构的研究并未设定某种特定的路径,而是强调了多种选项的可能性。比较典型的是由美国多个政府相关机构参与的"零碳美国"(Net Zero America)研究,给出了5种比较典型的碳中和模式,在设定达到净零排放目标的前提下,化石能源的占比从0到超过30%不等。这5种典型模式分别是高电气化+全部可再生、高电气化+可再生受限、低电气化+高生物质、高电气化(高电动汽车)、低电气化。上述研究为探索如何优化净零排放路径提供了参考依据,其中最重要的参数之一是降低能源转型的成本。

(3)循序转型

当前,实现碳中和的相关技术约有40%以上仍处于实验室或小规模试验阶段,如CCUS技术、氢能开发利用等,尚未实现大规模的商业化应用。与此同时,风电、光伏等技术已进入大规模的商业化开发阶段,因此电力部门在减碳早期阶段会相对容易。为描述不同领域减碳的额外成本情况,有关研究提出了"绿色溢价"概念,即实现碳减排所要付出的额外成本。例如,热泵技术相对于传统取暖方式更加便宜,即为负溢价,属于绿色溢价降低的领域;而采用零碳技术的水泥或钢铁行业,需要额外支付几倍于当前的成本,属于绿色溢价较高的领域。因此,绿色溢价较低的领域可优先开展转型。在划分不同领域、不同地区减碳先后次序时,需要重点考量如何以较低的成本实现低碳转型并提高技术成熟度。

3. 碳中和需要完善的市场化机制

(1)新型电力系统需要市场价格引导

电力系统脱碳是能源系统脱碳的核心环节。含高比例可再生能源的新型电力系统是实现碳中和的核心,这一论断已成为国内外的基本共识。以风、光为主的可再生能源电力系统波动性较大,调度难度也较高,对电力系统的稳定性构成挑战。当风、光等波动性可再生能源发电量在系统中占比不超过5%时,依靠适当安排调度就可以实现并网,这与我们对电网早期的认识基本一致。随着波动性可再生能源发电量占比的提高,仅靠电网自身无法完全满足相应的并网要求,需要更多的备用容量(如建设抽水蓄能、天然气调峰电站等)才能提高系统的灵活性,以保障没有风、光时电力系统足够出力。然而,电力系统备用容量的增多带来了高额的新增投资,再加上利用率不足,导致整个能源系统成本越来越高,这也说明仅依靠不断增加备用容量的方式来提高能源系统灵活性,将不能持续有效地为高比例可再生能源并网提供支撑。尽管不同地区、不同电网存在差异性,但波动性发电量占比一旦超过10%就会对整个电力系统优化提出新的要求。

在欧洲、美国,能源电力市场化体系更多是能源市场发展的结果,先后完成了电力、天然气的市场化改革。这一体系在高比例可再生能源系统中发挥了越来越重要的作用,驱动了新型商业模式的兴起。为了精确体现实时供需状况,大部分现货电价区间已经缩短到5分钟出清一个价格。市场化的能源价格机制对于减少弃风弃光,提高系统灵活性,推动储能,辅助服务市场建设,建立新型商业模式发挥了基础性作用。能源电力市场化建设需要有确保电力和能源安全的政策设计,在这方面容量市场机制发挥了重要作用。确保能源系统有充足的容量是能源安全的重要保障,应在能源现货市场建设的同时通过容量市场机制提高能源系统中的容量充裕度。

(2)新型商业模式需要更加开放的市场体系

实现碳中和离不开持续的技术和商业模式创新,涉及众多领域和产业,因此需要不断引入创新资源,扩大市场准入。与传统的集中式、金字塔型的能源供应模式不同,以可再生能源和新能源为主体的能源系统将更加分散,分布式能源将发挥越来越重要的作用,能源生产供应主体也将呈指数增长。以屋顶分布式光伏项目为例,到2050年,全球将有$1.67×10^8$户家庭和$2.3×10^7$家企业在房屋、厂房等建筑物的屋顶采用光伏设备发电,总装机容量将达$2.2×10^9$kw,比2020年的$2.7×10^8$kw增长一个数量级。借助大数据、区块链等技术,还将催生新的分布式能源开发运营模式。例如,美国纽约市布鲁克林区的智能微网引入区块链技术,采用共识机制和电子合约,可以直接开展用户对用户的新能源电力贸易,提高了小规模能源生产者的信用水平;欧洲也有不少类似的创新模式,甚至还创造了基于区块链的能源代币。分布式光伏的成本及收益率是决定其未来发展的关键因素,受到地理和光照条件的影响,也与技术成本、商业模式、融资成本有重要关系。为此,我国应积极引入多元化的市场开发主体,创新商业模式,推动技术进步,同时降低融资门槛,减少并网约束;进一步激发市场的积极性和创新力,扩大分布式可再生能源规模并提高其系统灵活性,与集中式能源形成互补。分布式能源商业模式创新的前提是开放能源市场,进行"隔墙售电"。提高能效是实现碳中和的重要方面。进一步提高能效需打破能源的行业壁垒,如电、气、热等能源品类长期以来的条块分割问题。

(3)碳交易市场是重要工具

在碳减排领域,建设碳排放交易市场是有力工具。欧盟是全球最早建设规模化碳排放交易体系的地区,欧盟碳排放交易体系(EU ETS)在所有欧盟国家以及冰岛、列支敦士登、挪威运行,覆盖面占欧盟温室气体排放量的40%左右;2005年以来,EU ETS所涵盖的主要行业的碳排放量下降了42.8%。近年来,欧洲碳价不断高涨,进一步增加了碳减排的力度。EU ETS采取的是"总量控制与交易"原则,对系统覆盖的温室气体排放总量设置上限;在上限内,公司获得或购买排放配额并根据需要相互交易;碳排放上限逐年下降,以此控制总排放量。配额交易带来了灵活性,确保减碳方面社会成本的最低化。建立在高质量的数据基础之上,具有完整、一致、准确、透明的监测报告及核查系统,这是碳排放市场的根本保障。碳价格的上涨也促进了对清洁低碳技术的投资。

4. 社会共识至关重要

国际经验表明,广泛的社会共识对推动相关政策的出台与实施至关重要。公众对碳中和的共识是实现碳中和的社会基础,碳中和进程带来的新工作岗位与生活方式又能进一步推进公众的思想转变,强化对能源转型的共识。

(1)公众共识是实现碳中和的社会基础

发达国家在设立碳中和目标的同时已经积极开展相关工作来推进社会共识,促进公众思想与行为方式的转变。英国政府为了鼓励公众选择更加绿色低碳的生活方式,推出了一系列"气候变化与行为转变"措施,如减少乱扔垃圾、鼓励骑行、减少汽车和飞机出行等,旨在从社区、街道层面鼓励公众加深对能源转型与气候变化的认识。法国为实现2030年较1990年温室气体排放量下降40%的目标,从全国居民中推选出150人组成"公民气候委员会",专门为国家的气候变化和环保主题建言献策,成为一项重要的制度创新。碳中和既是技术的挑战,更是社会的挑战,因此社会与行为的改变是达成净零排放目标的重要组成部分。公众既应参与碳中和的政策制定,为其建言献策,也要积极行动,力求从我做起,转变消费与行为模式,将低碳、绿色落实到生活的方方面面。相关政策的制定与从个人做起的减碳共识是相辅相成、相得益彰的。

(2)碳中和为社会发展提供更多就业机会

在碳中和进程中,新兴产业的蓬勃发展会提供更多的就业机会,有助于增强能源转型的社会共识。对能源转型的社会共识与碳中和是互相促进、共同发展的关系。在相对发达或是发展中的能源市场,可再生能源的使用都可以创造就业机会,提高当地收入。碳中和也将带来更多的工作机会。按照IEA净零排放情景,到2030年,虽然全球化石燃料部门可能减少5×10^6个职位,但在清洁能源、能效提升、低排放技术方面总共可以创造超过3×10^7个工作岗位。发达国家将能源转型与地区经济发展紧密结合起来,利用能源转型带来的新契机大力发展经济,创造就业机会。例如,美国纽约市为实现2025年市政供电100%为清洁电力的目标,启动实施两个绿色能源基础设施项目,分别从纽约州北部、加拿大获得额外的可再生电力(风能、太阳能、水力发电)。两个项目将为本地创造约$1×10^4$个工作岗位,带来约82亿美元的经济效益。

由此可见,能源转型可与社会、环境、经济目标有效结合,产生更广泛的协同效益。碳中和不仅可以减缓气候变化,更可以推动就业、发展经济、改善环境、促进民生;而这一过程又能提升公众对碳中和的认识并加强社会基础。气候行动规划具有多重效益,可以产生深远的社会影响;实现碳中和,需要社会支持,碳中和进程也促进了社会发展。

(三)碳达峰与碳中和的关系

碳达峰与碳中和紧密相连。碳达峰是碳中和的基础和前提,达峰时间的早晚和峰值的高低直接影响碳中和实现的时长和难度。碳中和是对碳达峰的紧约束,要求达峰行动方案必须在实现碳中和的引领下制定。碳达峰与碳中和有着根本性的逻辑差别,一是内涵逻辑不同。碳达峰是落在传统意义的碳减排概念中,而碳减排是对现有排放和发展路径的改进与优化,仅以排放现状作为基线。碳中和的参考基线是净零排放,需要在最大可能减排的基础上对能源、经济甚至社会体系进行深度重构。二是概念范围不同。碳中和对经济社会发展会产生全方位的影响,传统产业和新兴产业、供给侧和需求侧都需要做出响应,建立全面适用、科学精准的概念体系。三是方法路径不同。碳中和要求在发展理念和方式上有根本的转变,实现碳中和需要在基础设施、市场规则、供应链体系、技术体系等诸多方面采取全新的方法和路径。努力提前实现碳达峰和降低峰值水平有利于减缓碳中和压力。我国2030年前实现碳达峰后还要实现碳中和,两者之间紧密关联,碳达峰的峰值年和峰值水平都会对碳中和路径的难易程度产生影响。碳达峰时间往后延迟,意味着压缩了碳达峰到碳中和的时间,峰值水平越高,意味着同样的时间内减排工作的强度越大,简单说就是前松则后紧,前紧则后松。因此,努力实现早达峰和降低峰值水平都会有利于减缓碳中和过程中的压力。我国是全球气候治理的重要贡献者,更积极有力的减排措施可以加速全球气候治理进程,为减排工作留足空间,同时也会为中国带来经济竞争力提升、社会良性发展、生态环境改善等多重协同效益和新的发展机遇,形成"减排创造发展新机遇,发展培育减排新动力"的良性循环。

(四)新发展理念下"双碳"战略的系统思维

我国发展低碳经济,实施"双碳"目标战略,是落实《巴黎协定》国家自主贡献的重要抓手,同时也是参与全球气候治理、构建人类命运共同体的重要方式。党的十八大以来,以习近平同志为核心的党中央提出并深入贯彻新发展理念,坚持系统思维,厚植马克思主义生态观内涵,体现了低碳经济发展与政策体系协同的整体布局,彰显了"共同但有区别责任"原则下"气候正义"的时代价值。以习近平同志为核心的党中央把生态文明建设作为统筹推进"五位一体"总体布局和协调推进"四个全面"战略布局的重要内容,彰显了"绿水青山就是金山银山"的生态文明理念。在新发展理念下,我国实施"双碳"战略,应当将产业结构低碳化作为科学方法,不断推进应对气候变化立法的顶层设计,实现政府和市场两手发力,促进南南气候变化多边合作,彰显了全球气候治理中"构建人类命运共同体"的思想内涵,为全球气候治理贡献中国方案。

1. 新发展理念下可持续发展观

习近平总书记提出我国"双碳"战略,体现了新发展理念下的可持续发展观,这是对马克思主义生态观的丰富。马克思主义生态观认为，对生态资源的保护就是保护生产力，而对生态环境的不断优化等同于发展生产力。可持续发展观丰富了马克思主义生态观的基本观点，可以理解为发展理念、发展方式或发展形态。我国提出"双碳"战略，要求在碳排放总量控制的同时保证经济社会可持续发展。可持续发展涉及可持续经济、可持续生态和可持续社会三方面的协调统一，要求人类在发展中讲究经济效率、关注生态和谐、追求社会公平。我国提出的"双碳"战略，是可持续发展观的具体化，诠释了经济高质量、可持续增长的基本内涵，并将全球气候治理问题与高质量发展有机结合起来，成为一个关乎经济社会发展的系统性战略。

2. 体现了低碳经济发展与政策体系协同

党的十八大以来，习近平总书记就坚持系统观念做出一系列重要论述和指示要求。坚持系统观念，是党的十九届五中全会提出的"十四五"时期经济社会发展必须遵循的原则之一。2021年1月，习近平总书记在十九届中央政治局第二十七次集体学习时强调，完整、准确、全面贯彻新发展理念，必须坚持系统观念。新发展理念是一个系统的理论体系，统筹国内和国际两个大局，统筹"五位一体"总体布局和"四个全面"战略布局，加强前瞻性思考、全局性谋划、战略性布局、整体性推进。"双碳"战略明确了我国在全球气候治理中的政策立场主张：以气候正义价值为导向，倡导绿色、低碳、循环、可持续的发展模式，走减污降碳的发展道路，完整、准确、全面贯彻新发展理念，实现经济高质量发展。

3. 彰显了"共同但有区别责任"原则下"气候正义"的时代价值

马克思主义生态观指出，人类的经济社会发展不能够超越自然资源和环境的承载能力。全球气候治理的根基是气候正义，各缔约国在遵循国际公约中所提出的"共同但有区别责任"原则基础上提交国家自主贡献减排计划。中国作为负责任的大国，提出"双碳"战略目标就是为能够实现经济社会发展中的"实体气候正义"和"程序气候正义"的价值诉求。气候正义的时代价值就是要保证经济社会发展的代际公平、代内公平，实现从"褐色经济"向"绿色经济"转型。《巴黎协定》签署以后，为维护气候正义，从道德责任向法律责任转变的过程中，推动低碳经济发展成为在"共同但有区别责任"原则框架下的应然选择。我国在不断实现碳达峰、碳中和目标战略下彰显了气候治理中的大国风范，也为南南气候变化合作的开展奠定了基础。

4. 展现构建人类命运共同体的大国担当

习近平总书记提出构建人类命运共同体的思想，为全球生态和谐、国际和平事业、变革全球治理体系、构建全球公平正义的新秩序贡献了中国智慧和中国方案。党的十九大报告明确把"坚持推动构建人类命运共同体"纳入习近平新时代中国特色社会主义思想和基本方略之中。我国"双碳"战略目标的提出，是在全球气候治理的进程中不断推进绿色经济复苏、构建人类命运共同体的体现。中国是全球最大的碳排放权供应国。在国际碳市场的不断发展中，中国一直在倡导全球绿色经济体系的稳定运行，并与其他国家共同开展应对气候变化南南合作。在全球气候治理的国际格局不断变革中，中国已决定接受《〈蒙特利尔议定书〉基加利修正案》，加强氢氟碳化物等非二氧化碳温室气体管控。应对气候变化是全人类的共同事业，不应该成为地缘政治的筹码和贸易壁垒的借口。中国一直坚持"共同但有区别责任"的原则，推动落实《巴黎协定》，积极开展气候变化南南合作，体现了构建人类命运共同体的大国担当。

三、"双碳"中的"效率"与"公平"

实现"双碳"是党中央立足国际和国内两个大局做出的重大战略决策,对我国生态文明建设、引领全球气候治理、实现"两个一百年"奋斗目标具有重大意义。"双碳"不仅仅只是一个纯粹的"环境目标"或"政治目标",而且具有举足轻重的"经济意义"和显著的"公平正义效用"。"双碳"作为新时期党中央的重大战略决策,将会对我国社会发展产生全面、重大和深远的影响。如何处理"双碳"中的"效率"和"公平",将直接决定我国"双碳"目标实现的深度和速度,同时也将影响我国社会发展总体目标的实现。"双碳"中的"效率"是指国家或社会发展的总体"效率",而不能仅仅限于某一行业或领域;"公平"本质上只能是对碳排放控制实施"谁受益,谁负责"的原则,而不仅仅是表面上的"谁产生,谁负责"的原则;同时主张在"效率"和"公平"的关系上应当坚持"公平"优先的原则。

(一)"双碳"中的"效率"

"双碳"中的"效率"是指从一个国家范围来看,如何从整体上在最短的时间内以最少的综合成本实现碳达峰碳中和,即在花费最少时间与综合成本的情况下如何通过整个社会资源的最有效配置,使一国温室气体排放量达到历史最高值并从而由增转降,以及通过何种方式实现一国温室气体在整体上的"净零排放"。"双碳"中的"效率"是国家或社会的总体"效率",而不仅仅是某一行业、领域或某一社会主体的"效率"。"双碳"是以能源资源得以充分、有效利用,经济社会持续、全面发展,人民群众物质、精神生活水平不断提高为前提的,其本身就蕴含着用更少的碳排放去实现更多、更快的发展,因此"双碳"必须坚持"效率"原则,通过完善管理、改进技术、增强合作等多种方式,实现各种资源利用效能的最大化。只有坚持"效率"原则,才能真正做到有的放矢、事半功倍,从而保证按照党中央、国务院既定的时间路线完成我国的"双碳"目标。

(二)"双碳"中的"公平"

公平正义是社会制度的首要德行,正像真理是思想体系的首要德行一样。我国的"双碳"战略,不仅需要考虑"效率"问题,而且需要考虑"公平正义"问题,在"双碳"实现路径选择和相关权责制度安排等方面,不搞"一刀切",也不搞"平均主义""大锅饭",而是在追求"效率"的同时坚持共建、共有、共享,坚持权责相应,努力实现真正的"公平的正义"。"双碳"中的"公平",首先应当关注实现路径选择中的公平。"双碳"是一个国家从整体上实现温室气体的"净零排放",但是不能将"脱碳"与"去煤"看作对等关系,更不能将温室气体排放直接等同于煤炭等化石能源利用,认为只有在大量减少或完全去除煤炭等化石能源消耗利用的情况下才能实现碳达峰碳中和。"双碳"是一个总体性概念,不是针对某个行业、领域或主体,并非要求每个行业、领域或主体都单独实现温室气体的"零排放",而是要在国家总体层面上实现温室气体的"净零排放"和"再平衡"。在"双碳"的实现路径选择中,我国应当科学地厘清各行业、领域减排义务的边界,合理、公平地分配各自的责任承担,不可因认知偏差或其他原因,而简单、粗暴地随意干扰一个行业、领域的发展,以免给国家、社会和个人造成不可挽回的损失。

"双碳"中的"公平",其次应当关注减排增汇义务承担中的公平。权利和义务是一个相互联系、互为条件的整体,权利的享有必须以义务的履行为基础,义务的履行应当以权利的享有为保障。"双碳"既是我国为了应对全球气候变化向国际社会做出的庄严承诺,也是我国统筹绿色与发展、实现现代化的必然要求以及"两个一百年"和建设美丽中国奋斗目标的重要内容。"双碳"的最终受益者将是当代以及后代的全体人类,因此每个人都有承担减排增汇的义务,都应该为实现双碳目标贡献自己的力量。"双碳"中的"公平",还应当关注地区发展的平衡与公平。区域发展不均衡是我国经济发展的一个长期特点,不同地区的资源禀赋、生产优势和经济发展水平存在差异性,低收入地区可能承担更多的减排任务,或带来"穷人补贴富人"的不平等问题,进一步加大地区间贫富差距。新常态、新形势下的碳达峰碳中和目标的实现将会给不同地区带来不同程度的冲击,或将进一步加剧地区间发展不平衡的问题。

"效率"与"公平"是社会发展的两个永恒主题。我国在"双碳"实现过程中应当在兼顾"效率"与"公平"的基础上坚持"公平"优先的原则。在"双碳"目标实现过程中如何处理好"效率"和"公平"问题,将直接决定我国"双碳"目标实现的深度、广度与速度,同时也将深刻地影响着我国生态文明建设和"两个一百年"奋斗目标的实现。正确处理好"双碳"中的"效率"与"公平"问题,从而保证在我国经济社会持续平稳高速发展的基础上使我国全体人民共享中国特色社会主义社会的发展成果。

第二节 "双碳"战略发展现状与挑战

一、"双碳"战略发展现状

(一)国内发展现状

中国是全球生态文明建设的主要参与者、重要贡献者与积极引领者。但由于人口多、体量大等原因,与其他经济体比较,我们在节能减排过程中所面临的现实困难也不小。推进"双碳"战略目标必须立足国情,坚持稳中求进,不能脱离实际、急于求成;要坚持全国一盘棋,加强统筹协调,处理好整体推进与部分差异、长远利益与当前困境之间的关系,充分发挥中国的制度优势,将政府有为与市场有效贯穿到推进"双碳"目标全过程;要深刻认识到"双碳"目标的艰巨性,更要适时把握"双碳"目标推进过程中的难得机遇和重要窗口期。

中国提出"双碳"战略,一方面是外部因素驱动,另一方面也是中国自身发展的需要。2035年,中国经济的远景目标是初步建成社会主义现代化强国,未来几十年要极大依靠乡村振兴和生态文明建设,即把绿水青山变为金山银山,去实现新的高质量发展。改革开放以来,我国经济高速增长,1978—2019年平均增速高达9.5%左右,跃升为世界第二大经济体。我国的碳排放总量也不断攀升,2006年后,我国成为世界CO_2第一排放大国。2019年,我国碳排放总量为98.26亿吨,占世界碳排放总量的28.8%,约为美国的2倍。而人均CO_2排放量,中国约为美国的一半。我国是世界上最大的发展中国家,2019年人均GDP突破1万美元,按照发达国家的经验,我国的CO_2排放远未达到峰值。2020年,因新冠病毒世界各国遭受了不同程度的经济打击,工厂停工、产业链、供应链中断,使相关的高碳工业发展停滞不前。我国采取了有力的疫情防控措施,实现了生产生活各领域的快速恢复。据统计,我国2020年的碳排放量为98.99亿吨,比2019年的98.11亿吨增长了0.6%,创历史新高;我国在全球碳排放中的占比也从2019年的28.6%上升至2020年的30.7%。从以往数据得知,2005年我国碳排放量约为55亿吨,以2020年为起始年,若其他因素忽略不计,只考虑GDP增长率,预计2030年的碳排放水平可能在101亿—110亿吨。

在新一轮技术革命和能源革命浪潮下,产业链、供应链、利益链面临绿色重构,重塑全球产业链和构建绿色价值链,在新一轮的国际竞争中占据制高点刻不容缓。"十四五"期间,碳排放增长应进入平台期,部分东部发达省市、西南可再生能源禀赋好的省市,以及电力、钢铁、水泥等高碳行业应率先实现达峰。一次能源消费方面,煤炭消费达峰,非化石能源消费占比超过20%。2025—2030年,推动碳排放尽早达峰,非化石能源占一次能源消费的比重达到25%。2030—2035年,能源结构持续优化,整体能源结构呈现煤炭、油气、非化石能源"三分天下"的格局。全国所有省市碳排放均实现达峰,交通、建筑等部门碳排放也相继达峰。2035—2050年,构建形成以可再生能源为主的能源生产和消费体系,争取实现二氧化碳近零排放,初步形成零碳社会。2050—2060年,通过碳汇、负排放技术、非二氧化碳排放控制等措施,争取向全温室气体排放中和迈进,并努力促进全球在2070年前后实现碳中和。

1. 应对气候变化工作持续深入推进

2020年12月12日,我国在气候雄心峰会上宣布了关于应对气候变化的最新目标:到2030年,中国单位国内生产总值二氧化碳排放将比2005年下降65%以上,非化石能源占一次能源消费的比重将达到25%左右,森林蓄积量将比2005年增加60亿立方米,风电、太阳能发电总装机容量将达到12亿千瓦以上。作为世界上最大的发展中国家,中国实施积极应对气候变化的国家战略,把应对气候变化融入国家经济社会发展中长期规划,通过法律、行政、技术、市场等多种手段,加快推进绿色低碳发展,为全球应对气候变化做出了重大贡献。推进"双碳"战略目标必须立足国情,坚持稳中求进,不能脱离实际、急于求成;既要统筹整体推进与部分差异之间的关系,又要把握长远利益与当前困境的协调,要深刻认识到实现"双碳"目标的艰巨性,更要适时把握"双碳"目标推进过程中的难得机遇和重要窗口期。正确把握"双碳"目标要求,因地制宜、统筹兼顾减排与可持续发展意义重大。

2. 政策体系日趋完善

为实现"双碳"战略目标,中国已经制定了一系列配套的政策措施,这些政策措施具有精准的调控功能,预期实施效果良好,为中国"双碳"目标的实现奠定了坚实的政策基础;在国家层面出台了诸多法律法规及政策,努力夯实低碳发展基础。自1998年以来,中国围绕低碳发展先后出台了《中华人民共和国节约能源法》《中国节能产品认证管理办法》等,加速推动低碳工作有效运行。2007年6月,国务院制定了《中国应对气候变化国家方案》(以下简称《方案》),这是首个由发展中国家制定的、国家层面的应对气候变化方案。该《方案》将植树造林、节能减排等手段作为中国低碳发展的主要政策措施。2020年,中央出台《中共中央关于制定国民经济和社会发展第十四个五年规划和2035年远景目标的建议》(以下简称《建议》)。《建议》提出在"十四五"期间坚持绿色低碳发展原则,进一步完善节能管理制度内容,为节能减排提供法律保障,将控制温室气体排放上升到国家发展战略的新高度。2020年10月发布的"十四五"战略规划提出,要在"十四五"期间进一步加快推动低碳绿色发展,有效支持有条件的地区率先实现碳达峰,同时进一步推进碳交易市场的规范发展。2020年12月,中央经济工作会议将有效推进"双碳"工作作为2021年的重点任务之一,要求在进一步调整产业结构、优化能源结构的基础上使煤炭消费尽早达峰,进一步完善能源消费双向控制机制,实现减少污染和降低碳排放水平的协同发展效应。

在部委层面,2020年12月,财政部在全国财政工作会议上要求财政资金的投入要和污染防治、绿色发展目标相匹配,要利用财政支持促进能源结构的进一步优化,并积极从技术层面探讨碳排放权的税收问题。与此同时,国务院新闻办公室发布了《新时代的中国能源发展》白皮书,明确表示在习近平新时代背景下中国能源发展的重点在于煤炭能源的清洁化利用和非化石能源的开发利用,同时还应该进一步促进能源产业的数字化发展水平。2021年1月,生态环境部及时颁布了《碳排放权交易管理办法(试行)》(以下简称《办法》),该《办法》成为中国碳市场和碳交易管理的核心引领,为当前中国进一步推进碳市场建设提供了更精准的法律依据。碳达峰和碳中和目标的实现过程中需要大量的资金支持。为解决该问题,2021年1月,中国人民银行将"落实碳达峰和碳中和"作为和货币发行、信贷政策并列的三大工作,要求金融系统合理引导金融资源向绿色金融领域流动,并通过金融体系推进碳排放权交易市场定价机制的优化。

3. 能源发展与产业结构逐步优化

中国低碳发展成效主要体现在能源发展与产业结构优化升级两方面。一是非化石能源持续发展。《新时代的中国能源发展》白皮书提出,中国要把非化石能源发展置于首位,推动能源绿色生产与消费。人民日报网数据显示,2019年中国非化石能源占一次能源消费的比重为15.3%,与2010年相比,非化石能源的消费总量增长了1.2倍。与此同时,2020年中国煤炭占一次能源消费的比重降至57%,与2017年相比下降了3.4%。非化石能源利用率显著提升,化石能源使用量逐步减少。以三江源地区为例,2020年5月起100天内,国家电网对该地区使用清洁能源供电,降低燃煤消耗6.1万吨,减少二氧化碳排放16.6万吨。二是产业结构实现初步转型升级。中国一直强调产业结构转型升级的重要性,中共十九届五中全会提出要加快现代化产业体系发展。在此背景下,中国积极推进供给侧结构性改革,努力淘汰各行业落后产能,鼓励绿色低碳循环经济发展,逐步形成了以服务业为主导的产业结构。国家统计局数据显示,中国第三产业占比逐年上升,2020年中国第三产业增加值比重为54.5%,与2010年相比增长了10.3%。

4. 现实基础逐步强化

从现实发展看,中国在节能技术创新、能源结构调整和产业结构升级方面已经取得了显著成果,这为中国进一步推进"双碳"发展奠定了现实基础。首先,在供给侧结构性改革背景下,中国致力于将经济转型驱动力从"投资驱动"转向"创新驱动",在节能技术创新、能源效率提升方面实现了系统化升级,并在大数据技术的加持下日渐表现出智能化特征,这极大地提升了国民经济各组成部门的能源使用效率和技术创新绩效。其次,在能源结构方面,中国非化石能源(如风能、太阳能)的使用效率显著提升,核心技术日渐成熟,中国能源结构逐步向低碳化目标迈进。根据国家统计局的数据,2010—2019年,中国非化石能源消耗量年均增长达到9.1%,非化石能源占能源消耗总量的比重从2010年的9.4%升至2019年的15.3%,说明中国能源结构向低碳化优化的趋势较为明显。同时在国家的大力支持下,非化石能源的并网消纳问题已经得到较为有效的治理,这进一步促进了能源结构的优化。最后,从产业结构看,中国第三产业比重从 2010 年的 44.2% 升至 2019 年的 53.9%,第二产业比重从 2010 年的 46.5% 降至 2019 年的 39.0%,中国产业布局已经呈现出以第三产业为主的服务业主导型结构。由于第三产业的能耗比第二产业的能耗低,所以产业结构的这种优化趋势有助于中国稳步推进低碳化发展进程。在供给侧结构性改革的政策背景下,上述产业结构优化的速度和效率得到了进一步提升,从而为中国实现"双碳"目标奠定了坚实基础。

中国提出到 2030 年实现碳排放达峰并在 2060 年实现碳排放中和的目标有坚实的宏观经济发展基础。经过 40 余年的改革开放,中国经济总量已经达到全球第二,经济发展增速一直保持在较高的增长水平,人民生活水平获得了较大提升。预计 2021—2035 年,中国经济仍将保持中高速增长的基本趋势,2030 年左右的经济实力和发展潜力会有较大幅度的提升,这是 2030 年实现碳达峰目标的基础保障。不仅如此,未来提升中国在碳排放权市场上话语权的核心是技术创新水平。随着中国经济的持续高质量发展,中国以低能耗服务业为主的产业结构将得到实质性优化,低碳发展的技术水平和综合国力水平会得到实质性提升,这将为实现碳中和目标奠定坚实的经济基础。

(二)国际发展现状

据统计,目前全球有不丹和苏里南 2 个国家已经实现净零排放,瑞典、英国、法国、丹麦、新西兰、匈牙利 6 个国家实现了净零排放立法,欧盟、加拿大、韩国、西班牙、智利、斐济等国家和地区正在推进净零排放立法,中国、芬兰等 20 国以政策文件形式确立净零排放目标。根据能源与气候情报网(Energy and Climate Intelligence Unit)的统计,截至 2021 年 8 月 12 日,全球共有 134 个国家和地区提出了零碳或碳中和的气候承诺,以低碳发展为特征的新增长路径成为全球转型的主要方向。

1. 碳达峰国家多数支持实现碳中和

根据世界资源研究所统计,在 1990 年之前就已经实现碳达峰的国家有 19 个,2000 年达峰的国家增至 33 个,2010 年增至 49 个,2020 年增至 53 个,占全球排放量的 40%。《联合国气候变化框架公约》统计认为,在包含 LULUCF(Land Use, Land-Use Change and Forestry,土地利用、土地利用变化和林业)的情况下,碳达峰国家共计 46 个;在不包含 LULUCF 的情况下,碳达峰国家共计 44 个。两种统计差距不大,同时都包括美欧等发达国家或地区。在 2020 年全球前十大经济体中,德国早在 1990 年前就出现碳排放峰值;英国、法国在 1991 年出现碳排放峰值;意大利在 2007 年左右出现碳排放峰值;美国于 2007 年出现碳排放峰值,比英国、法国晚 16 年;日本碳排放量呈现波动式上升的趋势,2005 年第一次出现峰值,经历 2006—2009 年短暂下降后,2010—2013 年继续呈上升趋势,2013 年第二次出现峰值,随后的 2014—2016 年,二氧化碳排放量有所下降;巴西在 2004 年出现碳排放峰值,而中国、印度碳排放尚未达峰。

(1)欧盟

欧盟立场最为积极,在推进碳中和的同时还提出了更高的气候中立(climate neutral)目标。2018 年 11 月,欧委会发布欧洲气候中立战略愿景文件,提议到 2050 年推动欧洲实现气候中立,这是欧盟首次在正式文件中提出气候中立,欧盟也是最早提出这一愿景的国际行为体。2019年12月，新一届欧委会一上任就发布了《欧洲绿色协议》，要求欧盟2030年温室气体排放比1990年水平降低至少50%—55%（原目标为降低40%），到2050年温室气体达到净零排放并且实现经济增长与资源消耗脱钩，成为首个气候中立大陆（climate neutral continent）。2020年3月6日，欧盟正式将该目标向《联合国气候变化框架公约》递交，成为欧盟的国际承诺。与此同时，欧盟还在加快推进气候立法，提升其减排目标的约束力。2020年12月，欧洲理事会批准《欧洲气候法》的一般立法程序，并于2021年6月28日通过了《欧洲气候法案》，为欧盟各国在2050年实现碳中和目标铺平了道路。欧盟碳市场走在世界前列，拥有完善的交易机制，其特点有以下几个：第一，根据各国战略发展需要和不同行业发展特点，灵活分配碳权配额。第二，逐步缩减排放配额总量并加大配额拍卖比重。第三，EU ETS参与者可使用国际信用。第四，拍卖收入作为气候融资的重要资金来源。第五，采取市场稳定储备（Market Stability Reserve，MSR）机制作为长期解决方案。

(2) 英国

英国是最早推进碳中和立法和市场实践的国家。早在2008年，英国就正式颁布《气候变化法》，成为世界上首个以法律形式明确中长期减排目标的国家。2019年6月，英国新修订的《气候变化法》生效，正式确立到2050年实现温室气体"净零排放"，英国成为全球首个立法确立碳中和目标的主要经济体。2020年11月，英政府又宣布一项涵盖10个方面的"绿色工业革命"计划，包括海上风能，氢能，核能，电动汽车，公共交通、骑行与步行，喷气式飞机零排放与绿色航运，住宅与公共建筑，碳捕集、封存与利用，自然保护，绿色金融与创新。2020年12月，英国政府宣布新的减排目标，承诺到2030年英国温室气体排放量与1990年相比至少降低68%。为实现碳中和目标，英国政府计划投资120亿英镑。除政府层面的减排努力外，英国的减排行动也较早实现了市场化。英国标准协会（BSI）2009年曾发布首个所谓碳中和标准（PAS2050），用于向有需求的企业付费发放相关碳足迹（carbon footprint）认证，帮助企业实现碳税减免、市场认可等目的。

(3) 美国

美国自《京都议定书》签署以来，国内外气候政策经历多次反复。美国新政府气候政策积极但在国内仍面临较大阻力。拜登就任美国总统后签署了《应对国内外气候危机》行政命令，首次以法律或行政文件的形式提出2050年实现"碳中和"并于2035年实现电力行业全面脱碳。2021年4月22日，美国总统拜登在其主持召开的全球气候峰会上宣布，美国计划到2030年实现在2005年基础上将温室气体减排50%，到2050年实现碳中和，这是美国首次宣布碳中和目标，也是美国首次宣布如此大幅度的减排安排。与此同时，美国也在加快多项与气候和能源有关的立法，细化相关目标。其中，由参议院能源和商业委员会推进的《清洁未来法案》包括10个方面的内容，除拜登总统宣布的"3050"目标外，该法案还要求未来十年在减排领域投资5 650亿美元，在能源部和生态环境局等机构成立新的部门，推动到2035年实现电力系统脱碳化，加快实现工业、交通、建筑等领域脱碳，制定更加清晰的甲烷等温室气体减排安排，筹资1 000亿美元帮助各州加快减排等。在建筑领域，美国大力推动建筑节能升级、新建筑零碳排放；在技术领域，推动包括二氧化碳捕集与封存（CCS）、储能、绿氢、核能等前沿技术的研发；在清洁能源领域，激励企业投资清洁能源发电设备和开发可再生能源。在州政府层面，加利福尼亚州颁布了一套碳减排政策,包括总量管制与排放交易、低碳燃料标准,要求到 2030 年以后,电力的 60% 来自可再生能源,到 2045 年电力零碳排放以及减少短期气候污染物,如甲烷和氢氟碳化物等。加利福尼亚州将数十亿美元的总量管制与交易资金用于减少温室气体排放、加强经济、改善公共健康和环境,特别是在弱势社区。

(4)澳大利亚

澳大利亚于 2003 年推出新南威尔士温室气体减排计划(GGRS)。GGRS 初期仅覆盖电力行业,随后纳入工业、交通、林业等其他行业和部门,逐步完善碳排放总量、配额使用及排放权的转移等。澳大利亚碳市场监管体系处于国际领先地位:一是专设澳大利亚气候变化局、清洁能源监管局和生产力委员会三个监管机构。三个机构职权划分明确,气候变化局以碳减排目标为基准,审核排污总量,追踪排污足迹和碳价波动,向政府提供专家咨询和建议;清洁能源监管局管理碳定价机制和碳农业计划;生产力委员会审查政府对相关项目和行业的援助及影响。二是立法构建四大监管制度,包括温室气体报告制度、信息搜集与记录保留制度、信息公开机制和检查专员制度。

(5)德国

德国于 2019 年通过《气候保护法》,首次以法律形式确定本国中长期温室气体减排目标。2019 年 10 月,德国联邦政府内阁通过《2030 年气候行动计划》,其政策包括监管法律、价格激励和资金支持。德国规定从 2021 年起引入全国排放交易系统,向市场提供取暖油、天然气、汽油和柴油的公司将对产生的二氧化碳支付费用,且此费用将逐步提高。联邦政府把二氧化碳定价所得用于气候保护措施,并为公民提供财政救济。此外,可再生能源的扩张是德国能源转型的核心支柱之一,但德国以经济可持续和社会公平的方式遵守气候目标。2020 年,德国通过《煤炭逐步淘汰法案》,明确以社会可接受的方式分阶段逐步淘汰燃煤电站。值得注意的是,德国并未贸然大规模提前退役煤电,而是保持相当比例的煤电装机容量,使之与用电负荷的规模基本匹配,作为系统、安全、稳定的可靠支撑,确保能源供应安全、清洁和可负担。

2. 碳关税带来新挑战

欧盟等发达经济体正抓紧制定并明确计划,逐步实施"碳关税"制度。欧盟近期提出了"碳边境调节机制"(CBAM),计划对欧盟进口商品征收碳边境税或要求购买碳排放配额。英国正全力推动形成西方七国的碳边境税措施制度。日本公布了"绿色增长战略",以讨论实施碳关税,确保其企业的竞争力。美国政府则正在评估建立碳边境调节机制的可能性。为应对欧盟碳关税政策,全球航运领头羊马士基集团首开先例,打造全球第一艘"碳中和"甲醇燃料的货柜船,宣布将在 2023 年启用以甲醇为燃料的近洋线货柜船,并承诺未来该公司所有自有新建船舶都将使用双燃料技术,实现"碳中和"营运或采用标准极低硫燃油(VLSFO)。马士基公司将持续探索多种"碳中和"燃料方式,寻求多种燃料解决方案。

3. 碳排放爬坡国家分化明显

新兴和发展中国家是目前全球新增排放的主要排放者,希望加快能源和经济结构转型,对碳中和也持积极态度。但这些国家普遍面临的问题是经济增长与排放挂钩,平衡减排与增长面临巨大困难。

(1)印度

印度认为碳中和目标政治意义大于实际作用。印度能源消耗增速惊人,国际能源署预计未来20年印度能源需求增长将占全球能源需求增长总量的25%,是增幅最大的国家,碳排放量到2040年将增加50%,足以抵消预期中的整个欧洲排放量降幅。印度是全球减排增量的重点关注国家,但其国内对减排争议较大,尚未公布具体的净零排放目标。印度国内主流认为:自己仍是发展中国家,需要更长的时间来实现减排任务,而且印度可能需要资金和技术方面的帮助。在国际场合,印度官方对净零排放总体持反对态度。在2021年3月31日IEA和COP26联合举行的峰会上,印度能源部部长辛格称,到21世纪中叶实现净零排放只是"天上的大饼"(Pie in the sky),像印度这样的发展中国家不应该被要求设置净零排放目标。

(2)东南亚

东南亚国家努力实现经济增长与气候问题平衡。亚洲开发银行研究发现,气温升高对印度尼西亚、菲律宾、泰国和越南的负面影响将十分显著,给雅加达、曼谷和马尼拉许多东盟最大的沿海城市带来重大问题。在全球最易受到海平面上升1米影响的25个城市中,有19个位于该地区,仅菲律宾就有7个,印度尼西亚将成为该地区受沿海洪灾影响最大的国家,未来预计每年约有590万人受到影响。但与此同时,东盟也是世界上经济增长最快的新兴经济体,经济增长与能源消耗直接挂钩,重视气候变化可能严重压抑经济增长。以印度尼西亚为例,印度尼西亚一方面提出碳中和目标,另一方面又明确表示,不会以牺牲经济为前提追求更为激进的气候目标。

4. 主要油气出口国态度暧昧

主要油气出口国担心能源结构转型导致经济收入下降,仍将油气生产摆在优先位置,但也认识到必须改变严重依赖能源的经济结构,普遍希望从长计议推进能源结构转型,但近期不希望全球减排行动升温导致油气市场波动,冲击本国经济。以沙特为例,其希望推进能源生产与减少排放并行不悖的气候政策。作为全球最主要的油气生产国,沙特对气候变化问题在外交上一直保持温和的积极立场,是《京都议定书》和《巴黎协定》的缔约国,但其具体政策落实情况被认为严重不足,缺少长期减排战略规划,没有制定明确的2050年温室气体减排目标。沙特认为,不应该将温室气体减排同油气资源减产挂钩,油气行业处在更优先位置上,过于激进的碳中和政策不利于全球能源市场稳定。国际舆论并不看好沙特的减排和低碳经济计划,2016年沙特曾发布2030远景规划,提出到2030年建设60GW的绿色能源,但截至2020年初,沙特已装机可再生能源仅为397WM,目前沙特国内42%和57.8%的发电量分别来自石油和天然气,占全国发电量的99.8%。

5. 国际组织大多支持实现碳中和

世界银行、国际货币基金组织(IMF)、世贸组织、国际可再生能源机构(IRENA)等全球各大领域主要组织或机制,多数对碳中和持积极立场。世界银行表态支持《巴黎协定》和2050年长期战略目标,希望通过发展融资、气候融资等方式,采用各种金融工具改善清洁项目的发展环境,降低新技术应用的资金风险,特别是推动方案试点和规模化应用,扩大清洁能源市场。为此,世界银行设计了有关国别计划、技术援助、贷款产品专门项目,帮助各国规划和实现长期脱碳。IMF认为,气候变化将对各国经济产生明显影响,应该通过政策工具来帮助实现2050年净零排放目标。IMF总干事奥尔基耶娃在一次研讨会中表示,碳定价和绿色融资是重要的政策工具,要重视对碳税等工具的应用。国际能源等机构近期也对碳中和表现出格外积极的立场。2021年5月,国际能源机构发布《2050净零排放报告》,在业内引起巨大轰动。IEA在该报告中提出了激进的能源转型路线图,认为如果要实现2050年净零排放并将全球升温控制在1.5℃,必须从现在起就停止对油气资源的投资,到2035年结束内燃机乘用车销售,2030年前关闭所有低效燃煤电厂,到2050年实现化石燃料消费占比从现在的80%骤降至不到20%。IEA报告在赢得环保主义者欢呼的同时也遭到传统行业的猛烈批评。美国前能源部长盖伊称,国际能源署的报告完全不切实际,其公布这份报告的唯一目的就是获取运营经费。

6. 企业诉求多元化

谷歌是最早实现"碳中和"的科技企业,主要路径包括发展能效技术和投资可再生能源。谷歌开发的高能效制冷系统将其数据中心的耗能量降到行业平均值的一半。同时,谷歌利用风能和太阳能为数据中心供电、推进可循环战略等辅助降低碳排放。苹果公司承诺在2030年全面实现"碳中和",目前其全球运营领域已实现"碳中和"。苹果公司采用蒸发冷却、自然空气交换技术和精细冷却系统优化数据中心能耗,并帮助供应商提供能效改进技术支持,以促进供应链减排。此外,苹果公司在全球投资各类环保项目以抵消碳排放,如森林、自然生态系统保护等碳清除项目。国际石油企业谋求加快转型:增加减排,要求减少化石能源消费,将直接影响油气企业生存。但令人意外的是,目前碳中和带给油气企业最直接的影响并不是市场规模的下降,而是油气市场之外的融资、舆论和政治影响,欧洲已经有多家主要银行宣布暂停为油气企业的新增勘探项目融资,各类环保组织、环保主义者、媒体以及普通民众也不断向油气企业施压,这导致油气企业必须做出反应。目前,BP、道达尔、荷兰壳牌等油气公司均已经宣布明确的能源转型战略,总的方向是增加清洁能源投资,从油气企业转型为能源企业。2021年3月,BP宣布,将在2050年之前将所有运营业务和油气生产项目以绝对减排为基础实现净零排放,并将所销售产品的碳强度减少50%,到2023年,在所有重大油气作业地点安装甲烷检测系统,并将甲烷逸散强度降低50%,增大对非油气业务的投资比例,推动政府制定更为严格的气候政策。2021年3月,壳牌公司宣布将降低所有出售能源的碳强度,基于2016年的碳排放水平,2023年下降6%—8%,2030年降低20%,2035年内降低45%,在2050年实现净零排放。相比欧洲企业,美国油气企业表现相对保守,埃克森美孚等公司尽管也宣布将减少排放,但并未公布净零排放目标,认为油气消费责任并不在自己身上。

7. 碳中和成本高,发展中国家需要资金支持

《巴黎协定》确定了2020年后的全球气候治理模式,但仅仅提出了国际社会合作应对气候变化的总体设想和框架,并未明确落实1 000亿美元/年的长期资金目标路线图,而现有资金机制的资金规模严重不足,资金量太小,气候资金的供给和需求之间存在巨大的缺口,难以满足广大发展中国家应对气候变化的需要。资金问题是发展中国家最核心的关切,发达国家应当按照《巴黎协定》的规定,为发展中国家应对气候变化提供资金支持,并保证资金的可预见性和持续性。发展中国家只有得到了资金支持,才能提高应对气候变化的能力,促进可持续发展和绿色转型。

二、"双碳"战略的挑战

"双碳"战略目标的提出是中国推进世界零碳排放进程、引领世界经济绿色复苏的核心战略,体现了中国的大国担当。很多西方国家经历了近200年的自由碳排放,是全球二氧化碳累计排放总量的主要来源。这些经济体先后在20世纪90年代实现碳达峰之后着手推动碳中和计划,像德国、法国等纷纷宣布计划在2050年实现碳中和,其碳达峰与碳中和相距60年。而中国向全球做出的"双碳"目标承诺,实现碳中和与碳达峰之间的时间比西方国家减少一半时间。过渡期大大缩短,意味着我国需要用30年的时间完成别的国家近50年的工作,实现碳中和目标所要面临的挑战和付出的努力远远大于其他国家。与西方发达国家不同的是,我国正处在碳排放量逐渐增长的阶段,同时,我国仍是以高碳为主的能源消费结构,因此,我国的碳排放压力、能源结构转型压力、技术水平限制以及经济结构转型压力同时存在。由于人口多、体量大等原因,与其他经济体比较,我们在"双碳"战略实施过程中所面临的现实困难与挑战不小。目前我国"双碳"战略主要面临以下几个方面的挑战:

(一)碳排放量和排放强度居于高位

首先,中国二氧化碳排放量高。截至2021年末,中国二氧化碳排放量已超过119亿吨,占全球总量的33%。2019年,中国人均碳排放量为8.1吨,超过欧盟人均碳排放量25%,超过全球人均水平65%。其次,中国的碳排放强度相对其他经济体处于高位。根据世界银行数据库提供的数据,现阶段中国的碳排放强度为0.8千克/GDP(2015年美元),是同期美国的3倍、日本的近4倍、巴西的4倍,略低于印度、俄罗斯。近20年来,中国与美、日、德等国家的碳排放强度几乎是等幅下降,降幅为30%左右。比照德国、日本的碳排放强度,中国还有较大的碳减排空间,待我们赶上德国的碳排放效率指标值(0.21千克/GDP,2015年,美元),基本上就完成了"双碳"目标。因此实现"双碳"目标,我们有足够的追赶空间,但同时也表明中国要达到前述经济体的排放效率还有相当长的路要走,压力不小。

(二)能源结构持续优化压力显著

新发展格局下,实现"双碳"目标成为开启绿色低碳发展的关键。当前我国能源系统结构性问题日益凸显,我国能源消费结构仍然以化石能源为主,能源需求大,能耗高,我国已成为全球温室气体排放量最大的国家。一是能源电力市场受到挤压。现阶段,中国各省份基本实现了电力自足,甚至出现产能过剩的情况。二是可再生能源发展与电网建设不适配。可再生能源发展虽然远超预期,但储能电站、燃气发电等灵活性电源发展显著不足,与规划水平相差甚远;电网调度模式与可再生能源发展不匹配,分布式项目发电上网尤为困难。三是可再生能源与负荷中心分布不均衡。中国有70%的电力消耗来源于中部与东部沿海地区,但可再生能源资源主要集中在西部地区。对于电力受端地区而言,电网系统跨区域、跨省份消纳协调难度较大且成本较高,并非最优选择。从中国能源生产情况看,目前中国风能、光伏和水电等可再生能源的累积装机总量排在世界首位,这决定了中国能源结构的优化进程不同于世界主要国家的优化进程,即中国可能不会从以煤炭为主的能源结构过渡到以油气为主的能源结构,而是直接从以煤炭为主的能源结构过渡到煤炭、油气、清洁能源并存的能源结构。这种能源结构优化调整的压力是显著的,也是高于其他发达国家的。

(三)经济结构转型阻力较大

经济结构是指经济系统中各个组成要素之间的空间关系和经济联系,一般包括产业结构、就业结构、区域结构等。与发达国家不同,中国经济发展总体水平尚未真正实现与碳排放的完全脱钩,在实施低碳发展的"双碳"目标引领下如何稳步推进经济发展结构转型成为未来发展的核心难题。从产业结构看,产业结构发展的低碳转型是实现"双碳"战略目标的核心动能,但中国目前产业结构转型仍存在能力不足的问题,如部分经济发展速度较慢省份的产业结构仍以资源密集型产业为主,其服务业主要是传统服务行业,由于这些省份的基础设施和公共服务体系的限制问题,其完全依赖自身能力实现产业结构优化升级较为困难。从就业结构看,根据国家统计局资料,2019 年全国煤炭产业价值链上工人总量在 300 万人以上,"双碳"战略目标的实现可能会造成数以百万计的煤炭行业工人失业,这部分工人的就业转型压力巨大。从区域结构看,"双碳"需要大量的财政资金投入和绿色金融的扶持,那些经济发展水平高的省份受到的资本制约较低,但是经济发展水平低的省份可能受到较高的资本投入制约,从而形成新的区域结构发展问题。为实现"双碳"战略目标,包括产业结构、就业结构和区域结构在内的经济结构转型压力较大。

(四)"双碳"技术创新发展不足

要实现碳中和,未来 30 年必须实现清洁能源替代化石能源,并加快推动低碳经济替代化石经济。在这一重大变革进程中,清洁技术的开发和应用速度具有决定性意义,在一些领域需要实现突破性的技术解决方案,是否有充足、可靠的自然资源去应用相关技术也至关重要。国际能源署评估认为,到 2070 年有 35% 的减排量所依靠的技术目前仍处于原型或示范阶段,有 40% 的技术尚未被开发出来,商业汽车运输、海洋和航空运输、冶金、水泥生产以及其他能源密集型产业所需要的突破性减排技术均不成熟。当前中国低碳创新技术不足,非化石能源存在技术关隘,基础研究方面的技术短板凸显,实现"双碳"目标面临滞碍。清洁能源不同于以石油、天然气和煤炭为代表的传统化石能源,具有更强的技术依赖性,风机、太阳能电池板和储能网络等的接入急需强大的技术创新和资本支持。综合来看,中国低碳发展的创新技术和世界先进水平尚存在一定差距,在一些核心指标上离发达国家水平还有距离。不仅如此,中国当前开发出的核心技术还存在着融资生产困难和有效推广使用困难的双重压力,虽然中国低碳发展及绿色发展技术取得了不少突破,但是尚未形成由点及面的规模效应,在一些基础问题研究和核心技术研究方面仍存在显著短板。新型电力系统中电力电子技术与可再生能源发电技术还有不少"瓶颈",短期内难以实现技术性突破。电力调峰方面,由于风能、水能、太阳能等可再生能源具有随机性、波动性、间歇性等特点,在接入电网时存在显著峰谷差,供电稳定性较差,而解决调峰问题的技术仍有待进一步优化。储能方面,储能技术主要包括化学储能、电磁储能、供热储能,其中,供热储能是一种理想的供热期燃煤替代技术。但实践中,上述储能技术尚无法实现大规模的应用与普及。

(五)资金、资本和市场挑战

推进减排需要在能源和基础设施等领域进行大规模投资。根据国际可再生能源机构估算,要实现《巴黎协定》关于全球升温低于 2℃ 的目标,用于可再生能源的年均投资必须从现在的 3 000 亿美元增加到约 8 000 亿美元;欧盟的《欧洲绿色协议》计划在未来十年筹集 1 万亿欧元用于绿色投资,美国正在规划的2万亿美元刺激法案计划向能源转型项目投资3 000亿—6 000亿美元,英国政府认为到2050年实现净零排放每年需支出500亿英镑。这些投资需求普遍面临巨大缺口,资金不足已经成为许多国家能源转型战略的主要障碍。根据《巴黎协定》,发达国家要在气候领域向发展中国家提供资金和技术援助,但目前来看这些援助或更加难以到位。发电、钢铁、水泥、化工等高排放行业也是重资本行业,固定资产投入大、寿命长,钢铁和水泥厂的典型使用寿命约为40年,而初级化工设施的使用寿命约为30年,要完全淘汰这些固定资本将产生巨大的沉没成本,特别是目前还有大量新建排放密集型重工业设施,预期寿命可能超过2050年。

(六)政治和社会挑战

在政策干预的情况下,加快实现全面脱碳是一项艰巨的任务,几乎涉及每个部门和行业,是一项巨大的经济和社会系统工程,势必面临巨大的政治和社会挑战。政府在碳中和过程中将扮演主要角色,一方面是要更加精细地制订各项规划,另一方面则是要及时回应转型中的争议问题,防止引发社会矛盾,这需要政府投入较多的资源。中国处于跨越"中等收入陷阱"的关键期。在社会主义初级阶段,经济发展是硬道理。包括"双碳"目标等在内的很多国家战略都要围绕经济可持续发展来协同推进,这既是改革开放以来的深刻总结,也是"中国奇迹"的根源和注解。实践证明,只有保持一定的经济增长速度,才能解决经济社会发展过程中的一系列新问题,不断满足人民日益增长的美好生活需要。拉美很多经济体的发展历程提醒我们,在经济发展跨越"中等收入陷阱"的吃劲阶段,经济增长速度由快转慢,各种在经济快速增长阶段掩藏起来的潜在问题和社会矛盾在经济下行时可能会"集成"凸显,诸如生态环境破坏、贫富差距拉大、经济脱"实"向"虚"、滥用市场支配地位等垄断和不正当竞争行为等,一定要妥善处理好经济发展同前述各种新问题、新业态之间的关系,这些都属于市场主体之间的矛盾。要妥善处理,就要分清主要矛盾与次要矛盾,一定要保持合理的经济增长速度。无论什么情况下,都要牵住经济发展这个牛鼻子,保持充分的市场活力,积极实施高质量的经济增长,只有这样,才能跨越"中等收入陷阱"这个门槛,实现中华民族伟大复兴梦想。

(七)国际合作挑战

尽管碳中和目标由各国自主制定,实现碳中和却必须开展广泛的国际合作。回顾历史,国际社会应对气候变化的历程充满了各种纵横博弈,而碳中和目标带给各国的压力明显大于此前的减排计划,各种国际竞争的压力恐怕也将水涨船高。气候变化的话语权之争将事关国家发展前景。从历史上看,全球气候问题的提出和发展,主要是由发达国家主导,符合发达国家的经济与社会现实,但与发展中国家的发展诉求不完全匹配。碳中和涉及经济社会方方面面,深入一国经济社会底层,一刀切的标准将严重阻碍部分国家的发展前景,导致气候权凌驾于发展权之上的局面。目前,气候变化问题的政治化倾向越来越明显,并不断向经济、贸易、外交等领域扩散,逐渐成为一种国际政治博弈的新工具,这令人担忧,应该加快对这一趋势踩刹车。以美国为首的西方国家对全球能源市场的垄断,对中国实现"双碳"目标是一个较大的挑战,要尽量减缓国际能源价格剧烈震荡给我们造成的冲击。美国以其能源体量及综合影响力在全球能源市场上拥有较高程度的垄断和支配地位,这会损害包括中国在内的天然气等能源购买方的利益,不利于中国"双碳"目标的有序推进。美国和欧盟打着应对气候变化的旗号实施碳关税,可能会造就一种新型的贸易壁垒,对国际贸易公平产生严重的消极影响。实现气候中立目标需要国际社会加快采取政治行动,国际社会应该在追求气候中立目标的同时也努力实现气候政治中立,否则,失去政治中立的气候中立很可能会葬送全球气候行动的伟大目标,给整个人类家园带来不可消除的消极后果。

第三节 "双碳"战略发展路径

近年来,我国积极应对气候变化,但要实现"双碳"目标任务仍十分艰巨,主要原因包括三点:一是排放规模大。我国经济体量大,能源消耗快,碳排放总量和强度"双高"。二是减排时间紧。我国从"碳达峰"到"碳中和"的时间间隔短,碳排放下降斜率大。三是碳减排任务繁重。以重化工为主的产业结构、以煤为主的能源结构和以公路货运为主的运输结构没有根本改变。"双碳"是人类应对全球气候变化达成的共识,但达成"双碳"目标并非易事。结合前述"双碳"目标在推进过程中遇到的挑战和机遇,我们认为"双碳"目标的推进一定要坚持全国一盘棋,加强统筹协调,充分发挥中国的制度优势,将政府有为与市场有效贯穿到推进"双碳"目标全过程,具体应对策略如下:

一、实现"双碳"战略的技术路径

发达经济体为了达到碳中和目标,纷纷加快绿色低碳技术研发创新,以赢得国际竞争优势。技术攻关方向包括零碳电源技术、关键领域节能技术、负排放技术、新型储能技术等。各国的创新战略各有侧重。"双碳"战略目标是中国具有里程碑意义的气候雄心目标,也是推动中国从工业文明迈向生态文明的重大举措。"双碳"战略的实现需要深刻的技术体系和社会经济系统变革,主要涉及零碳电力系统、低碳甚至零碳终端用能技术和负排放技术等。我国"双碳"目标的达成也依赖于各个部门的路径选择,特别是碳排放量大且脱碳难度高的电力、工业、交通、建筑四大部门。"双碳"目标将对中国的经济产业体系、资源产业布局、技术创新体系、整体生态环境等方面产生深远的影响。

生态文明建设和生态环境治理的一个前提是遵循自然、顺应自然和保护自然。同样,实现"双碳"目标,就必须遵循"双碳"过程中的自然属性、技术逻辑和价值规律。技术路线主要是在尊重"减缓"和"适应"的双重自然属性条件下把握"减碳"和"碳汇"两条主路线,在技术逻辑和价值规律的引领下设计有效的技术创新方案。在减碳方面,主要依托技术创新对现行的能源结构进行调整以及在重点领域和关键行业进行碳减排;在能源结构调整方面,重点是减少化石能源的使用消费、增加清洁能源的使用和提高能源使用效率。碳汇的增加主要通过技术固碳和生态固碳两个环节来实现。技术固碳主要是碳捕集、封存和利用技术,生态固碳主要是通过森林、草原、湖泊、绿地、湿地等生态系统的功能实现。从技术路线的过程来看,一是摸清中国各地区、各行业、各群体和未来各个阶段碳排放的底数、减排技术现状、减排边际成本和承受能力;二是把握"双碳"目标实现过程中的"关键少数",如重点地区、关键行业、特定群体,以点带面、以线带片,通过"技术溢出""技术激励"等方式示范引领全域碳达峰、碳中和;三是通过制度引领和"技术+制度"互动方式建立引领"双碳"技术创新的长效机制,建立有效的技术创新"回报机制"和"保护机制"。

"双碳"目标需要切实可行,经济可负担的零碳、低碳和脱碳技术的支撑。基于已有技术理念和应用展望,对电力与热力、制造业、工业过程、建筑、交通和农业等主要排放部门减碳方案的讨论的核心思路是,建立清洁电力驱动的以低碳燃料、原料与工艺为中心的高能效碳中和社会经济体系,具体包括零碳电力(如可再生耦合储能、火电CCUS、能效提升、终端电气化)、再生资源利用(如钢材回收、碳循环)、低碳生产工艺(如生物燃油、无碳冶炼、水泥熟料替代、新型农业)、数字化(如能源互联网、工业物联网)、负排放技术(如农林碳汇、生物质能碳捕集与封存、直接空气碳捕集与封存)。这些低碳技术大多处于"萌芽—研发—示范—应用"生命周期的不同阶段,在技术成本下降、应用场景扩展、多元技术耦合等方面还需要较长时间实现突破,即便是现已广泛使用的新能源、储能、数字化技术依然有很大的进步空间,如提高新能源自身电力的稳定性、提升储能的能量密度与供能时长、能源子系统全面数字化连通等。这些技术的进步与应用具有很强的协同性和创新溢出效应,某一项技术的创新性成果往往会带动相关领域技术的进步,未来"双碳"关键革命性技术突破将是多种技术融合的产物,重塑中国的社会发展范式。实现碳中和愿景的技术体系主要由零碳电力系统、低碳/零碳化终端用能系统、负排放以及非CO_2温室气体减排技术四大类技术构成。其中前三项是CO_2净零排放技术体系的重要支撑。电力系统的快速零碳化是实现碳中和愿景的必要条件之一。其重点是以全面电气化为基础,全经济部门普及使用零碳能源技术与工艺流程,完成从碳密集型化石燃料向清洁能源的重要转变,这既需要大力发展传统可再生能源电力(如风能、光伏、水电),还要大幅度提高地热、生物质、核能、氢能等非传统可再生能源在供能系统里面的比例。为了支撑这类高比例的可再生能源供电,需要匹配强大的储能系统和智能电网,从而完成能源利用方式的零碳化。

二、加快推进产业结构优化升级,建立绿色低碳产业体系

在我国产业结构中,第三产业比重不断增加,产业链正逐步向中高端迁移。实现"双碳"目标,必须通过调整优化产业结构,使产业朝着更加绿色低碳、更高生产效率和能源更加高效利用的方向转变,进而推动经济社会发展全面绿色转型,促进传统产业低碳转型,推动电力、石化、化工、建材、钢铁、有色、造纸等传统产业,推进节能减排技术加快应用,走绿色可持续发展道路。中国工程物理研究院模拟结果显示,钢铁、水泥、铝冶炼、煤化工、交通行业的预计达峰时间分别是2021年、2023年、2024年、2025年、2028年,石化化工行业为2029年,电力行业达峰时间为2030年左右。我国应促进低碳行业发展,减少经济对化石能源的依赖;大力发展智能、绿色、低碳制造业,着力发展集成电路、智能计算、网络通信、新材料、生物医药、新能源汽车、智能装备等低碳高效行业,使经济发展逐渐减少对化石能源的依赖;推动数字技术应用,以数字经济引领绿色发展;通过物联网技术应用及智能化控制,在提高生产效率的同时有效降低生产中产生的碳排放和资源浪费,促进实现绿色生产、绿色流通、绿色消费。2020年,全球气候行动峰会的最新《指数级气候行动路线图》指出,通过在能源、制造业、农业和土地使用、建筑、服务、运输和交通管理中实行数字解决方案,可以帮助减少约15%的全球碳排放,也就是2030年需减少50%碳排放目标的1/3。

我国应加快推进产业结构优化升级,降低碳排放。工业进一步向高附加值、低排放等转

型。2021年9月,国务院发布的《关于完整准确全面贯彻新发展理念做好碳达峰碳中和工作的意见》明确提出,我国要深度调整产业结构,坚决遏制高耗能高排放项目盲目发展,大力发展绿色低碳产业,因此,一方面,应从源头调整产业结构,针对碳排放较高的石油化工、电力、煤炭、钢铁等高耗能行业,加快转型升级,用绿色低碳的相关技术和工艺推动节能改造,加快推进新旧动能转换,有效推动能源科技的创新发展,同时加快发展以新一代信息技术、高端装备制造、新能源等为代表的战略性新兴产业;另一方面,加快推进现代服务业建设,依靠技术进步将现代服务业融入"双碳"目标战略发展中,促进传统产业向低碳转型,逐步完成经济发展和能源消费有序脱钩,构建绿色低碳循环发展的经济体系。建立绿色低碳循环发展的经济体系是建设现代化经济体系的重要组成部分。党的十八大报告把"绿色发展、循环发展、低碳发展"作为实现生态文明建设的重要途径,这构成未来经济发展方式的基本转型方向。只有通过绿色低碳循环发展,更加注重降低消耗、减少污染、修复生态,更加注重发展的质量和效益,使经济社会发展与人口、资源、环境相协调,才能促进经济社会可持续的高质量发展。

三、加快构建清洁高效能源体系

虽然各国实现碳中和的路径各有不同,但多措并举减少化石能源使用、促进能源结构调整、部署清洁能源发电已成为全球共识。我国是全球最大的能源消费国,也是最大的碳排放国。在实现"双碳"目标过程中,能源行业扮演着十分重要的角色,承担着国家能源供应和消费低碳转型重任,必须构建清洁低碳、安全高效的能源体系,努力建设以新能源发展为目标的新型电力系统。

(一)积极调整能源结构,提升清洁化利用程度

能源结构调整是减污降碳最关键的一环。积极推进能源结构清洁化,将当前能源结构中"以化石能源为主"调整为"以非化石能源为主",通过节能提效、优化能源结构、技术创新三种显性途径实现能源高质量发展。一是努力降低以煤炭为主的化石能源的消费总量,推动煤电与新能源协调互补,推进低碳转型,进一步提高煤炭清洁化利用程度。二是高质量发展非化石能源,进一步加快风能、太阳能和氢能等新能源技术的研发速度和推广应用,推进绿色低碳甚至向零排放转型,尤其是电力行业需要制定符合碳中和目标要求的发展战略,构建清洁、低碳、安全、高效的现代能源体系。能源结构低碳化是实现碳中和的关键路径,同时也有利于构建我国长期的能源安全体系,向零碳能源社会迈进。为实现2060年前的碳中和目标,我国一次能源消费中的化石能源峰值将出现在2035年前后,其中,煤炭比例2030年需要降至45%以下,2050年进一步降至10%以下;非化石能源比例2030年升至25%左右,2050年大幅提升至75%—85%。我国要制定煤炭有序退出的路线图,采取更加有力的措施,控制化石能源消费特别是严格控制煤炭消费;大幅提升终端用能电气化水平,以电气化、高效化、智能化为导向推动工业、建筑、交通部门能源消费方式升级;探索构建高比例可再生能源供应体系的技术路径和系统解决方案,加快推动消纳、储能、智能电网、智慧能源、分布式能源系统的技术研发与应用,建立健全可再生能源电力消纳、可再生能源用地政策等保障机制,积极探索"可再生能源+"的生产和消费模式,与扶贫开发、农业生产、生态修复、绿氢制造等有机结合,为高比例可再生能源的部署落地提供支持,支持氢能开发利用和氢基产业及其基础设施的发展。

(二)加快提升节能降碳水平,推动重点领域节能减排

降碳是推动经济社会实现绿色转型发展的"牛鼻子",也是改善生态环境质量的根本抓手。一是以钢铁、有色、石化、化工、建材等高耗能行业为重点,全面促进高碳排放产业脱碳化改造升级。二是全面推进风电、太阳能发电大规模开发和高质量发展。三是加快推进全国碳市场的制度建设。通过碳交易,降低全社会的减排成本,进而实现减排成本最小化。2021年7月,全国碳市场上线交易,市场机制在碳市场领域的主导作用将逐步建立。碳市场不仅对中国"双碳"目标发挥重大作用,也将为全世界碳减排做出贡献。我国应加强节能降耗的技术研发,降低单位产业能耗。中国实现"双碳"目标,关键是降低单位产出所消耗的能源强度,所以,一定要聚焦前沿技术,只有在节能技术上取得重大突破,缩小直至追赶上发达经济体的节能降耗技术,才能实现"双碳"目标。

(三)构建现代化能源网络,实现能源系统结构"智慧化"转型

我国应前瞻性地部署能源网络,带动产业绿色低碳转型,实现能源体系"智慧化"发展,确保"双碳"目标如期实现。一是以生态保护为核心,建设重点流域水电站,开发西南水资源;积极推进风电、水电、光电等项目,并开展沿海核电项目,建设核电示范项目;推进海、陆中石油与天然气开发,促进炼油产业绿色转型,进而促进油质升级,拓宽清洁油品来源。二是加快构建现代能源储运网络。我国应大力推进煤炭、石油、天然气等资源运输方式多元化发展,加强能源运输与调峰基础建设,进而构建能源储运网络,同时加快疏通内蒙古西部向华中地区的煤炭输送通道,推进油气储备建设,并优化建设电网主网架与能源输送通道。三是着力构建"智慧型"能源管理系统。政府应根据能源发展趋势与用户需求,加快建设智慧电网系统,提高电力需求侧管理水平,提升电网、发电侧、需求侧三者之间的响应能力,同时推动能源、通信等基础设施建设,加速能源、电网、负荷、储能四环节一体化发展,实现能源系统结构"智慧化"转型。

四、持续完善碳交易市场

完善全国统一碳排放权交易市场,可有效利用市场机制,激励和引导资源向低碳绿色项目倾斜,推动绿色低碳发展,助力实现"双碳"目标。碳排放权交易将企业生产的外部性货币化,碳排放权期货揭示市场对碳排放权的未来定价,从而形成市场化的供需调节机制。在交易过程中,高排放企业会增加购买碳排放指标的成本,环保企业将获得收益。这种市场调节机制在激励企业不断改进节能减排技术的同时也引导资源流入减碳技术和新能源行业,推动经济发展向绿色低碳转型。2021年7月16日,全国碳排放权交易市场正式启动上线交易,将首批以电力行业(纯发电和热电联产、燃气发电机组)2 000余家企业纳入交易主体,明确今后会将石化、化工、建材、钢铁、有色、造纸等高耗能行业逐步纳入。目前,全国碳市场覆盖约45亿吨二氧化碳排放量,成为全球覆盖温室气体排放量规模最大的碳市场。

"十四五"时期,生态环境部将扩大碳市场参与主体范围,丰富交易产品类型,为社会低碳化转型奠定坚实基础。全国统一碳市场是实现"双碳"目标的重要手段,帮助我国以更具成本效益的方式应对减排挑战,未来应进一步完善碳交易市场运行机制,确保碳交易有序开展。一是尽快明确碳配额总量设定。为应对配额盈余、防止碳价格下降,国外碳市场通常采用缩减排放配额总量方式。目前,中国碳减排的总量目标还不清晰,需要合理规划配额总量,逐步由碳

强度控制向碳总量控制过渡。我国可借鉴国外经验设立配额储备制度,通过公开市场操作实现对极端价格的管控。二是优化分配机制,引入拍卖机制。从目前已运行的碳排放交易体系来看,配额拍卖对企业节能减排、稳定碳市场和低碳建设非常重要,可参照欧盟碳排放交易体系,在免费配额基础上适时引入配额有偿分配方式,并逐步提高有偿分配的比例。三是科学设计配额的初始分配和再分配机制。四是健全碳市场监管体系,规范交易市场碳排放行为,健全能源消费双控制度。五是扩大碳交易参与主体范围。六是拓宽碳配额分配使用范围。政府应加大"标杆原则"的使用,对全行业节能减排效果进行测评;增加配额有偿拍卖比例,加大购入成本。拍卖所得主要用于企业落实节能减排与清洁能源使用。七是补充完善碳定价制度。完善碳交易市场定价机制,合理管控碳交易价格,其中,碳定价应包括碳税与碳交易。从操作角度看,碳交易市场在对部分排放量小、监管难的企业进行规范时存在一定难度,而碳税可在一定程度上解决这一难题。

五、提升碳中和技术经济可行性

对接高质量发展,中国的碳中和路径将是一个以科技创新为支撑引领的兼顾经济增长和可持续发展的路径,既不能搞运动式"减碳",也不能不计成本。与碳中和技术相关的经济研究主要围绕碳减排潜力及其成本动态展开。全球脱碳速度取决于清洁能源技术的成本下降速度,特别是可再生能源和储能技术,发电呈现出显著的不变弹性学习曲线特征。在某些情况下,太阳能、风能以及氢能等清洁能源的平准化度电成本(LCOE)曲线下降的速度比传统的80%学习曲线所建议的要快得多,技术进步不仅降低了以LCOE数字所代表的发电系统的生产成本,而且增加了由于现有风能或太阳能资源的更高转换率所增加的容量系数。并且,从向无碳能源系统整体过渡的角度来看,不同的清洁能源技术(太阳能、风能与氢能)之间存在着显著的经济协同效应,比如在电池电动汽车行驶的每英里平准化成本方面,可再生能源和锂离子电池组之间就产生了复合效应。然而,不可否认的是,风能和太阳能等间歇性可再生能源的大规模部署给实时平衡能源需求和供应带来了越来越大的挑战。新型储能是克服可再生能源间歇性和可变性的关键。根据美国、巴西、日本、德国和英国等国的数据,分析得出电能储存系统能够实现最低的碳减排成本,其中,抽水蓄能、压缩空气储能和氧化还原液流电池三种电能储存系统对温室气体减排效益最优。在向脱碳能源系统过渡的过程中,电转气(Pt G)工艺具有连接现有电力和氢市场的潜力。然而,单向 Pt G 系统目前在经济上还不可行,但可逆 Pt G 系统不但可以在电力充足的时候将电力转化为氢气,而且可以在电力相对稀缺的时候反向运行以输送电力,由于这种固有的灵活性,可逆 Pt G 系统将在未来以大幅降低的氢价格保持经济可行性。

从实践来看,牛津大学史密斯企业与环境学院可持续金融项目(Ox SFP)对过去20年全球能源开采和发电项目融资成本的追踪研究发现,相比2007—2010年,2017—2020年可再生能源的平均融资成本大幅下降,降幅达12%,而同期煤炭开采和发电项目融资成本持续上升,分别增加了38%和54%,石油和天然气项目变化不大。伍德麦肯兹电力与可再生能源事业部发布的《2019年亚太区可再生能源竞争力分析报告》指出,2019年亚太区可再生能源的平均度电成本仍比煤电高出29%,相较于2010年的164%溢价水平已实现大幅下滑,预计至2030

年,可再生能源的平均度电成本将较煤电便宜17%。

碳中和技术会对人类有史以来的能源动力系统、原材料系统等产生颠覆性影响。然而,技术的双刃剑效应也可能在能源领域有所展现,能量的聚集可能增加安全风险,技术创新导向的投资将会在碳中和技术之间投资以及碳中和技术与其他领域投资之间造成投资挤占或泡沫。技术作为一种要素参与分配的过程也将引发新的公平分配问题,因此,在选择碳中和技术路径时,除了考虑成本和减排潜力因素外,还应当从宏观层面,结合碳中和技术的多重影响,选择与中国高质量发展相契合的技术路径,尽可能地降低转型的社会成本;同时,应当加强对国外碳边界措施的应对研究,探索在世界贸易组织的多边框架下协商应对碳泄漏等问题的解决机制。

六、完善"双碳"战略的体制保障

(一)建立和完善与实现"双碳"目标相适应的"目标—监督—激励"合约机制

近年来,中国在较短的时间内遏制生态环境质量恶化并使得生态环境质量改善趋势形成,其中的关键就在于,中央政府与地方政府之间的合约关系发生了重要变化,引致央地之间、地区之间以及政企之间在生态环境治理上的合作,具体表现为:中央与地方政府之间逐渐形成了一个激励约束兼容的合约机制。一方面,中央政府以目标为导向,形成了对地方政府的"硬约束",环境保护不再是央地博弈中"睁一只眼、闭一只眼"的事务,而是可以预期在未来会被持续关注和重视的领域;另一方面,中央政府在"硬化"约束的基础上凸显"激励"的重要性,并将激励看作是可执行且可预期的,包括增加生态补偿、生态奖补、改变考核。此外,中央政府也越来越重视且肩负起"监督"的职能,环保督察成为"常态",环境监测成为"中央事权"等,都将为中央决策提供更为准确的信息,为"硬约束"提供可执行技术支持。这种合约机制是在中央与地方之间不断磨合、相互适应的基础上,进一步激励地方政府来引导企业和社会主体参与到环境治理中,构筑起"政府主导,市场主体,社会参与"的中国特色环境治理体系。

(二)调整现行财政体制来促进碳达峰、碳中和目标实现

财政是国家治理的基础和重要支柱。在"双碳"目标实现和生态治理过程中,财政体制的调整具有牵一发而动全身的功效,通过调整中央与地方、政府与企业、政府与家庭之间的利益关系,来影响"双碳"目标实现过程中相关利益的"成本—收益"和行为策略。对此,适应"双碳"目标的财政体制改革应重点关注应对气候变化的事权与支出责任如何在纵向政府间以及横向政府间进行划分,考虑利益相关方的补偿和激励设计,实现中央与地方、政府部门与企业、居民部门的良性互动和激励约束兼容,设立应对气候变化转移支付机制,建立与能源、碳排放目标及分解相适应的绿色发展奖补机制或转移支付体系,例如,可将应对气候变化因素纳入均衡性转移支付测算公式,考虑碳汇、固碳、减排等因素,继续增加重点生态功能区转移支付投入,探索建立基于大气、森林、土壤、草原等要素的综合性生态补偿机制;还可以考虑设立应对气候变化的专项转移支付机制,整合以往分散于各个部门的专项转移支付项目,以综合性专项转移支付为目标,设立项目库,基于项目实施效果和前瞻性分配专项资金。

(三)建立政府与企业、社会和公众协同合作的"收益共享、风险共担"机制

"双碳"目标实现的过程,必然涉及风险、成本和收益分配问题,这在很大程度上影响着"双碳"目标是否可以顺利实现,因此建立必要的"收益共享、风险共担"机制显得尤为重要。公共

部门可以主动加强与社会组织和企业的协商制度,制定和执行财政发展战略和中长期规划,动员私人资本和公共资金促进能源低碳转型,通过沟通、协商和引导达成共识,来降低公共政策在实施过程中的社会成本和交易成本。同时,私人部门尤其是企业也可以借助有效的财政政策减缓在执行传统环境政策时产生的扭曲或者不适应,借助有效的补贴、税收优惠和政府采购,提升企业绿色转型的能力。金融机构有必要开发方法和工具来测度投资风险的规模和等级,比如,气候风险压力测试、气候情景风险分析等,应特别关注双碳过程中产生的财政压力和地区不平衡。不同地区受到应对气候变化政策影响的程度存在差异,如果考虑征收碳税或者实施其他应对气候变化的公共政策,基于高质量发展的要求,就必须考虑到这些政策对不同产业部门、不同收入群体带来的成本具有异质性,尤其是考虑冲击更大的、相对脆弱、低收入的产业和群体,对此可以通过税收(税式支出、财政救助)"一增一减"或加大转移支付来稳定宏观税负,加大对弱势群体的补助力度,减少应对气候变化公共政策的社会成本和阻力,提高应对气候变化的公共政策的包容性。

(四)加强公共政策、公共部门之间的协同

目前,我国开始构建"双碳""1+N"政策体系,如何加强这些政策之间的协同和政策制定部门之间的合作,是降低"双碳"目标实现过程中降低政策交易成本和提高公共政策有效性的关键所在。在部门合作上,可以考虑建立应对气候变化的部际联席委员会,协同部际之间在制定气候政策以及投融资机制上的政策步伐,分享经验和专业知识,以相互鼓励和促进对气候行动的政策和实践的集体理解。宏观经济政策、规划编制、金融政策、项目管理、预算编制、公共投资管理、采购实践等方面应考虑气候变化,将应对气候变化贯穿于公共治理全过程,并引导投资和支持气候变化减缓和适应的金融部门,调动私人气候资金,在政策分工、政策力度、作用范围、政策互补等方面协同共商,此外,在政策协同上,则需要广泛加强能源政策、环境政策、财政政策、金融政策之间的协同。

七、发展绿色金融 助力"双碳"战略

(一)构建全球领先的绿色金融体系

我国高度重视发展绿色金融,并在构建绿色金融体系的过程中充分发挥政府完善的制度环境职责,不断完善绿色金融体系,已积累全球领先的绿色金融发展经验。2020年10月,生态环境部等五部门出台《关于促进应对气候变化投融资的指导意见》。2020年12月,财政部印发《商业银行绩效评价方案》,增加对绿色信贷占比指标的考核。2021年4月,央行、国家发改委、证监会印发《绿色债券支持项目目录(2021年版)》。2021年4月,中国银行间市场交易商协会推出创新债务资本市场工具"可持续发展挂钩债券(SLB)"。2021年5月,央行印发《银行业金融机构绿色金融评价方案》。2021年7月,全国碳市场正式开始交易,成为全球覆盖温室气体排放量规模最大的碳市场。当前,我国已逐步形成了在金融工具层面以绿色信贷为核心、以绿色债券为主要辅力、在绿色投资层面以细分行业指引为主的绿色金融政策体系。绿色金融规模全球领先,一方面,截至2020年末,我国绿色信贷存量规模已达11.95万亿元,其中投向直接和间接减排效益项目的贷款分别为6.47万亿元和2.29万亿元,占绿色贷款的比重为67.3%,存量规模位居世界首位。截至2020年末,我国绿色债券存量超过8 100亿元,

居世界第二,尚无违约案例。另一方面,绿色企业股权融资规模也在政策推动下逐步扩大,市场环境不断完善。绿色指数及产品不断涌现,环保产业、ESG、绿色债券、绿色环境相关指数增长迅速,中证财通中国可持续发展100(ECPI ESG)指数、上证180碳效率指数、生态100主题指数等绿色指数接连面世。绿色资产证券化(ABS、ABN)发行与创新态势迅猛。另外,随着碳市场试点以及全国性碳市场的正式上线,我国除基础资产品种不断丰富外,碳金融产品品种也日益增加,目前已包括碳债券、碳排放权质押融资、碳配额回购融资、碳基金、碳远期等。

(二)推动绿色金融向零碳金融的转型

"零碳发展"是比"绿色发展"更深刻、更广泛、更全面的战略性发展。对我国金融体系甚至国际金融市场而言,为碳中和提供融资,支持和引领能源结构、产业结构、投资结构和生活方式等全方位的深刻变化,并在上述过程中实现金融转型,构建全新的零碳金融体系是一项巨大的挑战,同时也是巨大的机遇。在支持碳中和转型和构建零碳金融体系过程中,金融部门肩负着重大的历史性责任。绿色金融至零碳金融是一个巨大的跨越,既是挑战,又是机遇。我国金融行业的监管者和参与者均需要充分认识到碳中和的重要战略意义、碳中和转型的潜在金融风险、碳中和过程中产生的巨大机遇以及国际竞争的压力与国际合作的动力。要抓住历史机遇,实现整个金融体系的换道超车,构建全球领先的碳中和转型金融与零碳金融体系。碳中和需要巨量投资,清华大学气候变化研究院预测,若按实现《巴黎协定》2℃目标导向转型路径,2020—2050年我国能源系统需新增投资规模约为100万亿元,占每年GDP的比重为1.5%—2.0%;若按实现1.5℃目标导向转型路径,我国能源体系新增投资规模约为138万亿元,超过每年GDP比重的2.5%。按国际可再生能源署(IRENA)2021年3月对2050年之前全球可再生能源投资需求将达到131万亿美元估算,我国所需投资规模将达到283万亿元。若考虑发达国家目前多数已实现碳达峰,我国实现碳中和目标减碳斜率更大,投资需求可能会更高。为实现"双碳"战略目标,我国需要构建全面的零碳金融市场体系,不仅需要以开发性及政策性银行、国有大型商业银行以绿色信贷为手段支持零碳经济转型,而且需要股份制商业银行、区域性商业银行、保险公司、公私募基金等各类金融机构以绿色信贷、绿色保险、绿色投资为手段,成为零碳金融市场的中坚力量。

八、企业碳中和的战略路径

为了实现"双碳"目标,我国企业需要围绕碳中和各个环节的管理难点去构建相应的管理和激励体系。首先,企业开展碳中和要明确碳排放责任,而要"确碳",就要解决如何"确得准"的问题。当明确碳中和责任之后,企业需要开展碳减排工作,而在"减碳"过程中就要解决如何实现"减得足"的问题。同时,企业在迈向碳中和过程中难免会出现不可减排的碳排放而需要运用碳抵消的手段,而在"抵碳"过程中,最重要的就是解决如何"抵得当"的问题。特别地,企业为实现碳中和所做出的一系列努力都离不开企业对外的信息披露,而在"披碳"过程中,最重要的就是解决如何"披得清"的问题。最后,企业碳中和能够给企业带来什么是构建激励机制不可缺少的一环,能够起到建立正向反馈而激励企业持续推进碳中和的作用;在"激碳"过程中,最重要的就是解决如何"激得长"的问题。因此,这些困境给企业迈向碳中和带来了一系列新的问题,进而使得企业需要构建新的战略路径。基于此,企业碳中和战略路径构建可以分解为确碳(commitment of carbon neutrality)、减碳(reduction of carbon emission)、抵碳(offsets of carbon emission)、披碳(communication of carbon neutrality)和激碳(stimulation of carbon neutrality)五个阶段,从而建立起一套适用于中国企业碳中和的管理和激励模型。在企业碳中和战略实践模型中,"确碳"是一切工作的出发点;而"减碳"和"抵碳"作为企业实现碳中和的手段,两者既独立又相互影响;"披碳"是企业与利益相关者沟通的途径,也是实现企业低碳价值的关键纽带;最后,"激碳"则是将企业低碳发展的效益可视化,从而能够为构建起激励相容的企业碳中和激励体系建立起正向反馈系统。

(一)构建企业碳中和过程中的责任确认机制

根据温室气体核算体系(GHG protocol),温室气体正排放降低可分为三个范围:范围一是减少直接温室气体排放,包括企业直接控制或拥有的排放源所产生的排放,如生产过程中产生的温室气体、拥有的交通工具所释放的温室气体等;范围二是减少电力产生的间接温室气体排放,是由企业消耗的外购电力产生的温室气体排放,包括蒸汽、供暖和供冷等;范围三是减少其他间接温室气体排放,主要来自企业供应链中其他企业的排放。"确碳"强调企业碳中和责任的确认和划分,这里的关键问题是"确得准",即如何确定企业碳中和责任的范围和边界。首先我们要看得见——可视化碳中和的责任,然后要分得准——把碳中和责任清晰地分解到企业个体,最后还要认得够——让企业主动认领碳中和责任并足量落实到具体的减排主体。

(二)构建企业碳中和过程中的减排激励机制

"减碳"强调激励企业尽最大努力去减少碳排放,这里的关键问题就是"减得足"。这里面虽然有很多技术层面的问题,例如,涉及碳减排技术的运用、生产流程改造、能源替换等,但是从管理的角度来看,最重要的问题是如何能够激励企业在碳减排过程中围绕自己的碳中和目标,尽最大努力进行减排。但在这个过程中,也要避免由于未能充分认识到企业碳中和的重要性以及与企业高质量发展之间的内在一致性而出现"运动式"减碳的问题,而需从多方面入手,如协同供应链全面排查,摸清家底;做好战略规划,稳妥有序,确定降碳路径;大力开发碳汇资源,培育负碳,加快绿色低碳科技研发等。

(三)构建企业碳中和过程中的抵消管理机制

"抵碳"强调通过碳排放权交易(如购买碳信用资产)或者基于自然的解决方案(如投资森林)的方式来抵消企业不能减排的碳排放而实现碳中和,这里的关键问题就是"抵得当",或者叫"抵碳"的合法性(legitimacy)问题。过度使用"抵碳"手段会被利益相关者认为企业的碳中和是象征性的行为,是一种"漂绿"手段。构建抵消管理机制进而实现企业真诚性碳抵消是实现"双碳"目标的关键。一是要基于碳排放范围核算三个范围内的碳排放量,运用碳足迹区块链量化系统,核定企业、部门以及个人的碳减排任务,进而构建企业不可减排碳排放水平的评价指标体系。二是推动企业使用合理性碳抵消水平,真正让企业将碳抵消手段作为实现碳中和的一种辅助方式。三是加强碳交易市场的监管,并建立统一、完善的碳交易市场标准体系,例如,配额总量、纳入标准、行政处罚等,形成碳交易价格的上升通道和预期,建立起更为有效的碳交易市场,从而促使企业投入实质性的碳减排活动中。四是从"成本-收益"角度出发,基于企业的实施成本、处罚成本以及时间成本三个方面进行分析,进而选择恰当、可行的碳消方案。

(四)构建企业碳中和过程中的信息披露机制

"披碳"强调企业通过披露碳中和相关信息而实现与利益相关者的有效沟通。尽管我国当前部分企业通过企业社会责任报告、ESG报告、董事会报告、年度报告、CDP项目等方式披露碳信息,但我国还未建立统一的碳信息披露制度和碳信息披露体系,这就导致企业碳信息披露的类型、数量以及质量存在较大差异而不能满足各方利益相关者的诉求。并且,当前碳信息以定性信息披露为主,缺乏定量信息披露,进而使得企业碳信息披露缺乏及时性、准确性和真实性。例如,2020年CDP(Carbon Disclosure Project)中国报告显示,CDP代表525家投资机构共邀请611家中国上市企业披露环境信息,仅65家总部位于中国的上市企业回复了CDP问卷。其中,在温室气体披露方面,57家企业披露了范围一排放数据,50家企业披露了范围二排放数据,我国企业碳信息披露的主动性和及时性较差。有学者从质量和数量两个维度构建了企业碳信息披露评价指标体系。研究发现,我国企业往往通过碳信息披露的方式来获得合法性,目的是扭转自身碳减排不足的局面。因此,构建一套有效的碳信息披露机制,防止企业碳信息造假,对于规范企业碳信息披露、满足利益相关者诉求至关重要。

(五)构建企业碳中和过程中的激励反馈机制

"激碳"强调显现企业碳中和的价值,不仅包括短期以及长期的价值,还包括经济和社会的价值。构建企业实施碳中和战略的激励反馈机制直接影响"双碳"目标的落实,是企业实现低碳价值创造,将企业低碳转型与高质量发展有机衔接起来的关键环节。显性化企业低碳价值就须构建相应的测度指标体系,以反映企业碳中和在"碳减排"和"碳抵消"两方面的目标要求,同时注重定量与定性、主观与客观的统一,具体包括:一是构建碳中和真诚性评价指标体系,该指标须包含企业碳中和投入水平、持续性以及碳抵消比例等因素。二是构建利益相关者评价指标体系,该指标须包含消费者、员工、政府以及供应链等关键利益相关者的评价反馈。三是构建长效激励评价指标体系,该指标的选取应更多反映企业碳中和的社会效益。通过以上三种指标体系,可以有效对企业承担碳中和责任的全过程进行动态跟踪与评价,鼓励企业在面临碳中和时间压力的情况下能够在碳中和责任再确认过程中提升自觉性而承担更大的碳减排责任,体现更大的社会责任感。

最后,将企业内部的碳中和责任和企业之间的碳中和责任协同起来,贯穿于每个阶段也是推进供应链整体碳中和的关键。在每个具体的阶段,纵向层面企业内部、横向层面企业之间要实现协同配合,才能发挥最大的碳中和社会效益。特别是企业要想实现范围三的碳中和目标,就需在供应链上实现与上下游企业间在碳中和各个阶段的协同和配合。

九、加强国际协作

"双碳"事关全球可持续发展和人类命运共同体建设。目前,全球已有132个国家或地区承诺21世纪中叶实现碳中和的目标,部分发达国家已经实现碳达峰甚至碳中和。碳中和的未来还有很大的不确定性。气候治理的标准设定、信息披露和评估机制,也都需要全球进行协同。世界主要经济体围绕碳减排目标,通过参与国际气候谈判、加强市场合作等方式,不断提升在气候治理领域的话语权。日本通过"东京净零排放周",加强与欧美国家合作,推进要素技术标准化,消除技术贸易壁垒。美国在拜登上任后将气候变化纳入外交政策和国家安全战略,以提升气候谈判话语权。法国积极扮演"生态先锋"角色,推动全球各国履行气候减排承诺,主办联合国气候变化大会,在国际气候谈判中获得举足轻重的地位。我国提出"双碳"战略,充分展现了我国积极应对全球气候变化、构建人类命运共同体的大国担当。碳排放的外部性是超时空的,国际合作十分重要。中国现在每年排放量最大,全球1/3的碳排放是中国的,所有的注意力都集中在中国身上,中国面临很大的压力,但也是很大的机遇,让中国有了过去没有的竞争优势。过去的世界经济怎么划分的? IMF将世界划分为高收入国家、发展中国家,还有一类就是能源资源比较丰富的国家。以后这个资源禀赋不是那么重要。对中东和俄罗斯来讲,这些资源的价值以后大大下降,碳中和将对全球经济格局带来非常大的影响。

在国际协作方面,中国的角色就是在全球起一个示范引领的作用。我们要有足够的信心发展我们的清洁能源,采取的力度比别人大,有一个先发优势,这个优势在新的能源格局下使得中国占有竞争性的优势地位。现在看来,中美最不能脱钩的地方就是气候问题,因为这个是全球性的,其他的可能都是局部的,当然前提是气候确实是一个问题,我们要坚持以多边主义应对全球气候变化。

打好气候变化国际合作牌,持续推进国际社会共同实现绿色复苏和应对环境与气候危机;坚持在多边框架下开展气候变化国际合作,积极推动《巴黎协定》的全面有效落实;明确气候外交服务总体外交和国家安全与发展的定位,与欧美发达国家、广大发展中国家特别是"一带一路"合作伙伴国家开展广泛多元的合作,共同推动全球气候进程;积极推动中美之间在气候领域的双边、一轨半、二轨对话与合作,争取建立制度化的交流渠道和对等机制,并促进省州、城市间应对气候变化务实合作;深化中欧绿色合作伙伴关系,推动中欧气候与环境高层对话及地方政府、智库等多方面对话,推动中欧在绿色复苏上达成共识,将应对气候变化全方位纳入贸易投资、数字化等领域的合作中;要进一步强化南南气候变化多边合作;加强绿色"一带一路"建设,启动共建"一带一路"生态环保大数据服务平台,将继续实施绿色丝路使者计划,制定中国在"一带一路"国家投资项目的应对气候变化指引,限制高碳项目投资,帮助"一带一路"国家经济绿色复苏和实现其国家自主贡献与可持续发展目标,同时与欧、美、日等在"一带一路"国家开展第三方气候合作。通过与其他国家开展气候多边合作,实现碳市场的国际对接,共同推进气候治理进程,不仅践行了新发展理念,而且实现了国际气候治理中"气候正义"的价值诉求。

最近,联合国报告认为,全球变暖诱发极端天气。随着气候危机的发展,预计会出现更极端、更强烈的气象现象,如热浪、暴雨、火灾、干旱等,问题的严重性在于采取措施扭转这一趋势的时间已经越来越少。最近几年,我国洪涝灾害频发,仅河南就有150个县市、1 663个乡镇、1 453.16万人受灾,302人遇难,50人失踪,3万多间房屋倒塌,近400万亩农作物绝收,直接经济损失1 142.69亿元。面对极端天气灾害渐成常态的严峻形势,我们唯有秉持人类命运共同体理念,每个国家、每个人迅速行动起来,为实现"双碳"目标竭尽全力,才能拯救人类赖以生存的家园。

国际能源署的研究结果表明,为应对气候变化,全球一半以上已探明的化石能源储量将不会被开发,投资其中将可能面临资产搁浅风险。实现碳中和可以带来许多新的经济增长点,在低碳领域创造更多高质量就业和创业机会,带来经济竞争力提升、社会发展、环境保护等多重效益。中国实现碳中和可能需要数百万亿元级的投资和持续数十年的努力,这也将塑造更高质量的经济和就业、更优美的生态环境以及更先进的科学技术。同时,碳中和是个渐进过程,转型不可能一蹴而就,从目前到2060年还有很长的路要走。总的来看,生产与生活方式的选择对碳达峰、碳中和至关重要,要抓住新一轮科技革命和产业变革的历史性机遇,让绿色成为高质量发展的底色,向绿色、循环、简约、自然且舒适度高转型,实现人与自然的和谐共生发展。

第四章 低碳政策

第一节 低碳政策概述

发展低碳经济有利于确保能源安全,避免被高碳投资锁定,是保障全球气候安全和利用金融危机所带来机遇的必由之路,也是各国在新的全球规则下抢占经济竞争制高点的需要。发达国家率先发起了低碳实践并取得了显著的成效,为世界实现低碳发展和向低碳经济转型提供了宝贵的经验。1990年,芬兰开征碳税,成为全球最早征收碳税的国家。2002年,英国成立了全球第一个二氧化碳排放权交易市场,后来与欧盟的碳排放权交易市场合并,形成了世界上最大的碳交易市场。《联合国气候变化框架公约》和《京都议定书》的签订,开启了全球低碳发展的新篇章,为各国制定低碳政策向低碳经济转型奠定了坚实的基础。从我国经济发展的现实状况来看,经济高碳化特征还占据主导地位,低碳经济尚处于成长阶段,尚未建立全面的低碳经济政策系统,推进低碳经济发展的政策工具还不完善,与低碳经济政策实施直接相关的政策原则、政策目标、政策构造、政策执行及政策评估等一系列配套安排还有待进一步完善。低碳经济政策体系的持续优化与改进,对于促进我国低碳经济发展、实现绿色低碳经济转型、保证经济高质量发展、树立负责任大国形象都具有十分重要的意义。

一、低碳经济政策的内涵

低碳经济政策是指以低碳与可持续发展为目的,对生态环境改善、能源转型、经济结构优化等方面做出激励或约束性的政策法规。全球各国都在积极尝试制定和实施自己的低碳经济政策。低碳经济政策大体上可以分为两类:一类为命令控制型经济政策手段,另一类为基于市场激励型的经济政策手段。早期的低碳与环境政策大多依赖命令控制型政策手段,许多国家采用直接控制的办法。然而,随着20世纪80年代在科学与政治界掀起的低碳与环境政策替代手段争论的升级,市场激励型工具以其成本和综合效力上的优越性得到越来越多的认可,并成为实践中应对碳排放的主要经济政策工具。市场激励型政策手段利用市场为基础的价格机制来影响参与者的行为,通过市场激励型经济政策工具减排具有较低的社会成本已得到普遍证实,并且能提供持续的减排激励。低碳经济政策措施通常包括低碳(可再生)能源的财政补贴、碳税、化石燃料税、碳关税,基于总量控制的碳减排量交易和排放权交易以及碳金融市场机制等。

二、低碳经济政策的构建原则与主要特征

(一)构建原则

1. 坚持市场主导与政府引导相结合

坚持节约资源和保护环境是我国的基本国策。面对能源环境这个世界性难题,我国低碳经济政策的制定必须紧密结合市场化改革,积极学习借鉴国外成功政策经验,结合我国实际,深化配套改革,创新政策工具。第一,选择具体的政策工具必须注意以行政命令为手段的政策工具与以市场为导向的政策工具的有机结合,强调市场导向政策的主体地位。第二,在行政性政策工具和市场化工具之间的关系上,宏观层面可以以行政性或者命令控制为主,微观层面则应该以市场化政策工具为主。

2. 坚持技术创新与制度建设相结合

低碳经济的发展有赖于低碳技术的研发、转化,只有低碳技术创新才能从根本上引领低碳产业的发展,提高节能减排效率和能源利用效率,同时也不能忽视政策、制度和机制的作用。技术创新与政策制度创新的有机结合是加速推进低碳经济步伐的基础。因此,我国在构建低碳经济政策时既要制定和完善促进技术创新的政策,又要从政策本身层面不断充实、完善,提高政策的有效性和适用性。

3. 坚持生产领域与消费领域相结合

低碳经济的发展是一个全方位、多层次的系统工程,涉及多元主体的积极参与。在这一工程体系中,我国必须充分调动和发挥企业的积极性,强化企业家责任和企业社会责任,促进企业加大节能减排,提高能源利用效率,发展低碳产业,同时也必须加强和发挥社会公众或者消费者的作用。通过生产领域和消费领域的低碳化发展,促进政府、企业、社会完成低碳经济目标。因此,低碳经济政策体系既要包括针对生产环节的政策,又要涵盖针对消费环节的政策。

(二)主要特征

1. 目标多元性

由于低碳经济政策具有综合性的特点,所以低碳经济的目标也不会局限在环境或者是经济某一个方面,必须通过多元化的角度考量。低碳经济的政策目标不仅仅从经济的角度考虑,还必须兼顾生态环境和人们生活质量的提高,这才体现低碳经济政策的多元性。

2. 领域广泛性

低碳经济发展是国家的行动,低碳经济政策涉及各个市场、部门和产业。低碳经济政策会使我国经济模式发生改变,各行各业都会参与其中,它们的发展都会受到政策的影响,因此低碳经济政策通常以国家战略的形式出现,以指导性为原则传达政策要求。

3. 未来前瞻性

通常情况下,政策是根据特定时期的发展现状解决特定问题的手段,所以政策体现出后发性的特征;而低碳经济实际上是可持续发展的内在要求,低碳经济政策所要考虑的不仅是现状的改变,而且考虑的是未来的发展趋势,所以低碳经济政策具有面向未来的前瞻性。

4. 政策动态性

低碳经济政策不仅要满足我国当前的经济发展要求,而且必须符合国民经济长期的发展趋势。从发展趋势看,低碳经济的重点将随着社会经济和技术的发展不断变化,低碳经济政策发挥作用的领域也会有所不同。

5. 全面综合性

低碳经济政策的落脚点是通过经济结构的改变促进经济与环境的可持续发展,而经济结构的改变也会影响社会结构的改变,所以低碳经济政策涉及经济、环境、生态、社会等各个方面,具有很强的综合性。

三、低碳经济多元协同的政策主体

发展低碳经济不但与政府而且与企业、民众密切相关。在低碳经济转型的政策规划和制定过程中,政策行动者大致分为中央与地方政府、企业、社会的力量。在我国低碳经济转型过程中,政策规划不应是强制性的,而更应注重多元主体参与及协商合作。公共政策的制定与执行是多主体合作完成的社会工程,低碳政策有效推进需要政府、企业和社会力量的联合行动,但各方在共同行动中是有职能划分的,政府单独一方力量的强制推行与无差别的共同参与都会导致政策失败。

(一)强化府际协调与协作关系

多年来,地方政府间的竞争导致产业结构缺乏特色,重复建设浪费严重,地方保护主义盛行。一些领域甚至出现无序竞争的局面,伴随府际竞争产生的高消耗、高排放、高污染等问题十分严重。府际间博弈导致低碳政策失灵,需要严格规范地方政府的政策行为,防止在博弈状态下执行失范。在我国当下,府际协调与协作是低碳政策能否高质量执行的关键问题。一般而言,府际间的关系在不同层级的政府之间通过管理对象、权力责任、财政税收等划分而体现出各自的独立性,每一级政府和每一个政府部门都有属于自己的管理收益。无论是代表国家利益的中央政府,还是代表地方利益的地方政府之间总是有着错综复杂的权力、利益、制约关系。在不同的政策领域中,为维护各自的利益,府际间通常会出现竞争和冲突,由此凸显出府际间联合、协调、合作的重要性。从政策层面看,统筹经济协调发展,是政府的一项重要职责。政府各层级机构内部及相互之间的联合是提高政府能力的关键要素。在中央政府低碳经济转型的整体战略下,地方政府要根据本地区的实际状况规划如何实现产业结构调整、提高资源能源使用效率、保护生态环境等相关政策议程,建立减排进度和指标体系,有差别、有计划地实现本地区的低碳经济转型,在低碳政策规划上要关注在公共资源利用上因地方政府资源竞争而带来的"溢出效应",避免政府行为本身造成的高消耗、高污染等外部性问题。

(二)强化政府与企业的协同治理

低碳经济转型所带来的新的游戏规则,不仅使各国政府面临发展的新挑战,而且相关行业和企业也面临重新洗牌。企业无论是从自身生存与发展的需要,还是从承担相应社会责任的角度出发,实现节能减排的低碳式发展都是其必然选择。从这个意义上说,企业不仅是低碳经济转型相关政策的被动接受者,而且应成为相关政策制定的参与主体和行动主体。随着现代社会政府职能的扩展和转变,公共产品与服务的生产者和提供者呈现多元化的制度安排,低碳政策的一些微观政策主张也需要企业这一市场活动主体的积极参与,如政府与企业签订PPPs协议,进行联合治理;政府与企业共同制定建立低排放统计、检测、评估、考核流程,以更好地实现政策激励;政府通过运用适当的政策工具实现与相关行业、企业的技术项目合作,共同改造传统高碳产业,开发廉价、清洁、高效和低排放的能源技术;等等。在低碳经济政策推行过程中,企业有很多事可以做,比如,与政府和社会组织建立合作治理联盟;推动碳排放问题进入政策议程;帮助政府建立碳排放跟踪监测信息系统;等等。在低碳经济政策执行上,我国应秉持积极配合的态度,克制机会主义心态,加强自身低碳化经营能力建设,积极研发、运用低碳技术,努力降低能源和资源消耗,按照需求主动提供低碳产品等。

(三)培育体现低碳价值取向的公众主体

政府与社会组织的合作共治是政策过程中必不可少的内容。各类社会组织可以依靠其比较优势取得相应的协同地位,在协同中发挥相应的作用。以组织或个人的形式参与政策过程的优势在于,不是基于追求政治权力或经济利润而参与政策过程,而是更多地体现了低碳经济的重要公共价值取向:公益、利他、互助、协作。在低碳经济政策执行中,民众应从我做起、从身边小事做起,不断增强自身的低碳环保意识,减少不必要的消费,当好低碳经济发展的倡导者与践行者。在低碳经济政策制定中寻求社会组织的共同参与和合作成为全球化背景下的共识。低碳经济转型过程中,发展政策也应从单纯的国家和市场二分法转向国家-市场-公民社会三元模式,各类组织可以依靠其比较优势取得相应的协同作用,充分发挥政府引导、激励、消费的低碳观念,形成多元化的参与机制;要充分发挥社会组织的对话功能和较高灵活性的优势,使其在低碳经济转型的政策规划中拥有更多的话语权,形成多元化的参与机制。与此同时,政府还要开展广泛的国际合作,积极参与国际相关组织的沟通和互动。

四、我国低碳政策现状

(一)总体情况

气候变化是人类面临的最大威胁之一。坚持绿色低碳发展是积极应对气候变化、实现社会经济可持续发展的重要途径。为了应对气候变化立法,强化节能减排,规范可再生能源开发和管理,建设资源节约型、环境友好型社会,走可持续发展之路,从1989年开始,我国就开始制定一系列低碳经济政策。制定这些政策主要是要达到强化节能减排,促进低碳能源利用,切实降低碳依赖程度,减少温室气体排放,推动经济走上清洁而稳定的发展道路。2007年以来,在《中国应对气候变化国家方案》的引领下,我国已经采取了一系列低碳政策措施来减少温室气体排放,比较系统地构建起推动低碳发展、积极应对气候变化的目标体系、规划体系和工作机制。2007—2022年间,中共中央、国务院及国家发改委、科学技术部、工业和信息化部、生态环境部、住房和城乡建设部、交通运输部、国家能源局等部门陆续出台各类低碳政策。通过对中共中央、国务院及有关部门出台的低碳政策文本梳理可以发现,我国已经拥有了门类齐全、覆盖广泛的低碳政策,不仅有已经形成特色的行政指令性政策(如目标责任考核制度)和"由点及面"的试点示范优良实践,也有经济激励类(如价格政策、总量-交易政策、财税补贴政策)、直接规制类(如法律、法规和标准)、低碳研发科技政策等。与联合国政府间气候变化专门委员会(IPCC)历次评估报告所划分的政策类型和实践相比,我国低碳发展政策已经形成了相对完整的体系。中国低碳经济政策的意义在于促进中国经济向低碳转型。通过低碳经济立法来约束经济主体的经济行为,鼓励企业节能降耗;通过低碳经济政策,促使人们逐步改变消费观念,形成低碳生活习惯,促进可持续包容性增长;通过包容性增长,可以让更多的人享受全球化成果,让弱势群体得到保护,在经济增长过程中保持生态平衡与社会包容性发展,共享经济高质量发展的成果。

(二)主要特征

随着时间推进,低碳发展政策数量持续不断增加,侧重点发生显著变化。2007—2021年期间,我国围绕低碳发展的政策数量总计168项,形成了种类多元、覆盖全面的低碳政策体系。其中,"十二五"期间,我国出台了32项低碳发展政策;到"十三五"期间,政策数量增长至106项,是之前5年的3倍多。从政策领域看,"十二五"期间侧重能效提高政策,占比约为56%;"十三五"期间的重心是能源结构调整政策,比重为59%,这与我国低碳发展的潜力变化和技术进步相关;"十二五"时期的节能潜力较大,但在"十三五"时期节能提高能效空间进一步压缩,而新能源和新能源汽车技术日益成熟,也推动了相关政策的出台。"十四五"以来,随着"双碳"战略目标的稳步推进,从中央到地方各类低碳与零碳政策更是快节奏地陆续推出,引领我国未来绿色与包容性高质量发展的进程。

从政策文本效力看,低碳政策多数以规划、政策文件、标准为主,顶层设计的法律相对欠缺。从政策类型看,我国低碳政策多数以国务院或者组成部门发布的规划、政策文件或标准为主。尽管我国分别于2009年12月、2016年7月修改了《中华人民共和国可再生能源法》《中华人民共和国节约能源法》等低碳发展相关法律,但围绕应对气候变化、低碳发展的法律仍然欠缺,低碳发展和"双碳"理念尚未充分融入相关的法律法规体系当中。

从政策手段看,低碳发展政策多数采用行政命令手段,同时市场化手段越来越成为重要方向。在相当长时间内,我国低碳发展依靠行政命令手段推进。"十一五"时期推行的节能目标责任制,是我国实现能源强度下降最为主要的影响因素之一。随着时间的推移,我国越来越开始重视发挥市场机制的作用,充分发挥市场功能的政策越来越多。"十三五"以来,我国制定了国家绿色技术交易中心建设、完善抽水蓄能价格形成机制、加强金融力度来支持风光电发展等一系列政策措施,产生了良好的效果。

低碳科技创新政策得到普遍关注,但缺乏专门的体系化设计。低碳科技创新的政策内容大多散布在不同的政策文本中,尚未形成较为系统的政策体系,一方面,几乎所有的低碳发展文件都就科技创新做出了安排,但相互之间缺乏联系;另一方面,科技创新文件尚未就低碳发展做出统筹安排。科技政策与低碳政策的深度融合形式还未形成。

五、低碳经济政策发展存在的问题

我国低碳经济政策是保障我国能通过更少的资源消耗和更小的生态环境代价获得更多产出的制度化安排,是促进我国创造更高质量发展的制度化手段。运用政策手段推进经济低碳化进程,是化解资源"瓶颈"制约、抢占产业制高点、增强发展动力的必要手段。我国低碳经济政策尚处于初级阶段,政策问题还不少,主要表现为以下几个方面:

(一)我国经济发展高碳化背景中的"碳锁定效应"

我国的低碳经济政策建立在"碳锁定效应"较为严重的时空节点。政策推进的十多年间,我国的"碳锁定效应"在技术、制度、产业和社会诸方面的影响均较突出,且与碳排放的"公地悲剧"牵连,很大程度上决定了低碳经济政策的创新难度。各主体的责任担当与主体间的配合调适尚不到位。因资源、技术能力、政策水平、消费观念约束导致的"碳锁定效应",成为我国实施低碳经济战略的阻碍力量。多年来,不仅碳排放增长速度超过了同期的欧盟和美国,而且碳排放绝对量也超过了同期欧盟和美国的总和。我国人均碳排放绝对量目前虽然低于美国,但从2001年以来,在美国、欧盟人均碳排放逐年减少的情况下,我国连年上升,从2006年起超过全球平均值;2011年超过欧盟;2020年,中国二氧化碳总排放量超过发达经济体的总和;2023年,中国人均排放量比发达经济体高出15%左右。

多重"碳锁定效应"耦合:在我国,"碳锁定效应"在技术上体现得十分明显,与碳排放有关的一些行业或者专业领域的主导技术,能较容易地求得政府和消费者的支持,进而强化与自身互补、互助、互利技术的开发和相关基础设施的建设,其主导性地位更加稳固。"碳锁定效应"在制度上反映出,维护传统碳排放格局的相关规则的稳定性过强,低碳排放规则进入困难,在变革传统排放规则的过程中总是遭到既得利益群体的强烈抵制,而致节能减排、结构调整、产业升级等有助于经济低碳化的战略安排推进困难。"碳锁定效应"使公众在消费心理、消费观念、消费行为上对高碳消费方式产生高度认可。"碳锁定效应"在技术、制度、产业和社会诸方面互相渗透,"你中有我,我中有你",形成了"粘连耦合体"。解决其中任何环节、任何方面的问题都关涉其他环节和其他方面,可谓牵一发而动全身。

(二)国家应对气候变化的目标设定和落实手段亟须完善

"十二五"以来,碳强度下降率目标确保国家碳排放强度的逐年下降,但同期的国家碳排放总量和化石能源消费量均呈持续上升趋势,可见碳强度目标对碳排放总量的管控力度有限,单靠碳强度目标难以保障"2030年左右碳排放达峰并争取尽早达峰"这一绝对量目标的实现。从保障国家自主贡献目标落实的角度来说,开展国家和省域层面的碳排放总量管理势在必行。各级应对气候变化主管部门履职均面临挑战。从低碳发展顶层设计的执行情况来看,目前尚缺乏常态化的评估机制对已有国家低碳发展目标的落实和重点任务的执行情况进行评估,政策实施的效果评估与反馈机制尚未完全建立。从碳排放强度目标责任制的实践情况来看,由于权力与职责不匹配,省域主管部门无法有效管控辖区内国家重大工程项目的碳排放,而这部分碳排放足以影响省域的碳排放达峰进程。从低碳试点示范的实践情况来看,各级试点主管部门间的政策传导机制尚不够完善,且由于国家低碳试点示范的考评制度尚不完善,国家主管部门缺乏促使省级主管部门更有效履职的手段。

(三)低碳经济发展的政策组合需要动态调整

从压实减排主体责任的角度来看,尽管国家已经将碳强度下降率目标进行了省域分配并实施目标责任考核制,但尚未从国家层面构建起将减排责任全面落实到企业生产和居民生活的工作机制上,导致省域主管部门欠缺有效的政策抓手。从提升政府低碳管理效率的角度来看,随着碳排放减排边际成本的不断增加,比起碳强度下降率目标等命令控制类手段,未来实施碳排放权交易等经济刺激以及低碳试点示范等激励类的政策手段,将更有利于在较低政策和技术成本的前提下实现经济和能源结构的转型,因此,有必要提前谋划,开展广泛的以企业为主体的碳排放权交易、以公民为主体的碳普惠机制等制度建设。

(四)现行的低碳经济发展制度尚需完善优化

我国已经初步构建起碳排放管理标准体系框架,但要全面实现碳排放的标准化管理还任重道远,仍面临标准研究与制定缺乏、政策措施保障不足等挑战。全国统一碳市场虽然2021年7月已经正式运行,但参与主体与交易量低迷,尚未在全国范围内发挥提升碳排放资源分配的有效性和降低成本的作用,碳市场的法律制度和政策有待进一步完善,碳数据质量有待大幅提升,企业碳排放信息披露制度尚未完全建立。由于缺少针对性强的宏观指导、约束目标和试点评估机制,尽管低碳试点政策实施以来试点的低碳发展水平有所提升,但低碳试点示范的政策综合效益整体而言并不高。现行的低碳发展配套机制仍有提升空间。例如,在温室气体统计核算方面存在公开数据少、统计指标少、统计体系尚未健全、能源数据可靠性不高等问题,且这些问题在省域及以下层面更加突出。气候投融资机制尚未完全建立,低碳发展无法高效利用NGO资金、碳市场资金、传统金融市场等多渠道的资金来源,相应的管理体制与监督监管机制也亟待构建完善,包括政策法规体系、资金使用情况的统计、监测、绩效评估等。

第二节 国际低碳经济政策

全球气候变暖的趋势下,发展低碳经济成为全球大趋势。在此过程中,为抢占新一轮的经济优势与制高点,各国政府都积极努力出台国家低碳发展战略与政策,积极推动低碳经济和技术的发展,制定本国和本地区的低碳发展战略目标,并积极推出低碳政策措施以实现这些预期目标。

一、英国的低碳政策

英国作为低碳运动、低碳经济的发起国,对推动世界低碳经济发展做出巨大贡献。英国先后出台多项政策,保障本国低碳经济的发展。2003年,政府首次正式提出低碳经济概念,并宣布到2050年从根本上变成一个低碳经济国家。在能源白皮书《我们能源的未来:创建低碳经济》中,政府提出低碳发展的重点是促进经济社会发展的同时减少化石能源消耗以及相应的二氧化碳排放,低碳发展的目标是提升生活质量,在推进低碳发展的过程中可以通过技术进步与输出,创造更多的商机和更多的就业机会。2006年10月发布的《气候变化的经济学:斯特恩报告》,对全球气候变化的经济影响做了比较权威的定量评估,指出如果目前全球每年以GDP 1%的减排成本投入,可以避免将来每年5%-20%的GDP损失,呼吁全球尽早向低碳经济转型。2008年11月,议会通过《气候变化法案》,英国成为世界上第一个为温室气体减排目标立法的国家,并同时成立能源和气候变化部。2009年4月,政府宣布将"碳预算"纳入政府预算框架,设立7.5亿英镑的投资基金,追加104亿英镑的投资共同支持包括低碳和先进绿色制造业在内的新兴技术产业。2009年7月,发布《英国低碳转换计划》《英国低碳工业战略》《可再生能源战略》《低碳交通计划》配套文件,标志着英国成为世界上第一个在政府预算框架内特别设立碳排放管理规划的国家。英国是世界上控制气候变化的倡导者和先行者。英国政府近年来不断努力推进低碳经济的发展以及低碳社会的形成,为低碳发展确定了有法律约束力的减排目标。以1990年为基准,2020年碳排放量减少34%,2050年碳排放量预计减少80%。与此同时,英国还出台了《英国气候变化战略框架》,提出了全球低碳经济的远景设想。英国在发展低碳经济上采取的主要措施包括开征气候变化税、成立碳基金、启动气体排放贸易计划、推出气候变化协议及使用可再生能源配额等。由此可知,以激励机制促进低碳经济发展是英国低碳政策的一大特点。英国开始逐步进行的低碳经济实践,其中的一些做法值得学习和借鉴。

第一,气候变化税(CCL)制度。气候变化税是由英国制定的针对能源使用情况所征收的一种税,是英国应对气候变化的核心所在。英国从2011年4月1日全面开始征收全国气候变化税,其征收依据是根据不同的能源品种所蕴含的能量而不是它的排放量,在这个税收细则中对于征税对象也有详细、明确的规定。政府对于所征收的气候变化税会返还给企业,并为企业的相关项目提供贷款。在政府的支持和监督下,英国每年可减少250多吨碳排放量。英国每年的气候变化税收所得费用多用在相应的环境问题上。

第二,碳基金。英国碳基金成立于2001年,是由政府提出和设立,通过征收税费的方式,采用企业运作模式进行的独立公司代表。所征收的主要税种是气候变化税,还有从2004—2005年开始实施的垃圾填埋税等,英国的贸易部门和英国的工业部门也会给予一定的资金支持。碳基金,从表面意思上来理解,就是用来减少碳排放量,它的主要应用领域包括:(1)节能减排;(2)各种低耗能减排项目的开发和研究;(3)向社会大众宣传节能减排的重要性,资助部分企业和公司来一起面对气候变化、生态变化等问题。碳基金的资金既来源于政府,又来源于企业,它既可以保障政府资金得到合理的运用,还同时兼顾积极协调政府与企业之间的合作与研究的角色。从目前状况来看,得到政府稳定支持的碳基金正在不断发展,在节能减排的多个领域内取得了很好的效果。

二、德国的低碳政策

德国政府通过立法和约束力较强的执行机制保障低碳经济的运行,已经把气候保护、减少温室气体排放纳入本国的经济发展战略,并开始实施气候保护高技术战略,从而达到节能减排的具体目标。德国自1994年4月起分阶段开始实行生态政策,其征税的主要对象为电力、燃气、石油等产品,而所得税则是用于降低社会保险费用。生态税实行的根本目的是提高能源利用率,使生态环境得到改善和发展,从而使德国的可持续发展进程得到加快。德国先后出台了《环境规划方案》《废物分类包装条例》《循环经济与废弃物法》《可再生能源法》,还颁布《联邦控制大气排放条例》和《能源节约条例》,制定"气候保护高技术战略"。

德国充分认识到经济政策对低碳产业的调节作用,通过税收制度改革、提高能源使用效率和大力发展可再生能源等措施,使德国的低碳经济发展一直走在世界的前列。1999年,德国第一次开始对汽车燃料、燃烧用轻质油、天然气和电征税;此后,德国政府还提出了实施气候保护的高技术战略,先后出台了五期能源研究计划,以能源效率和可再生能源为重点,并为其提供资金支持;2007年,德国联邦教育与研究部又在"高技术战略"框架下制定了气候保护技术战略,该战略确定了未来研究的四个重点领域,即气候预测和气候保护的基础研究、气候变化后果、适应气候变化的方法和气候保护的政策措施研究,同时通过立法和约束性较强的执行机制制定气候保护与节能减排的具体目标和时间表。近年来,德国还同许多国家尤其是发展中国家开展了气候保护领域的国际合作,带动和引导发展中国家向低碳经济发展模式转变。2009年继续扩大投资,启动气候友善投资计划,促使德国2020年达到再生能源发电占比为25%—30%;到2030年将沼气占天然气使用的比重提高到10%,还制定《可再生能源供暖法》。在此之后,德国政府制定一系列相关的优惠政策,通过这些政策让企业的自身节能管理与税收优惠相结合,挖掘节能的潜力,提升动力。除此之外,为加强国民节能意识、倡导使用节能型电器,政府每年还计划拨款数亿元作为专项专款,依次来改造现代建筑,进而促进民用、工业上的能源减排。

三、丹麦的低碳政策与举措

20世纪70年代以前,丹麦的能源自给率非常低,约93%的能源消费依赖进口。随后的两次世界石油危机,使这个北欧国家逐渐意识到保证能源自给率的重要性。由此,丹麦努力实现能源消费结构从"依赖型"向"自力型"转变。从1980年起,丹麦根据本国国情,着手制定了新的能源发展战略,并把低碳发展上升为国家战略高度。随后,丹麦大力推进零碳经济发展。实践证明,丹麦的一系列举措成效显著。从1980年至今,丹麦的经济累计增长78%,能源消耗总量几乎零增长,二氧化碳气体排放量实际反而降低了13%。丹麦的经验做法主要有以下几个方面:一是明确发展目标并立法推进。丹麦在推进低碳发展过程中根据形势变化,不断更新、适时调整低碳转型目标和战略。2009年,丹麦制定了到2050年完全摆脱化石能源消费的目标,并通过立法来巩固既定政策的实施。1993年以来,丹麦进行持续的环境税收改革,逐渐形成了以能源税为核心,涉及废水、垃圾、塑料袋等16个税种的环境税收体制。二是大力发展可再生能源。2016年,丹麦风电在发电总量的比例达到40%,也是全球风电占比最高的国家。在可再生能源稳定发展的背后,是政府政策的强力杠杆作用,例如,财政补贴和价格激励;推动可再生能源进入市场,包括对"绿色"用电和近海风电实行定价优惠等。同时,丹麦还建立了一套科学、有效的可再生能源运行管理体系。目前,丹麦已经建立了较完整的分布式能源系统,具有未来电力系统的典型特征。三是公私合营模式(PPPs)。公私部门和社会各界之间的有效合作是丹麦低碳发展的根基。在大型低碳项目的建设过程中,广泛而有效地融合了两股力量,自上而下的政策推动和自下而上的民间商业解决方案相互作用,保证了公益目标的高效实现。丹麦低碳发展的实践充分证明,GDP的稳步增长和人民生活水平的持续提高,并不意味着能源消耗随之增加。

四、意大利——低碳经济的样板

由于意大利的能源80%以上依靠进口,因此意大利更加注重可再生能源与新能源的开发和利用,并重视落实《京都议定书》的义务,其采取的政策措施也十分丰富而有效,由此意大利也成为国际上低碳经济发展模式的样板。在具体落实上,意大利主要还是通过节能减排的政策措施、鼓励和引导新能源技术开发等措施来促进低碳经济的发展。意大利政府为支持可再生能源的发展,从1992年开始实施CIP 6机制,以保证购买价格的方式支持可再生能源发电厂的建设;1999年后,通过立法的形式开始实行"绿色证书"制度,通过绿色证书限制高碳能源的使用,进而激励可再生能源的发展;2005年1月起,意大利又对能耗效率管理采取了"白色证书"制度,它也是一种对企业提高能源效率的认证制度;2007年初推行能源一揽子计划,出台了许多推动节能和可再生能源发展的财政措施。

第一,CIP 6机制(以保证购买价格的方式支持可再生能源发电厂的建设)。为了促使可再生能源企业的发展更加迅速,从1992年开始,意大利政府实行CIP 6机制。这个机制对可再生能源企业的设施建设、运行和维护等费用做了详细预算,在这个基础上预估可再生能源企业的利润,然后以这种方式对可再生能源企业的建设和发展表示支持和鼓励。

第二,"绿色证书"制度。意大利政府在1999年颁布了相关的法律实施绿色证书制度。绿色证书就是利用可再生能源向国家电网输送电力,并且得到国家电网管理局认可之后才颁发的一种证书,它的价格由国家电网管理局根据相关的规定来决定。绿色证书与白色证书一样,供需双方可以通过相关协议来进行交易,也可以通过GME的官方平台进行买卖。

第三,能源效率行动计划。为达到欧盟的预期节能目标,意大利提出了相关的能源行动计划,并且积极采取了一系列的相关措施和应对方法,比如,建筑能源的使用和检验合格标准、对再生能源开发应用前景的研究和相关政策支持、在农业生产中混合能源政策的应用和推广、能源利用与生态农业的共同发展和共同创新。除此之外,意大利对于每个部门应当完成的减排目标也有详细规定。

五、美国的低碳政策

美国是全球温室气体排放第二大国。美国世界资源研究所的统计数据显示,1850—2005年的155年发展历史中,世界人均历史碳排放累积为173吨,美国人均历史碳排放累积为1 105.4吨。美国一直注重能源和环境保护问题,积极推进绿色能源产业发展,重视低碳政策和节能减排,出台了多项政策,在低碳技术等方面保持较高的水平,低碳经济发展迅速。20世纪70年代,美国成立了国家能源部。20世纪70年代,石油危机爆发以后,美国颁布了多部具有重要影响力的综合性能源法案。如1978年11月,由卡特总统签署的《1978年国家能源法案》,1980年6月,由卡特总统签署的《1980年能源安全法案》。美国于1990年实施《清洁空气法》;1992年10月,由老布什总统签署的《1992年能源安全法案》,美国还设有专门性的单一能源法案,形成对综合性能源法案的积极补充。作为能源消耗大国,2005年美国通过了《能源政策法》,鼓励提高能源效率和能源节约;2007年7月,美国参议院提出《低碳经济法案》;2008年全球金融危机以后,美国把发展低碳经济、开发新能源作为应对危机、重振美国经济的战略取向。在新能源发展方面,美国是全球吸引风险资本和私人投资最多的国家。为促进新能源产业发展,美国十分重视发挥立法和法案的作用,通过联邦能源立法、联邦环境政策、州立法和农业立法等形式,逐步确立了新能源相关产业的发展战略、发展目标、财政扶持力度、技术研发计划、市场融资工具等。2009年1月,奥巴马宣布了"美国复兴和再投资计划",将发展新能源作为投资重点,计划投入1 500亿美元,用3年时间使美国新能源产量增加1倍,到2012年将新能源发电占总能源发电的比例提高10%,2025年将这一比例将增至25%。2009年4月,加利福尼亚州制定《低碳燃料标准》,这一标准影响到更多州的效仿。2009年5月,美国众议院通过了《美国清洁能源安全法案》,用立法的方式提出了建立美国温室气体排放权限额,这标志着美国在碳减排方面迈出了重要的一步。作为碳排放大国,美国正在努力从能源战略转型,电力、新能源技术、建筑和汽车等方面对能源政策做出调整,以期实现经济的低碳化发展。综合来看,美国重视新能源产业发展政策立法,其根本目的是获得新能源技术和产业的制高点,继续保持美国在全球经济中的领先地位。正是由于在立法内容以及政策制定上非常翔实,从而使得美国新能源产业发展政策工具在实施上具有很强的操作性、务实性和有效性,例如,仅从补贴看,就分为直接补贴、税收补贴、研发补贴、特殊优惠和贷款担保等多种形式,这些都充分表明美国在制定能源政策时兼顾了产业特点和市场机制作用的发挥。进入21世纪以来,气候变化问题逐渐演变成气候政治,成为国际政治领域的新热点,并推动形成新的国际格局。谁享有了气候变化、环境、能源和生态领域的话语权和主导权,谁往往就拥有国际政治领域的话语权和主导权。气候外交日益成为大国互动中的重要议题。因此,美国积极对全球低碳游戏规则进行战略部署,通过绿色外交,积极参与有关谈判,建立"全球能源论坛"。

六、日本——低碳技术的世界领军者

日本是《京都议定书》的诞生地,低碳发展战略启动较早。各届政府都致力宣传推广节能减排计划,主张建设低碳社会,争取走在世界的前列,为此,多年来一直注重各项政策的制定和革新,先后出台《节约能源法》《国家能源新战略》《21世纪环境立国战略》《建设低碳社会行动计划》《绿色经济与社会变革》草案、《财年能源白皮书》《推进低碳社会建设基本法案》等。作为《京都议定书》倡导国之一的日本,一方面,由于其95%的能源供给要依赖进口,因此被迫发展低碳经济,开发新能源,推进节能;另一方面,面对气候变暖可能给本国农业、渔业、环境和国民健康带来的不良影响,日本政府一直在宣传推广节能减排计划,主导建设低碳社会。自从经历20世纪70年代的石油危机之后,日本举国上下开始推行研究和应用各种节能技术,这使得日本在能源效率方面始终名列世界前茅。从1980—2008年的28年里,日本的能源效率提高了38%,居世界第一;1998年,面对全球气候变化压力,日本颁布了《全球气候变暖对策促进法》。2004年发起的"面向2050年的日本低碳社会情景"研究计划,日本提出了面向未来的碳减排削减目标和低碳社会的愿景,谋划须采取的减排措施,从技术可能性和经济影响层面提出了低碳社会建设路线图以及时间表。2008年,日本环境省颁布了《面向低碳社会的12大行动》,提出在工业、交通、建筑、能源结构等领域应采取具体的技术和制度措施,实现减排目标。2008年6月,日本首相福田康夫还以政府的名义提出日本新的防止全球气候变暖的对策,即著名的"福田蓝图",同时这也是日本低碳战略形成的正式标志。2012年,日本正式实施全球变暖对策税和购电法政策。在社会文化舆论方面,日本提出人人都是低碳社会建设的参与者。日本努力构建低碳发展的微观基础,强调低碳发展的社会广泛参与性,充分调动社会各方面的积极性,强调全社会共同参与的协同治理机制,争取国民对低碳发展的广泛理解、支持和参与。

七、澳大利亚——南半球的低碳经济

澳大利亚在2007年新政府成立之后批准了《京都协定书》,并积极参与关于《京都议定书》第一阶段2012年到期后全球减排行动的国际协商当中。澳大利亚发布了《减少碳排放计划》政策绿皮书,提出了减碳计划的三大目标:减少温室气体排放、立即采取措施适应不可避免的气候变化、推动全球实施减排措施,同时建立了气候变化政策部,并整合相关部门资源,促进政府与产业互动,全方位建设一个低碳经济环境;实施"全球碳捕集与储存计划",使澳大利亚对清洁煤技术的投资处于世界领先地位。此外,澳大利亚正在建立世界上最全面、最高效的温室气体排放贸易机制。这个机制将覆盖澳大利亚温室气体排放量的75%,并将在实施之初拍卖一大部分许可。它将为整个经济创造降低温室气体排放的动力,刺激可持续、低排放增长,从而奠定澳大利亚未来繁荣的基础。除国内措施以外,澳大利亚也投资了一系列计划,为全球解决方案作贡献,包括为本地区脆弱的国家提供可观的援助,帮助其适应不可避免的气候变化。澳大利亚还通过2亿澳元的"国际森林碳计划"参与国际缓解气候变化的努力,为减少发展中国家森林采伐和森林退化造成的温室气体排放提供支持。

综上所述,纵观各发达国家的低碳经济的发展,其政策措施主要表现为:对传统高碳产业的改造;发展可再生能源与新型清洁能源;应用市场机制促使企业碳减排;加强国际碳减排协作等,但又是各有侧重。英、意两国将制定合适的法律制度作为发展低碳经济的关键;德、澳两国注重国家间的减排协作,共同承担完成节能减碳工作;日本政府则采取综合性的措施与长远计划鼓励技术创新,以高端技术推进低碳经济的发展;而美国作为能源消耗和碳排放的大国则更强调可再生能源的开发与利用。由此可见,随着全球变暖与资源枯竭、环境问题的日益严重,西方发达国家正在以低碳经济作为未来发展的战略选择,低碳产业、低碳技术、低碳经济已然成为世界新一轮产业竞争、技术竞争、经济竞争的关键所在,各国政府也纷纷从自身的发展特点和长远利益出发做出了各自的努力。

第三节 低碳经济政策工具

一、政策工具的概念与内涵

政策工具又称为政府工具、治理工具或政策手段,一般来说,将政策工具视为政府治理社会问题的一种行为方式,是公共政策执行主体(主要指政府行政部门)将其解决公共问题的实质目标转化为具体行动的手段、方法、路径和机制,是政策执行的技术,是政策目标与政策结果之间的桥梁。

政策工具研究的一大分支即为政策工具的分类。现有对政策工具的分类主要有三种方式:一是依据政府参与程度将工具分为命令控制型政策工具(强制型政策工具)、市场激励型政策工具(混合型政策工具)、公众参与型政策工具(非强制型政策工具)。命令控制型政策工具也就是强制型政策工具,是政府依靠其行政权力控制,指导目标受众,以实现对资源环境的管理,具体包括法律法规、规划、行政管制、规章制度等手段。市场激励型政策工具又可以称为混合型政策工具,介于自愿型政策工具和强制型政策工具之间,利用经济调节手段引导受众,具体有税收激励、财政补贴、信息和劝导、产权拍卖等方式。公众参与型政策工具即非强制型政策工具,通过转变受众的认知,采用道德规劝等潜移默化的方式,达到教育影响受众行为的政策工具,主要是借助教育鼓励、公开信息、协商、听证认证等方法。二是依据政策工具在实施过程中对经济产生的影响不同分为供给侧政策工具、需求侧政策工具和环境侧政策工具。涉及科技资金投入、教育与科普、基础设施和公共服务等内容的为供给侧政策工具,政府采购、贸易管制、外包服务等构成需求侧政策的主要内容,而金融支持、税收优惠、法规管制等是环境侧政策工具的具体形式。三是依据研究对象的不同特征对政策工具进行划分。政策分为财政激励、政府采购、风险投资、科技人才培养和技术服务与交易五类。上述三种分类方式中,第一种分类方式运用比较广泛。

低碳经济的政策工具是指在实施减少以二氧化碳为衡量标准的温室气体排放和化石能源消费中,政府行政部门在制定和运用低碳政策中所采取的各种手段、方法、路径和机制的统称。政策工具在低碳经济研究领域逐渐成为关注热点,现有研究主要从以下两个视角对低碳政策工具展开研究和讨论:一是研究现有低碳政策工具的分类构成。研究认为,供给型政策工具占据主导地位,环境型和需求型政策工具使用不足;低碳政策强制性过强,投资政策与交易政策结构不匹配,低碳专利政策具有分散、关联性低等特点。二是政策工具与技术创新研究,主要集中于单一政策工具对技术创新的影响且影响结果喜忧参半。根据目前关于低碳政策工具的分析主要集中于国家宏观层面,以行政命令型政策工具的研究和运用居多,区域和工业层面的低碳政策工具研究还比较薄弱。同时,单一低碳政策工具对技术效率以及工业碳排放的理论构建和实证分析较多,多种低碳政策工具交互作用形成的低碳政策组合对技术创新以及工业碳排放的关系研究有待强化。

二、低碳政策理论基础

(一)环境库兹涅茨曲线假说

环境库兹涅茨曲线假说是指收入不平等与环境之间存在倒"U"形曲线的一种假设。Grossman 和 Krueger 发现环境质量和人均收入之间也呈现倒"U"形关系。随着收入水平提升、环境持续恶化,而收入水平超过临界点 A 之后,环境质量趋于改善。收入与环境退化之间的倒"U"形关系已被多位研究者证实。Shafiei 和 Salim 对 29 个经合组织国家通过回归人口、富裕和技术等因素,也发现了同样的倒"U"形曲线。Al-Mulali 等在使用动态 OLS 时,找到欧洲、东亚和太平洋、南亚和美洲的倒 U 形关系。Wang 等基于中国 2002—2012 的数据研究了国民收入水平与碳排放之间的关系,得到碳排放峰值的拐点将在 2030 年前达到,而人均 GDP 为 31 171 元。也有研究发现 EKC 曲线呈现"N"形,Bruyn 等认为最初的 EKC 假说不会成立,超越了特定收入水平后,收入增加可能会再次导致经济增长与环境退化之间的正相关关系。Balsalobre 和 Alvarez 指出,N 形关系发生在规模效应克服了技术减排效应,这可能是由于产业结构调整与技术变革的收益递减导致。Panayotou 发现经济发展与 SO_2 之间存在着"N"形关系。二氧化硫随着经济发展水平的持续提升,会再次出现正相关关系。Moomaw 和 Unruh 在使用 FEM 横截面 OLS 时发现 N 形 EKC。Friedl 和 Getzner 使用最小二乘研究发现奥地利经济发展与环境之间存在 N 形 EKC,Lorente 和 lvarez-Herranz 等使用广义最小二乘估计研究结果显示在 28 个经合组织国家之间也存在"N"形 EKC 曲线。国内学者胡初枝等基于 EKC 模型研究发现经济增长和碳排放之间的关系并不是倒"U"形而是"N"形。

(二)波特假说

Porter 和 Linde 提出了波特假说,适度的环境规制有利于激励企业技术创新,将生产过程视为变动,企业有能力进行技术创新投资,达到减轻环境规制压力和实现企业的生产效率、产品质量提高的双重目标。波特假说发展至今,形成了三种主要的分支:一是"强版"波特假说,认为设计合理的管制引致的创新足以完全补偿遵循成本,环境规制可一定程度地提升企业的生产率水平。Simpson 和 Bradford 通过建模证实了波特假说存在于不完全竞争市场中。Lanoie 和 Laurent、Murty 和 Kumar 也都通过实证研究,分析证实"波特假说"的存在。Jaffe 研究发现在知识溢出的前提下环境规制确实会促进企业技术创新即波特假说存在。Berman 和 Bui 认为适度的环境规制政策能产生创新补偿效应,也就是说,企业通过技术创新提高生产力,降低成本,可以抵消部分或全部的环境规制成本。二是"弱版"波特假说,肯定了波特假说是指环境规制对技术创新有促进作用,但这种积极的作用并不能确定影响大小。许士春认为"波特假说"的存在具有偶然性,企业出于利润最大化的追求,不一定会按照环境规制的标准改变生产模式。三是"狭义"波特假说,不同类型规制的影响不同,相对强制指令性的政策而言,灵活性强、规制手段温和的政策更能促使企业选择技术创新。最具代表性的人物是 Palmer,他认为环境规制是通过向企业提供信息或者激励企业来实现的。在竞争市场中,企业往往会忽视环境规制的管制,继续寻求高额利润。齐绍洲等认为环境规制并不一定能节约成本,成本是由企业的经营状况决定,企业甚至会为了追逐利益而本能地无视环境规制。此外,环境规制会阻碍企业创造利润。

(三)污染避难所假说与污染光环假说

"污染避难所"假说(Pollution Haven Hypothesis),也称"污染天堂"假说,是由 Taylor 于 1994 年提出的,即投资主体选择将高污染产业从政策环境严格的地区转移至环境保护规制相对薄弱的地区以实现利润最大化的行为。典型的代表人物有 Keller 和 Levinson 对美国的行业数据进行实证研究,发现确实存在"污染避难所"现象;Fell 和 Maniloff 等研究美国电力部门发现洲际间确实存在"污染避难所";López 等研究为自由贸易协定中 6 个地区与世界其他地区之间存在"污染避难所"提供了证据。有学者通过实证分析我国 37 个工业行业的面板数据发现,工业行业确实存在"污染避难所",且环境规制对引进 FDI 有消极的抑制作用。与此相对应的是"污染光环"假说,认为对外来资金会引致技术溢出效应,机理在于对外商投资的东道国可能有命令限制的规制,污染行为受到严格监督规范,一方面,提高能源利用率,减少东道国的排放,另一方面,通过技术扩散等方式,促进缓解东道国碳减排压力,对此,形成了两种截然不同的研究结论:一部分学者肯定"污染光环"假说,FDI 能促进东道国的碳减排,高排放行业不会发生转移;另一部分学者则质疑"污染光环"假说是否成立,认为决定 FDI 的影响因素并不是环境规制,而是其他的一些因素。

三、发展低碳经济的具体政策工具

发达国家为实现其低碳经济的战略目标,设计了各种有效的低碳政策工具,其显著特点是通过科学的设计低碳政策工具实施机制,尽可能地调动微观经济主体(企业、消费者)的积极性,政府发挥通过制定规则来弥补市场失灵的作用。发展低碳经济的政策工具选择主要表现为下列方面:

(一)命令与控制类(行政类)政策工具

发展低碳经济的命令与控制类政策工具是指政府通过对经济活动行为进行监督检查,以强力的行政管制来约束相应主体的经济行为,通过对企业生产的技术管制和企业的污染物排放量的监管来实现低碳发展的管制目标。这种政策工具强调发挥政府部门的主体作用,各种环境政策和制度大部分是由政府部门直接操作,低碳经济发展作为一种行政行为而且是通过政府体制实施,该模式具有浓厚的行政色彩。其中,命令与控制类政策工具运用比较充分,具体而言主要有:一是制定与低碳经济发展相关的标准,并且要求相关的经济主体必须进行强制性的遵守。二是进行经济发展的低碳化研究与评价的结合。通过对经济行为是否合乎低碳化进行评价,并且将之与批准制度结合在一起,即在经济活动实施之初即对该行为进行低碳化评价,如果可以预见该经济行为在未来产生大规模的碳排放,则该经济行为就不能被批准,这样通过"高碳经济行为"的预防和避免活动,使得经济发展在行政管制的强势作用下符合低碳化要求,形成以源头预防和全过程管理替代末端治理的模式。这种评估与批注相结合的方式为能源和环境问题研究提供了新视角,并以世界各国的生态工业园区建设为依托,不断推动理论和实践进行融合,逐渐成为各国能源环境和发展政策的重要参考,其中,德国和日本是典型代表。低碳经济通过可以预期的评判,与生态经济、循环经济是一脉相承的,而且其指向更加具体、更加直接,也因此能在大范围上获得认可。

(二)市场类政策工具

发展低碳经济的市场化政策工具是指避免由政府单一指导、推进低碳经济运行的模式,充分引入社会化资本,建立多元化的投资主体,将低碳产业作为公共产品进行产业化和市场化运作,从而达到弥补行政化政策不足和提高低碳经济运营效率的相应制度和安排。低碳经济的市场化政策工具运用的关键是如何把经济主体"高碳行为"的外部性转化为内部成本,通过市场化政策工具促使和激励经济主体减少碳排放。正确设计激励政策能够对削减碳排放起着非常明显的作用,尤其对于企业而言,许多低碳行为问题不是通过减少生产产品数量,而是通过削减碳排放来解决的。具体而言,市场化类政策工具可以分为利用市场激励低碳发展和创建市场促进低碳发展两个方面。第一,利用的市场政策工具主要有对削减碳排放进行补贴、碳排放税、押金退款制度等。其中,碳排放税是目前应用最多的政策工具之一。第二,国外通过创建碳排放市场的方式促进低碳经济的发展。欧盟排放交易系统在 2005 年 1 月 1 日正式挂牌运营,已经成为现今全球最大的温室气体配额型交易市场,涵盖超过 12 000 个固定源,约占欧盟 25 国全部二氧化碳排放量的 45%。美国大多数州、地区已经通过或正在通过限制温室气候排放的法案,比如,"加利福尼亚气候变暖解决法案(第 32 号法案)"将于 2012 年开始执行。它要求 2020 年碳排放量降到 1990 年的水平,2050 年降到 1990 年的 80% 水平,主要从工业中限制温室气体排放,并对不履行者进行处罚。为了减少碳排放量,经济主体通过国家创建的碳排放市场可以充分发挥市场机制的效率,消除环境"公共产品"外部性特征,达到保护环境的目的。

(三)自愿类政策工具

自愿类政策工具是指强调依靠不同经济主体互相作用,形成共识性规范,然后根据个体内部的特定协调机制来共同完成低碳经济发展的政策工具。之所以强调这是政策工具,是因为制度的强化与发展往往离不开政府的支持和引导。这种制度安排与哈耶克理论强调的"自发秩序"有着基本相同的含义,并且支撑这种秩序的特性乃是个人的特性,即他们在遵循整个群体的行动秩序中所依赖的基础的某些行为规则方面的倾向。这样的制度安排无须将"公地悲剧"的解决诉诸政府的强制性措施,而是通过当事人内部的谈判和协商,特别是借助各博弈方之间存在的合作的可能性,将不合作博弈转化为合作博弈,并且形成了相应的替代性制度安排,这一均衡又被称为对"公地悲剧"的"没有制度的解决"。第一,单向减排承诺,即经济个体包括企业和公民为实施碳排放减低计划,自行提出碳减排目标的制定及其遵循条款。随着低碳经济理念的逐步发展,越来越多的公司提出自愿减碳计划,努力使企业碳生态足迹为零。第二,自愿碳减排协议,是指由同行业企业之间甚至不同行业企业之间或者公民之间签订的对于碳减排共同实施的协议。如日本经济团体联合会自愿减排协议和德国工业联盟向德国政府承诺,其成员努力降低二氧化碳排放量及能源消费量,并通过自愿承诺减少排放或采用清洁生产技术以减少政府管制。第三,开放性的碳减排体系,即指参与企业赞同环境机构所提出的环境绩效、生产技术或环境管理标准,诸如ISO环境治理认证体系,然后企业自愿遵循相应的标准并实现该目标。例如,意大利实施的"白色证书"制度,也称能源效率证(TEE),是一个为减少能源消耗而出台的鼓励措施。企业可以自愿加入该认证制度,对达到节能目标的企业,意大利相关部门将给予经济奖励。

四、提升政策工具效率的建议

提高低碳政策的实施效果、优化低碳政策的社会资源配置功能、促进低碳经济转型具有十分重要的现实意义。三大低碳政策工具都有各自特定的适用对象和条件,也有各自的优越性与局限性。为促进低碳政策工具实施效果的最大化,以期以最低的社会成本实现节能减排效益的最大化,需结合各类低碳政策工具的特点,从以下三个方面优化组合各类低碳政策工具,通过不同类型政策工具的协调互补,构建较为合理、完善的低碳政策体系:

(1)反思和改进行政型政策工具,逐步摆脱对命令与控制方式的过度依赖。首先,应继续发挥行政型政策工具在行业减排控制与高耗能淘汰上的工具优势。考虑到我国仍将处于快速的工业化和城市化进程,为抑制建筑和交通领域能源消耗与碳排放的过快增长,我国应在"高耗能、高排放行业抑制机制""节能环保标准体系建设""技术标准""高能耗淘汰制""淘汰落后产能机制"等政策工具中加强对相关高耗能高排放行业的管控,促使相关高耗能高排放行业提高能源效率;其次,在政策工具设计上,应适当提高行政类政策工具的灵活性,结合不同地区的低碳生产、低碳消费和低碳技术的实际进行低碳规制;最后,应当合理控制行政类政策工具的频次,防止因在先制定的政策工具未得到切实执行而不得不在后续政策中予以反复提及所导致的政策工具频次增加,防止功能相近且适用范围交叉的政策工具重复使用,在保证实施效果不变或增强的基础上,合理合并一些功能相近的政策工具,以降低政府的管理成本。

(2)完善市场机制,稳步推进产权拍卖类政策工具的有效实施,逐步提高财政支出和税费调节类政策工具的实施效果。之所以产权拍卖类政策工具受到的重视程度不够,是因为我国处在向市场经济过渡时期,市场机制不健全,而产权拍卖类政策工具高度依赖市场经济,在市场经济体制成熟程度不够的情形下难以发挥作用。相比之下,财政支出和税费调节类政策工具在市场机制不健全的条件下也能发挥一定的作用,因而导致这两类政策工具的比例与其功能优势不协调的局面。鉴于此,我国应积极推动市场化改革,尤其要增强能源供给体系的市场化程度,改变资源性产品长期的价格扭曲,以增强财政支出和税费调节类政策工具的实施效果,有效落实产权拍卖类政策工具对企业的激励作用;还应进一步规范碳交易的市场运行规则,建立系统的碳交易市场监管机制,实施严格的排放量测量、报告和核查制度,以提高产权拍卖类政策工具的实施效果。

(3)通过合理的制度设计,引导社会类政策工具的相关主体充分发挥作用,提高社会类政策工具的执行力。首先,政府要加强节能减排信息的公开化,尤其是要公布企业的耗能排污状况,以便公民监督。其次,要完善对非政府组织的管理机制。再次,政府应尽快建立节能减排自愿协议的监督机制,完善节能产品认证的监管机制,重视公民和非政府组织对企业节能减排自愿协议和节能产品认证的舆论监督作用。最后,政府应通过财税减免、政策性奖励等激励措施引导各类融资担保机构为合同能源管理提供风险分担服务,积极培育和扶持第三方认证评估机构,尽快建立节能服务行业的行业准则与行为规范,以有效促进合同能源管理的有序推进。

(4)多种政策工具共同协作。与政府高度管控的环境治理模式和自由市场经济模式不同,低碳经济发展是一种政府、市场、公众三方合力配合、相互影响、相互作用的发展模式。因此,对于我国低碳经济的制度设计,我国应该坚持行政型、市场型、自愿型等多种政策工具共同协作。政策工具是政策目标和结果之间的桥梁。政府要实现和有效实现既定目标,必须慎重选择政策工具,并对政策执行效果进行评估。低碳经济发展是一项系统工程,低碳经济政策工具的选择必须综合考虑各方利益主体的特殊需求。从治理角度看,政府部门比较重视政策的综合效益,而非政府组织则主要注意政策工具的社会效益;从低碳政策的实施对象看,要兼顾政策实施对生产者和消费者两方面的影响。因此,在选择低碳政策工具时,我国既应充分考虑到政策工具实施对各方利益主体的影响,又要提高政策工具的有效性,促进预期目标实现。

五、发展低碳经济的主要政策方案

发展低碳经济的政策方案可以归纳为以下几类,即财政补贴、碳税、碳交易与碳金融以及碳关税等。

(一)低碳财政补贴政策

财政补贴作为一种与税收对偶的政策手段,也能发挥市场调节的作用。以补贴政策促进低碳经济的发展在OECD国家具有悠久的历史,许多国家采用直接补贴、税收返还、上网电价补贴、公共研发支出等方式鼓励节能以及新能源的发展。欧洲、美国、丹麦、瑞典、美国、德国、日本等国均出台了财政补贴政策以鼓励风电、太阳能及生物燃料发电。许多国家为节能项目研究提供财政补贴,如英国贸工部对基础性节能研究项目提供100%的资金支持,欧盟对研究项目最高提供50%的资助。以低碳为目标的补贴政策可以在新能源和节能两个领域实施,补贴的对象可以是生产者也可以是消费者。英国、法国、意大利、美国等对购买节能型设备的企业和个人给予补贴;在法国,购买政府公布清单上的产品,可获得设备价款15%—20%的补助。不少国家以补贴方式促进消费方式的低碳化,如美国和日本对购买清洁环保汽车的消费者给予税收返还或财政资助。

1. 财政补贴政策的选择

以低碳为目标的补贴政策通常作用于新能源或节能领域,学者们对这两方面的补贴分别进行了研究并提出了不同的看法。支持可再生能源补贴的经济学家提出,能源部门面临多重外部性,如碳排放、技术溢出、不完全竞争、能源安全等,仅实施碳税的减排量将低于社会最优水平,为实现既定减排量需付出高于社会最优的成本;罗列了支持可再生能源发展的种种好处,如提高能源安全(通过降低化石资源进口)、提供绿色岗位、发展技术优势等。然而,支持可再生能源的补贴政策也存在不少争议。对绿色能源进行补贴的政策主要存在三个方面的缺陷:其一是压低能源价格而引起能源的过度消费;其二是无法直接与减排效果挂钩;其三是在开放经济中,政策实施国家或地区可能会被"搭便车",减排的环境收益具有溢出效应。因此,可再生能源生产技术的环境、经济、社会成本收益仍有待进一步研究,相关部门在推行大规模能源改革政策时仍需谨慎。

2. 财政补贴政策的功能

财政补贴政策的作用一般主要从两方面论证:一是基于效率,二是基于政策实施在政治上的可行性。经济学家普遍认同,理想状况下,解决外部成本的最有效的经济方法是对外部性进行定价,即通过税收或者可交易的许可证制度进行纠正,而补贴时常被认为是一种次优政策(second-best policy)。也就是说,补贴政策的角色通常被定义为纠正其他低碳经济政策扭曲的对冲措施,或是其他低碳经济政策在政治上不可行时的替补。相比碳税,补贴的实施相对复杂,还涉及资金的调拨、信息的披露、协议的谈判、更多的监管等。碳税与补贴在实施效果上的区别主要体现在以下方面:碳税倾向于推迟资源开采,而补贴则加速资源开采;碳税倾向于减少短期内的碳排放,而补贴则会增加短期内的碳排放,从而产生"绿色悖论";与补贴相反,碳税在短期内对于产出和消费的规模产生负面影响,一般促进增长,而补贴则降低增长,然而,如果受补贴部门在经济中的比重很高时,这些影响则可以逆转。在实践中,补贴政策也备受质疑,存在妨碍公平竞争、潜在腐败和违反世界贸易组织规定之嫌。如欧盟与美国在生物质燃料的问题上产生了激烈的贸易摩擦,并决定对美国出口到欧盟的生物柴油征收反倾销和反补贴关税。

(二)碳税政策

碳税是针对二氧化碳排放行为所征收的税收,其本质是一种纠正外部性的庇古税。碳税具有透明易懂、税率稳定、征收可操作性强、成本低等优点,成为被最早应用于低碳目标的经济政策工具。芬兰是世界上第一个征收碳税的国家,早在1990年开始征收碳税(所有的化石燃料为6.10美元每吨碳)。从实际情况来看,税收已被许多国家用来规范碳排放,挪威、瑞典、意大利、德国、英国、日本、美国和加拿大等国开征了碳税或类似税种。各国碳税税率差别较大,碳税可采取的形式和方法也有多种。以燃油税形式征收的碳税为例,主张节能、高效的欧盟国家燃油税税率普遍较高,德国的税率达到260%,法国更达到300%,日本为120%,美国、加拿大为30%左右。

1. 发达国家碳税政策实施情况

西方发达国家碳税开征时间较早,具有丰富的实践经验。由于各国国情不同,碳税制度和实践也存在一定差异。从推行碳税的发达国家来看，大致可分为三类：第一类是以芬兰、挪威为代表的第一批实施碳税政策的北欧国家。到 20 世纪末，其已基本构建了较为完备的碳税体系，现阶段正根据气候情况和本国经济情况从税率及征税对象等方面进行小幅调整。第二类是以美国、德国为代表的高收入国家。这些国家在经济合作与发展组织（OECD）和欧盟的带动下于 20 世纪末开始"绿化"税制，碳税税制体系较为完善但并不稳定，现阶段正根据已出现的问题提出进一步改革方案。第三类国家是以日本、加拿大为代表的早期未运用税收手段降低二氧化碳排放量的国家。这些国家碳税实施起步相对较晚，目前正在积极探索碳税征收之路。上述三类国家最新碳税政策具有以下四方面特征：其一，碳税税率逐步提高。其二，税收优惠力度逐渐加大。征收碳税会对经济增长、收入分配以及社会福利产生一定的负面影响，为了将负面效应降到最低，必须制定相应的税收优惠政策。其三，以碳排放量作为计税依据的国家逐渐增多。从发达国家碳税发展历程可以发现，许多国家的碳税计税依据由化石燃料含碳量过渡到含碳量和发热量，再到碳排放量。值得注意的是，以碳排放量为计税依据并非适合每个国家。对于二氧化碳排放监测技术发展滞后的国家来说，购置测算碳排放量的相关设备费用高昂，且操作难度大。由于技术及成本的制约，目前更多国家采用二氧化碳估算排放量作为计税依据。2013 年世界银行发布了国际通用的碳排放量计算公式：活动所产生的 CO_2 排放量＝活动数据×排放系数（重油排放系数：2.991 千克 CO_2/L；柴油排放系数：2.778 千克 CO_2/L；乙炔排放系数：3.3846 千克 CO_2/L；汽油排放系数：2.361 千克 CO_2/L）。其四，以净零碳排放作为碳税新目标。新型冠状病毒感染疫情给世界经济发展带来巨大冲击，各个国家（或地区）为恢复经济开始实施经济刺激和复苏计划。为了更好地向低碳经济过渡，净零碳排放成为各国碳税政策的主要目标。英国在 2019 年 6 月最新修订的《气候变化法案》中指出，其是世界上最早将净零碳排放目标纳入本国法律的国家。德国 2019 年 11 月通过的《气候保护法》、欧洲议会环境委员会 2020 年 3 月通过的《欧洲气候法》草案、加拿大 2020 年 11 月通过的《加拿大净零排放问责法案》均以国内或区域立法的形式明确本国中长期温室气体减排目标。

2. 碳税工具的优、缺点

对碳税最有力的营销莫过于经济学家提出的"双重红利"设想。"双重红利"概念是由 Pearce 在 1991 年研究碳税改革时提出的。该研究表明在收入中性（revenue-neutral）的碳税改革中，用碳税收入代替扭曲性税种的收入可以获得"双重红利"：第一重红利为环境改善，第二重红利为减少扭曲性税种造成的效率损失，以提高效率，增加产出，甚至促进就业。学术界通常对碳税的环境红利（第一重红利）没有异议，而对第二重红利存在较大争论。Bovenberg 和 De Mooij 认为双重红利的前提是政府先前的税制从非环境角度讲是次优的，指出"双重红利"的存在取决于收入循环效应（revenue-recycling effect）和交叉税收效应（tax-interaction effect）的相对大小。"双重红利"的实现受多种因素的影响，税制改革是否会产生"双重红利"或许不是一个理论问题，而是一个实践问题。

碳税的负面影响也得到了学者们的普遍关注。碳税具有一般税收的刚性特点，会降低化石能源部门的利润，可能对能源部门造成显著的影响，并加重低收入家庭的负担。因此，实行增加财政收入的碳税常常在政治上颇具争议，极易遭遇公众反对和排污企业的阻碍。一些研究表明，在某些情况下，碳税改革可能导致环境恶化，存在"绿色悖论"的可能性，即在一定条件下气候政策加速而不是减缓全球变暖。比如,一种在排放轨迹之初过低而增长过快的不恰当的碳税,可能会导致化石燃料资源所有者由于预期未来收益恶化而加快化石燃料的开采,从而导致当前碳排放的增加。以较低的碳强度为目标的更严格的环境政策可能会推迟清洁可再生资源的推广及完全转换。

(三)碳交易与碳金融

1. 碳交易工具的优点及适用范围

与碳税相比,碳交易是一种运用市场机制激励减少碳排放的工具。碳交易是以激励手段,用最小的成本实现既定的总体排放目标。政策层面的配套措施包括:国际协商按照既定比率削减每年可交易的碳排放总额度,逐渐减少总排放,提高碳排放权的市场价格和未来碳排放的机会成本,给碳排放权存储以盈利空间,促进各国加快节能减排的步伐,激励资本流向清洁能源技术。与其他污染物排放交易体系不同的是,碳排放交易必须建立在较广泛的区域,地区层面单方面碳交易减少的碳排放会被非减排国家增长的碳排放抵消。国际层面的碳交易缺乏类似中央权力机构的最终仲裁者来决定各国可交易的碳排放权初始额。初始额度由各国自主选择,属于内生变量,受国际碳交易和该国产业属性的影响,这是国际碳交易最特殊的属性。理论和经验研究证明,在缺失中央权力机构的跨国碳交易中,虽然各国非合作地自主选择可交易的初始额度,但是全球的总碳排放量可能会下降。此外,各国异质的产业属性和居民主观效用评价等因素的介入使得碳交易福利效应变得异常复杂,潜在碳排放购买国的福利可能因交易而受损。从博弈的角度来看,减排支付意愿低的国家倾向于选择尽可能多的初始可交易碳排放额,支付意愿高的国家则尽可能选择较少的初始额。初始额的边际收益由国际市场碳价格决定,选择更多的碳排放初始额会压低碳价格,使碳排放权出售国有激励提高碳排放权的稀有性。如果假设各国选择初始额对国际市场碳价格无显著影响,那么所有国家交易后的最终排放量都会下降。迄今为止,由于全球有关法律规定不健全、缺乏统一的碳排放标准等原因,因此碳排放权交易工具还处于不断完善过程中。

2. 碳交易与碳金融

相比碳税和补贴,碳交易机制的形成较晚,其基础是1997年制定的《京都议定书》。碳排放权交易(carbon emission permits trade)又称温室气体排放权交易。根据《京都议定书》的框架,全球碳排放权交易市场可分为配额(allowance)市场和补偿或碳信用(offset or carbon credit)市场;配额市场基于总量控制与交易机制(cap-and-trade);而补偿或碳信用市场由基线与信用额机制(baseline-and-credit)产生。世界上最早的碳排放权交易市场出现在2002年,由英国建立。欧盟于2005年建立了世界上最大的温室气体排放交易体系(EU ETS),成为全球碳市场发展的引擎。作为解决气候变化问题的重要市场手段之一,该体系最重要的目的便是确立碳排放的市场价格水平。碳交易的信息成本低,只需评估碳排放的社会成本,并据此确定减排目标和排放权配额即可,与碳税相比,碳交易的减排效果更加明显。经验表明,生态问题被纳入市场参与者的自行决策时能够得到更好的解决。碳交易的实施相对复杂,涉及配额制度、碳交易体系、交易平台、清算结算制度以及相关的市场监管体系的建立。研究表明,多数情况下,碳交易市场存在机制设计、交易成本、价格波动、碳泄露等缺陷。以欧盟碳交易市场为例,由于欧盟碳交易市场的配额发放设计不合理,企业可以通过增加早期碳排放获得必要的配额。碳补偿机制的交易费用平均约为5%,其标的项目可能会花数年时间才能完成,从而产生难以控制的交易风险以及高昂的交易成本。一项调查表明,约60%的参与者认为项目的注册及审批时间等交易成本是其投资全球碳市场的主要障碍。

以碳交易市场为基础,碳金融市场迅速发展,逐渐成为全球低碳发展的新引擎。碳金融,是指服务于旨在减少温室气体排放的各种金融制度安排和金融交易活动,主要包括碳排放权及其衍生品的交易和投资、低碳项目开发的投融资,以及其他相关的金融中介活动,具有多样性、灵活性的特点。世界银行数据显示,2005年《京都议定书》实施以来全球碳金融市场规模保持了几乎每年100%以上幅度的高速增长。随着全球碳交易市场的日渐成熟,碳金融市场的产品和主体也不断丰富,碳基金、碳信贷、碳保险、碳交易中介服务、碳指标交易、碳信托、碳期权、碳期货等新的金融工具和市场机制不断涌现。学者们对于碳金融工具寄予厚望,相关研究众多,主要集中在碳金融的发展路径、碳交易和经济发展之间的相互作用和影响、碳金融体系的优化完善、碳金融衍生品的创新与未来发展等几个方面。碳金融近年来发展迅猛,各类碳金融创新业务层出不穷。然而,伴随而来的碳金融风险不容忽视,如流动性、市场参与主体违约、协议到期产生的可信承诺缺失以及碳交易对关键部门的国际竞争影响等问题。这些必须未雨绸缪,前瞻性地出台风险管理应对措施。

(四)其他政策与政策组合

1. 碳关税

碳关税,也称边境调节税(Border Tax Adjustment,BTA),是国内碳税的延伸和补充,最早由法国前总统希拉克于2006年提出,其含义是指主权国家或地区对高耗能产品进口征收的二氧化碳排放特别关税。美国和欧盟已出台类似碳关税的法案规定。欧洲委员会于2008年11月通过法案将国际航空领域纳入碳排放交易机制当中,即实行航空领域的"碳关税"。新冠疫情以来,欧盟加快了碳关税立法与施行的力度,预计2027年开征碳关税。2009年6月底,美国众议院通过了一项针对排放密集型进口产品的"边界调节税"法案,实质就是从2020年起开始实施"碳关税",但是目前最新进展还不明朗。碳关税引起了世界各国的广泛关注与争论,其对于全球贸易格局和博弈的潜在影响不可小觑。碳关税争论的焦点是对发达国家和发展中国家两大阵营的影响。有学者用数学模型推导证明各种情形下碳税边境调整如何影响各国利益,证明目的地边境税调整使欧盟在与美国的贸易中占据有利地位。许多研究认为,商品中实际的含碳量难以准确估计,发达国家有动机将碳关税作为改变贸易条件的策略而非简单的抵消国家间低碳政策的不一致,碳关税可能会损害发展中国家的利益,当然也包括对经济高质量发展转型期的我国的影响。

2. 政策组合

如前所述,每种政策工具都具有各自的优点和局限性。每一项政策的实施依赖于政策体制背景,政策一旦实施,便会和其他政策相互作用,其结果可能是加强或削弱该政策的效果。不少研究指出,实施配套的政策组合可能比单项政策的效果更为理想。有学者模拟了一种税收与补贴相结合的综合政策(向高碳能源征收碳税并完全用于补贴可再生能源的综合政策)的福利效应。该研究表明,税收与补贴相结合的综合政策干预市场能够增加社会福利;相比单一的碳税政策,这种综合政策的吸引力在于其产生较少的净税收,对能源整体价格的冲击较小,可以实现在不增加财政负担的条件下促进国内能源生产结构的转变。还有学者考察了欧盟碳排放权交易机制与支持可再生能源政策相互作用的综合效果,研究发现,考虑多种政策目标及外部性的情况下,欧盟碳排放权交易机制的效率得到加强,组合政策有利于提升整体效率。众所周知,温室气体在空气中积聚的是全球变暖的原因,而温度升高会对生态系统和经济活动造成不可估量的损害。经济学家们普遍认同,在市场完全的条件下,碳税或碳排放权交易体系是最为理想的低碳政策工具。至少从长远来看,为了实现低成本减排目标,似乎无法绕开直接或间接的碳定价措施(即碳税或碳排放权交易体系)。离开了碳定价机制的低碳政策可能会由于成本爆炸变成一个致命的偏差。发展低碳经济没有简单的答案,各种低碳经济政策工具在理论和实践上的有效性仍然有待进一步验证。或许发展低碳经济本身更重要的是一个实践问题,各种经济政策工具的效果受不同的经济、政治环境影响较大,政策工具的选取应立足于各国的国情、民情以及时代背景。鞋子是否合脚,只有自己穿了才知道。实践出真知。相信随着我国"双碳"战略的推进,通过"自上而下"与"自下而上"的持续互动,一定会探索出适合我国"阶段性"低碳经济发展的政策组合。

第四节 "双碳"政策新发展

一、"双碳"政策概述

气候变化是当前最为突出的全球性环境问题之一。面对新冠肺炎疫情、气候变化等重大危机,通过绿色低碳发展来实现经济复苏成为国际社会的普遍共识。中国作为负责任大国,正采取积极、有力度的行动举措来应对气候变化。构建有利于碳达峰、碳中和的政策体系对我国如期实现"双碳"目标至关重要,以此实现从资源依赖向技术驱动转变,推动与之相适应的技术创新政策系统转型。我国减少碳排放相关的政策长期以来着力于节约能源和减少污染物排放,其主题从节能减排逐渐演变为低碳发展,并过渡到如今的"双碳"时代。过去"节能减排"政策体系的建设为减少碳排放积累了丰富的经验,如今的"双碳"目标更是把减碳提升到新的高度,以"双轮驱动"的形式开展节能降碳工作。

(一)从"低碳"到"双碳"

随着气候变化成为全人类共同的议题,碳排放成为世界各国关注的焦点,我国也开始关注碳排放带来的不利影响,并逐渐将低碳与节能减排、环境保护结合起来。在2020年的联合国气候峰会上,我国出于大国责任担当、贯彻可持续发展理念以及保护生态环境的需要,正式提出了"双碳"战略目标。相应地,我国的政策重点也开始将"减碳"提升到新的战略高度。

1. 能源结构调整成为重中之重

(1)推进能源的清洁化使用。由于煤炭等一次能源在使用过程中容易产生污染和碳排放,因此提升非化石能源占比、强化一次能源的清洁使用成为重要工作。(2)大力优化能源结构,提升非化石能源比例。优化能源结构是实现"双碳"目标的最重要途径。《2030年前碳达峰行动方案》将能源绿色低碳转型作为重点任务,提出推进煤炭消费替代和转型升级,大力发展新能源,合理调控油气消费,加快建设新型电力系统。《关于完整准确全面贯彻新发展理念做好碳达峰碳中和工作的意见》(以下简称《意见》)提出 2030 年非化石能源消费比重达到 25% 左右,2060 年非化石能源消费比重达到 80% 以上,同时明确需要加快构建清洁、低碳、安全、高效的能源体系,严格控制化石能源消费,不断提高非化石能源消费的比重。

2. 碳交易与绿色金融成为降碳的重要手段

碳交易成为重要的市场化降碳手段。截至 2020 年 8 月,我国碳排放交易试点省市碳市场共覆盖钢铁、电力、水泥等 20 多个行业,累计成交额超过 90 亿元。目前我国在碳排放权交易市场试点基础上启动了发电行业全国碳排放权交易市场上线交易,预计可覆盖全国 40% 的碳排放。绿色金融为降碳工作提供助力。中国人民银行、财政部等七部委联合印发的《关于构建绿色金融体系的指导意见》,提出了我国第一个较为系统的绿色金融发展政策框架。我国在绿色金融产品与政策工具等领域取得了诸多进展,到目前已经围绕绿色信贷、绿色债券、绿色股票、绿色保险、绿色基金与碳金融等建立了多层次的绿色金融市场,并匹配了相应的政策支持,是全球首个构建起较为完善的绿色金融政策体系的国家。

3. 技术发展开始成为政策关注的重点

实现"双碳"目标需要依托技术的突破性进展,政策加强对低碳技术的支持。2020 年,中央出台《中共中央关于制定国民经济和社会发展第十四个五年规划和 2035 年远景目标的建议》,提出在"十四五"期间坚持绿色低碳发展原则,要完善绿色低碳技术的研究与应用。最新出台的《意见》也明确提出强化基础研究和前沿技术布局,加快先进使用技术的研发和推广。本阶段政策以"双轮驱动"为主要特点,政府与市场并重。

(二)"双碳"政策着力点

2021 年是"十四五"开局之年,也是中国开启碳中和征程的元年,碳达峰、碳中和的相关政策和配套实施方案正在陆续出台。在政策的发展方向上,以下几个方面将会是政策的着力方向。

1. 调整产业结构,发展绿色产业

进一步限制高耗能高排放项目,推进绿色低碳产业发展,一方面,加强能耗双控的执行力度,在保证经济正常运行的情况下更加严格地审核高耗能高排放项目,合理制定针对煤电、石化等行业的产能调控政策;另一方面,大力发展绿色低碳产业,推动产业结构优化升级,促进循环。与发达国家相比,我国绿色低碳产业仍处于起步阶段,存在研发投入不足、融资渠道不通畅等问题。比如美国在节能环保领域处于世界领先地位,每年用于可再生能源和节能技术研发的费用超过 30 亿美元,研发成果转为专利或技术许可证的比例高达 70% 以上。我国需要在新能源、新材料、节能环保等产业加大技术研发投入,培育核心竞争力,在设备、资金等方面给予倾斜,采取成立产业基金、鼓励绿色股权融资等方式助力绿色低碳转型。

2. 加快能源转型,推动风光发电

加深能源转型力度、优先推动风光发电将会是未来我国政策的发力方向。优化能源结构始终是关键路径,重点在于全面提升非化石能源占比。一方面,积极发展非化石能源,优先鼓励风电、光伏等可再生能源的开发利用,推进风光发电的平价上网项目建设,完善补贴政策,向低成本、高质量项目倾斜,提升转换效率,推动风光发电成本下降;同时也要保证风光装机规模有序增长,加强储能技术攻关和应用,增强风光发电的稳定性。另一方面,严控煤炭等传统化石能源消费增长,加快现役煤电机组的节能改造和升级,在确保能源安全稳定供应的前提下逐步减少煤炭产量。

3. 强化碳交易和绿色金融的支撑作用

我国应充分发挥碳交易的市场化调节作用,扩大全国碳市场的主体覆盖范围,将地方试点纳入全国市场,将碳排放配额的发放从电力行业扩充至石化、化工、建材、民用航空等所有高排放行业;改进碳配额分配方法,参考欧盟等成熟碳交易市场的经验,由免费分配逐渐向有偿分配倾斜,逐渐提高有偿分配比例,充分利用碳市场的调节机制推动碳配额的有效配置;大力支持绿色金融发展;较为完善的制度体系是绿色金融发展的重要保障,形成统一的绿色分类标准,加强环境与气候信息披露,逐步推进绿色金融相关立法;发挥财政和货币政策工具的引导作用,加大对节能减排、生态保护、可再生能源等领域专项资金的支持力度,并对绿色低碳项目进行补贴激励;创新使用碳减排货币政策工具,撬动更多社会资金,促进碳减排和绿色金融体系的发展。

4. 加大对低碳技术创新发展的支持力度

加速推动氢能生产、储能、碳捕集、利用与封存(CCUS)技术等领域的低碳技术突破。政府在资金投入、基础设施建设、人才培育等方面给予低碳技术创新大力支持,加强可再生能源制氢、新型储能技术等低碳前沿技术的研发、示范和应用,特别是在化石能源消费集中的行业领域加大低碳技术的应用力度,在吸收端,则重点关注发展 CCUS 技术,从技术研发、资金支持等角度对 CCUS 技术的中长期发展进行系统性部署,并加大财政投入,激励企业加快 CCUS 项目的研发示范,逐步走向规模化。表 4—1 为世界不同国家实现"碳中和"的时间表。

表 4—1　　　　　　　世界不同国家实现"碳中和"的时间表

国家/地区	进展情况	碳中和年份
不丹	已实现	2018 年起负排放
苏里南	已实现	2014 年起负排放
乌拉圭	政策宣示	2030 年
芬兰	政策宣示	2035 年
奥地利、冰岛	政策宣示	2040 年
瑞典、苏格兰	已立法	2045 年
英国、法国、丹麦、新西兰、匈牙利	已立法	2050 年
欧盟、西班牙、智利、斐济	立法中	2050 年
德国、瑞士、挪威、葡萄牙、比利时、韩国、加拿大、日本、南非等	政策宣示	2050 年
美国	拜登竞选承诺	2050 年
中国	政策宣示	2060 年

数据来源:根据公开资料整理。

(三)"双碳"政策发展脉络

碳达峰、碳中和政策框架聚焦于勾勒出我国实现"双碳"目标的总体政策体系和制度框架,以及不同阶段的政策实施重点。

1. 总体发展脉络

《中共中央 国务院关于完整准确全面贯彻新发展理念做好碳达峰碳中和工作的意见》《国务院关于印发 2030 年前碳达峰行动方案的通知》为我国未来如何做好碳达峰、碳中和工作指明了方向,明确了工作重点和保障措施。面向未来,我国要把"双碳"纳入经济社会发展全局,以经济社会发展全面绿色转型为引领,以能源绿色低碳发展为关键,加快形成节约资源和保护环境的产业结构、生产方式、生活方式、空间格局,坚定不移地走生态优先、绿色低碳的高质量发展道路,确保如期实现碳达峰、碳中和;应当抓紧完善碳达峰、碳中和"1+N"的顶层设计,系统谋划经济社会全面绿色低碳转型的路径,明确时间表、路线图和优先顺序,并与各类专项规划、不同地区的中长期发展规划相融合,为强化碳排放控制目标、行动和政策提供稳定、连贯、日趋强化的制度保障与行动指引。

"双碳"整体政策包括规划立法、管理体制机制、约束性制度、激励性政策、科技创新政策等。其中,规划立法强调完善"双碳"相关规划体系和立法工作;管理体制机制重在调整和优化"双碳"宏观管理、政策制定和监测统计等职能;约束性制度包括碳排放总量和强度双控制度;激励性政策包括碳交易市场等;科技创新政策包括强化基础研究、面向重大科技突破和产业化的相关政策;同时,还需要注重碳达峰、碳中和不同阶段的政策优化,聚焦阶段发展的突出矛盾,突出打好适用阶段发展目标的政策"组合拳"。

2. 阶段划分

从碳达峰到碳中和需要经历不同的阶段,政策需求往往也不同。以 2021 年为起点到 2060 年期间,结合国际经验及我国经济社会发展趋势,我国碳达峰、碳中和路径将经历三个各有侧重、导向差异的阶段,相应阶段的政策重心也有所不同。

第一阶段:碳达峰阶段(2030 年前)。(1)主要目标:通过坚决遏制高耗能、高污染(以下简称"两高")项目盲目发展,防止碳排放高位达峰,并在科学评估基础上完成满足未来发展需求的高碳排放产业总体布局。(2)政策重心:立法方面研究制定具有导向意义的"碳中和促进法";目标上,要建立碳排放强度为主、碳排放总量为辅的双控制度;产业结构调整上,充分利用强制命令型手段遏制"两高"项目过快增长;前瞻性布局"双碳"科技研发专项;在碳交易方面,实施电力领域碳排放交易市场,逐步扩容和纳入其他领域;投融资政策要纳入气候变化因素,抑制过快流向高碳资产。

第二阶段:碳峰值平台期(碳达峰后 5 年左右)。(1)主要目标:巩固前一阶段的减排成效,防止峰值突破。(2)政策重心:进一步完善碳排放总量管控制度,实施碳排放总量控制下的"两高"项目产能置换和升级政策;有效结合碳排放标准手段和市场激励措施,加速成熟型低碳技术的推广应用;从金融标准、金融产品、激励政策等方面构建完善以"双碳"为导向的投融资政策体系,夯实数据核算、气候风险分析、信息披露、人才队伍等能力建设体系。

第三阶段:迈向碳中和阶段(碳达峰后 5 年直至碳中和)。(1)主要目标:稳步推动碳排放逐步下降。(2)政策重心:加快健全碳中和立法体系,实施严格的碳排放总量减排控制制度;充分发挥市场价格机制、竞争机制的引导作用,建立完善的绿色金融体系,加速推动先进、低碳、零碳和负碳技术的商业化进程;(3)加快以公共资金为引导,以私人和社会资本为主力,针对能源、工业、建筑、交通、农业等重点领域及技术研发、推广、应用等全流程的精准布局。

二、"双碳"政策现状与问题

(一)"双碳"政策发展现状

实现"双碳"战略目标,是以习近平同志为核心的党中央经过深思熟虑做出的重大战略决策,事关中华民族永续发展和构建人类命运共同体。近期,《中共中央 国务院关于完整准确全面贯彻新发展理念做好碳达峰碳中和工作的意见》(以下简称《意见》)、《国务院关于印发2030年前碳达峰行动方案的通知》(以下简称《方案》)相继出台,从顶层设计层面,为未来中国的碳达峰碳中和目标实现,明确了路线图、施工图。构建碳达峰碳中和顶层设计,《意见》是党中央对双碳工作进行的系统谋划和总体部署,覆盖碳达峰、碳中和两个阶段,是管总管长远的顶层设计,在双碳政策体系中发挥统领作用。《方案》是碳达峰阶段的总体部署,在目标、原则、方向等方面与《意见》保持有机衔接的同时,更加聚焦2030年前碳达峰目标,相关指标和任务更加细化、实化、具体化,共同构成贯穿碳达峰、碳中和两个阶段的顶层设计。《意见》明确实现双碳目标,要坚持"全国统筹、节约优先、双轮驱动、内外畅通、防范风险"的工作原则;提出了构建绿色低碳循环发展经济体系、提升能源利用效率、提高非化石能源消费比重、降低二氧化碳排放水平、提升生态系统碳汇能力五个方面的主要目标,确保如期实现碳达峰、碳中和。勾画双碳工作路线图、施工图,实现双碳目标是一项多维、立体、系统的工程,涉及经济社会发展的方方面面。《意见》坚持系统观念,提出10个方面31项重点任务,明确了碳达峰碳中和工作的路线图、施工图。

一是推进经济社会发展全面绿色转型,强化绿色低碳发展规划引领,优化绿色低碳发展区域布局,加快形成绿色生产生活方式;二是深度调整产业结构,加快推进农业、工业、服务业绿色低碳转型,坚决遏制高耗能高排放项目盲目发展,大力发展绿色低碳产业;三是加快构建清洁、低碳、安全、高效的能源体系,强化能源消费强度和总量双控,大幅提升能源利用效率,严格控制化石能源消费,积极发展非化石能源,深化能源体制机制改革;四是加快推进低碳交通运输体系建设,优化交通运输结构,推广节能低碳型交通工具,积极引导低碳出行;五是提升城乡建设绿色低碳发展质量,推进城乡建设和管理模式低碳转型,大力发展节能低碳建筑,加快优化建筑用能结构;六是加强绿色低碳重大科技攻关和推广应用,强化基础研究和前沿技术布局,加快先进适用技术研发和推广;七是持续巩固提升碳汇能力,巩固生态系统碳汇能力,提升生态系统碳汇增量;八是提高对外开放绿色低碳发展水平,加快建立绿色贸易体系,推进绿色"一带一路"建设,加强国际交流与合作;九是健全法律法规标准和统计监测体系,完善标准计量体系,提升统计监测能力;十是完善投资、金融、财税、价格等政策体系,推进碳排放权交易、用能权交易等市场化机制建设。

实现碳达峰、碳中和是一场硬仗,也是对党治国理政能力的一场大考。中央层面成立了碳达峰、碳中和工作领导小组,作为指导和统筹做好双碳工作的议事协调机构。按照统一部署,我国正加快建立"1+N"政策体系,立好双碳工作的"四梁八柱"。《意见》作为"1",是管总管长远的,在双碳"1+N"政策体系中发挥统领作用。"N"则包括能源、工业、交通运输、城乡建设等分领域分行业碳达峰实施方案,以及科技支撑、能源保障、碳汇能力、财政金融价格政策、标准计量体系、督察考核等保障方案。一系列文件将构建起目标明确、分工合理、措施有力、衔接有序的双碳政策体系,助力国家碳达峰、碳中和目标的实现。

(二)"双碳"政策面临的问题

当前,我国实现零碳转型仍然面临来自增长方式与产业结构调整、能源利用与低碳技术创新、政策引导与法律法规约束、零碳观念与生活方式融合等多重挑战。

1. 产业供给结构与需求结构的不均衡累积形成能源高消费

改革开放以来,我国的能源消费和二氧化碳排放长时间呈现高速增长态势。与此同时,我国的产业结构也经历了由依靠第二产业逐渐向依靠第三产业转移,其发展方向符合一般规律。在过去粗放式产业结构下,长期形成能源高消费惯性,三大产业结构调整对节能减排的贡献不及技术进步,工业机构内部行业结构和产品结构的调整优化在一定程度上降低了能源需求,服务业等第三产业仍未有明显的替代和带动作用。我国经济增长呈现出高投资、低消费的特点,需求结构的优化还有较大空间。经济发展从需求结构上来看,国内全社会固定投资中有一半以上来自制造业和房地产业,因此与之相关联的上下游行业中出现能源消费的较快增长;当前我国出口贸易仍然以加工贸易为主,其主要依靠产品和资源的投入,必然消耗大量能源并造成碳排放,改善外需结构仍要依靠创新知识驱动的生产模式。

2. 技术进步尚未抵消资源消耗的扩张,经济增长与碳排放尚未"脱钩"

改革开放以来,我国工业化和城镇化的飞速发展,是以一定程度的资源和环境的牺牲为代价的。随着我国进入工业化后期和城镇化中后期,经济增长方式应该由传统的依靠要素和投资驱动的粗放型转向依靠创新驱动的集约型。但工业生产压力与转型的矛盾、城市发展的生态格局和污染排放,以及技术进步困难重重,使得经济增长在相当程度上仍依赖于传统的粗放型模式,加上早期工业化进程中累积的环境与能源问题尚未完全解决,加重了实现零碳转型的难度。长期来看,我国能源需求将继续维持低速增长态势,并没有能耗大幅反弹的需求空间。但值得注意的是,近两年部分地方的能源消费和二氧化碳排放出现小幅反弹,原因在于经济增速下行压力凸显,基础设施建设适当扩张,以及现代煤化工项目的布局和建设。

3. 城镇化扩张过程中形成粗放型和高碳型的城镇模式

我国城镇化过去几十年呈高速扩张的趋势,但速度和质量并不匹配,城乡居民的生产生活方式、生活理念和生态需求并没有得到高质量的满足。伴随区域发展的不均衡,城镇化水平相对滞后于工业化发展。城市规模的扩大带来钢筋、水泥等高能耗产品的消费,并产生巨量的建筑垃圾,使城镇化发展演化成必然的高碳模式。城市基础设施、公共资源在规划上与城镇空间格局不匹配,在一定程度上加剧城市交通拥堵,进而加大城市交通体系和交通排放压力。城市规划脱离实际,规划决策缺乏科学依据,造成建筑存量大且老旧建筑缺乏维护,导致城市建筑寿命较短,在反复的拆除和重建中造成资源的浪费,也增加了城市的碳排放。

4. 碳交易市场处于初启阶段,各项要素不足以支撑市场机制的高效运转

为实现经济社会发展方式的转型,我国积极探索和实践低碳模式,但在部分具体的政策和实施细则上与企业发展存在一定的矛盾。企业对于碳排放权存在一定认识和执行上的偏差,希望获得更多的配额,以保证企业在正常增速发展的同时能够有所结余,而不需要花费额外的成本来购买配额,这种理念显然与政府推行碳排放权交易的初衷有所背离。当前,我国积极推进构建中国特色的全国统一碳市场,这是用市场力量代替行政管制来实现零碳排放的重要举措。其中,二级市场的运行是碳交易体系建设的核心。二级市场要在优化资源配置、化解体系风险、开展金融创新、形成激励机制、纠偏政策措施、实现信息公开和增强国际定价等方面发挥重大作用。由于全国碳市场建设的复杂性和艰巨性,当前的制度体系尤其是配套管理细则、信息披露方法、基础设施建设、数据信息核查以及技术保障均有待完善。由于碳交易市场的总量设定与配额分配制度的不完善和不均衡,加上覆盖率不足及行业多元化程度不够,国内尚未实现足够的碳交易市场人才储备,目前市场交易的总量和活跃度明显处于低位,市场交易要素的不完善导致市场整体运转的低效率。

5. 碳中和目标下宏观审慎政策面临的挑战

为保证碳中和目标如期稳妥落实,作为我国宏观调控政策框架的重要组成部分,宏观审慎政策不仅应被用于妥善应对转型中的金融风险,还应在动员低碳投资方面发挥积极作用。气候变化会带来物理风险和转型风险两类风险。其中,物理风险是指因气候变化的发生而产生的风险,转型风险是指为防止气候变化发生而开展低碳转型所产生的风险。为实现碳中和目标而采取的措施所导致的各类风险即为转型风险。虽然落实碳中和目标将减缓气候变化,降低物理风险,但转型风险会上升,宏观审慎政策必须提出应对之策。在发挥这两方面作用时,宏观审慎政策主要将面临以下挑战:其一,巨大的信息和知识缺口。在信息缺口方面,评估转型风险需要掌握金融部门对各类搁浅资产的直接和间接敞口数据,以及企业、行业、地区等多层面的资产碳密度等宏微观数据。在目前的气候和环境信息披露条件下,相关数据难以获取。在知识缺口方面,转型风险并无历史数据可供观察,无法掌握风险的概率密度和分布函数,因而必须在不确定性中基于情景假设和压力测试开展前瞻性的风险评估。其二,行动的紧迫性。根据央行与监管机构绿色金融网络为全球金融监管者做出的指引,为将气候变化相关金融风险纳入宏观审慎政策框架,首先应提升意识,加强组织和能力建设,其次应识别和评估风险,制定监管期望,最后才能建立相关宏观审慎工具箱并采取应对措施。这一流程非常科学,但将相当漫长。尤其是转型风险评估环节面临巨大的信息和知识缺口,解决这两项难题需付出大量时间。"双碳"目标的紧迫性也意味着必须尽快动员足够的绿色投资。其三,缺少有针对性的宏观审慎政策工具。《巴塞尔协议Ⅲ》对银行业提出了资本、流动性、杠杆率、监督检查、信息披露和市场约束等方面的要求,并开发了相关政策工具。但在提出这些框架和工具时,气候变化相关金融风险还未引起足够关注,缺少有针对性的定义和工具,不要求银行评估与气候变化相关的物理风险和转型风险,也难以将碳密度数据纳入传统的金融风险定量评估框架。不仅如此,从传统风控视角看,低碳并不意味着低风险,因此部分工具还可能妨碍低碳投资,不利于减缓气候变化及防控相关金融风险。其四,缺乏有效的国际协调。目前,已有多国宣布要实现碳中和目标,但时间表并不一致,也有部分国家并不打算实现碳中和。不一致的低碳转型步伐将导致化石能源、可再生能源及其上下游相关产业的资产、产品在国际上出现大幅价差,这可能带来频繁、剧烈、无序的国际资本流动,冲击国内金融稳定。

三、"双碳"政策对策

"十四五"时期,我国生态文明建设进入以降碳为重点战略方向、推动减污降碳协同增效、促进经济社会发展全面绿色转型、实现生态环境质量改善由量变到质变的关键时期,必须面向"双碳"目标,采取有效的措施和行动。

(一)总体政策建议

加快出台"双碳"领域相关立法,并完善"双碳"法律法规体系。考虑到实现碳达峰、碳中和的系统性,我国应统筹修订《中华人民共和国能源法》《中华人民共和国可再生能源法》《中华人民共和国节约能源法》《中华人民共和国自然保护地法》等,为我国全面绿色低碳转型提供相关法律保障;强化"双碳"目标的刚性约束和相关制度的法治化,明确"双碳"目标实施与污染防治、生态保护、核安全监管等协同推进的政策制度、技术创新、试点示范等;面向遏制碳排放高位达峰和负碳资产的目标,构建约束性政策体系;"十四五"时期实施碳排放强度为主、碳排放总量为辅的双控制度;发挥考核"指挥棒"的作用,建立完善碳达峰、碳中和评价考核制度,增加节能降碳在高质量发展考核中的比重。

应对气候变化已成为各国广泛关注的重要议题,我国提出"双碳"目标,需要政府进一步制定目标规划,完善政策体系以积极引导。公共政策理论认为,政策主体在制定和实施政策时应当根据各类政策工具之间的客观关系以及作用领域和政策客体特征,将它们有机地结合起来,以形成功能互补的政策合力,发挥出理想的政策效应。未来中国的碳排放政策应从以下几个方面进行完善与补充:其一,加快零碳能源和负排放技术领域的目标规划和政策推进。高能效循环利用技术、零碳能源技术和负排放技术是未来实现碳中和目标的三大关键技术领域;特别是在未来能效提升技术对碳减排的边际作用不断减弱的阶段,零碳能源和负排放技术将是实现碳中和的重要路径。因此,政府应当加快全面部署颠覆性的减排和碳汇等零碳能源、负排放领域的技术路线图及有效的激励/约束制度,争取为实现碳中和愿景提供不竭动力。其二,强化市场机制和消费侧等引导措施。政府无疑在以往的碳中和进程中发挥了举足轻重的作用,但仅注重政府的角色和责任还远远不够。企业、组织及公众的日常生产生活是二氧化碳产生和排放的主要来源,能否充分激励企业、组织和公众采取切实可行的创新和行动,积极参与到碳减排进程中,是下一步实现碳中和的关键。此外,尽管要进一步加强政府的资金投入和补贴、税收优惠等政策倾斜,但更应当鼓励社会资本和市场机制对碳中和进程的支撑。未来应进一步强化市场机制建设,制定更多面向企业及其他组织、公众的政策,充分发动各类主体的力量,为碳中和目标的实现而努力。其三,完善各类政策工具的平衡使用,重视人才培养和国际交流。面向2060年碳中和目标,需进一步加强细分政策工具实施的整体性、系统性和协调性,充分发挥供给型政策的推动作用、需求型政策工具的拉动作用以及环境型政策工具的辅助作用;继续推进政产学研用协同,加强人才培养,注重国际交流,不断强化人才、资本、技术及各类优质生产要素在碳中和进程中的汇集。

(二)绿色低碳技术创新政策建议

研究制定"碳达峰、碳中和技术全面推进战略",推动"双碳"目标实施从规模约束向技术优先转型。建议组织相关部门联合研究制定"碳达峰、碳中和技术全面推进战略",统筹规划、顶层设计,以技术促进"双碳"目标实现的政策体系。(1)分解碳达峰、碳中和实施目标,系统纳入2021—2035年国家中长期科学和技术发展。制订相应的配套政策体系与实施细则,保障技术驱动碳达峰、碳中和目标实现的稳定性与长期性。(2)系统提出碳达峰、碳中和技术发展战略总体框架，在能源、工业、建筑、交通及农业等领域提出"碳达峰、碳中和行动技术路线图"。（3）部署碳达峰、碳中和国家重大科技专项，协同各部门、产学研等多主体协作开发核心技术，制定促进商用化的发展蓝图，构建碳减排相关标准认证体系，制定技术规范等。（4）加强培养满足碳达峰、碳中和产业需求的全球高水平研究人员，通过教育、展览等途径开展低碳知识普及与传播，提升民众对碳排放的理解和认识。

发挥新型举国体制优势，部署双碳重大科研基础设施，支持变革性能源技术突破与应用。面向双碳国家战略任务，整合产学研相关优势力量，加强变革性能源技术应用基础研究，开展重大关键技术攻关，突破关键"卡脖子"技术制约"瓶颈"；增加绿色、低碳、高效的新能源技术、能源系统集成技术的研发投入，特别关注颠覆性技术的前瞻布局，碳达峰、碳中和突破性技术与大数据、人工智能、新材料等交叉融合领域；统筹规划，区域协同，面向未来"双碳"目标需求，注重与新能源、新材料、网络技术相结合；充分调动地方政府的积极性，组织国内优势力量，共建具有国际先进水平的大科学装置；探索公私合作的大科学装置建设与运行机制；以科技创新券、大型仪器设备租赁费、使用费出资入股试点等政策激励科研基础设施开放、共享、共用，充分发挥科技重大基础设施在促进学科交叉融合和国际科学合作中的作用。

围绕创新链，部署"双碳"技术创新政策组合，构建从基础研究到产业化的科技创新服务体系。长期稳定、持续支持实现"双碳"目标的前瞻技术、突破性技术、关键"卡脖子"技术的重大科学问题研究，实行首席科学家专职负责制。结合技术成熟度、产业成熟度等分阶段实施"先进储能技术""新能源电力技术""可再生能源制氢""新能源领域关键材料"等基础研究与人才培养。支持企业建立新能源领域"未来场景实验室"，提高新能源制氢等新技术、新业态、新模式融合创新的商业模型验证、市场前景评估为一体的场景实测；建立健全能源技术装备标准、检测、认证和质量监督组织体系；加大对分布式能源、智能电网、储能技术、多能互补的科技成果转化、知识产权保护、标准制定等配套政策支持，形成从基础研究到产业化的全创新链的科技服务体系。

（三）加快零碳转型步伐

实现零碳排放的目标和能源的高质量发展，关键在于建立健全绿色低碳循环发展的经济体系，推进能源生产和消费革命，构建清洁、低碳、安全、高效的能源体系，推进绿色发展。我国当前零碳转型的基本方向在于，在我国现有的化石能源与非化石能源之间形成优势互补、协调高效的能源体系，在对化石能源进行清洁化利用的同时，依靠科技发展的巨大空间发展非化石能源，实现能源供给与需求的整体性优势；树立新时代能源观，提升零碳转型与发展意识。我国应以低碳清洁技术带来可持续发展为原则，在零碳领域提升政府、企业、非政府组织与社会公众的能力与意识；强化零碳转型下的人才培养和机构建设，为低碳技术的发展积蓄力量，增强技术创新能力，加强政府的监管与协调能力，与政府机构改革一起，开展地方环境管理部门对零碳社会发展与零碳城市建设的宣传和管理能力建设；把政策实践、技术创新与思想意识的建设结合起来，形成一套实现零碳转型的良性机制。

科学推进零碳目标下的产业布局和城镇化发展，一是强调低碳产业的技术创新，实现清洁能源发展的平稳有序；二是有规划地建设新能源基地，形成一批"绿色制造"的产业示范园区、工厂和企业，尽快研究出台合理的发展规划，如建立健全配套的电网工程，实现清洁能源的合理布局与电网建设同步发展等;三是加强政府的调控机制,有序制定发展生物质能、风能、太阳能等清洁能源的发展规划,避免清洁能源盲目发展和无序发展,保障清洁能源科学有序发展;四是结合当地实际情况,制定适合清洁能源资源充沛的偏远贫困地区的政策措施,有序实施计划开发和工程建设,在保障环境的前提下发展低碳产业,并利用低碳产业与清洁能源实现脱贫致富,将资源优势和生态优势转化为经济优势,将建成的偏远贫困地区率先发展成清洁能源示范区。

实现零碳转型与经济结构转型双赢。经济增长方式的转变和经济结构的优化调整,与实现零碳转型的目标之间是协调统一的。优化经济增长中的产业结构、行业布局与产品生产方式,与实现碳排放目标和技术进步升级存在协同效应,在产业结构上,应当优化一、二、三产业间布局,通过相应的制度建设和政策安排,提高现代服务业和生产型服务业在经济增长中所占的比重;在行业布局上,积极整合产业组织,提高高端制造业、高新技术产业、新兴产业等具有高附加价值产业的比重,实现工业发展和内部结构的现代化;在产品生产方式上,着力提高工业产品的附加值,实现企业产权制度改革,完善企业投融资体制,发挥区块链技术在提高工业效率和要素调整上的积极作用。

避免出台"一刀切"、激进的碳减排措施。我国地区发展差异很大,不同地区的经济发展、行业结构、能源结构等基本情况不一样。"碳中和"是一个远景目标,实现此目标不可能一蹴而就,也不能搞"一刀切",因此要因地制宜,不同地区应有不同的"碳达峰"与"碳中和"时间表。有些地区的民生还依赖高碳能源的生产与消费,在压减高碳能源的同时,各地要有配套的社会政策,避免这些人群陷入困境,此外,还要防止各地为早日实现"碳达峰""碳中和"目标出台激进的、不符合本地实际情况的碳减排措施,不应为了互相攀比,搞碳减排竞赛,大幅度减少煤炭、油气等化石能源的产量与消费,导致因能源转型力度过大、化石能源投资不足而带来能源短缺,损害经济的发展。

(四)优化"双碳"目标财税激励政策

财税政策作为促进绿色低碳发展的重要手段,发挥着调节、保障和引导作用。然而目前我国财税政策在促进绿色低碳发展方面还存在诸多问题,即财政补贴不合理、低碳发展的财政投入总量小、低碳税收体系不健全等。为此,政府应发挥财税政策的调控作用,加强顶层设计,科学制定"双碳"的财税保障机制,确定与碳减排合理路径和双碳实施节奏相对应的财税政策清单,具体可以从以下几方面着手:

1. 增加与"双碳"战略相关的资金投入

研究显示,2030年实现"碳达峰"每年资金需求约为3.1万亿—3.6万亿元,而目前每年资金供给规模仅为5 256亿元,缺口超过2.5万亿元/年以上。2060年前实现"碳中和",需要在新能源发电、新型储能、绿色零碳建筑等领域新增投资将超过140万亿元,资金需求量相当巨大。但从我国政府财政资金来看,除了清洁发展机制项目的国家收入和可再生能源电价附加外,目前没有更多直接与此相关的公共资金收入。因此,未来我国需要不断完善与碳减排相关的投融资体制机制,增加资金来源和对地方的财政投入,助推地方"碳达峰"和"碳中和";健全绿色财政支出体系,引导绿色低碳发展。政府财政支出包括财政补贴、专项基金支出、绿色采购和投资等方式。我国应完善政府财政结构改革,调整政府财政支出结构,合理把握中央与地方财政事权,自上而下带动各地区的绿色低碳发展。

2. 设立低碳转型或"双碳"相关基金

推进能源转型,实现"双碳"是有成本和代价的。由于我国地域辽阔,各地产业结构、资源禀赋不一样,不同地方、行业、企业将面临不同的约束与挑战。例如,低碳转型肯定会加速"去煤化",就会有大量的职工从煤炭等高碳产业链中转移出来,这对于山西、内蒙古等传统的煤炭富集且经济发展水平相对较低的地区来说影响较大,成本高,转型阵痛更为明显。这就需要借鉴欧盟的公平转型机制,由国家设立低碳转型或"双碳"相关基金,通过专项资金,对这些地方和群体进行倾斜,帮助和支持这些地区传统能源产业工人的培训和转岗,尽量避免出现因低碳转型而导致贫困化等社会问题和不利影响。

3. 优化绿色税制,促进税制绿色低碳化

税收政策是具有引导性的一种调节手段,在现有的税收结构下,继续深入落实节能环保、新能源、生态建设等相关领域的税收优惠政策,建立一套完整的税收优惠体系,如增值税、企业所得税对环保项目税率式优惠以及税额式优惠,减少税额,引导企业积极投入环境污染治理、环保技术创新等;其次,提高资源税税率,拓宽煤炭资源税税目,能够有效控制煤炭资源、能源的利用,促进节能减排;可以提高直接税的比重,通过消费税引导企业等经济主体进行低碳活动;加强税收监管制度,提高企业对绿色税制的征纳意识,能够有效防控企业的污染行为;提出区域间差异化绿色低碳财税政策。

4. 税收政策服务清洁能源体系构建

最重要的"双碳"路径是加快构建清洁能源体系。我国当前与能源供给体系相关的财税政策包括资源税、成品油消费税以及核电、风电、水电领域的增值税优惠政策。为了从能源体系的维度推动实现双碳目标,在资源税方面,我国要进一步落实清费立税,减轻企业的总体税负,助力企业节能减碳,扩大征税范围,逐步涵盖其他不可再生资源和部分存量已经或即将达到资源承载极限的资源;在成品油消费税方面,要适时优化征税范围,明细税目税率差异化划分;推动征收环节后移改革,变价内税为价外税;推动由中央税向中央与地方共享税改革,调动地方积极性,维护成品油市场健康发展;在增值税优惠政策方面,要鼓励能源企业技术转让,并对购买先进技术的一方给予税收优惠,进一步扩大增值税即征即退范围,让智慧能源上中下游同享税收优惠;将激励型税收政策作用于能源产业全产业链,全方位高效刺激能源技术创新。

5. 财税政策助力发展自然碳汇

发展自然碳汇也是一条重要的"双碳"路径。我国要充分发挥税收优惠政策的激励作用,对参与碳汇交易的企业实行一定的差别化税收优惠政策,如允许企业在税前抵扣一定比例的购买碳汇支出,鼓励更多市场主体参与到碳汇市场交易中,促进碳汇市场发展;设立碳汇绿色发展基金,用于审核筛选碳汇开发项目,并给予优质的碳汇开发项目低息贷款等资助;加强对生态环境管理基层组织的支持,强化组织保障,配套政策落实资金;加大生态补偿支持力度,保证补偿措施能弥补农牧民退耕减牧的损失;研究发展海洋碳汇能力的支持政策,推广多营养层次综合养殖技术、海草床栽培和养护技术、深远海养殖技术等增加海洋碳汇关键技术;建立跨区域生态补偿机制,例如,建立陆海统筹增汇机制,通过区域间转移支付方式统筹协调。

"双碳"是一项长期的社会系统工程,要加强顶层设计,科学制定"双碳"的财税保障机制,确定与碳减排合理路径和"双碳"实施节奏相对应的财税政策清单；优化财政支出，引领节能减碳，调整财政补贴，及时清理不合理的补贴，支持低碳产业发展，加大对低碳技术创新、产业转型的财政投入，同时加强社会合作，发挥好政府采购引导示范作用，进一步提升政策的针对性与实效性。

（五）运用宏观审慎政策工具

虽然目前对碳中和过程中的转型风险了解并不深入，但及时的行动至关重要，因此，可以按照"经验法则"或"干中学"原则，从现有的宏观审慎政策理论和实践出发，选择可用于防控转型风险的工具，并在探索中改进，总体来看，需使用以下几类工具，即应对碳周期的工具、降低敞口集中度的工具、防控国际资本流动冲击的工具。其一，应对碳周期的工具。在碳周期的扩张阶段，金融部门的高碳投资增长，导致碳排放增加；在紧缩阶段，高碳投资减少，碳排放减少。碳周期与经济、金融周期具有不同的时间跨度和波动特征，并与碳中和目标的设立和转型政策的实施密切相关。其二，降低敞口集中度的工具。如果金融部门的风险敞口过于集中于高碳资产或部门，在落实"双碳"目标的过程中，转型风险暴露易引发系统性金融风险。大额风险暴露限制可直接用于控制金融机构对从事高碳业务客户的敞口上限，该工具基于高质量的气候信息披露。与之类似，最高贷款限额可用于规定银行对高碳资产的最高信贷投放。在资本类工具方面，可在最低资本要求中使用"棕色惩罚因子"，增加"棕色"资产的风险权重，或调高开展高碳业务银行的最低资本要求。其三，防控国际资本流动冲击的工具。各国为实现"双碳"目标而采取的低碳转型政策和步调不同，应对相关金融风险的措施也存在差异，这可能带来无序的国际资本流动，冲击国内金融稳定。在跨境资本流动宏观审慎管理领域，我国应加强对相关风险的理解，在全球低碳转型过程中有针对性地对这一风险来源的国际资本流动加强宏观审慎监测、评估和预警，在此基础上动用相关的价格、数量、期限或逆周期管理工具，例如，可在识别全球碳周期的基础上要求国内机构计提逆周期资本缓冲，或动态调整外汇风险准备金率和全口径跨境融资宏观审慎系数，为应对潜在风险做好准备。

（六）积极稳妥推进碳普惠

"十四五"时期，全面推动我国"双碳"目标的实现，需要进一步推进碳普惠。开展碳普惠机制建设是地方政府主动对接国家战略的一项重要创新。当前，我国已有多地开展了碳普惠机制建设的先行先试。碳普惠是对个人、小微企业的绿色低碳行为以碳减排量的形式进行具体量化，并通过商业激励、政策鼓励或与减排量交易相结合等方式，对绿色低碳行为产生的碳减排量赋予一定价值，遵循"谁减排，谁受益"原则，通过创建节约型政府、绿色家庭、绿色学校等示范点，创建碳中和示范企业、示范园区、示范村镇等，形成绿色低碳发展正向引导的机制，不断推广绿色建筑、低碳交通、绿色消费习惯等方式，构筑绿色低碳生活。

第五章 低碳技术

第一节 低碳技术概述

一、低碳技术的含义

低碳技术是伴随着构建低碳经济、绿色革命的兴起提出的技术新概念,属于绿色生态环境友好型技术。关于"低碳技术"的含义,目前还没有一个统一的定义,"绿色技术""清洁能源技术""生态环保技术"等与其有大体相似的含义,国内学者潘家华认为是减少或者控制温室气体排放的技术;林宗虎认为低碳技术是减少人类生活生产中的碳排放;蔡林海认为,在能源消费和供给领域能够抑制地球变暖的技术就是低碳技术;邢继俊认为,低碳技术主要是指提高能源效率来稳定或减少能源需求和减少对化石燃料依赖程度的主导的技术。国际能源署从环境友好技术中识别出 17 项关键技术,并将其命名为低碳技术。在学术界,低碳技术包含两类技术:一是"减缓技术",即能够减缓温室气体排放的技术或者减缓气候变化的技术;二是"适应技术",即能够使人类生产、生活适应气候变化的技术。从学术界的初步共识来看,减少二氧化碳的排放或者实现无碳生产和生活,应对全球气候变化的技术称为"低碳技术"。

技术的开发和起源都会带有它所对应时代的背景。在人类文明进程中,大多数技术的主动开发是源于对特定问题的解决或者特殊目的的需要。低碳技术的开发和使用是为了解决当前全球性的生态危机,而同时又具有时代的烙印。

首先,低碳技术起源于人类社会发展的"瓶颈"。工业文明给社会发展带来的红利在逐渐减弱,在人类极大开发和使用自然力、自然资源之后。化石燃料利用带来的巨大环境污染和生态破坏制约了人类现有文明向更高级文明进化。从历史的角度来看,如果不能彻底解决当前发展的"瓶颈",社会的发展不仅受到阻碍,同时因为生态的破坏带来的灾难影响甚至会危及人类的生存。高效率、低消耗的低碳技术成为革新这一局面的重要技术手段。

其次,低碳技术起源于低碳经济发展的需要。表面上看,低碳技术的提出是为了解决当前人类所面临的生态问题和环境污染,这是低碳技术发明的首要目的,但是更为深层次的原因依然是社会经济发展的需要。经济基础决定上层建筑,出于利益的目的是人类提出低碳技术的核心。当然,没有利益的驱动,要想从纯公益的角度去研发低碳技术还是有很长的路要走。而当低碳经济、绿色产业等发展概念逐渐为全世界所接受后,便需要有一种对应的技术予以实现,否则低碳经济的概念也只能是一句空话。

最后,低碳技术起源于人类对自然价值观念的转变。美国后现代哲学家大卫·格里芬的理论观点认为,人类应该彻底转化自己对待自然环境的思维,现代人已经习惯了对自然的藐视、敌对和理所当然的占有。主动和自然修好关系,重塑人类与自然的新的相处方式才是一个哲学家应当具有的批判型的态度。"整体包含于每一部分之中,部分被展开为整体",强调的是人与自然彼此无法隔离的关系。

关于低碳技术的特征,如今在学术界还没有定论,学者们的研究也多用于针对低碳技术的发展和运用等方面进行讨论,缺少对低碳技术本质特征所下的定义。学者丁树荣将绿色技术分为节约、回用和循环三大特征。第一,节约,包括省料和节能两层意思;第二,回用,即对资源的再利用;第三,循环,即生态系统中客观物质的形态和能量形式的重复及周期性变化。但是这个绿色技术具有一定的泛指意义,对低碳技术并不具有针对性,不过也可以从中借鉴。潘家华则是通过减少温室气体的排放技术,控制、减少、除去、吸收、分解等方面来解释低碳技术。国外学者 Pacala & Socolow 从限制二氧化碳排放、提高能源利用率、电力和燃料的去碳化、天然接收器方面去理解低碳技术。McJeon 等则是将低碳技术进行分类,通过供给技术、末端使用技术和其他技术进行分类理解。还有国内学者认为低碳技术具有如下特征:(1)以清洁能源为主要能源供给手段,包括电力、太阳能、核能、风能等,废物低碳甚至无碳排放。(2)在生产生活过程中,控制二氧化碳排放,进行捕获及封存,尽可能实现无碳外溢。(3)并非以最新科学技术的发展程度为主要目的,而是以实用和适用性为主要方向。低碳技术不完全在于技术本身的科技含量的创新,而是通过降低技术成本、减少能耗,实现无碳排放为主要目的。(4)涵盖了社会的各个行业和人类的生活领域,低碳技术是一种全球性、共同性技术。

二、低碳技术分类

从目前各国低碳技术的不同发展分类可以将低碳技术分为以下几种类型:负碳技术、减碳技术、零碳技术、碳中和技术。

(一)负碳技术

负碳技术,主要是将二氧化碳进行捕获及封存,目的是以最大限度地实现碳的零排放,实现生态环境保护,同时能带来一定的经济效益,是所有二氧化碳末端治理技术的模式。该技术模式包含多种末端治理技术、碳回收与储存技术、二氧化碳聚合利用技术、PH 型智能化扩容蒸发器技术等。其中,最具代表性的是二氧化碳的捕集、利用与封存技术。该技术是指在二氧化碳排入空气中之前将二氧化碳从工业和相关的排放源处分离出来,并送到安全地点进行封存,以及加以利用的技术。该技术诞生于 20 世纪 70 年代的美国,主要用于提高石油开采的效率。这一技术普遍运用于工业生产和环境保护后,将最大化地实现二氧化碳零排放。

负碳技术也包括碳汇技术。碳汇技术是指利用自然植被等生物技术从空气中吸收二氧化碳的活动机制。碳汇技术和碳捕捉技术类似,采用碳捕捉和吸收的方式来搜集、储存和利用空气中的二氧化碳的一系列技术创新。但是不同的是,碳汇技术更针对被二氧化碳污染后的空气,技术的主体也是绿植、森林管理和植被恢复等,而森林在通过碳汇吸收后的二氧化碳也是以生物能的形式存在于植被内和土壤中。目前比较常用的碳汇技术是森林经营碳汇技术。所谓森林经营碳汇技术,是结合我国各个区域的自然优势和国内林业发展建设的实际条件,对二氧化碳进行吸收和分解,而我国的林业碳汇技术便是最具代表性的碳汇技术应用。目前,国内分别在内蒙古、广西、四川、云南、辽宁、河北及山西等地开展了林业碳汇技术的实验项目点,为我国清洁能源技术创新和人造林碳汇技术项目起到了极大的促进作用。碳汇技术从目前的技术发展阶段来看,还有许多有待研究和发展的地方。目前,我国对于森林植被的人工种植和保护已经走在国际水平的前沿。

(二)减碳技术

学者林宗虎提出,减碳技术是一种在生产过程中控制、减少或降低碳排放的低碳技术,主要针对目前国内耗能和污染较为严重的七大产业领域的改善型低碳技术模式。由于行业个性要求,该技术主要是指在耗能和高排放领域及行业推广的提高能源利用效率并减少二氧化碳排放量的一类技术,体现和运用在七大产业领域,煤炭、石油加工、化工、建材、钢铁、有色、电力七大行业,其中,电力行业是指通过加快研发煤电的整体煤气化联合循环技术(IGCC)、高参数超临界机组技术、热电多联产技术、清洁煤技术等达到提高发电效率的同时降低碳能源消耗的一类技术。建筑行业的低碳技术,是指通过采用节能型合成树脂幕墙装饰系统技术、温湿度独立调节系统、墙体用超薄绝热保温板技术、动态冰蓄冷技术等减少电能和燃料使用的一类技术。化工行业的低碳技术,通常指在化肥、石油化工以及煤化工等生产过程中的节能减排技术。石化行业的低碳技术主要包括采用新型吸收式热变换器技术、溶剂萃取法精制工业磷酸技术、蒸汽系统运行优化与节能技术、非稳态余热回收及饱和蒸汽发电等技术,控制二氧化碳的排放和提高能效的一类技术。钢铁行业重点运用的低碳关键技术有工业冷却循环水系统节能优化技术、蒸汽系统运行优化与节能技术、高炉鼓风除湿节能技术、冶金炉窑高效燃烧技术等。有色金属行业,重点采用的低碳技术包括铅闪速熔炼技术、低温低电压铝电解新技术、氧气侧吹熔池熔炼技术等。

(三)零碳技术

夏太寿等人认为,零碳技术主要是对清洁能源的利用,从源头对二氧化碳进行控制,利用可再生能源进行生产和发展的技术实现零碳发展,以此来减少产业发展对生态环境的影响和污染。魏一鸣等学者认为,零碳技术即针对新能源和可再生能源发展的一系列应用技术。目前来看,零碳技术就是对新能源的一些资源利用技术,诸如核能、电能、水能、风能和太阳能等一切新能源的零碳利用技术及相关储能技术。

(四)碳中和技术

关于碳中和技术,与其说是一种技术,毋宁说是一种新的生态环保发展方式创新,或者是一种人类自生觉醒的生态环保经济行为和生态平衡系统。由相关文献综合来看"碳中和",主要是指社会组织、企业和个人通过计算自己的日常生产和生活活动,直接或间接制造的二氧化碳排放量,并通过特定的技术法则来换算抵消这些二氧化碳所需的经济成本,然后个人付款给专门企业或机构,由他们通过植树或其他环保项目抵消大气中相应的二氧化碳量,以达到降低温室效应的目的。被称为美国第一个"碳中和"公民的演员迪卡普里奥,通过付款抵偿的方式,在墨西哥植树,用于抵消因日常活动造成的二氧化碳排放。2005年,好莱坞拍摄了第一部碳中和影片《辛瑞那》。而碳中和技术创新便是通过承诺和支付植树造林等相关费用的形式来减少碳的排放,是人类环保意识自我觉醒的一种新型的低碳技术。

三、系统论视野下的低碳技术

低碳技术在实际应用中缺少系统论的思想指引。系统论的核心观点是强调研究对象的整体性、系统性,从整体全方位地去分析和观察事物的各个组成要素及各个方面,并且系统论中的每一个组成部分并非单独的个体或者毫无关联的机械组成,而是各个要素之间都是存在相互联系的。系统论的最大特点便是尽可能避免孤立地看待和分析问题,而是将研究个体同周围联系起来,进行系统性的思考,如此才能客观和全面地看清事物的本质。在系统论视野下的低碳技术中,人、低碳技术、自然世界三者构成了相互影响和相互作用的系统组成部分。低碳技术作为人与自然世界的中介媒体或者作用工具,在应对自然出现的"报复"人类的情况,即全球变暖、极地冰川融化、海平面上升这一系列问题的时候起到了重要作用。而系统论可以用来指出在人类发展和运用低碳技术的时候应当力争促使低碳技术朝着解决当前所面临的实际问题,而不能对现有的环境体系造成新的破坏与不利影响,否则会引起整体性的灾难,最终反噬人类。维持人、低碳技术与自然环境三者之间的平衡,是系统论要表达的重要方面。然而系统论在低碳技术的指引方面仍然有其一定的局限性:系统论虽然从系统的整体角度强调了低碳技术运用中所应当遵循的原则和尺度,但是系统论未明确表明人与自然环境之间的立场。系统论从某些角度来说还是更为强调人对低碳技术本身的控制使用,但是忽略了人与自然的关系,重点停在低碳技术这一中介之中,忽略了人类中心主义这一现实风险的反思,故系统论在指导低碳技术发展中需要再平衡人、低碳技术与自然之间的关系,采取去中心化的思维方式,前瞻性地规避人类及其开发的低碳技术对自然生态环境的破坏与损毁,以谦卑的心态关爱自然、敬畏自然。

四、伦理学视野下的低碳技术

低碳技术如果在没有一套完整而正确的哲学伦理思想指导下去开发、使用和转换成社会成果的话,则必然会引出低碳技术的负面影响,致使人类的绿色发展计划流产,甚至对现有的生态环境造成更为严重的破坏,而加速人类生存环境和自我灭亡的速度。在卡逊的《寂静的春天》中已经预见过这种结果,而目前很多的生态问题是需要花费很长时间,自然世界才能自我恢复,更有些生态问题是不可逆的。

低碳技术产生的目的便是解决人类与自然之间的矛盾和问题,故低碳技术必然会受到伦理的约束,科技伦理思想同样适用低碳技术。发展伦理观在全面理解人与自然之间关系的基础上把人类的生存利益作为它的最高伦理原则。为了人类的生存,人类必须改造自然;但是,为了人类的持续生存,我们对自然界的改造活动必须限制在保证自然界生态系统稳定平衡的限度以内,这同样也是人类生存的需要。自然界整体生态系统保持稳定平衡,是人类实践活动的绝对限度。低碳技术伦理要求人们看到,低碳技术作为技术,其本身便带有积极和消极的两面性。卡逊在其《寂静的春天》一书中描绘了因为DDT等杀虫剂的滥用导致的全球性的物种灭绝。只因DDT的发明初衷也仅仅是为了杀灭庄家害虫而满足人类提高粮食产量的目的，但是因为技术的滥用使得这种技术的消极方面扩大而引起全球生态系统的灾难。低碳技术作为解决人类所面临的全球新气候变暖的灾难和问题，与DDT一样具有较强的目的性和功能性。但是从人类有技术的概念到现在，技术无一不具有其两面性的规律。在科技伦理学看来，低碳技术虽然目前已经日益展现出其在应对全球生态危机、增强国际竞争力等方面的重要作用，但是我们仍不能放松对低碳技术会产生负面影响甚至灾难性影响的心理准备。

虽然当前低碳技术发展花样繁多、日趋成熟，但是伦理学告诉我们人的自身认知能力是有其局限性的，任何一种技术都不可能一劳永逸地解决所有的问题。低碳技术同样不能解决当前在高碳排放中出现的所有问题。技术并非万能，认清楚低碳技术可能造成的社会风险甚至是新的生态环境问题更为重要。比如说，核能技术带来的核污染、太阳能发电技术之后的废物单晶硅的处置和回收问题、大规模储能及电动汽车的大量废旧电池的回收和再利用是否会对土地和水资源造成新的严重污染问题等。而低碳技术的开发者在开发低碳技术过程中是否会利用社会对低碳经济、低碳技术的感性认识，使得政府和政策制定部门做出错误的判断，对社会造成不可挽回的生态灾难，而开发者在开发中受自己专业技术能力的限制，开发出不成熟的低碳技术而对环境生态造成适得其反的作用。随着工业文明的逐渐远去，后工业新时代的文明范式需要基于"人类命运共同体"及"人与自然生命共同体"的理论来加以支撑。

第二节 低碳技术发展现状与问题

一、我国低碳技术演化路径

低碳技术缘起于低碳经济研究，经历了节能减排、碳排放、气候变化、技术创新、低碳转型等研究热点的变迁，并逐步走向繁荣、深化，其演化路径有以下三个时期：

（一）初步探索时期（2005—2009年）

这一时期的核心关键词主要有节能减排、碳排放、气候变化等。由于"低碳技术"这一概念引入国内不久，相关理论基础尚不牢固，我国低碳技术研究仍沿着环境变化、节能减排等主流脉络发展，学者们处在初步探究的阶段。

（二）蓬勃发展时期（2010—2012年）

面对日益倍增的环境保护和资源节约压力，具备节能减排特征的低碳技术引发了广泛讨论，低碳技术研究呈现出迸发式增长。低碳发展、低碳转型、低碳产业、低碳竞争力等成为这一时期的核心关键词，表明国内学者将目光转移到低碳技术的实际运用上，对低碳技术的认识开始向微观与实践层面渗透，低碳技术实现了由科学性向应用性的华丽转变。

（三）深化完善时期（2013年至今）

随着"低碳技术"浪潮逐渐平缓，在经历了由引进学习到实践应用的研究跨越后，低碳技术研究逐渐步入沉淀升华与完善深化时期。这一时期的核心关键词包含碳减排、评价体系、国际经验、碳排放交易、清洁发展机制、低碳技术创新等，表明学者们在参考发达国家的发展经验后开始尝试针对我国国情制定具有中国特色的低碳技术发展规划。

二、我国低碳技术发展现状

技术的价值需要通过产业的发展体现,技术质量是产业持续发展的生命力。作为现代技术的一种类型,低碳技术的创新也遵循一般技术生命周期规律,要经历从基础研究、技术研发、项目示范到市场推广等几个阶段。在我国现有的低碳技术中,有的处于产品推广阶段,已初具产业规模;有的尚处于技术研发阶段,需要资金和政策支持;有的处于国际领先地位,正进入示范阶段,可以建立专利池予以保护;有的已经具备一定技术基础但还未掌握核心技术,处在国际低碳技术转移的中低端。总体上看,缺乏核心技术和研发力量不足是大部分低碳技术的共同特点和发展"瓶颈"问题。

绿色低碳技术创新和推广应用,是落实碳达峰、碳中和目标的重要举措,是推动工业绿色低碳转型、实现经济高质量发展的重要动力。党的十八大提出"把生态文明建设放在突出地位,融入经济建设、政治建设、文化建设、社会建设的各方面和全过程,努力建设美丽中国,实现中华民族永续发展",将中国特色社会主义事业总体布局由"四位一体"转变为"五位一体",生态优先绿色发展的重大治国理政战略正式确立,并在此后逐步完善和发展。为支撑和保障生态文明建设迈上新台阶,我国大力推进绿色低碳技术发展,完善绿色低碳技术创新顶层设计,加大对绿色低碳技术攻关的资源投入,推动应用模式不断创新,取得了积极的进展与成效。其一,绿色低碳技术创新顶层设计不断完善,政策支持力度持续增强。国家层面制定印发了一系列构建市场导向的绿色低碳技术创新体系的相关政策文件,对绿色低碳技术创新发展提出具体要求,提出了一系列支持政策和工作举措。关于推进绿色发展的相关政策文件,普遍将绿色低碳技术创新作为实现其发展目标任务的重要支撑,推动绿色低碳技术创新的工作要求落实落地。其二,绿色低碳技术科技攻关资源投入稳步增加,技术专利快速增长。在煤炭、工业、交通、建筑、新能源等领域关键核心技术攻关取得突破,煤炭清洁高效利用、新能源开发利用、新能源汽车、零碳建筑、智慧能源、氢能开发利用、碳捕集利用和封存等前沿科学方面,绿色低碳技术水平不断提高。其三,绿色低碳技术推广应用不断强化,推广应用体系不断完善。政府部门以发布推广目录为抓手,连续多年遴选市场急需、具有实用价值的共性、关键、先进、适用的绿色低碳技术,探索创新了政府补贴和政策倒逼的推广模式,以行业协会为主、以企业为主导、以技术联盟主导的推广模式,依托合同能源管理机制等六种技术推广模式。

基于绿色低碳技术攻关和推广应用的系统推进,生态文明建设与我国经济社会发展实现协同推进,扭转了以高能耗求快发展的被动局面,能耗强度上升趋势得到根本扭转,单位GDP二氧化碳排放水平显著下降,主要工业产品单位产品能耗水平持续下降,可再生能源发展水平不断提高,具体表现为以下几个方面:

(一)节能与能效提升装备技术

近年来,随着节能工作持续推进,一批投资少、效益高、行业见效快的大型节能技术改造已普遍实施。据行业机构统计分析,钢铁行业焦炉上升管荒煤气显热回收利用技术普及率达50%,水泥行业低温余热发电技术普及率超过80%。由于部分高耗能产品生产在工艺结构、原料结构上与国外存在较大差异,导致整体能效水平距国际先进水平还有一定差距。如我国乙烯、合成氨分别以石脑油、煤为主要原料,而国外乙烯生产以轻烃、乙烷为主要原料,合成氨生产以天然气为主要原料,所以这些高耗能产品的平均综合能耗远高于国外水平。从重点节能装备看,高效电机市场占有率由2015年不足10%提高至34%,新增变压器中高效变压器占比已由12%大幅提高至46%。此外,数字化技术改造正成为传统行业节能降碳的新驱动,如中国石化依托工业互联网平台对原料进行分析建模,形成典型的操作样本及相应的优化工艺操作参数,从而提高汽油收率;华能某电厂通过构建关键设备的热力学模型,结合历史数据,计算出平均工况下最优发电技术煤耗,从而降低平均发电煤耗。

总体而言,节能和提高能效是当前产业结构和能源结构条件下推动实现"双碳"目标的低成本路径。未来,随着变革性节能降碳技术研发和产业化以及数字化智能化技术与传统行业的进一步融合,还将带来较大的降碳空间。

(二)可再生能源装备技术

2021年,我国可再生能源装机规模突破10亿千瓦,风电、光伏发电装机均突破3亿千瓦,海上风电装机跃居世界第一。随着技术装备水平快速提升,风电单机容量不断增大,陆上最大单机容量达到6兆瓦,海上风电最大单机容量达到16兆瓦。平原低风速利用技术装备、海上重型自升自航式风电安装船舶等取得突破。光伏组件功率进入400瓦功率时代,光伏发电转化效率国际领先,单晶、多晶电池量产平均转化效率分别达到23.1%和19.5%,PERC、TOPCon、异质结等高效晶硅电池生产技术、薄膜电池技术得到推广应用。联动型塔式聚光镜等光热核心设备实现国产化突破。

(三)新能源汽车

我国新能源汽车产业已进入规模化快速发展阶段。截至2021年底,新能源汽车累计推广量超过900万辆,产销量连续7年位居全球第一,引领全球汽车产业的电动化转型,建立了完整的新能源汽车产业链,掌握了电池、电机、电控等核心关键技术。动力电池技术水平全球领先,与2012年相比,单体能量密度提高2.2倍,成本同时下降85%左右。产品供给能力不断提升,涌现出一批具有竞争力的企业。主流汽车企业已经开发出全新设计纯电驱动平台产品,800伏高压平台加速落地,可通过一体化集成设计有效降低开发成本,整车动力、续航里程、能耗、安全性及智能化拓展等性能全面提升。

(四)生态环保装备技术

生态环保装备分为大气污染、水污染防治、土壤污染修复、固体废物处理、噪声与振动控制、环境污染防治专用材料和药剂、环境监测专用仪器仪表、环境污染应急处理、环境污染防治设备专用零部件9个细分领域。截至2020年底,生态环保装备制造业产值约为8 700亿元,在除尘、烟气脱硫、城镇污水处理等领域已形成世界规模最大的产业供给能力。振动膜生物反应器污水深度处理集成装备打破国外膜产品技术垄断,1 000兆瓦燃煤机组电袋复合除尘器、1 000吨/日生活垃圾焚烧炉等先进、高效的环保装备,成为行业优势产品。国产装备已基本满足国内需求,部分技术装备已实现从"跟跑"到"领跑"的跨越式发展,出口至70多个国家或地区。

(五)新型终端电气化技术

目前,工业终端用能电气化技术成熟度、适用范围都存在较大约束。从经济性看,以锅炉为例,以煤代电是否经济,取决于使用煤电和电锅炉的综合效率及现役燃煤锅炉效率之间的差别。比如,电锅炉效率通常较高,甚至可达到99%左右,但煤炭发电加上输配电的综合效率不到50%,因此对于本身效率已经很高的燃煤锅炉改为电锅炉不具备经济性。从技术适用范围看,钢铁、陶瓷、玻璃等行业存在一定的电气化潜力,如推广电炉短流程炼钢,陶瓷、玻璃行业采用电窑炉、电锅炉等。电窑炉是以辐射换热为主,换热效率远低于对流换热,烧成速度慢、周期长,难以满足大规模生产对换热效率的要求,因此电窑炉可替代的多数是各行业相对小规模的装置和工艺,比如,钢铁行业单个电炉容量远小于高炉,建材行业多应用于磁性陶瓷、特种陶瓷、玻璃马赛克等领域。

(六)氢能技术

在电力无法经济或便捷地满足能源需求的领域,如重化工业中的高温过程热和原料供应,氢能等低碳燃料替代将成为低碳转型的重要方向。我国是世界上最大的制氢国,年制氢产量约为3 300万吨,其中,达到工业氢气质量标准的约为1 200万吨,已初步掌握氢能制备、储运、加氢、燃料电池和系统集成等主要技术和生产工艺。但总体来看,我国氢能产业仍处于发展初期,产业发展形态和发展路径尚需进一步探索。当前,煤化工、钢铁、石化化工等行业处于示范阶段的深度脱碳技术多数与氢能有关,如氢能冶金技术、氢气和二氧化碳制甲醇以及基于该技术路线的甲醇制烯烃和丙烯等深度脱碳的技术等。根据IEA发布的《中国能源体系碳中和路线图》报告,目前,低碳燃料仅占我国终端能源需求的不到1%,且以生物燃料为主,到2060年,低碳绿氢和氢基燃料在终端能源消费总量中的占比将达到近10%。

水泥行业以原料替代减少碳排放空间较大。水泥行业主要排放环节为煅烧生料成为熟料过程中的碳酸盐分解,约占行业总排放量的50%—65%,因此,水泥生料的原料替代成为低碳水泥生产的重要技术。目前我国吨水泥熟料综合能耗约为108千克标准煤,较国际水平高3千克标准煤,主要原因在于水泥熟料生产的原料替代率比较低,目前不足5%,而发达国家已超过30%。每使用1吨电石渣或钢渣,碳排放量可分别降低约440千克和250千克。

(七)碳捕集、利用和封存技术

我国较为成熟的低碳技术是去碳技术创新,尤以其中的碳捕集、利用和封存技术最为成熟。碳捕集、利用和封存技术是将二氧化碳进行捕集并将二氧化碳注入地下盐水层或者注入油气层进行保存和处理的一门技术,但是目前注入盐水层的技术尚处于探索和研发阶段,有诸多不成熟的因素和条件,因此将二氧化碳注入油气层,以提高原油采收率的处理技术普及率最高,同时也是由于将二氧化碳注入油气层能带来更多的经济效益。我国的碳捕集、利用和封存技术起步虽然较晚,但是因为有国外的技术和资金支持,加上我国的技术创新能力,我国由清华大学、热电力研究所、热物理研究所、浙江大学、地理地质研究所和华能集团等单位积极参与的COACH项目已经实现了从单元技术扩展到全流程控制。

目前,中国至少有21个CCUS试点、示范项目在运行,每年总捕集能力超过200万吨,其中许多与提高石油采收率有关。总体来看,CCUS技术还没有在工业规模的生产中得到验证,存在项目成本高、环境风险大等问题。例如,当前采用较多的是化学吸收和物理分离技术,捕集二氧化碳需要增加燃料和发电成本。碳运输目前主要以罐车运输为主,成本较高。大规模封存带来各种潜在风险,如地下水污染、生态破坏、碳泄漏对公众健康的影响等。碳利用方面,目前除了用于提高原油、煤层气采收率、化学品制造外,少量用于电子和食品饮料行业,用于固化混凝土和制造矿化建筑材料方面正在规模化应用示范,但二氧化碳的年消耗量较小,大规模的二氧化碳利用场景有待进一步开发。

(八)碳汇技术创新实践

在碳汇技术创新方面,我国已经在内蒙古、广西、四川等地建设了7个林业碳汇项目试点,并且目前已经取得了较好的成效。其中,以安徽为例,安徽省第六次森林资源清查的结果显示,安徽省乔木林各龄组按优势树种单位面积,年均固碳能力最大的可以达到19.75t/hm^2,而因为森林碳汇技术的推广和实施,安徽在保证经济快速发展的同时能有效改善碳污染的现状。截至2019年,森林碳汇区域已经遍布全国,并且开展得非常稳健,分别为广东、山东、福建、江苏、浙江、湖南、安徽、广西、四川和东北各省区等。2018年,四川已经完成碳汇项目造林4 095.4公顷,意味着未来30年可以吸收大气中的二氧化碳多达120万吨,这对于改善四川省地区的气候环境、减轻二氧化碳污染、实现生态修复等方面具有重要作用。同时我们不能忽略的是,该森林碳汇项目为当地经济发展带来直接利益和促进作用,可带动当地旅游业、植物园林业等相关产业的同步发展,同时项目区域内的当地居民还能获得项目资金补助,这对于当地生态和全球环境保护都具有里程碑意义。

(九)低碳数字技术创新实践

对我国的二氧化碳排放有较强贡献率的另一种低碳技术创新是数字技术,主要包括云计算、大数据、物联网、人工智能、区块链、5G、边缘计算、数字孪生等。数字技术渗透到全国各个行业,以系统集成、视频监控等各类手段普遍应用于各个行业的基础设施和相关设备中。数字技术对于低碳经济的发展、二氧化碳的减排和生态环境的保护则可以从直接贡献和间接贡献两个方面发挥作用。第一,直接贡献方面,数字技术本身(大型数据中心除外)在技术应用中所出现的二氧化碳排放就是相对较少的,因为数字技术主要涵盖计算机、信息通信和电子芯片等行业,这些行业总体上不会造成太多的二氧化碳排放。第二,间接贡献方面,也是对低碳经济发展和二氧化碳减排事业更有实践意义的方面。数字技术对于现有高碳产业的生产力效率提高具有积极作用,例如,当年神华煤炭公司利用ICT技术将生产过程进行自动化和信息化管理,将生产力提高了3倍。原上海宝钢集团则是将其热轧钢的生产时间从以往的50天缩短到12天,整整缩短4倍多的工时消耗。而这些方面的作用对于降低这些企业的二氧化碳的作用却是极其显著的。未来随着数字技术的不断更新迭代,将对我国"双碳"战略下技术创新产生更大的促进作用。

三、我国低碳技术发展面临的问题

作为一种新型的绿色生态环境友好技术,低碳技术的研发投资规模大、技术生命周期长,具有较高的投资收益不确定性。从整体上看,我国低碳技术的发展具有起步晚、发展快、涉及面广、关键技术少、低碳技术研发成果产业化不足等特点。考虑到国家的产业和经济安全,也不能够全盘依赖技术转让,因此,低碳技术的发展面临着自主创新和吸收国外先进技术两条路径。我国的低碳技术发展在自主创新和技术转让方面都面临着一定的问题。

(一)绿色低碳技术自主创新水平与发达国家还有明显差距

近年来,我国绿色低碳技术快速发展,关键清洁能源技术展现出较大优势,但整体与欧美等发达国家或地区相比仍有较大差距。根据彭博新能源财经数据统计,2021年我国能源低碳转型投资占世界总投资量的35.2%,全球领先。国家能源局数据显示,2021年我国风电和光伏发电新增装机规模达到1.01亿千瓦,连续多年位于世界首位。我国的优势主要集中在产业层面,但绿色低碳技术整体水平与世界先进国家或地区仍有明显差距。目前,绿色低碳技术专利申请主要集中在欧美及日本、韩国等国家或地区。根据IEA统计,欧美等国家或地区2014—2018年合计申请占所有专利的90%。根据中国科学技术发展战略研究院最新技术预测报告,对能源体系相关技术,包括储能、氢能、可再生能源、煤炭、核能、能源互联网等多个关键领域为代表的绿色低碳技术进行发展状况评估,结果显示,我国目前有19.7%的绿色低碳技术达到国际领先水平,54.4%的技术与国际平均水平持平,25.9%的技术仍落后于国际平均水平,同时我国绿色低碳技术平均水平与国际领先国家仍有约7.3年的较大差距。我国低碳雏形技术战略储备不足,关键技术自给率较低。据联合国开发计划署的研究,中国要实现碳控和减排目标,至少需要掌握电力、交通、建筑、钢铁、水泥和化工与石油6大部门的62种关键专门技术和通用技术,而对于其中的43种关键技术,中国目前并未掌握核心技术。这43种关键技术中有一半以上是处于研发阶段的雏形技术。从Incopat专利申请类别来看,中国低碳技术专利申请量在各细分类别上差异明显且增速也极不均衡。多数专利集中在能源发电、输配电、废水处理及交通运输上,而在温室气体捕集、利用和封存技术,储能技术及氢能技术等新兴领域申请量较小,增长缓慢,且所申请的专利以实用新型为主,与国外企业主要以发明型专利申请为主形成了鲜明的对比。

(二)绿色低碳技术体系创新路径不明确

当前我国仍处于"双碳"战略发展的前期,绿色低碳技术创新的顶层设计需要进一步完善。《中共中央 国务院关于完整准确全面贯彻新发展理念做好碳达峰碳中和工作意见》明确了以双轮驱动加快绿色低碳技术创新的原则,但具体创新路径仍略显不足:一是《科技支撑碳达峰、碳中和行动方案》《碳中和技术发展路线图》均尚未出台,缺乏对绿色低碳技术创新的顶层设计;二是绿色低碳技术体系构建思路不明确,导致无法为具体的创新路径和设计创新主体提供有效支撑;三是在推动"双碳"目标中各创新主体,如企业、高校、科研院所、国家重点实验室等角色定位仍不清晰,无法形成有效的绿色低碳技术体系创新合力。

处在示范阶段的低碳技术面临资源不足、协同乏力、转移困难等问题。示范工程是低碳技术从实验室走向市场的第一步,面临投入大、风险高、市场不确定性强等不利因素,需要有更多的外部协同和资源投入,以激发创新主体的积极性。国内低碳技术的早期开发与示范以科研院所、高校为主,企业主动性不强。近年来,在国家政策的推动下,一些大型国有企业承担了多项前沿技术的示范工程项目,但依然存在政策支持力度不够、民营企业参与率低、社会资源引入不足等问题。初期应用阶段的低碳技术面临的问题是市场需求不足、政策支持力度较弱、评估体系不完善。成熟的低碳技术面临中端技术锁定、自主创新能力亟待提升、配套体系不健全等问题。"以市场换技术"战略促进了我国新能源产业的迅速发展,但随着我国企业与国外领先企业技术水平差距的逐渐缩小,国际技术转移难度不断加大,使得近年来我国企业出现"中端技术锁定"现象。

（三）市场主体推进技术创新活力不足，融资难问题较为突出

绿色低碳技术具有跨行业、跨专业的特点，投入成本大，从研发到产生经济效益周期长，仅靠市场难以持续。据国家知识产权局相关报告指出，我国绿色专利主要集中在高校。企业创新主体地位尚未形成，绿色技术创新的市场导向特征不突出。绿色低碳技术创新初期投入成本大，从研发到产生经济效益周期长、风险较高。由于缺少担保和抵押、传统信贷平均期限短等原因，绿色技术企业难以从银行等传统渠道获得足够的融资，国内的 PE/VC 机构、绿色基金等很少涉足绿色技术创新领域。低碳技术资金需求大、融资难，如新能源利用、污染土壤修复等领域前期资金投入压力大、资金回笼周期长、融资方式过于依赖股东出资和商业银行贷款。同时，政府的各类财税优惠政策周期性强、波动性大，在当前宏观经济运行总体趋缓的大环境下，企业继续加大技术推广的不确定性增加。

（四）绿色低碳技术的理论支撑不足

实现"双碳"战略目标，需要大力发展绿色低碳技术，而绿色低碳科技革命作为其发展的理论支撑尚且不足。当今世界百年未有之大变局加速演进，气候变化导致的影响逐渐显现，新一轮科技革命加速到来，而绿色低碳是此次科技革命的最主要特征。2021年，《中共中央 国务院关于完整准确全面贯彻新发展理念做好碳达峰碳中和工作的意见》《2030年前碳达峰行动方案》等重要文件陆续发布，明确提出"加快绿色低碳科技革命"，但并没有对其做出理论化解释。"绿色低碳科技革命"理论化，对我国实施"双碳"战略具有重大的意义：一是实现碳达峰、碳中和是一场涉及经济、科技、产业等的社会系统性工程，高度的复杂性决定了单独以技术驱动很难实现；二是我国将"双碳"目标分别设定在2030年前和2060年前，规划时间长，相较而言，"国家中长期科技发展规划纲要"也仅为15年，"双碳"工作的长期性需要有完善的理论提供方向指引；三是随着我国"双碳"战略不断向纵深推进，支撑"双碳"的创新技术不断增多，绿色低碳技术将以体系化的形式不断丰富，其作用也将越来越重要。绿色低碳科技革命理论化，将为持续推动技术创新和发挥作用提供动力保障。

（五）低碳产业发展与技术创新不协调

从低碳技术/产业发展生命周期看，我国应该遵循由科学创新、技术攻关逐渐过渡到产品市场推广的道路。技术革新催生出新产业，产业发展推动科学进步，各阶段依次渐进的过程促使科技、产业和市场的良性循环。随着低碳产业链布局的全球化倾向以及国际分工的细化，一项技术从诞生到出现新的替代技术，很难在一个国家或地区完成其全部生命周期过程，往往是一部分低碳科技强国主导技术创新，获取高额利润；一部分国家在缺乏核心低碳技术或者技术尚不成熟时，参与国际新兴低碳产业链，造成低碳产业与技术错位发展，不得不长期处于加工制造环节。在这种大背景下，有些领域，我国低碳科学技术的发展滞后于低碳产业的发展。在加快部署战略性低碳产业的大背景下，面对低碳产业发展对核心技术和装备的迫切需求，从国外引入低碳技术和设备就成为企业家的必然选择。虽然先进技术的引入推动我国低碳产业的快速发展，但也压缩了我国自主技术创新空间。从长远来看，这种局面不利于我国在国际低碳产业链中占据领先位置，如果没有核心技术的支撑，低碳产业则仍然会成为新的低端产业。

（六）缺乏配套技术和装备，不利于低碳技术系统性发展

我国科学技术基础设施竞争力居世界中上游行列。但是，由于我国基础科学发展失衡，在

材料、控制、系统集成等基础技术方面差距显著,导致在某些领域即便出现高端技术创新,但是由于缺乏共生技术支持,仍然不能形成系统性技术,高科技成果转化困难。目前我国部分低碳技术在世界处于领先地位,如系列化光伏并网发电逆变器及控制系统、智能电网规划与可靠性技术、部分新型储能技术等。但是,由于国内低碳技术的研发成果比较零碎,缺乏系统化和工程化,因此这些先进技术成果转化为现实生产力水平还有待提升。在核心技术或相关配套技术不到位的情况下,低碳产业的发展必然受制于他国,不仅压缩了企业利润空间,而且削弱了我国低碳技术自主创新的动力,重点领域尚未完全掌握核心技术,高端装备供给不足。大型风电机组主轴承、氢能生产储运应用技术、大容量先进储能、车用芯片、专用检测设备、膜材料、环境监测专用仪器仪表等关键材料、零部件和设备仍存在短板,新型低碳冶金、水泥原料燃料替代、可再生资源制取化学品等低碳零碳工业流程再造工艺技术亟待突破,成为制约绿色低碳产业发展、行业低碳转型的重要因素。以车用芯片为例,在全球汽车半导体市场份额中,欧洲、美国和日本企业分别占37%、30%和25%,中国企业仅占3%左右。

(七)低碳技术成本和信息障碍

低碳技术的研发和示范需要高额的投资;同时,由于技术尚不成熟、生产成本较高,即便引进先进的低碳技术,在短时间内也难以实现商业化应用。在低碳技术应用方面,以CCS技术为例,目前国内CO_2捕集成本最低的IGCC电厂即使能够通过强化采油(EOR)和清洁发展机制取得收益,也不能获得净利润,常规煤粉电厂(PC)和NGCC更是入不敷出。在技术引进过程中,由于发达国家的先进技术往往受到严格的知识产权保护,转让费用较高,即便引进也失去了商业化的意义,更何况,掌握着最先进技术的发达国家企业并没有转让新技术的动力。即使知识产权保护的问题和国内技术本地化问题得到解决,发展中国家企业获得专利许可,也不一定能使用这些技术,缺乏技术开发阶段的实际经验也可能成为技术推广的障碍。隐性知识和其他相关知识(如商业秘密)往往没有申请专利,却可能是技术有效实施必不可少的。绿色低碳技术成本较高,推广应用难度大。大多数绿色低碳技术应用将产生绿色溢价,考虑到投资规模、技术门槛、原料供给等因素,企业实施技术改造意愿不高,推广应用比例较低。据有关协会测算,节能效益分享型合同能源管理项目平均合同期已由"十二五"时期的4.5年增长至"十三五"时期的7年,技术改造成本上升,投资回收期增长,企业实施技术改造的动力不足。碳交易市场总体规模较小,2021年总成交量约为1.79亿吨,总成交额为76.61亿元,整体碳价偏低,居于40—60元/吨之间,远低于应用绿色低碳技术带来的成本,不足以激励化石能源企业低碳转型。

(八)低碳技术创新带来的生态环境风险

自低碳技术被提出和开发以来,世界各国对低碳技术的发展大多非常积极和乐观,但是在开发低碳技术的时候带来的负面影响也不应该被忽略。马尔库塞在其著作《单向度的人》中对社会中人类对待客观事物的态度进行了分析。在马尔库塞看来,现在我们所使用的科学技术因其对社会生产力提高的重要作用而存有积极前进的作用,但是同时产生了剥夺人的否定性的消极后退的作用。低碳技术创新中的太阳能和风能的利用存在生态环境风险,太阳能和风能在进行能源采集方式时从逻辑上讲应当是无任何污染的,但是受人类科学技术水平的限制,太阳能发电仍会带来较大的负面影响。太阳能转化为电能的渠道通过一套完整的系统起作用,也就是我们目前所熟知的光伏发电系统。该系统包含太阳能电池、控制器、逆变器和蓄电池等电气零部件,组成太阳能电池的晶体硅电池和薄膜电池的主要组成部分是一种合成矿物单晶硅。目前,"三氯氢硅还原法"受锁定效益影响,我国还没有掌握该关键技术,因此在生产单晶硅等原材料的过程中使得原材料无法做到有效提取合成,致使70%以上的多晶硅和氯气被当作废物排放到空气中,一是对生产成本和资源造成了严重的浪费,二是对空气造成了严重的污染。而在工业废料中所含的四氯化硅更是一种剧毒物质。不规范的废料处理手段将会对土地造成不可逆的破坏,土地寸草不生,周围生物绝迹,还有就是各类电池的回收问题。目前大多数储能项目、太阳能和风能的储电方式使用的多为电化学类电池,这种电池在生产、回收、拆解、处理过程中都会产生许多有害物质。我国每年的电池产量为几百亿只,并且这个数据在逐年递增,在生产电池和拆解处理电池过程中都会有大量的重金属铅流出,这对周边土地和水源的污染是难以修复的。

(九)低碳技术创新带来的社会问题

(1)低碳技术弱化了人类的主体责任。当前的生态问题来自人类工业文明时期对自然的过度开发和利用,并且是不计后果的破坏。生态问题的本质是对人类对自然环境犯下的严重错误。在工业文明时期,因为科学技术发展的局限性,当时产生的生态环境问题暂时无法解决,这是客观原因,但是人类对自然的疯狂掠夺是最为核心的主观原因。低碳技术的开发和利用主要是为了解决当前的生态问题,适应当前的生态经济实情,但是低碳技术的自由意志也会因此取代人类的自由意志,换句话说,低碳技术的开发初衷和利用目的绕过了人类作为主体理应对自然环境所负担的道德责任和义务。低碳技术弱化了人类应该思考的根本问题,这样会为以后低碳技术的发展和生态环境的保护带来隐患。

(2)低碳技术的主体性异化问题。低碳技术的开发和利用目的在于获取更多的自然资源,获取本国的最大利益,而不一定是实现整个人类综合福利最大化,这就意味着低碳技术的发明目的出现了异化。低碳技术作为技术,自然具有技术属性,即自然属性和社会属性。然而我们都知道,决定技术使用限度的不再是自然属性,而是社会属性,人类如果无法掌控低碳技术的社会属性,那么伦理问题将会变为现实。另外,根据海德格尔的技术与人的主体性的观点可以预见,低碳技术通过人类来实现其目的的过程中是否会变相控制与反噬人类、人类的主体性是否还能继续保持、低碳技术是否会借助人类这一渠道更为无约束地释放自己的能量,这也是一个值得深思的伦理问题。技术哲学家林克·汉斯认为,责任具有不同的层次,而技术责任者也存在多元结构的问题,因此没有任何一个主体有能力去承担全部技术责任。低碳技术在其使用过程中所造成的伦理道德问题不会因为低碳技术的初衷是为了解决生态问题便不会出现,"好心办坏事"总是会不断出现,动机论与结果论的矛盾和张力总是存在。

(十)非技术因素是重要制约

(1)新能源开发受生态环境和国土空间开发等政策影响,项目落地难。新能源汽车充电基础设施建设相对滞后,公共桩布局不够合理,利用率偏低,电池回收利用政策法规和回收体系还不健全。尽管国家出台了节能环保专用设备、资源综合利用产品等相关税收优惠政策,但在一些地方操作层面难以落实,导致政策激励不到位、企业积极性不高。此外,绿色低碳技术创新还需考虑安全性问题,如大规模的新能源并网可能对电网安全产生影响,氢能制储运用各环节存在安全风险等。

（2）市场规范不足，培育滞后。环保市场竞争激烈，加之部分环境治理领域准入门槛不清晰，导致劣币驱除良币的现象；同时尽管近年来公众环保认知不断提升，但在使用绿色技术、购买绿色产品的费用相对较高的情况下，市场推广仍相对困难，需要借助宣传介绍手段培育市场需求。

（3）协同平台不足，专业人才缺乏。目前，产学研模式在技术创新方面起到了较大作用，但在技术推广方面产业链上下游各推广主体合作不足，不少技术如垃圾再资源化涉及上下端多个产业门类，单一企业的力量推动困难，同时懂政策、懂技术、懂产品、懂营销的专业推广团队也相对缺乏。

四、国外低碳技术发展现状与实践

（一）全球绿色低碳技术发展形势

目前，欧美等主要发达国家都已宣布碳中和计划，并发布相关战略规划，支持绿色低碳技术发展。除不断加大绿色低碳技术研发投入外，各国政府还运用碳交易、碳税和环境法规等多种政策工具，推动激励绿色低碳技术创新，促进经济社会系统转型，加剧国际绿色低碳技术竞争。

1. 欧美等国家或地区发布战略规划，构建绿色低碳技术体系

美国、欧盟、英国、日本等主要国家均已宣布碳中和计划，并明确了时间表与路线图，通过积极部署"净零战略""碳中和战略"等，确定绿色低碳技术发展方向。能源领域，推动化石能源向新能源转型，主要包括风能、太阳能、生物质能、先进核能、低碳氢能、储能等重点技术；工业领域，推动低碳工艺再造和负排放改造，集中在能效提高、电气化、新型过程工艺、二氧化碳捕集、利用和封存等重点技术上；交通运输领域，推动公路客运电气化，包括新能源汽车、低碳替代燃料、先进基础设施建设等技术；建筑领域，推动电气化和节能改造，包括可再生能源供热供电、低碳改造、能效提高等技术。

2. 加大研发投入，发展关键绿色低碳技术

主要国家加大在清洁能源领域的研发投入，重点发展CCUS、储能和氢能等关键技术。根据国际能源署（IEA）的数据，2015—2021年全球清洁能源投资从6 300亿美元增加到7 530亿美元，增长19.68%，其中，电池存储和CCUS技术研发投入都增长3倍多；政府能源方面的研发投入也从2015年的269亿美元增加到2020年的317亿美元，增长18%。与此同时，清洁能源研发投入占比在美国、日本、德国、英国、法国等已高达93%以上，且同时间段增长了近30%。其中，电池存储技术的政府研发投入增长普遍在50%以上，德国、日本和英国对氢能和燃料电池的研发投入分别增长了181%、131%和157%。全球风险资本对清洁能源技术初创企业的投资也在迅速增加，2015—2020年，对低碳交通、氢与储能相关的初创企业的投资增长了2倍，同时对传统能源初创企业的投资在萎缩。

3. 政府运用政策措施，促进绿色低碳技术创新

欧美等国家或地区通过运用多种政策工具，推动绿色低碳技术开发创新。欧盟国家通过温室气体碳排放税、碳交易计划、技术标准等政策，形成有效的激励机制，大力推动风能、太阳

能等绿色低碳技术发展创新。美国通过研发投入、政府采购、节能补贴等政策组合,推动清洁技术创新发展,例如,2022年2月,拜登政府投资95亿美元用于建立清洁氢区域中心和清洁氢电解技术研发;启动联邦政府"Buy Clean"采购行动,在政府采购中优先购买低碳、清洁技术与产品;开展低碳清洁设备和供应链建设;等等。

4. 国际绿色低碳技术竞争加剧

近年来,欧盟不断谋划推出碳边境调节机制(CBAM),根据进口商品隐含的温室气体排放量对其征收关税或采取其他的价格调节措施,并计划在2025年的过渡期结束后于2026年全面实施。同时,美国拜登政府上台以来积极与欧盟接触,在钢铁和铝的国际贸易中进行协商合作,将应对气候变化议题纳入贸易政策和标准体系中,意图对"脏钢"(生产过程中碳排放高的钢铁)实施贸易限制。美国和欧盟运用国际贸易手段推动全球制造业脱碳,将对发展中国家的绿色转型造成压力,国际绿色低碳技术竞争将进一步加剧。

(二)国外绿色低碳技术案例

绿色低碳技术是推动社会经济发展绿色转型的重要支撑。绿色低碳技术是推动绿色发展的基础性要素。历史上占全球主导地位的绿色低碳技术案例主要来源于美国、欧盟、日本、韩国等少数发达国家和地区。发达国家和地区绿色低碳技术的发展具有相对明显的阶段性,在20世纪80年代之前,为应对快速工业化导致的环境污染问题和环境公害事件,当时的绿色低碳技术主要以大气、水、土壤等环境治理的清洁技术为主。21世纪以来,随着气候变化议题热度的提升,循环技术和气候变化治理等绿色低碳技术也得到进一步发展。

1. 欧盟可再生能源发展

加快发展可再生能源、减少化石能源消费比重,是降低传统大气污染物和碳排放的治本之策。欧盟是促进可再生能源技术开发和应用的典型代表,通过技术推动和需求拉动政策联用,建立起可再生能源技术创新和推广的领先优势:一是制定了综合性战略、技术支撑平台和框架资助计划。1996年,《未来的能源:可再生能源》绿皮书明确了欧盟提升可再生能源份额的总体思路。之后《可再生能源电力指令》《2050能源路线图》《2030年气候与能源政策框架》等综合性战略计划,提出了再生能源份额的具体目标;2015年,新版"战略能源技术计划"(SET-Plan)更为关注技术研发与部署,提出在高性能可再生能源技术集成、降低可再生能源关键技术成本等方面优先行动。同时为落实综合性战略,欧盟组建了光伏、风能、可再生能源供热与制冷等一系列技术创新平台,并通过第七、第八、第九框架计划投资落实。二是实施配额交易(绿色证书)等机制,倒逼可再生能源技术拓宽市场应用。目前,绿色证书和可再生能源固定电价制在欧洲国家或地区运用最为广泛,绿色证书机制通过强制设定可再生能源发电数量来扩大相应的发电技术应用范围,并利用配额交易来降低技术更新成本。三是支持以消费者为中心的可再生能源转型。欧盟政策尤为重视消费者的意愿,如通过改善跨境交易、热能计费来鼓励消费者通过分布式发电生产能源,从而使屋顶发电等技术更快地被公众采用。欧盟在可再生能源领域一直谋求全球领先地位,但按部分国家和地区呼吁的2050年实现100%可再生能源方案,高温固态电解、氢燃料汽车等关键技术仍待重大改进。

2. 美国绿色建筑产业化

建筑是能源消费和碳排放的重要载体,除建筑运转能耗外,考虑到建材生产、建造能耗,建筑能耗和碳排放将达到全社会总量的一半以上。2000年以来,美国获得绿色建筑认证的物业每年以约50%的速度增长。美国的绿色建筑技术推广与产业化息息相关,具体举措可归纳为:一是注重认证标准和建筑标识体系的应用。美国绿色建筑协会推行的绿色建筑评估体系(LEEDTM)是全球最富影响力的绿色建筑评价标准,而"能源之星"计划扩展至建筑领域后,已成为美国最广泛的建筑节能产品标杆和自愿性能效标识。二是充分发挥财政杠杆作用,包括提供固定的财政预算支持,设立专项资金,推动可更新能源和能效技术应用,建立节能公益基金等。三是通过税收减免对建筑建造及其设备选择进行引导。税收减免惠及新建建筑、商业建筑改造、住户或家庭节能改进等方面。四是培育绿色建筑市场并辅以碳市场补偿,采用示范项目带动,提高建筑标准,倒逼加快绿色建筑产业市场形成,同时通过自愿碳市场的补偿作用,提高相关主体的积极性。但是,也有研究指出,由于绿色建筑属于体验商品,信息难以观察,且其对社会的正外部性难以定价。美国在绿色建筑建设方面也存在市场失灵,导致整体供给不足;同时,绿色建筑评价方法上的差异和政策的变动都可能使绿色建筑的业绩难以衡量而影响投资,这种对绩效指标的现实需求和一些新兴的评价方案也可能会造成未来的政策结构的改变。

3. 日本琵琶湖治理

近年来,我国城市和工业点源水污染治理推进迅速,但难以工程化措施治理的农业面源污染问题日益凸显,不少江河流域依然面临水环境治理的艰巨任务。琵琶湖是日本第一大湖泊,其在严重富营养化后经过了40多年的水质恢复历程。在琵琶湖治理中支持技术推广的成功举措在于:一是形成了覆盖全面、相互促进的技术集成体系。琵琶湖治理技术涵盖农业生产管理、工程建设、污水处理和信息化技术,特别是水资源监控、水质预测等信息化技术为政策的及时干预和治理技术选择提供了决策工具。二是严格立法和提高治理标准,先后制定了《琵琶湖富营养化防治条例》《湖沼水质保护特别措施法》《琵琶湖保护与修复法》等法律法规,并对城乡生活污水、养殖业和水产污染源实行了高于国家要求的排放标准。三是加强资金保障和利用经济刺激手段。中央和地方财政分担,专门设立琵琶湖管理基金、研究基金,建立水源区综合利益补偿机制;对田间管理技术,若农民采用环境亲和生产技术,则可申请生态农民认证并获得农业改善基金的无息贷款和特殊税收抵免,琵琶湖所在滋贺县的生态农民数量已居日本各县前五名;同时依据技术经济分析,积极推广农业用水收集及集中预处理技术,降低治理成本。四是开展宣传教育和引导利益相关者参与。1980年,日本就开展了"琵琶湖ABC运动",建立环境教育基地,在2017年制定的《琵琶湖保护与修复措施规划》中也强调要加强地方公共团体、企事业单位、居民联动和实施体验型环境教育,以宣传琵琶湖保护和治理的重要性,并将政府作为协调员,促进主要利益相关者之间的协作。

4. 欧洲生态工业园建设

生态工业园是工业生态学的具体实践,其通过上下游企业产品、废弃物的关联,形成产业共生、资源循环的园区发展模式。欧洲各国生态工业园建设使循环技术有了用武之地:一是通过社会资本和促进互信,实现循环技术推广和实用化。生态工业园的建设存在技术、信息、缺乏可靠市场和监管障碍,由于工业共生体系下企业因物质流而相互锚定,企业间需要充分共享技术流程和数据信息,信任和互惠显得尤为关键。例如,丹麦的卡伦堡属于自发型生态工业园,企业间出于"熟人"层面的信任签订双边合同,自发互换废料,形成产业共生体系,同时成立共生协会,实现园区与外界的有效沟通。二是通过统一规划和政策引导,组建生态工业园。如英国、法国、荷兰、芬兰等国,以地方政府为管理主体,基于园区整体规划,打造生态工业园区,畅通园区内企业交流,从而从顶层设计给技术推广构筑良好载体。三是通过强化内部管理和区域合作破除技术推广障碍。西班牙、荷兰、瑞典、德国等6国共同制订了Ecopadev计划,用于协调生态工业园在欧盟各国内的联合发展。其一方面调解城市、园区中各主体的"利益冲突";另一方面建立相对稳定的国际合作平台及机制,并帮助地方政府开展循环发展宣传。此外,也有研究认为不能过分强调环境规制在生态工业园建设中的作用,其甚至可能成为工业共生的障碍,例如,卡伦堡对技术方面不强制实施技术标准,而是要求企业提供持续改善环境绩效的计划。监管框架的灵活性鼓励工业共生体系的发展。

整体而言,发达国家和地区较早启动了绿色技术研发并多渠道开展技术推广工作,形成了一些值得借鉴的经验模式。谋划战略规划、制定引导政策和法律规范、推动建立行业标准、提供财税优惠和平台技术支持、激活中介组织和公众力量、协助培育开发市场是各国的共性选择。

第三节 低碳技术发展对策

随着我国碳达峰、碳中和战略纵深推进,以绿色低碳技术作为核心支撑实现"双碳"目标的主体思路基本形成。从当前全球绿色低碳技术的发展形势来看,欧美等主要发达国家或地区都已宣布碳中和计划,并发布相关战略规划,支持绿色低碳技术发展。除不断加大绿色低碳技术研发投入外,各国政府还运用碳排放交易、碳税和法规等多种政策工具,推动激励绿色低碳技术创新,促进经济社会系统转型,加剧国际绿色低碳技术竞争。我国目前绿色低碳技术发展的理论支撑不足、构建思路不明确,与欧美等发达国家或地区相比,整体技术水平仍有明显差距,创新路径不明确。我国要推进绿色低碳技术体系构建,需自上而下地构建绿色低碳技术体系长期发展的理论支撑、自下而上地构建绿色低碳技术体系思路,并以不同发展需求构建绿色低碳技术体系。

绿色低碳技术的发展对于"双碳"战略目标的实现和人类文明发展都具有重大意义。以科学技术进步带来的工业革命、科技革命和能源革命,驱动人类社会文明实现了跨越式发展。前三次变革可以看作人们顺应科技进步带来的必然结果,而此次"双碳"战略,是人们通过总结历次工业、科技、能源革命的经验和大力发展科技,首次主动寻求社会文明向更高阶形态的转型,而绿色低碳技术创新是实现的基础和关键。中央文件多次提出加快绿色低碳科技革命。随着我国"双碳"战略不断向纵深推进,完善绿色低碳科技革命理念、构建绿色低碳技术体系和创新发展路径,将为"双碳"目标的实现提供有力支撑。

一、绿色低碳技术体系构建总体思路

(一)自上而下地构建绿色低碳技术体系长期发展的理论支撑

我国应以科技创新为引领,完善科技创新体制机制,进一步将绿色低碳科技革命理论化,

支撑构建绿色低碳技术体系发展的新思路;结合国家重要文件内容,将绿色低碳科技革命理论化,统筹引领绿色低碳技术体系的技术变革、绿色低碳政策体系的体制机制变革、绿色低碳技术创新动力的基础研究变革、绿色低碳技术应用发展的产业变革。在绿色低碳科技革命框架下,将绿色低碳技术体系作为核心主体,通过与体制机制、基础研究、产业等相互协同推动,构建自上而下的发展思路。

(二)自下而上地构建绿色低碳技术体系思路

1. 以碳排放主要来源行业构建绿色低碳技术体系

目前我国是世界第一大碳排放国,2020年全国温室气体排放量约为125亿吨。根据IEA数据,2021年,我国碳排放持续增加,实现"双碳"目标需要以碳减排为主体构建绿色低碳技术体系。从行业碳排放看,我国能源和相关工业占全国碳排放总量的90%;从碳来源看,我国煤炭、石油、天然气等化石燃料燃烧占能源和相关工业碳排放的90%,其中,煤炭是主要碳来源,因此,应以化石能源为主体,以能源、工业为主线,从能源供给端、过程排放端、末端三个方面构建绿色低碳技术体系。

2. 以碳排放间接来源行业构建绿色低碳技术体系

交通、建筑等行业通过用能产生了较多的间接碳排放,因此相关领域的减排技术也是构建绿色低碳技术体系的重要组成部分。交通行业减排技术包括:一是道路减排技术,包括新型动力电池技术、下一代先进电池技术(固态电池)、燃料电池技术、道路电气化系统技术;二是航空航运减排技术,包括低排放燃料替代、氢航空发动机技术、氨船舶内燃机技术、电动驱动技术等。建筑行业和居民生活减排,包括零碳建筑体系技术,高效热泵、生物或氢能锅炉等新型供暖技术,由光伏、储能、电动车、电网构成的建筑物分布式发电技术等。

3. 以宏观视角构建绿色低碳技术体系

实施"双碳"战略,推动社会系统性变革,将彻底改变以化石能源和重工业为主体的生产结构,推动未来向可再生能源为主体的能源系统和绿色产业转型,因此,人工智能、大数据等新一代信息技术也将成为绿色低碳技术体系的重要组成部分。一是碳中和情景下能源系统高度复杂,供能系统由以化石燃料为单一主体,向风能、光伏、水力、生物质能等可再生能源和核能等新能源多主体转型,生产生活方式和用户端也将发生连锁转型,供能系统将由现在的二维平面模式向三维立体转型,复杂体系下需要人工智能等技术作为有力支撑。二是碳中和情境下社会整体高效运转,由可再生能源和储能构成的新型电力系统将成为标配,但可再生能源系统具有较差的稳定性、连续性,同时储能的建设规模和容量也受到技术成熟度、关键资源储量和经济成本等因素限制,不可能无限发展,因此碳中和情境下社会将以更加高效节能、精确和经济的方式运转,同时需要更先进的数据、信息等提供保障。三是碳中和情境下社会体系密切协同。随着分布式发电、零碳建筑体系、电动汽车、新型电网等快速发展,将不再限制能源供应和需求的身份。电动汽车、建筑物不仅是能源消费者,也是能源提供者,碳中和情境下将解锁供能、终端、电网之间的单向联系,建立更加密切协同的数字化、智能化互动体系。

(三)以不同发展需求构建绿色低碳技术体系

一是碳达峰碳中和视角,碳达峰阶段以二氧化碳为目标的减排技术构成绿色低碳技术体系的主体,碳中和阶段将是面向全体温室气体,甲烷、氧化亚氮等非二氧化碳温室气体减排技术也将作为重要组成部分。二是应对气候变化视角,短期发展需求包括缓解、适应气候变化技术等;长期发展目标需要考虑气候工程技术,包括太阳辐射管理技术、二氧化碳消除(CDR)技术等。三是高维度立体发展视角,构建绿色低碳技术体系不同发展等级,将当前技术体系发展设定为1.0阶段,以2.0、3.0等不断升级的思路重新定义未来"低碳、零碳、负碳",实现绿色低碳技术体系化长远高维度发展。

二、加强配套和共生技术的发展,提高低碳技术的系统性

配套技术和产业化共生技术平台对一项新技术从实验室成功过渡到市场至关重要。建议针对我国的关键低碳技术和产业制定详尽的发展路线图,对该项技术以及产业在其生命周期重要阶段所需的材料技术、配套技术和其他设备进行综合分析和前瞻性研究,有针对性地进行系统研发或国际技术合作,避免在技术形成或者成果转化过程中因为一个局部环节的不足限制了整个产业的发展。在这个过程中,我国要高度注意专利池的构建,从对配套技术的专利保护入手,将产业发展所需的相关专利纳入专利池,围绕核心技术,形成产业技术保护环,为我国低碳技术和产业发展争取最大的空间;搭建共性技术平台,培育创新主体;以市场为导向,鼓励绿色低碳技术研发,实施绿色技术创新攻关行动,在绿色低碳领域培育建设一批制造业创新中心、工程研究中心等创新平台,着力解决跨行业、跨领域的关键共性技术问题;强化企业创新主体地位,支持企业整合高校、科研院所、产业园区等力量,探索联合开发、利益共享、风险共担的模式,攻克一批绿色低碳基础技术、前沿技术和关键共性技术;支持行业龙头骨干企业围绕绿色低碳重大关键核心技术开展产业应用示范,突破应用一批具有推广前景的变革性绿色低碳技术。

三、科学设计发展路径,解决技术、成本和信息问题

我国要多角度区分低碳技术类型,根据不同类型特征和发展需求,提出相应的发展战略,解决技术、成本和信息等问题,如从国内外技术差距入手,将低碳技术分为追赶型技术和引领型技术。对于中国尚无完整研发支撑体系或自主研发在时间上已经无法满足产业需求的技术,国外在这方面已经较为成熟。国内外技术成熟度差距较大的低碳技术,主要以引进—消化—吸收为主,辅以本土化应用研究;对那些和国外先进技术几乎处于同一起跑线的技术,或者国外将来可能实行技术封锁的技术,集中力量进行核心技术的创新和研发工作,加强相关技术的专利池建设,以利于该产业的形成和发展,占据国际有利位置;在中国与合作方都有巨大的潜在市场时,科研投资过大的战略储备技术或中国有一定研究基础的技术,可将联合开发作为主要途径。

从成本和信息问题入手,低碳技术可以分为独立技术和合作技术。对那些研发成本较低和技术转化时存在较少隐性知识和商业秘密的低碳技术,以我国独立研发为主;对那些成本高昂或者我国在引进时存在信息障碍的技术,可以通过联合研发、鼓励这些先进技术在我国建立示范工程项目的方式,解决成本问题,突破信息障碍。通过这种方式,我国能够获得项目的早期市场经验,有利于在技术扩散过程中快速消化、吸收和本土化运作。

四、优选低碳技术发展的制高点和切入点

我国应推动数字化赋能绿色低碳改造,深挖节能降碳潜力;推动钢铁、有色金属、石化化工、建材等行业,进一步提升改造企业能源管控平台,鼓励企业以能源管控平台为基础,建设数字化碳资源管理平台,开展碳核算、碳足迹评价等;支持机械、汽车、船舶、轨道交通、航空航天等装备制造企业,开展绿色设计平台建设示范,提升产业链绿色低碳水平;支持轻工、家电、纺织、食品等消费品行业,充分发挥数字技术在个性化定制、柔性生产、产品溯源等方面的优势,建立完善全生命周期绿色供应链管理体系。低碳技术的发展战略必须考虑三个重要因素:一是本国技术水平在世界同类技术中所处的位置;二是技术应用前景;三是本国的资源优势和经济实力,如 CCUS 项目由于成本和技术不确定性问题,没有得到足够的重视。事实上,我国以煤炭为主的一次能源结构,决定了 CCUS 是实现我国低碳目标不可或缺的关键技术手段之一。目前,CCUS 技术整体上还没有在世界范围内商业运行,这既是挑战又是机会,如果我国目前能够投入资金,集中科研力量,抓紧研发,充分利用技术和资源优势,就可以抢占技术和产业先机,在未来全球 CCUS 市场上占据重要地位,为全球可持续发展完成极为重要的技术储备。

五、绿色低碳技术体系创新路径

我国积极推动实施"双碳"战略。绿色低碳技术呈快速发展态势,2015—2019 年,我国用于相关技术研发的公共支出增长了约 70%。同时我国的绿色低碳技术体系不断扩大,国内齐全的工业门类和规模庞大的市场促使绿色低碳技术向高度多样化发展。因此,结合我国绿色低碳技术体系的构建和发展特点,合理制定创新路径,将为实现"双碳"战略目标提供有力支撑。

第一,实施以绿色低碳科技革命为统筹的系统创新路径。在绿色低碳科技革命理论下,建立绿色低碳技术体系、体制机制、基础研究、产业的系统性创新路径,一是围绕绿色低碳技术体系,开展基础研究和应用基础研究,用于持续支撑前瞻性、战略性技术;推动建立绿色低碳产业创新中心,促进绿色低碳技术成果转化和规模化应用;完善绿色低碳体制机制创新,形成激励约束的政策体系,并整体协同,实现体系化的创新路径。二是围绕"双碳"战略的阶段目标和技术发展特点,将国家重点实验室、企业、高校和科研单位等根据需求形成不同的创新主体,并实施细分的创新路径。三是对绿色低碳技术体系进行多维度分析,分别对技术规模化程度(单元化、模块化为标准)、碳资产密集度(碳排放强度、资产周期、碳长期锁定为标准)等进行分类,针对不同的绿色低碳技术特点设计具体的创新路径。

第二,以国有企业为创新主体,推动主体绿色低碳技术体系创新。国有企业在我国能源和工业中处于主导地位,是推动相关绿色低碳技术创新的最重要力量。利用国有企业在资金、技术、产业上的优势,可以形成针对能源、钢铁、化工、水泥和有色金属等相关行业绿色低碳技术的创新路径。

第三,以民营企业为创新主体,推动新兴绿色低碳技术创新。民营企业具有较高的转型灵活性和市场敏锐性,对新兴技术创新起到重要作用。目前,我国在太阳能光伏、新能源汽车、动

力电池等新兴技术领域具有一定的国际优势,而相关领域的技术创新主要依赖于民营企业。新兴绿色低碳技术一般规模化程度较低,大多处于示范阶段或者商业应用早期,例如,新能源、高效热泵、数字化智能化等技术。民营企业创新活力高,推动其成为创新主体,利用其在政策制定灵活性、人才聚集和较高效率等方面的优势,可以有效推动同类型绿色低碳技术创新,加速创新进程。

第四,建立工业创新平台,推动碳中和关键技术创新。在绿色低碳技术体系中,电气化、CCUS、氢能、生物质能等技术可以在能源、工业、交通、建筑、居民生活等多个领域实施运用。目前该类技术处于早期发展阶段,但在碳中和阶段将发挥重要支柱作用。利用该类型技术多行业适用的共性特征,建立工业创新平台,通过有效共享基础设施、研发数据和进行规模化应用试验,打造同类型技术开发创新路径,促进碳中和关键技术创新发展。

六、进一步完善碳中和技术

目前,碳达峰、碳中和的技术主要分为三类:减碳技术、零碳技术、负碳技术。减碳技术主要涉及燃料替代、工艺替代与优化、生产效率提升、资源和能源回收利用等技术,主要应用于钢铁、电力、水泥、化工、交通、建筑等行业。在零碳技术和负碳技术尚未实现突破、推行成本依然较高的情况下,相对成熟的减碳技术仍然是目前实现碳减排的重要途径。我国工业部门近期应坚持以成熟的能效提升技术为主,中长期应以低碳技术创新为核心,同时积极推动传统的高碳产业在与战略性新兴产业、高端制造业以及现代服务业相互融合的过程中实现低碳化改造。

零碳技术主要指零碳排放的清洁能源技术,一方面,通过加大研发投入,提高零碳技术的生产效率,降低经济成本;另一方面,传统工业行业也要积极开展零碳技术研发、改造,如钢铁行业研发绿氢炼钢工艺、水泥行业利用绿氢替代传统化石燃料、化工行业大力发展氢化工等。负碳技术是指从尾气或大气中捕获、封存、利用、处理二氧化碳的技术。负碳技术又可分为两类:一是增加生态碳汇类技术,利用生物过程增加碳移除,并在森林、土壤或湿地中储存;二是二氧化碳的物理和化学捕集、封存、利用、转化等技术。目前,"碳中和"创新在国际上属于全新的低碳发展创新,"碳中和"技术目前在我国还是处于初始阶段,需要政策的支持和创新推广,才有可能具备可行性。碳中和目标将对中国的经济产业体系、资源产业布局、技术创新体系、整体生态环境等方面产生深远的影响。因此,未来面向碳中和的政策体系需要充分考虑环境、技术、经济和社会影响,明确碳达峰与碳中和的关系,识别真正气候友好的清洁技术创新,将碳中和纳入生态文明建设的整体布局之中。

(一)碳中和技术体系概述

碳中和愿景的技术体系主要由零碳电力系统、低碳/零碳化终端用能系统、负排放以及非CO_2温室气体减排技术四大类技术构成。其中前三项是CO_2净零排放技术体系的重要支撑。其中,电力系统的快速零碳化是实现碳中和愿景的必要条件之一,其重点是以全面电气化为基础,全经济部门普及使用零碳能源技术与工艺流程,完成从碳密集型化石燃料向清洁能源的重要转变,这既需要大力发展传统可再生能源电力(如风能、光伏、水电),还要大幅度提高地热、生物质、核能、氢能等非传统可再生能源在供能系统中的比例,为了支撑这类高比例的可再生能源供电,需要匹配强大的储能系统和智能电网,从而完成能源利用方式的零碳化。

（二）新型电力系统

能源系统尽快实现零碳化是我国碳中和愿景的必要条件之一，这对新型电力系统提出了更高要求。工业、交通、建筑等多部门实现碳中和均依赖新型电力系统，在各部门全面电气化的基础上全经济部门需要普遍使用零碳电力，完成能源系统从碳密集型化石燃料向清洁能源的转变，从而实现能源利用方式的零碳化。在我国实现碳中和的达峰期、平台下降期及中和期三个阶段，新能源技术均将承担重要角色。2030 年前达峰期需推广节能减排技术、可再生能源技术；2050 年前平台下降期主要减排手段集中为脱碳零碳技术规模化推广与商业化应用，脱碳燃料、原料和工艺全面替代；2060 年前中和期中，脱碳、零碳技术将进一步推广，全面支撑碳中和目标实现。新型电力系统包括三个部分：零碳电源、新型储能、智慧电网与智慧微电网。双碳愿景下的新型电力系统包括以可再生能源（光伏、风能、水力、生物质等）为核心的零碳电力生产端、以新型储能技术为支撑的零碳电力使用端和以智慧电网为核心的零碳电力输配端。同时，新能源汽车、物联网、人工智能等多个战略性新兴技术产业也将共同支撑新型能源体系安全稳定运行。由于未来零碳新能源的分布式特性，储能系统、电网及电源结构将会发生根本性的变革。着眼于"双碳"愿景，氢储能、氨储能、电化学储能三种储能方式被认为是未来需要持续发展的技术。不同储能方式在储能时长、储能效率、储能规模上各有所长，长时储能技术在未来储能技术路线竞争中价值会逐渐凸显。

（三）低碳与零碳终端用能技术

实现双碳战略目标不仅需要能源来源的低碳化，而且需要终端使用侧做出脱碳努力。低碳、零碳的终端用能技术分为五大类：节能、电气化、燃料替代、产品替代与工艺再造，以及碳循环经济。节能技术几乎适用于所有终端用能部门，这类技术可以通过提高能效、调整结构和转变生活方式，在保证人们生活水平的前提下实现脱碳。交通部门的节能主要包括传统燃油载运工具的降碳技术、运输结构的优化调整、运输装备和基础设施用能清洁化等。工业生产过程中节能技术涉及范围较广，相关技术繁多，总体上是通过实现换热流程优化、设备效率提升、数字化转型来提高系统能源效率。电气化是实现碳中和的重要推动力，是配合低碳或零碳能源供应实现能源系统碳中和的重要工具。新型燃料替代是终端用能领域实现零碳化必不可少的技术。氢能可以用于燃料替代，以应对减排难度最大的 20% 温室气体排放。生物质从全生命周期的角度看具有近零碳排放的属性，具有良好的气候效应。产品替代与工艺再造是适用于工业部门的低碳终端用能技术。产品替代主要体现在混凝土和钢铁等建筑材料方面。另外，通过智能化、新技术、新装备及具有颠覆性的节能工艺等工业流程再造技术研发，可降低工业生产的能耗，提高能源和资源利用率，有效降低碳排放。循环经济是以再生和恢复为基础的经济模式，其目标是让经济增长不再依赖有限的资源，转而打造更加坚韧、可持续的经济社会系统。

（四）负排放技术

负排放技术又称为碳移除技术（Carbon Dioxide Removal，CDR），是实现"1.5℃目标"不可或缺的关键技术。随着碳中和概念的提出和地球碳循环宏观视角的扩大，负排放技术也逐渐被用来总括所有能够产生负碳效应的技术路径，主要包括陆地碳汇和 CCUS 技术。陆地碳汇是重要的基于自然的解决方案（Nature-based Solutions，NbS），按照介质分为林地、草原、农田和湿地碳汇。CCUS 技术一直被认为是实现化石能源真正清洁利用的唯一解决方案。

CCUS 技术的主要原理是阻止各类化石能源在利用中产生的 CO_2 进入大气层。在碳中和目标下，化石能源在能源消费体系中面临大幅度下降，最终将保留一定的占比，以支持电力系统稳定、难脱碳工业部门和其他部门的应用等。这部分化石能源的利用需要匹配 CCUS 技术以保证其净零排放的目标。CCUS 技术作为一项可以实现化石能源大规模低碳利用的技术，是未来我国实现碳中和与保障能源安全不可或缺的技术手段。生物能源、生物质能及碳捕获与储存技术（BECCS）和 DACCS 技术是以传统的 CCUS 技术为基础发展而来的负排放技术，BECCS 是通过生物能源在生长过程中的光合作用捕集和固定大气中的 CO_2，DACCS 则是利用人工制造的装置直接从空气中捕集 CO_2。由此可见，相比传统的 CCUS 技术，BECCS 和 DACCS 能够实现大气中 CO_2 浓度的降低，是真正实现"负排放"的技术手段，且捕集装置的分布地点可以更加灵活、便捷。

七、完善绿色低碳技术体系的配套措施

以习近平新时代中国特色社会主义思想为指导，深入贯彻习近平生态文明思想，全面贯彻新发展理念，以系统观念统筹推进"双碳"各项工作，进一步丰富绿色低碳科技革命内涵，形成理论化指导思想，加快推动绿色低碳技术体系构建和实施创新路径，确保如期实现"双碳"战略目标。

第一，加强顶层设计。完善并出台《科技支撑碳达峰、碳中和行动方案》《碳中和技术发展路线图》，同时明确三个定位：一是绿色低碳技术体系定位，明确绿色低碳技术体系范畴，并以此推动相关技术标准、评估、交易和认证体系的建立，同时进一步明晰绿色低碳产业，完善技术、产业、政策体系整体框架；二是技术需求定位，根据 2030 年前实现碳达峰、2060 年前实现碳中和的目标，梳理不同阶段发展的技术需求，指导优化绿色低碳技术发展路线；三是创新主体和路径定位，根据阶段目标和技术需求，进一步明确国家实验室、企业、高校、科研单位的创新主体情景，以此指导具体的绿色低碳技术的创新路径，切实有效推动"双碳"战略向前开展。

第二，加强创新能力保障。面对新发展理念下绿色低碳技术体系创新，应从三方面加强能力保障：一是强化基础研究，组建绿色低碳技术相关国家实验室，统筹科研院所和高校资源，为技术创新和解决技术应用提供支撑；二是创新技术发展模式，整合企业资源和技术优势，组建新型工业创新平台，鼓励数据和相关设施开放共享，对碳中和关键技术，能源、工业、交通和建筑等行业减排的共性技术进行专项攻关，推动绿色低碳技术实现重大突破；三是加强相关人才培养，建议高校以新能源、储能、氢能、碳汇等方向结合化学、物理、材料、环境等学科基础，增加"碳科学"相关建设，同时在研究生教育阶段鼓励自然科学与社会科学的交叉融合研究，培养未来"双碳"战略所需复合型人才。

第三，加强政府和市场双轮驱动。进一步完善能耗"双控"制度，加快推动国有企业和私企绿色低碳转型进程，完善碳排放总量和强度"双控"政策，构建统一的碳排放核算标准，发挥碳交易作用，通过碳市场定价，增加企业排放成本，鼓励绿色低碳技术应用和开发，形成有效的激励约束机制；制定财税、价值、投资、金融等政策，进一步释放市场活力，引导和鼓励私营企业积极参与技术创新，同时发挥国有企业的资金、技术和平台优势，共同推进绿色低碳技术发展和

实现"双碳"目标。

第四,完善保障机制。一是制定脱碳、零碳和负排放技术发展路线图。二是加大对优势科研机构和团队的支持力度,建立稳定的支持机制,完善技术创新攻关主体布局,设立国家重点实验室和技术创新中心,建设科技信息资源平台。三是加强创新政策与金融市场工具的协同。结合国家碳市场建设、绿色金融体系构建等工作,以良性机制实现碳减排交易和绿色减排技术应用协同推进,以市场化手段鼓励节能和低碳创新型企业发展。四是推动脱碳、零碳和负排放技术标准的建立与更新,关注与国际主流标准的对比、转化和衔接,避免未来碳关税的潜在负面影响,加强技术成果的转化、应用与推广。

双碳目标的实现离不开社会的良性互动,政府、地方、企业、个人分别在迈向双碳愿景进程中具有至关重要而又各有侧重的作用。因此,面向不同主体的政策类别构成了双碳愿景下的政策体系,在国家层面应建立健全相关法律法规。双碳愿景下的长期深度减排是我国未来发展的必然趋势,有必要通过立法手段为减排政策的长效实施提供法律基础,增强执行力度。当前,气候立法正逐渐成为国际碳中和行动的重要组成部分。

双碳目标将重塑我国经济和产业体系。双碳目标给中国提供了这样一个换道超车、拓展产业竞争力的重大机遇。在新能源、电动汽车、零碳工业等领域,我国已经有了很好的技术和市场基础,部分领域已经具备领先优势。因此,如果能够抓住机遇,在这些新兴科技产业领域迅速崛起,我国就能够脱离原有落后产业竞争不利的格局,占据全球主导产业。总体而言,全球产业格局将发生深刻调整,在产业链的细分领域将产生众多的新兴产业,创造大量的就业机会,形成新的行业标准,创造新的合作机会,构造新的世界产业格局。传统能源和重工业产业将面临较大的挑战,绿色低碳转型势在必行,新兴绿色低碳技术产业将成为未来提高长期经济竞争力的关键所在。

新冠疫情发生以来,世界经济遭受重创,许多国家经济增长停滞并出现了负增长。根据世界银行数据,2020年全球GDP相比2018年和2019年分别下降了1.81%和3.27%。近年来,极端气象灾害事件明显加剧,应对气候变化威胁成为世界各国面临的重要任务。2021年11月,第26届联合国气候变化大会(COP26)在英国举行,会后签署了《格拉斯哥气候公约》,公约表明人类活动已经造成全球平均升温相比工业化前水平高出约1.1℃,并且升温趋势仍将持续。中国积极应对气候变化,努力推动双碳战略,展现大国担当。但国家间围绕气候变化的博弈也加速形成,欧美等发达国家或地区积极构建联盟体系,依靠在科技、工业、标准、政策方面的先发优势,实现高科技供应分层,塑造全球科技发展框架体系,在新一轮产业革命和绿色低碳转型中对中国实施科技牵引策略,保持竞争优势。

随着国际科技竞争与合作的不断深入,科技竞争将由显性化逐渐向隐性化发展,科技牵引策略将作为一种新的科技竞争形态出现。欧美等主要西方国家为在新一轮绿色低碳转型中获得全球领导权,在中国双碳战略实施过程中通过基础研究积累、战略路径设计、技术发展路线、标准制定等科技优势和建立的国际权威,影响和左右中国绿色低碳转型路径和关键绿色低碳技术发展方向。"科技牵引"策略主要针对中国实施双碳战略的绿色低碳领域,欧美等国家或地区虽不具备全面的科技领先优势,但仍具有优势,通过科技牵引迟滞中国的绿色低碳转型进程,具有一定的隐性化特征。面对气候博弈下的绿色低碳科技竞争,始终保持实施符合中国国情的双碳战略定力,正确认识和深刻把握双碳战略,坚持科学决策依据,坚定以科技创新推动绿色低碳转型向纵深推进的信心和能力,破除欧美国家的科技牵引,同步实现双碳战略和高水平科技自立自强。借助金砖国际组织、上合国际组织、"一带一路"倡议有关国际组织等,主导建立与能源、绿色相关的国际研究机构,整合国内高校、科研院所、企业等先进研究成果,建立气候变化、碳排放、能源消耗等关键基础数据平台,向世界发出中国高质量研究报告和声音,谋划制定发展中经济体碳中和路径,鼓励使用中国清洁技术和产品,积极参与国际标准制定,以中国科技解决方案赢得国际气候变化谈判与合作的主导权,为我国绿色低碳转型和科技创新赢得最有利的条件,最终实现我国绿色低碳转型与高质量发展协同前进。

第六章 低碳城市

第一节 低碳城市概述

一、低碳城市的内涵

随着全球气候变暖的风险不断提升,环境对人类健康的影响日益显著,资源环境对区域可持续发展的约束日渐突出,世界各国、各地区追求可持续发展的内在驱动力逐渐强化。城市作为人类社会生产与消费活动的中心,既是能源消耗和温室气体排放的主要源头,也是减少温室气体排放的核心载体。从西方伦敦于"毒雾重重"中脱胎换骨到东方北京于"十面霾伏"中寻找绿色发展方向,从太平洋台风肆虐频繁难有"太平"到北冰洋冰层轰然倒塌"北冰"不保,我们用大量的资源迎来了城市的现代化和经济发展,然而不计后果的温室气体排放的危害也使城市首当其冲。传统工业文明的发展模式对我国和全球的能源、资源、环境等物质要素构成极大压力。数据显示,1860年以来,由燃烧矿物质燃料排放的二氧化碳平均每年增长率为4.22%;20世纪,全球平均温度约攀升0.6℃。

2021年,第26届联合国气候变化大会(COP26)提出了建设低碳城市(Low Carbon City, LCC)的全球性倡议。低碳城市的规划与建设在实现碳减排方面发挥着重要作用,并有助于在2050年实现碳中和。低碳城市是在全球应对气候变化的背景下提出的,城市在全球碳排放进程中扮演着重要角色。世界各大城市正面临着严峻的气候变化危机,全球已有超过50%的人口生活在城市地区,城市消耗了全球约60%—80%的能源,全球城市排放的CO_2占总量的比例约为75%,我国城市地区占比更高,达到80%左右。城市降碳减排成为我国低碳转型的必然要求。低碳城市是低碳发展的热点方向,城市作为人类生产和生活的基本单元,是用于衡量碳排放和环境污染的基本单元,同时也是碳减排和可持续发展的重要环节。我国的人类发展指数仅接近全球平均水平,与发达国家或地区尚存在较大差距。我国在城市发展水平和能源效率等方面仍落后于发达国家,发展低碳城市,有利于避免我国发展成为高消费、高排放的经济模式。

低碳城市是在一定的城市空间范围内将低碳发展理念逐步渗透到从城市规划到城市建

设、从技术创新到制度创新、从政策制定到政策执行等诸多环节，实现生产方式和生活方式的转变，在经济稳步发展的前提下确保二氧化碳排放与能源消费保持在较低水平的城市发展模式。由于各个国家的国情和地区的区情、发展阶段、发展战略、发展任务与目标体系的差异，因此低碳城市在不同国家和地区呈现不同的实践路径和发展模式。各国政府提出了众多的实施低碳发展的宏观政策指向，为各国、各地区城市低碳建设提供了契机与指引。

低碳城市，广义上讲，指以低碳经济为发展模式及方向、市民以低碳生活为理念和行为特征、政府公务管理层以低碳社会为建设标本和蓝图的城市；狭义上指城市在经济发展的同时要保持较低的二氧化碳排放水平。低碳城市的建设通常包括以下几个方面：开发低碳能源是建设低碳城市的基本保证，清洁生产是建设低碳城市的关键环节，循环利用是建设低碳城市的有效方法，持续发展是建设低碳城市的根本方向。低碳城市的目标是社会、经济、文化和自然高度协同和谐的复合生态系统，具有实现能源高效利用、物质循环再生、信息反馈调节、经济高效、社会协调、人与自然协同共生的可持续高质量发展载体。

我国在党的十八大中首次把生态文明列为十大目标之一，"美丽中国"首次被写入规划，"绿色发展"成为新发展理念之一。可以说，目前我国把生态环保、低碳发展放在空前的高度，同时也是对我国低碳减排问题全球聚焦的回应，在这一回应进程中，低碳城市建设又成为重中之重。伴随着低碳城市成为世界各地的共同追求，全球诸多大都市纷纷以建设和发展低碳城市为荣。我国能否紧随世界潮流，积极推进我国低碳城市继续向前发展，不仅事关生态文明能否实现，同时也事关我国能否树立起对全球气候变化负责任的大国形象。

二、低碳城市发展规划

综观伦敦等国际先锋城市，在碳排放达峰以后，均继续实施了更加严格的低碳发展规划，并逐步将"零碳排放"作为发展目标，同时将低碳发展理念和低碳技术纳入城市基础设施规划和建设中，引领着城市低碳化发展，实现了经济发展和碳减排双赢的局面。面对全球性的气候变暖及能源危机，低碳发展模式成为各大城市在发展过程中寻找新的发力点、争夺新的制高点而积极探索出来的发展道路。伦敦、哥本哈根、东京、纽约等世界城市（主要是"世界大城市气候领导联盟"成员）在 21 世纪初纷纷提出了低碳城市的中长期建设目标及相关规划和行动，并在近年调整了未来的预期目标和路径，设定了更高的追求目标。

（一）制定低碳发展目标并持续改进

伦敦、纽约、东京都等发达的世界城市在实现碳排放达峰和建设低碳引领城市的进程中均制定了相关的目标和规划，如伦敦的《The London Plan—Spatial Development Strategy for Greater London》、纽约市的《Plan NYC: A Greener, Greater New York》、东京都的《21 世纪国土的总体设计》等。虽然这些城市目前已经实现了碳排放达峰，但依然基于原有的低碳发展基础设置了更进一步的目标。2017 年 8 月，伦敦市政厅出版了《伦敦环境战略》（*London Environment Strategy*），提出了建设示范性的可持续发展全球城市，争取到 2050 年实现近零排放或者零排放城市的目标，这是全球首个提出零排放建设目标的城市。与此相类似，纽约在 2014 年的《纽约城市 80×50 建设路线图》（New York Roadmap to 80×50）中提出，计划 2050 年比 2005 年碳排放总量下降 80%。该计划比 2006 年《纽约城市规划：更绿色、更美好的纽约》中提出的 2030 年较 2005 年碳排放总量减少 30％的目标看得更远也更为深入。而在东京，受经济发展和核电事故的影响，虽然还没有设定新的 CO_2 减排目标，但仍然维持到 2030 年温室气体排放比 2000 年减少 30％的目标计划。

上述城市低碳目标的提出，基于这些城市在 20 世纪 90 年代或 21 世纪初已经实现排放达峰做出的未来判断，这也是持续低碳发展的保障。目标和规划的提出不仅表明上述世界城市对于发挥引领全球城市低碳发展方向、取得应对气候变化话语权与主动权的雄心，展示了城市开放、进取、负责任的低碳发展姿态，同时也是城市进一步低碳发展的重要保障。伦敦、纽约等城市近两年来进一步修订了自身的低碳发展目标，一方面，既有目标有望完成或提前完成；另一方面，这些世界级的城市一直在积极引领世界低碳城市发展，从自身发展上也在向世界树立标杆。

（二）低碳规划服务于城市总体发展目标

任何一个城市应对气候变化工作必须服务于城市自身的发展，离不开城市的基础和现实需求，低碳发展路径也不能脱离城市所处阶段及其发展总体目标而存在。与此同时，城市也应借助低碳发展的各种理念和工具内涵推动城市发展品质，增进人民福祉。伦敦、纽约、东京都等发达世界城市虽然实现碳排放达峰的时间较早，但仍然持续推动着城市向低碳发展甚至零碳排放目标前进，其驱动力不仅是国际政治形势的需要，更是城市降低经济发展内在成本的需要、自身基础设施更新的需要，以及城市防灾减灾、环境保护等方面的需要，如伦敦，将建筑修缮与低碳发展模式相结合，在提升城市品质的同时实现节能减排；如纽约，将低碳发展理念融入基础设施改善，通过城市能源和交通设施规划促进节能减排。

（三）新技术应用支撑零碳城市建设

哥本哈根不断推进低碳技术，提出到 2025 年实现碳排放量为零，将成为全球第一个碳中和城市；伦敦提出到 2050 年实现零排放，而纽约可能将在 2050 年之后。同时，在国际上不少社区已经提出零排放的建设发展指标。在这些城市，其在制定超低排放甚至零排放的低碳发展目标的背后，既有国家、国际层面低碳发展目标背景的考量，也是其一大批已经成熟或即将商业化的低碳技术充分发展应用的结果。在伦敦零碳发展路径中，输配电网、发电厂站、天然气网、可再生能源发电、充电设施等的改造升级等既有成熟技术应用对伦敦 2050 年碳减排的贡献度预计将达到 45％。在纽约"80×50 计划"中，将清洁低碳发电和降低输配电网的碳排放强度作为重要的减碳措施，其贡献度也在 30％以上。从以上这些城市的低碳发展技术路径看，电动汽车、地热热泵、燃料电池、蓄能、光伏发电等技术均是当前可商业化的能源技术，而恰恰当前大量采用成熟或即将成熟的技术已经使二氧化碳近零或完全零排放成为可能，为国内城市未来低碳建设发展提供了坚强的信心。

三、低碳城市二氧化碳排放测算方法

不少学者指出，在全球共同减缓气候变化影响的背景下，制定二氧化碳排放基准及建立更全面的温室气体排放清单是必要的第一步。城市温室气体排放清单相关研究对我国节能减排和低碳城市建设具有重要的理论和实践意义，一方面，透明和稳健的数据量化是衡量城市碳减排效果、动态跟踪城市碳排放工作进展的基础，为识别城市低碳建设进程中进一步值得改进的领域提供决策支持;另一方面,城市温室气体清单数据可以帮助政策制定者进行与全球其他城市的相关比较研究,进而更加全面与客观地把握其城市的温室气体排放状况。城市二氧化碳排放清单测度由两部分构成:一是城市二氧化碳排放测度方法体系,二是定期更新的数据。

从国际上现有的碳核算标准、指南和规范等来看,存在两种类型的碳核算体系:自上而下的碳核算体系和自下而上的碳核算体系。自上而下的碳核算体系以联合国政府间气候变化专门委员会(IPCC)公布的《国家温室气体清单指南》为代表,其主要核算思路是将一国(区域)主要的碳排放源进行分类,并利用各碳排放源的能源消耗数据进行碳排放数据测度。自上而下的碳核算体系的优点在于通过自上而下对一国(区域)经济的碳源进行层层分解来进行二氧化碳核算,数据测度结果能较为完整地涵盖宏观经济的整体碳排放状况。此外,其数据也较为容易获取,因此,该计算方法在测度国家(区域)温室气体排放数据方面具有明显的优势。自下而上的碳核算体系主要通过对于企业生产流程与产品生命周期碳足迹的核算,测度各类微观主体(企业、组织、消费者)在生产过程或消费过程中的二氧化碳排放数据。理论上而言,将基于自下而上的碳核算体系测度的微观碳排放数据汇总可以得到一国(区域)二氧化碳排放数据,但基于自下而上的核算体系测度城市二氧化碳排放量存在的局限性受现有微观数据可获得性的影响,自下而上的核算体系难以覆盖一国(区域)所有的产品和企业(组织),故其适用于针对微观主体碳排放流程及行为的研究,尚难以基于此类核算方法的数据结果汇总得到国家(区域)层面的整体碳排放情况。此外,自下而上的核算体系尚未在国际上形成统一的规范和标准,在核算范围、核算环节、处理碳抵消活动和信息报告要求等方面还存在较大分歧。

四、低碳城市二氧化碳排放影响因素测度

对城市温室气体排放的影响因素进行深入分析是缓解城市活动碳排放的先决条件,为相关政策的制定确定中观实施领域与主要杠杆点,从而推动城市从部门层面设计和启动自下而上的节能减排政策。综合而言,学术界现有相关文献大多基于以下三种方法对城市二氧化碳排放的影响因素进行测度与分析。

第一种方法是基于特定的城市碳排放指标,通过设定影响该碳排放指标的计量经济模型检验对城市二氧化碳排放的影响因素进行实证检验。由于计量模型的设定具有一定的主观性,可能导致遗漏重要解释变量,相关文献大多基于两类环境恒等式设定具体的计量模型:第一类是STIRPAT模型的应用,将影响环境变量的因素归结于人口、富裕程度和技术水平等,简洁且直观地显示了对环境压力造成影响的各类变量,目前,STIRPAT模型已被广泛应用于环境影响因素的研究中;第二类为环境库兹涅茨曲线的应用,即设定经济增长变量与碳排放变量关系的计量模型,检验碳排放变量随经济增长变动的轨迹是否可以用倒U形的EKC曲线表示。

第二种方法是基于城市投入产出模型算式,运用结构分解分析(Structural Decomposition Analysis,SDA)法测度城市碳排放的影响因素。SDA法目前被学术界公认为量化不同社会经济因素对总能源消耗和污染物排放变化的贡献程度的较为科学的方法。综合而言,计量模型法仅能估算各影响因素的单位变动量对碳排放变动的影响程度,SDA法能精确计算出研究期内各影响因素变动对研究对象(碳排放指标)变动的具体贡献值及贡献比例,但SDA法在实证

运用中存在一定的局限性。SDA 法基于各城市的投入产出数据进行分析,而各城市的投入产出表每 5 年编制一次,存在数据时间滞后的可能。受投入产出数据的局限,SDA 法仅对城市每 5 年间隔的碳排放变化影响因素进行研究。

第三种方法是基于 Kaya 恒等式理论基础,将二氧化碳排放的影响因素与人类活动产生的碳排放量建立联系,在此基础上对碳排放的影响因素进行分解分析。基于 Kaya 恒等式对二氧化碳影响因素进行分解的方法有 Laspeyre 因素分解法、Paasche 因素分解法、算术平均迪氏指数法(Arithmetic Mean Divisia Index,AMDI)和指数平均迪氏分解(Logarithmic Mean Divisia Index,LMDI)法。在上述分解方法中,LMDI 法因具备下述优点而被广泛应用于城市二氧化碳排放影响因素的实证研究中。LMDI 法的分解结果不产生无法解释的残差项,且允许数据中包含零值,故分解结果更科学;分解步骤较为简单与清晰,分解结果易于解释。LMDI 法不依赖城市投入产出表,能对研究对象相邻年份的碳排放变动影响因素进行测度。

第二节 国内外低碳城市发展现状

一、国际低碳城市发展实践

随着全球气候变化的风险不断提升,资源环境对区域可持续发展的约束日渐突出。低碳城市建设既是应对未来城市发展的必然趋势,也是提升现实城市竞争力的有效手段。城市是人类社会活动的中心。据国际能源机构预测,到 2030 年,城市能耗将占全球总能耗的 3/4,二氧化碳排放将占全球碳排放的 80%。城市的低碳化发展,不仅可以有效缓解现实的矛盾压力,而且可以在人类的生产方式和生活方式的变革方面发挥引领示范作用。由于各个国家的国情和地区的区情、发展阶段、发展战略与目标体系存在差异,因此低碳城市在不同国家和地区呈现不同的实践路径和发展模式。

成熟的低碳城市建设发展,需要把国家层面的低碳政策和本地区城市的发展特色、优势和潜力有机结合,根据各自对低碳城市的理解,制订相应的低碳城市建设方案。从发展历程看,近年来,随着低碳理念的深入,各国和各地区低碳城市高质量发展一般经历 3 个阶段:初始形态更多着眼于单一经济领域的发展目标、过渡形态更多着眼于多领域的融合发展、高质量形态更多着眼于人与自然和谐共生。国外许多城市在最初的低碳经济发展基础上已开展了以低碳消费理念为基本核心的低碳社会建设实践活动,出现了一些可借鉴的低碳城市建设案例。

(一)英国伦敦

伦敦市是低碳城市规划和实践的先行者。该市出台了世界上第一个覆盖城市范围的碳预算。2004 年,伦敦发布了《给清洁能源的绿灯:市长的能源战略》,拟定了降低能源消耗和碳排放的 2050 目标,并促成推动这些目标实现的相关合作伙伴关系的建立。2007 年,伦敦市政府颁布《行动今日,保护明天:气候变化行动方案》,设定了城市减碳目标和具体实施计划,主要包括现有房屋储备、能源运输与废物处理和交通等部分。2010 年,伦敦市政府发布应对气候变化的新战略——《气候变化减缓和能源战略》。伦敦作为老牌资本主义国家中心城市,有着深厚的技术积累与文化沉淀,其低碳城市建设的成绩也得到了全世界的肯定。伦敦市政府制定了分为三个阶段的低碳发展目标。经过测算,截至2020年,伦敦已完成低碳目标。下一阶段,即截至2025年,伦敦在居民生活、工商企业以及交通领域的减排目标分别降低766万、570万和795万CO_2当量。

为促进伦敦和英国整个国家的低碳经济发展,将伦敦打造为低碳城市,英国政府建立了一个碳信托基金会,联合政府和企业通过研究、开发低碳技术,达到减少碳排放的目标。与此同时,伦敦市本身也进行了一系列诸如《市长应对气候变化的行动计划》《气候变化行动纲要》等关键低碳行动战略,用以创建低碳城市,应对全球气候变化。其中,《气候变化行动纲要》规划了伦敦打造低碳城市的具体步骤及目标,不仅覆盖《伦敦规划》所欠缺的包括现有房屋储备、能源运输与废物处理和交通这三个重要板块,而且吸收综合了伦敦气候变化署(LCCA)的研究成果,明确将其具体实施计划锁定在碳排放最高的房屋建设上。可以说,《气候变化行动纲要》奠定了伦敦打造整个低碳城市的基础,是伦敦迈向低碳城市的一座里程碑。"伦敦模式"的主要特点在于以绿色家庭作为低碳计划实施载体,以建筑和交通作为降低碳排放的重点领域,以可再生能源的开发利用与提高能源使用效率作为城市低碳发展目标,并以此带动全国乃至社会的低碳经济发展。

1. 伦敦的低碳愿景

住宅温暖、舒适,免费节能措施和保暖改造;房屋改造,太阳能电池板,不再担心为能源付费,而是用节约和可再生能源支出能源账单。个人碳足迹减至1990年的40%。学校和办公室一样有能源计划,太阳能电池板不用预先支付,由能源公司负责费用。交通方面,使用清洁混合动力汽车以及低碳能源汽车,通勤鼓励使用自行车;工作方面,免费培训建筑能源效率计量安装;办公室采用天然气分布式热电联产供应系统,并以垃圾为燃料,几乎可以实现零碳排放,并且办公室的垃圾可以用来取暖。

2. 伦敦低碳城市的具体措施

(1)低碳能源供给

能源生产和分配是伦敦市低碳发展的首要挑战,大量能源损失于能源输配过程中,因而伦敦市提出分布式能源供给战略,尽可能减少对国家电网的依赖,向本地化、低碳化、分散化能源供应转变,如热电联产、垃圾焚烧发电、可再生能源等。伦敦市低碳能源目标是到2025年实现25%的分布式能源供给,提供高效、低碳、清洁的能源供应。2025年,伦敦市能源需求的25%会达到29TWh,其中10.7TWh即36.9%来自可再生能源。伦敦市能源规划认为,只有通过提高能源效率和分布式能源供给相结合,在用户端附近建立能源供应中心,才能实现伦敦市的低碳目标。伦敦市现有的集中式发电系统存在很大的能源浪费。电站有65%的热能排放到大气、湖泊或海洋中,在输配电的过程中有9%的能源损耗。在发电站,约有50%的水资源用于蒸发余热。分布式能源有不同的技术形式,包括冷、热、电三联供系统,太阳能、风能、氢和燃料电池等可再生能源,以及从城市垃圾、厨房垃圾和污水获取能源的新型清洁技术。

(2)绿色建筑标准

正是因为伦敦市在建筑能效等方面的出色表现,英国政府正式授予其"低碳经济区"称号。为贯彻落实低碳发展理念,伦敦市政府通过"绿色评级分"对所有房屋节能程度进行评估,设置从A级至G级7个级别。持有评级为F级或G级住房的消费者,可从政府设立的"绿色家庭服务中心"获得服务和帮助,以采取措施改进能源效率。此外,为了使市民适应炎热的天气和减少资源的消耗,伦敦市政府大力实施"建筑能源有效利用工程",加大建筑技术的研发和革新技术的应用,设计出减少水资源消耗的建筑;应用商业模型,通过创立成本中立(cost neutral)的方法来提高建筑物能源利用效率。同时,伦敦市政府严格执行绿色政府采购政策,鼓励采用低碳技术和服务,改善市政府建筑物的能源效益,引导公务员形成节能习惯。

(3)低碳交通运行

为了鼓励低碳交通发展,交通模式相对应进行了改变,现已实施伦敦中心区自行车租赁计划,试图投资5亿英镑提高自行车和步行的便利化,增加自行车停车点6万多个,并实现多条自行车高速公路,把伦敦转变为骑自行车和步行的城市;提出建设"电动车之都"目标,鼓励低碳出行,在市场上投放了10万辆电动汽车;加大城市充电网络基础设施建设,鼓励使用节能型的新能源汽车。在公共交通方面,伦敦市大力提倡巴士与地铁出行。伦敦市还通过各种措施为城市居民提供新的公共交通服务选择;在交通管理方面,城市施行"拥挤定价"(congestion pricing),伦敦的交通延误随之大幅度减少30%,行驶速度已经提高19%;在运行效率方面,引入道路允许计划、引入铁路自动化控制、推广生态驾驶;计划于2025年实现50%的重型货运车辆加入货车运行认证计划。未来将进一步提高道路车辆中电动车的比例,继续推广电动汽车充电设施的建设。

(4)低碳绿色家庭

伦敦市政府不仅视企业为重点,推进生产方式的低碳化,而且强调以家庭为重点,推进全民生活方式的低碳化。市政府提出"绿色家庭计划",通过整合资源,加强房地产商、抵押贷款方、房东、居委会以及建材零售商和批发商等各方面的合作,推动市民节能减排行动的顺利实施。市政府通过多种渠道(如节能信托基金会能效咨询中心、私营组织和志愿者组织、官方网站的公众反馈意见箱等)为市民的家庭节能提供义务咨询;在新的发展项目中,可再生能源优先采用。政府为居民家庭提供二氧化碳计算器,可以计算家用电器和个人旅行的碳排放量,根据不同情况提出减排建议;开展家庭能效改善项目(HEEIP),该活动不仅为家庭提供节能咨询和建议,而且为家庭安装节能设备和房屋隔热温层。HEEIP同时提供家庭可再生能源发电上网政策和电价补贴,可在2025年减排30万吨CO_2当量。

(5)低碳绿色办公

伦敦市低碳企业主要行动有如下四个部分:①建筑能效提高项目,至2020年,每年完成200个建筑的节能改造,实现每年减排27万吨CO_2当量;至2025年达到每年减排44万吨CO_2当量。②绿色建筑合作项目,2015年已实现绿色租借推广项目至绿色500和其他企业,每年实现减排3万吨CO_2当量,2020年继续推广绿色租借,至2025年推广至商业建筑,并且每年实现减排3万吨CO_2当量。③绿色500和能效改善项目,现已实现3.66万吨CO_2当量且推广至很多机构,至2020年,实现伦敦市所有机构都得到能效改良建议和支持,2025年绝大部分机构可以实施能效改善。④政府方面,现已运行能效计划以及智能电表等,至2020年所有公司实施能效表现指数评价和认证,2025年提高能效表现指数评价及认证。

(二)美国纽约

1. 纽约的低碳发展目标

纽约是美国最大的城市和港口,是美国的金融中心。它由五个区组成:布朗克斯区、布鲁克林区、曼哈顿、皇后区、斯塔滕岛。全市低碳发展目标是:2030年温室气体排放量比2005年下降30%;纽约市2030年共需减排3360万吨CO_2,并且通过控制城区无序扩张和提供住房来实现额外的1560万吨CO_2减排。

2. 纽约市的主要低碳措施

(1)绿色低碳能源

通过增加能源效率和扩展项目的方式来控制能源消费,降低17%的供热燃料消耗,2015年新增2 000—3 000MW的清洁能源发电能力。市政府将城市能源开支的10%投资在减少城市能源消耗方面,这样增加大约每个普通家庭为2.50元成本。扩建清洁分布式发电800MW,并不是所有的发电都由集中式发电厂产出,位于或靠近消费源的分布式发电备受青睐,目前为180MW的电力。清洁分布式发电使用清洁燃料,如天然气,作为一种更为有效的能源生产方式。能源距离消费点越短,能量损耗就越小。清洁分布式发电可以通过发电的余热制造热水,为建筑物供暖和制冷。天然气被纽约80%的电厂作为燃料,并且占到建筑物所有用能的1/4,未来10年仍会继续上升。城市政府以身作则,减少建筑物和日常运作的能源消耗,通过审计/改造、升级照明、改善维护手段等。市长要求对公共机构、联邦及州政府提出要求,测试及改造调试和审计/改造(小于5年的回报时间);通过纽约能源和环境管理局提供财政奖励。

分等级地鼓励高效节能与环保措施,为高效节能和节水行为颁布绿色建筑评估体系(LEED)的奖金或白金奖;鼓励生产高效率的电器、电子设备和空调,为零售商和分销商提供销售或库存奖励;鼓励在公寓楼使用简效的洗衣机/干衣机;在纽约州与联邦级别推动提高家电和电子产品标准;为联邦能源政策和节能法案出谋划策;为制定州立家电标准提供建议,以简化其制定过程。

(2)绿色低碳交通

降低机动车CO_2排放,到2030年需要下降44%,同时减少机动车的污染物排放。交通运输措施包括:提高公共交通速度,大力发展快速公交系统(BRT);建造并扩建交通基础设施;扩展服务短缺地区公共交通的可达性;改善现有基础设施的客运服务;推广自行车使用;试行交通堵塞费。提高公交车速度是低碳交通的重要措施之一。公交优先措施包括:公交车通过时改变信号灯,使其运行更加快捷;改善地铁和铁路车站的可达性,增加快速公交系统路线;采用新技术,给予快速公交车辆信号优先权——红绿灯能识别靠近的公交车,并选择转换信号或者保持绿灯,使公家车能按照时刻表正常运行。2030年完成全是2 880km的自行车道:一级车道806km,二级和三级车道2 074km。

交通堵塞费:工作日中,由86街以下进入或离开曼哈顿的车辆,每日需支付8美元,货车需支付21美元。实施后交通堵塞区内部的堵车率会减少6.3%,预计汽车速度会增长7.2%。提高私家车的燃料效率,广泛推行清洁车辆使用。

(3)绿色建筑

纽约市拥有近一万座建筑,共4.84亿平方米。降低建筑能源消耗和温室气体排放的三个关键方向是能源审计、改造和调试。能源审计分析如何改变设备、装置及设计来减少能源使用,改造是对于建筑物进行更新,通常集中在照明和供热制冷系统,通过3—7年所产生的能源节省回收成本;对新建筑的调试,以及对现有建筑物的改造调试,确保建筑物的设备安装正确,并以最高效率运行。通过增加负荷管理项目和实时定价来削减25%的高峰负荷;通过智能电表来扩大高峰负荷管理,客户同意在最热天减少用电负荷;开展电力实时定价,如果顾客能够看到不同时期的电力费用,便可做出更明智的选择,即何时以及如何在一天内用电;积极推广建筑电器节能和照明节能灯;减少混凝土中水泥的用量,制造水泥是一个高能耗的过程;生产1吨水泥要稀释1吨的CO_2;倡导一系列不同形式的混凝土生产工艺,减少30%—40%的水泥使用,同时保持混凝土的质量。

(三)日本东京

相对世界其他国家,由于日本的岛国位置,气候变暖对其农业、渔业环境等方面的负面影响要远超他国。日本政府十分积极倡导低碳生活、低碳城市,努力应对气候变化。日本为了应对全球气候变暖带来的不利影响,倡导和发起《京都议定书》,提出"低碳社会"是发展"低碳经济"的基础。东京是日本的首都,是世界上人口与经济体最为密集的城市之一,但同时也是世界环境负担最低的城市之一。20世纪90年代,东京就已经启动对城市环境的总体治理,并持续不断地完善城市环境政策与措施。"东京模式"的主要特点在于构建了一个全面的低碳社会体系。低碳减排领域涉及企业、家庭、城市建设和交通等各方面,让社会主体——政府、企业、居民都形成低碳理念并积极参与到低碳社会的构建中来。随着日本"低碳社会"发展战略的确立,东京都政府切实开展地方性的低碳建设创新与实践。地方政府在低碳建设过程中集中体现低碳管理者与促进者的角色,表现出较强的治理能力,呈现出自上而下的总体特征。《东京气候变化战略:低碳东京10年计划的基本政策》详细阐述了东京未来应对气候变化问题的细节,在控制减少战略上进行了规划,致力于创建低碳城市,树立其在日本全面温室气体排放的同时应对气候变化的长期减排政策方面的典范。

1. 碳总量控制与排放交易体系

东京是全球第一个建立与推行城市碳总量控制与排放交易体系的地区。其主要做法是,对地区范围内的大排放级别的工商业机构(办公建筑和工厂)碳排放量情况进行调查,并有针对性地提出具体的强制减排目标,同时进一步细化到相应的实施阶段,通过引入市场机制,设定排放权贸易。该交易体系共涉及1 400个场所(1 100个商业设施和300个工厂),以二氧化碳间接排放(电力和供暖)为控制和交易对象,具体包括强制大型企业机构减少碳排放量,设定排放权贸易;要求中小型企业报告应对全球变暖的措施;增强一系列城市环境规划;等等。

2. "绿色建筑"项目

控制城市建设过程中的二氧化碳排放,新建筑测试不仅要达到节能的硬性规定,而且能耗要求高于现行标准。东京都政府出台"绿色建筑计划",要求区内大型新建筑进行强制性的环境绩效评估并在网上进行公布的制度。基于该计划,东京推动"绿色标识"管理,通过"绿色标识"评估公寓环境效能。此外,政府采用"楼面开发利用奖金"政策,针对大型楼宇,从能源效率与环境措施角度,使用高额奖金,寻找与表彰楼面开发使用的"顶级选手"(强调更有效的建筑与技术)。这种市场竞争机制引导下的减排效果有效推进了楼宇能源的高效使用,同时也创建出更多绿色空间。

3. 低碳商业合作项目

低碳发展政策在实施过程中不断刺激对高节能产品和可再生能源的需求。东京都政府召集设备制造商、建筑商、能源合同商、金融机构共同推进在扩展太阳能使用方面的合作,并发布安装太阳能补贴的新方案。通过与公司及各商业实体的合作,结合各市区的不同补贴政策,东京在太阳能发电装置安装方面与日本全国相比走在前列。同时,东京政府确立了太阳能加热设备、保温性能认证方案,绿色加热认证体系等。

4. 低碳政府合作项目

在促进各项举措实行的过程中,东京都政府的政策措施框架也逐步强化。一是东京大都市圈内各市区共同合作计划。为有效推进气候变化战略,新东京都政府设立了市政资助计划,促进东京与东京都市圈内所有地区进行广泛合作,并引领市、区地方性举措的创新。该计划包括各种项目建议书,覆盖区或市建立领先工程项目。二是成立东京都中心。东京设立了应对气候变化行动的专门机构——东京都中心,以作为支持市民、中小型企业应对气候变化战略的基础。

5. 低碳家庭

东京倡导市民以家庭为单位进行低碳生活,节约能源,致力于推行节能灯的使用,鼓励家庭与家装公司通力合作,在新建以及翻新住房的过程中采用诸如加装隔热窗户等一系列节能措施。

6. 低碳交通

东京打造低碳城市的时候选择优先打造低碳交通,通过推广新能源汽车使用,减少交通运行过程中的二氧化碳排放。

(四)美国波特兰

波特兰是美国俄勒冈州的最大城市,被美国联邦环保署评为"清洁能源之都"。早在1993年波特兰就开始在降低温室气体排放上展开行动,成为全美第一个实行《全球变暖战略计划》的地区。波特兰低碳建设行动的主要特点表现为:实行严格的土地规划制度和秉持保护自然环境的优良传统,以及多元低碳治理主体共同展开的全方位系统化(经济—自然—社会)的综合治理型发展模式。

1. 低碳建筑与能源

波特兰建筑物排放量占总排放量的占比较高。为解决建筑减排,政府采用提高节能效率与使用本地可再生能源的方式,通过为居民与企业提供提高能源效率的低息融资等激励方式,以确保建筑碳排放降低与适应气候变化。波特兰推出清洁能源计划,市民从中可获得用于提高建筑能源效率的低息贷款、节约能源、创造就业机会、增进社会平等的计划。

2. 低碳交通与城市形态

波特兰市政府采用减少人和货物车辆运输里程数、提高货物运输效率、减少车辆使用的方式来推动地区交通碳排放;同时,通过城市紧凑型增长、土地利用规划,联合企业投资建设绿色交通基础设施,扩大建设轻轨系统、公共交通及自行车系统。

3. 城市自然生态系统开发利用

波特兰高度重视自然生态系统在低碳发展中的重要地位,充分开发利用其碳汇功能。波特兰城市绿地占全市面积的26%。根据测算，这些绿地每年将从大气中吸附8.8万吨的二氧化碳，相当于该地全部碳排放的1%。政府提出大力扩展绿地与增加绿荫面积、保护湿地、改善流域健康，从而强化公众健康与气候变化之间的联系；同时，还综合考量未来数十年的多样化挑战和机遇的复杂性，实施制定灵活的制度以帮助地区远景目标，包括社区健康、经济发展、社区可居住性等。

4. 低碳食品与本地农产品供应

波特兰将食品系统减排纳入减排对象之一，将食品选择纳入公共参与运动，鼓励居民选择本地产食品和低碳食品，从而减少由于食品选择带来对气候变化的影响，提升个人、环境和经济健康水平，同时刺激本地经济，帮助保护农业基地，并降低食品运输过程中的碳排放。

(五)丹麦哥本哈根

哥本哈根是丹麦低碳发展的典型。哥本哈根以其独特的自行车文化和二氧化碳减排方面的成效频频入选全球健康城市榜单。2012年，哥本哈根提出碳中和的目标，提出到2025年，建立世界上第一个零排放的碳中性城市。

哥本哈根将建设低碳城市的计划分为两个阶段实施：第一个阶段的目标是到2015年二氧化碳排放在2005年的基础上减少20%，第二个阶段的目标是到2025年二氧化碳排放量降低到零。哥本哈根为实现低碳目标采取的措施累计达到50项，在绿色交通方面，推行"自行车代步"，被国际自行车联盟命名为世界首个"自行车之城"；在新能源利用方面推行风能和生物质能发电，实现电力供应的零碳模式；在节约能源使用方面，鼓励市民回收利用垃圾，推广节能建筑，实行高税能源使用政策；等等。"哥本哈根模式"的主要特点在于以零排放和节能作为城市低碳发展的方向，充分利用当地的资源优势，开发清洁能源，并实现产业化联动发展，节能方式上推行以绿色交通为主，以节能建筑、民众节能等多样化行为为辅的低碳城市发展模式。

二、国内低碳城市发展现状

当前，大力推进生态文明建设已成为新的使命。党的十七大报告首次明确提出建设生态文明的目标；党的十八大又对生态文明建设做出顶层设计和总体部署，号召全党认真贯彻落实生态文明建设，努力开创社会主义生态文明的新时代；党的十九大明确强调要加快生态文明体制改革，建设美丽中国。低碳经济已成为经济转型的重要因子，低碳城市也成为经济转型的重要实践。城市伴随工业化社会而产生，集聚了大量的工业企业和社会劳动力，在运行过程中消耗了巨大能源，制造了严重污染，排放大量CO_2，具有典型的"高能耗、高污染、高排放"特征。能源资源的日益枯竭和环境问题的不断涌现使得原本就拥有大量人口、生态脆弱的城市面临更为复杂、紧迫的人口、资源和环境问题。

在全球积极应对气候变化、提出低碳减排的背景下，就低碳城市打造而言，中国发展低碳城市的理念最早是在"十二五"规划中体现的，其致力于打造资源能源节约、环境优美宜居、运作安全可控、经济健康持续的低碳城市，这亟须在城市规划、节约能源、降低能耗、城市交通系统等城市运营的重要领域大力宣传低碳理念，达到深入人心的效果。2008年，我国住房和城乡建设部与世界自然基金会(WWF)联合推出"低碳城市"，试点城市定为上海和保定。2010年，国家发改委颁布《关于开展低碳省区和低碳城市试点工作的通知》，确定广东、辽宁、湖北、陕西、云南五省和天津、重庆、深圳、厦门、杭州、南昌、贵阳、保定八市为我国第一批国家低碳试点市。此后,我国又设立了36个低碳试点城市。到目前为止,我国绝大部分的省市(自治区)低碳城市的发展都在有序进行。也就是说,低碳试点运行工作基本上已经在全国范围内展开。

(一)低碳城市示范项目概述

2008年1月,世界自然基金会启动了"中国低碳城市发展项目",保定和上海作为首批试点城市来推动中国城市发展模式的转型。上海市在低碳城市的建设过程中以建筑能耗的控制作为重要途径,在大型商业建筑中选择进行试点,通过公开能耗状况、加强能源审计、培训物业管理人员等方式来提高大型建筑的能源使用效率。与此同时,上海还在崇明岛、南汇区临港新城等地建立"低碳经济实践区",建设低碳商业区、低碳产业园区、低碳社区等来带动上海低碳经济的发展。保定市的低碳城市建设是以低碳产业为主导,以低碳生活为理念,以低碳社会为蓝图的发展路线,并制定阶段性目标,2020年碳排放量比2010年下降35%,新能源产业增加值占规模以上工业增加值的比重达到25%。保定市在新能源和能源设备制造业方面已卓见成效,其"中国电谷"建设工程已成为保定市低碳城市发展的新品牌。2008年,吉林市成为中国第一个"低碳经济示范区",由英国查塔姆研究所、中国社会科学院、国家发改委能源研究所和吉林大学共同打造的《吉林市低碳发展计划》为吉林市的低碳发展构建了一幅"低碳路线图",探索重工业产业转型路径,发展可再生能源和低碳能源。建筑节能、交通运输、农业和林业也是低碳发展的投资重点。2015年8月,国家发改委出台了《关于加快推进国家低碳城(镇)试点工作的通知》,选择覆盖我国东、中、西部三大地区一批具备相应基础条件和发展潜力的8个城区和城镇,开展国家低碳城(镇)试点工作。

如今,越来越多的城市已经加入低碳发展的行列,由于各地发展程度不一,发展模式也各不相同,如天津打造的"中新天津生态城",以绿色建筑、绿色交通、可再生能源开发利用等作为关键低碳发展领域。杭州探索的低碳发展道路是以低碳产业为主导,以低碳生活为特征的"杭州模式",其"公共自行车"项目已成为杭州低碳城市的发展特色。南昌市发布了《南昌市低碳城市发展规划》,规划中的一大亮点就是在低碳社区、智能交通、低碳医院以及垃圾分类方面与奥地利合作,低碳城市建设进一步与国际接轨。无锡市制定了低碳城市发展战略规划,推进太湖新城——国家低碳生态城示范区建设,新建住宅和公共建筑设计节能率采用国内最高指标,推广能源站建设来集中供冷供热,倡导"绿色出行,公交先行"理念。

深圳市采取政策主导、市场先行的低碳发展之路。低碳建设经历30多年的发展,"深圳蓝"享誉全国。深圳是全国首个C40城市气候领导联盟成员和首批可持续发展议程创新示范区,其低碳发展的先进经验总结为以下三点:一是健全法制法规,突出考核管理,充分运用经济特区的立法优势,将生态环境相关法律法规在国家法律框架的基础上进行补充和完善。二是建设碳交易市场,发挥市场作用,在全国率先启动碳排放权交易试点。截至2021年8月,深圳碳交易市场累计成交量达到6347万吨CO_2,成交总额达到14.31亿元,辖区内制造业企业平均碳强度降低39%,实现增加值增长67%;积极试点"碳币"服务平台,市民与小微企业节能减排的低碳行为,可通过获得碳币兑换商业激励或政府补贴;设立"环境污染责任险"和"循环经济与节能减排专项资金",助力低碳发展。三是落实产业迭代,优化基建配套。产业发展方面,推动产业形态从最初的劳动密集型产业向以高新技术、高端研发为主导的新兴产业升级;基建配套方面,积极倡导绿色出行,推进轨道、公交、慢行交通三网融合,率先实现了公交车、出租车、网约车全面电动化;建筑减排方面,要求新建民用建筑100%执行绿色建筑标准,推广新式装配住宅,避免建筑过程中产生的污染与碳排放问题。

北京市以城市副中心为载体探索"近零碳排放示范区"建设。北京城市副中心率先创建全国"近零碳排放区"示范工程,以行政办公区等区域为重点,推进"近零碳排放示范区"建设。北京城市副中心"近零碳排放示范区"6平方公里内的行政办公区总建筑面积约为380万平方米,实施以浅层地热能为主、以深层地热能为辅、以其他清洁能源为补充的能源供给方案,构建"1个智慧管理平台+6座区域能源站"的能源供应保障体系。目前,北京城市副中心建成了全球范围内单批次最大规模地热"两能"(浅层地热能和深层地热能)利用系统,树立了城市绿色运行模式的新标杆。北京城市副中心地热"两能"项目于2018年11月北京市级机关东迁前正式投用,2021年已为150万平方米的建筑供暖、制冷和提供生活热水。多项数据表明,该系统绿色运行效益明显,成为城市能源就地化供应的典范。

江苏无锡市在国内率先提出"零碳城市",成立"零碳科技产业园"。无锡以设立零碳科技产业园核心区为抓手,以技术研发、成果转化、行业示范为主线,以核心区的示范带动整个24平方公里无锡零碳科技产业园片区低碳技术的推广应用,从而进一步带动无锡高新区、无锡市绿色低碳循环高质量发展。该园区实施科技创新驱动、产业联动辐射、应用示范推广、绿色金融助力、低碳人才引育"五大工程",实现人才密度、科创浓度、应用维度、产业高度和国际知名度的"五个倍增",争创国家高新区绿色发展示范园区。

(二)国家试点低碳城镇主要特征

气候变化和环境问题已成为世界可持续发展中面临的严峻挑战之一。低碳城市发展是中国城市发展的重要选择。开展国家低碳城(镇)的试点,有利于探索新型工业化、城镇化道路,推动落实我国控制温室气体排放行动目标,并为全国新型城镇化和低碳发展提供实践经验。

国家试点低碳城(镇)是以建设国家低碳发展的典范城(镇)为目标,以小尺度的城(镇)空间为载体,以"低排放、高能效、高效率"为基本特征,实现城(镇)生产低碳化、生活低碳宜居化、能源资源利用综合化、基础设施绿色环保化、空间布局集约合理化。目前,各低碳试点城(镇)具备以下特征:

(1)基本处于初期发展阶段,开发潜力空间巨大。各试点基本以开发建设新城新区为主,并仍处在初级发展阶段。从启动时间来看,各试点启动时间较晚,最早启动的湖北武汉花山生态城于2008年开始建设,珠海横琴新区于2009年开始建设,其余的基本在2010年后开始建设,最晚的福建三明生态新城于2013年7月才开始启动;从开发程度来看,各试点开发程度较低,大部分仍处在园区规划、交通设施建设前期阶段,土地开发程度较低;从试点城(镇)单位面积产值来看,各试点区域内产业发展处于起步阶段,单位面积地区生产总值较低,以深圳低碳国际城为例,单位面积土地地区生产总值是全市平均水平的1/5,存在很大的开发潜力和空间。

(2)以当地原生态为依托,因地制宜地构建低碳生态环境。各试点以低碳为纲领,充分结合当地的原生态特征,在规划建设过程中全方面统筹空间功能布局、产业发展、基础设施建设、景观绿化等各个领域,划分建设区、限建区、禁建区。建设区又进一步划分为起步区和拓展区,起步区是近期布局的重点地区,而拓展区则基于起步区的发展状况,以其为中心进行空间上、技术上、产业上的延伸拓展。如云南呈贡生态城充分应用 TOD 原则和 NMM 理念,充分利用呈贡新城山湖之间的平坦地带,自然形成的"依山傍水"的地理环境,采用"多组团、多中心"的分区布局,构建城市森林、城市隔离带和湿地等的网络化生态系统。湖北武汉花山生态新城结合本地"一江两山四湖"的地域特征,建设水生态示范区,沿山体地区修建林地景观"花山""花果山",打造集生态环保、教育、展览、旅游为一体的新型生态城市。青岛中德生态园借鉴德国"莱茵模式",结合当地天然生态岩石的地域特征,构建镶嵌在自然景观中的岩石区—城市岛。

(3)以无煤化为方向,以优化能源结构为目的。各试点优先发展可再生能源,形成与常规能源相互衔接、相互补充的能源利用模式,同时积极推广新能源技术,加强能源梯级利用,促进能源节约,提高能源利用效率,并大力发展循环经济,构建绿色低碳的能源消费结构。以无锡中瑞低碳生态城为例,生态城可再生能源占总能源的消耗达到 10%—15%,而且比例还在不断优化与提升,同时有效促进高品质能源的使用,禁止使用非清洁煤、低质燃油等高污染燃料。珠海横琴新区也在产业发展、城市环境、交通、建筑、能源、水资源、固废利用等方面做出一系列的低碳安排,在区域内以天然气和电力替代煤炭消耗。

(4)依托自身资源,积极开展国际合作。在规划建设之初,各试点积极与具有先进经验的国家进行合作建设,将先进的低碳城(镇)建设经验引入我国多个低碳试点城(镇)中。青岛中德生态园引入"莱茵模式",编制绿色低碳规划,利用对德合作优势,开展德国绿色低碳技术引进工作,实现园区绿色低碳建设的跨越式发展,并计划积极组织园区开发公司在德国上市,探索境外融资路径。深圳国际低碳生态城充分利用低碳城与欧美等国城市在规划、建设、管理和运营方面的交流和合作现有成果,拓展低碳技术、低碳特色学院、低碳服务等重要领域的合作,同时依托世界银行、全球环境基金会、C40、R20 等国际组织的现有合作资源,吸引和集聚国际优势资源,建设低碳城市。

(5)大力调整产业结构,探索"产城融合"的低碳城市发展模式。各试点积极探索"产城融合"的低碳发展模式,将以人为本、产业发展低碳化及城市发展低碳化进行有机结合,以低碳产业培育导入为抓手,通过产业升级,实现城市升级;积极引进高附加值、低能耗、低碳排放的高技术产业,同时结合本地的产业优势,发展低碳特色产业,从而实现城(镇)低碳化。

(6)紧扣低碳主题,逐步构建完备的低碳指标体系。各试点以"低碳"为纲领,搜集有关社会经济、生态、环境保护、城市交通、城市基础设施等方面的具体指标,根据低碳城(镇)的特点、要求、城市规划设计的具体方法,并结合试点的实际情况,建立"绿色、低碳、和谐、共融"的核心发展理念,以资源保护与生态建设为基础,涵盖智能电网、绿色建筑、专业领域的绿色低碳规划体系。中德生态园建立了控制性指标和引导性指标两大类,并在每一类指标下设计五大类一级指标、四小类二级指标,指标体系涵盖空间、能源、交通、生产、生活等领域。湖北花山生态城建立"生态安全格局、市政基础设施、公共服务配套、低碳生产生活"四方面的目标,并基于上述目标提出 30 项低碳城市建设指标。

中国是全球第一大碳排放国,排放总量在全球的占比达到 28.8%。我国城市碳排放占到全国碳排放的 80%,城市低碳减排已刻不容缓。低碳城市是城市化建设与可持续发展思想的有机结合,将低碳模式与生态理念贯彻落实到城市建设中,通过科学、合理的手段提高碳效率、减少碳排放,促进地区可持续发展目标的实现。

三、我国低碳城市发展存在的问题

党的十九大报告提出,我国要建立健全绿色低碳循环发展的经济体系,成为全球生态文明建设的重要参与者、贡献者、引领者。开展低碳城市试点工作,是我国应对气候变化、推进生态文明建设的重要抓手。自2010年起,我国已陆续开展三批试点工作,在降低城市单位GDP碳排放、形成碳排放峰值等方面取得了一定的进展,但是还存在以下几个普遍问题:

(一)政策目标缺少约束性和科学性

城市层面的碳排放控制目标与地方承担的经济发展目标等相比,处于弱势地位,约束性不强。低碳城市试点的政策是在国家提出2020年控制温室气体排放行动目标后(单位GDP碳排放比2005年下降40%—45%)地方自主开展低碳行动的基础上提出的,如发展低碳产业、倡导低碳生活等。在个别省市主动向国家发改委申请低碳试点建设工作后,国家发改委才开始组织开展低碳城市(省份)试点工作。政策执行后,其核心指标"单位GDP碳排放"普遍呈下降趋势,且绝大部分试点城市的碳排放下降率高于所在省份。但这一指标的约束性不强,经济发展模式没有发生根本变化。约束性不强主要体现在没有制定针对任务的奖惩机制及对应的退出机制。试点城市通过编制低碳发展规划,将低碳发展理念融入城市建设过程中,并将发展目标分解到各个职能或产业部门。但是,低碳发展规划在法律角度的约束性并不高,在规划体系中处于弱势,导致执行力不足。大部分城市的减排目标依托国民经济发展规划、空间规划和土地规划等,与可再生能源规划、产业规划之间的关联性较弱。在制定这些专项规划的时候,并未将碳排放水平降低以及能源节约等方面作为硬性的约束指标纳入,这也是碳排放约束力不强的一个因素。

约束性减排目标的制定大部分是参考城市过去经济发展的经验,其实现的科学性难以保障。减排目标的制定缺少城市层面温室气体核算的统计基础、统一的标准或者方法论。就统计基础来看,城市层面的排放清单需要的基础数据和我国现在的统计数据之间难以衔接,即统计的边界和范围不清。而各地排放因子差异性较大,并不能直接采用政府间气候变化专门委员会(IPCC)的推荐值,需要根据各地的经济活动水平、地理条件等计算。另外,城市层面碳排放清单的编制人员在排放因子和活动水平的选取上有过大的自由裁量权,计算结果难免产生偏差。行业或者企业的实际减排量跟城市减排目标和任务之间的关系难以确定,较难绘制对应减排目标的技术路线图。比如,交通行业具有移动性强、排放源种类多而杂、排放边界不固定等特点,导致城市层面碳排放核算困难。

(二)低碳城市建设缺乏全面的战略规划,兼顾低碳与经济发展操作难度较大

一是缺乏立足于城市发展全局的顶层低碳城市发展规划。在我国,大部分的发达城市都是通过工业化发展起来的,而工业化的发展又需要大量能源资源的消耗,因此直接造成这些地区产业结构偏向"高碳"。在做低碳城市发展规划时,我国一般只考虑产业自身发展过程中的节能减排,却不重视把城市作为整体来实施低碳发展战略。二是不考虑当地的工业基础,盲目跟风发展新兴产业。一些地方政府往往把目光投向新兴产业建设方面,不顾自身的产业发展状况,一味提出建设低碳产业集聚区;在产业发展中应用太阳能、风能、潮汐能等可再生能源而

不管不顾传统工业节能降耗的潜力。三是没有清晰认识到低碳城市建设是一个长期、复杂的系统工程。部分城市为完成上级要求的节能减排目标，采取对钢铁、水泥、冶金等行业拉闸限电措施，从而使这些企业不得不用高污染的柴油机取而代之，进行发电；一些城市将污染程度高、资源能耗消耗大的企业外迁出去，使当地碳排放量明显下降，却增加了迁入城市的污染负担，加大了迁入城市治理环境污染、降低碳排量的成本，本质上是一种污染转移，对整个国家低碳建设适得其反。

基础设施亟须加速建设，兼顾低碳与经济发展操作难度大。国家试点低碳城（镇）基本是新城新区，交通、能源、建筑等领域基础设施薄弱。从各试点的待建基础项目库来看，基本投资集中在基础设施建设领域。以启动时间较早、规划面积较小的青岛中德生态园、无锡中瑞低碳城来看，基础设施建设投资比重分别占到40%和83%。从已完成情况来看，深圳国际低碳城，属于发达城市落后地区，目前主要基础设施建设基本在新建、改建市政道，解决断头路多、交通不畅，新建高压电力通道、市政干管等线路的层面。国家试点低碳城（镇）覆盖了我国的东西部地区，虽然各试点地区在当地属于龙头经济地区，但从各试点内部来看，基本包括发达地区和欠发达地区，各试点经济发展差异度大，经济发展阶段也不一致。深圳国际低碳城处于发达地区深圳，虽片区发展方式落后，产业结构低端，能耗和碳排放强度是深圳平均水平的两倍左右，但借助深圳的发展优势，高起点、高标准地走跨越式低碳建设之路并不难，而三明国家生态城处于后发山区，经济实力相比发达地区要弱，经济资源有限，不能容忍一定的经济损失来实现低碳城建设。因此，统一当地政府、企业和居民对于保护环境的认知，扭转"先污染，后治理"的传统模式成为当务之急。

（三）政策执行主体权责不对等，内容过于宽泛

以低碳为纲领的发展意识有待加强。各试点积极推动低碳引领、多规合一，然而由于各相关部门间对低碳的认识不统一，特别是担心低碳发展制约当地经济增长的思想仍存在，导致许多地区政策落实中面临一些阻力，例如，在能源系统规划、基础设施建设等方面，由于考虑的角度不同，部门间易出现分歧，难以形成合力。针对当地经济发展要求，各试点相关部门出台了多种涉及空间的规划，主要有主体功能区规划、城乡规划、土地利用总体规划等。空间规划类型多，体系庞杂，深度不一，编制目标、期限不同，技术标准和要求也不同，造成各类规划之间难以衔接和协调，有限的空间资源未能得到充分、合理的利用和管制。

低碳城市试点推进缓慢，政策过度依赖地方政府负责人的态度，而并没有通过法律、规章制度等形式来明确。从国家层面成立的应对气候变化委员会到地方城市层面的低碳发展领导小组，以及专门成立的应对气候变化部门（科）等，这些都是属于协调、咨询部门。低碳发展是一个路径选择的问题，很难由具体的某一个部门完全承担。大部制改革前，从各职能部门的参与角度看，低碳城市试点政策虽然由国家发改委牵头，但是其政策的主要推动部门应对气候变化司存在权责利不对等的情况，并且其低碳管理业务和资源节约与环境保护司节能减排工作存在重叠。另外，二氧化碳排放主要来自工业、建筑、交通等行业，需要工业和信息化部、住房和城乡建设部、交通运输部等多个部门之间的协同。而此次政府机构改革中将原环境保护部的职责、国家发改委的应对气候变化和减排职责归到新成立的生态环境部，这种职能的整合可以一定程度上缓和上述问题，但是也可能加重协调的难度，改革效果还有待时间的检验。尽管三批试点政策在内容上逐渐有所调整,但比较宽泛,对地方工作缺少指导性。从实践看,低碳城市试点政策主要依托目标责任制和碳排放峰值目标的倒逼机制。城市制定本地区碳排放指标分解和考核办法,加强对各责任主体的减排任务完成情况的跟踪评估和考核。峰值倒逼机制是低碳城市的重大创新机制之一,绝大部分试点城市提出了二氧化碳排放峰值年份的目标。但是,这些达峰年份不是建立在城市碳排放清单的科学研究基础上,判定依据主要基于经济发展的经验或者借鉴同类城市的达峰年份目标,实际的完成情况也不尽如人意。大多试点城市尚未提出分领域、分地区、分部门的峰值目标分解落实方案,以至于政策落地具有较大难度。政策工具采取了强制—命令行政工具、激励市场工具和自愿工具相结合的模式,但是激励市场工具和自愿工具的可操作性不强。

(四)低碳产业技术与低碳城市内在需求还有差距

低碳产业技术主要集中在三个环节:源头上,即在能源利用环节减少碳排放;过程中,即改进技术设备和转变能源利用方式,减少能源消耗和碳排放;在末端,即处理已经排出的温室气体。低碳技术研究已取得一定成果,但与国际领先水平还存在较大差距。特色产业技术挖掘较少,重点发展方向模糊,同质化较为严重。各试点的地方特色产业技术布局较少,并未充分利用地方特色产业在低碳发展的优势。重点产业发展上,各试点基本集中在高技术产业、旅游、文创领域,产业选择重合度高,其中,高技术产业的方向过于模糊,基本涵盖目前大部分可以实现低碳的技术研发产业,并未很好地结合区域产业优势,集中发力于几个可落地、可持续的高技术领域;而旅游、文创领域的规划偏重于自然资源的初级层次开发,缺乏对当前国内旅游、文创的深度研究,挖掘区域内生态经济的发展潜力和空间。总体上来看,低碳技术附加值有待进一步提升,以适应低碳城市发展的需要。

(五)低碳城市建设保障资金缺口较大,碳金融运营体系欠缺

(1)低碳城市建设保障资金缺口较大。为支持各试点建设,各地区推出由政府财政引导,国有资本与民间资本共同参与,直接投资与间接投资协同运作的多元化的资金保障机制,部分试点地区提出了设立低碳发展专项资金,但因为各试点地区为尚未开发或部分开发的城市新区,创建初期投资需求非常大,在经济下行、资金面紧张的情况下,资金筹资压力比较大。

(2)缺少专项资金保障。低碳城市试点政策并没有中央和所在省份的专项资金支持。随着节能技术和管理水平的提高,节能技术改造成本逐渐增高。尽管部分城市从财政资金中设立了低碳发展基金,但地方政府对于如何运用最少的资金撬动最多的社会资本并没有很明确的切入点,没有形成良好的绿色投融资政策支持和市场化机制。这背后的主要因素在于政府在低碳发展中的角色和定位不是很清楚,即政府和市场的边界不清。一方面,政府有必要通过补贴或者奖励等方式调动企业或者公众参与,引导行业发展;另一方面,城市政府不可能为低碳发展相关所有基础设施建设和服务买单。城市政府较难找到低碳投资政策的切入点,也缺少支持产业、投资、金融、技术、消费等方面的配套政策。从节能角度来说,在国家的配套政策和扶持基金的支持下,企业出于自身利益有较高的积极性而参与到节能减排中;但是从低碳角度来说,企业缺乏对低碳理念的认知和对相关政策的了解。比如,企业碳盘查、碳认证等,企业管理中对这些内容涉及较少。因此,企业难以判定低碳对自身带来的是不是机遇,造成了发展路径与先进理念的脱节。

（六）缺少对应的管理评价体系

国家试点低碳城市仍停留在以完成低碳指标、重点促进新城新区投资建设的层面上，对低碳发展中的低碳管理缺乏自上而下专门的行政管理体系和多元化、多层次的市场运营主体。部分低碳城市确定了峰值、碳排放下降强度等目标，将减排指标分配到区县、行业乃至重点企业层面，但是任务完成起来却困难重重。从城市层面来说，地方政府对行业企业节能减排潜力的挖掘不够，没有同本城市产业匹配的边际减排曲线，难以科学指导实际工作。城市层面缺少统一、规范的低碳评价标准、数据库、信息管理系统和信息披露制度，而国家层面（政策的制定方）并没有就低碳城市政策给出明确的关于政策执行和效果的评价标准、约束机制和经验推广机制，其经验难以有效地使其他城市受益。至今该政策已经扩展到第三批城市，强调了政策创新点，但是政策目标的实现依然缺少合理而清晰的路径，对城市的指导意义有限。目前，低碳城市试点政策缺少政策执行方面的第三方客观评价以及动态跟进机制。随着国家或区域战略的调整，城市经济发展目标也在变化，其单位碳排放下降率目标也应该随之调整。

第三节　低碳城市发展对策

全球气候变暖及其严峻后果是一个不争事实，碳减排行动迫在眉睫。从经验层面看，全球发达国家和城市纷纷把低碳城市建设作为提升国家和城市竞争力的重要抓手，作为改善城市生活品质和提升居民幸福感的重要手段，作为促进科技创新和培育新的增长点的重要突破口。

现阶段中国的碳减排战略与政策不能脱离阶段性社会发展规律。中国要充分考虑发展阶段和国情特点，遵守共同但又有区别的责任原则，推进低碳化进程，需在经济增长和城市化进程的前提下尽最大努力降低平均碳排放强度。中国低碳发展道路的实质乃是在全球气候变化的约束条件下将中国国情和时代特征相结合，渐进式地自我约束，引导探索一个具有十几亿人口的后发国家走低排放、高能效、高效率的可持续发展道路。当前，中国共开展了3批共87个国家低碳省区低碳城市试点。试点地区在低碳发展目标方面发挥了引领作用，提升了各地对低碳发展的认识和能力建设，涌现出一批好的做法、好的经验。中国低碳城市建设，既要充分借鉴吸收国际低碳城市的建设经验，包括发展理念、制度规则、政策体系、运营机制，又要梳理我国经济增长和城市建设发展的内外部环境、变化因素、存在问题。我们要以中国城市为情境，检验、吸纳发达国家典型城市的经验举措，在不断实践和总结经验的基础上为低碳城市建设发展提供中国智慧与中国方案。

一、优化低碳城市建设路径

低碳城市相关研究的最终目的是为城市低碳化发展实施策略和措施的制定与优化提供数据支持与决策参考，因此，如何科学、有效地制定城市低碳建设路径，促进城市从传统的发展道路转向低碳发展道路成为学术界关注的重点议题。城市碳排放是一个涉及多学科的研究领域，引发众多不同学科背景的学者关注，同时也引起国内外经济学界的关切，成为近年来低碳经济学的研究热点。现有相关国内外文献以中国低碳城市建设与发展问题为研究对象，在低碳城市碳排放基础数据测度、碳排放影响因素分析、低碳政策实施框架建立与完善、低碳发展水平综合评价指标体系构建及应用等方面对城市碳减排问题进行多视角的理论解释与实证检验,丰富了学术界对低碳城市建设与发展的认识,为区域减排政策的制定与实践提供了有价值的信息支持,具体包括以下几个方面观点:

(一)自下而上的碳排放核算体系有待推进

碳核算体系的发展与完善能为城市低碳政策的制定与低碳社会的发展提供更为科学、全面的温室气体排放数据清单支持,是城市低碳发展研究领域拓展不可忽视的重要内容。鉴于数据的易获得性,目前自上而下的碳核算体系成为学术界测度一国(城市)碳排放的主要核算依据。自上而下的碳核算体系通过对一国(城市)经济的碳源进行层层分解来进行二氧化碳核算,数据测度结果能较为完整地涵盖宏观经济的整体碳排放状况,有助于行政措施的推进以及宏观层面的政策布局。自下而上的核算体系适用于对微观主体经济行为的碳排放测度,更有利于微观层面碳减排决策的实施。现有的自下而上的碳核算体系还处于尝试阶段,其在核算范围、生命周期核算环节、处理碳抵消活动、信息报告要求等方面尚未形成统一结论,有待进一步发展与推进。

(二)城市碳排放增长的驱动路径研究有待拓展

现有的结构分解(SDA)法为具体识别区域碳排放变化的主要驱动因素提供了较好的分析工具,但随着区域低碳实践的发展,无论是 SDA 法或是其他城市碳排放增长驱动因素的研究方法已不能完全满足政策分析的需要,主要体现在:第一,城市碳排放增长驱动因素的研究方法仅能对驱动区域碳排放变化的因素进行识别,但无法进一步分析各驱动因素如何基于最终需求通过区域间投入产出关系直接和间接作用于区域碳排放的演变,即无法对各驱动因素影响碳排放变化的具体路径(直接和间接)进行分解分析;第二,同一种驱动因素可能在不同驱动路径的作用机制下产生相互抵消的碳排放变化影响,从而最终显示较小的综合影响效应,直接测度各驱动因素的变化对城市碳排放变化影响的综合效果很可能掩盖各因素真实的驱动效果。Wood 和 Lenzen 提出了对碳排放驱动因素动态作用路径进行分解的结构路径分解(Structural Path Decomposition,SPD)法,该方法能实现对各驱动因素的变化在最终需求的作用下通过区域间投入产出关系作用于区域碳排放演变的具体路径(包括直接路径和间接路径)进行分解,并精确测度每条路径对一国(区域)碳排放变化的贡献方向与贡献值。目前,SPD法已被国外学术界应用为分析碳排放作用路径的前沿分析工具,但研究起步较晚,尚未有研究应用 SPD 法系统性研究中国区域的碳排放作用路径问题,SPD 法应用于中国城市低碳发展研究有待进一步拓展。

(三)低碳城市建设的成效研究有待发展

尽管目前中国各城市均深入发展低碳经济,国家层面也分三批设立了低碳试点城市,但目前仅有少量研究涉及中国低碳城市建设的政策绩效评价,监测和评估等基础性工作还需要进一步的探索和应用。相关研究可从以下方面进行拓展:第一,以特定城市为研究对象,从主观评价和客观评价两大维度,综合运用多学科交叉的分析方法,系统地对研究对象的低碳政策绩效进行评价,并探索城市低碳政策体系的优化路径,为中国低碳城市建设的进一步发展提供理论支持;第二,目前国家尚未出台与公布统一的低碳城市建设评价指标体系,因此,进一步的研究需要依据中国各城市的地理位置、人文特征和经济发展特征建立统一的、科学的、分区域的评价指标体系,作为低碳城市建设发展成效的评价基础;第三,评价内容既包含直接针对低碳政策实施效果的客观影响评价,又包含低碳政策对居民低碳价值理念、低碳生活方式、低碳消费选择、低碳关注程度等社会层面的影响,重视结合公众视角对低碳政策的实施效果进行补充评价。

(四)低碳城市政策实施成效的实证研究方法有待完善

学术界大多将政策实施前后低碳城市数据分析结果的差异归结为低碳政策的作用效果,或者通过计量模型法测度低碳政策的实施效果,但政策与效果之间的因果关系存在不确定性。低碳政策评价是建立在低碳政策实施与城市低碳发展状况改变之间的因果关系之上的,而影响城市碳减排绩效的因素十分复杂。城市低碳发展状况的改变往往会受到低碳政策行动之外的因素影响,计量模型也难以控制影响城市碳减排绩效的其他所有经济与社会变量,试点城市试点前后碳排放绩效的差异并非一定是试点的后果。依据上述两种方法对低碳城市政策的实施效果进行评价可能存在偏颇,因此,进一步的研究需要采用科学的实证方法将低碳政策行动之外的影响因素进行分离,以科学测度低碳政策实施的效果。

二、完善低碳政策法规

(一)重视法律法规和制度保障

通过对国际低碳城市建设实践的梳理,可以发现这些国家和城市十分重视法制和规则的先导和引领作用。低碳城市建设规划、参与程序、治理体系包括评价等方面都有十分详细的规范,并且通过相关的制度规则对低碳发展参与主体形成有效的约束和激励,调节各个行动主体的责、权、利关系。发展实践也充分证明,完备的低碳城市制度和政策设计与低碳发展治理能力和绩效存在正相关关系。中国近年来出台一系列与绿色低碳的生产方式和生活方式相关的政策法规。例如,《中华人民共和国清洁生产促进法》(2002年)、《中华人民共和国可再生能源法》(2005年)、《节能减排综合性工作方案》(2007年)、《清洁生产促进法》(2012年)、《大气污染防治法》(2015年修订)等,虽然这些政策法规为我国节能减排发挥积极作用,但至今仍没有制定促进低碳发展和应对气候变化的专门法律、法规和规章,因此,需要借鉴国际经验,以构建低碳城市制度框架体系为基础,将国家发展战略、相关国际政策结合起来,完善国家及地区的低碳城市制度框架,重视相关法律跟进和配套政策的制定,在立法上,走综合立法与专门立法并进之路;在治理工具上,走政策与法律协调衔接之路;在法治建设上,走以实施为中心的法律治理之路。需要量化城市减排目标并增加其约束性,亟待国家层面出台统一、规范的城市级别碳排放(或温室气体)的监测、统计、核算方法,制定城市碳排放清单编制方法,由第三方承担数据监测和减排效果评价与城市管理信息平台结合,并在此基础上形成碳排放管理体系,建立"可评价、可测量、可推广"的碳排放管理平台,确定低碳发展目标和试验内容的同时赋予试验区类型试点改革的权力(比如设立容错机制、赋予绿色发展项目优先权等)以及资金、编制等方面的配套政策。

(二)加强顶层设计和体制机制建设

我国应将低碳城市试点纳入生态文明体制改革中推进。以生态文明体制中的"多规合一"为契合点,结合建筑、交通等部门规划,将应对气候变化相关的规划落到土地利用规划上;建立以碳管理为核心的，服务于政府、企业、第三方机构、公众等的信息化管理平台；加强对试点经验的总结，探索市场化、多元化的减排机制，逐渐减少行政命令式的减排工具，增加市场型和自愿型的减排工具。我国城市低碳治理主要依赖目标责任制这样的行政性命令，比如，"拉闸限电""淘汰落后产能"等政策。这些行政性命令尽管效果明显，但一定程度上仍干扰了正常的生产、生活，亟待调整。我国应该理顺资源环境的价格形成机制，建立反映能源稀缺的价值体系，将能源消费和资源总量管理以及全面节约制度相结合，健全环境治理和生态保护市场体系，推行用能权以及碳排放交易制度，建立相应的交易系统、测量监测体系以及对应的交易市场监管体系。

（三）完善政策评价标准，建立退出机制

国家层面要设定低碳城市政策的评价标准，构建评价体系。低碳是一个协同效果，低碳试点也容易与生态城市等政策协同。我国应全面梳理生态文明和绿色发展相关的试点政策，研究低碳发展的核心要素，将其纳入评价指标。各城市的发展阶段不同、内容多样、资源特色各异，需要在一个标准下有差异地考察各城市低碳政策完成情况，使之可测量并且可对比，为今后减排目标的确定和实践提供指导。考虑地区发展阶段，对待东部、中部和西部区域建立差异化的碳减排评价机制；为防止自上而下评价体系下盲目追求政绩、谎报数据等情况，有必要引入第三方评价机制，以保障政策评估的客观、公平；逐步建立试点评比机制和清退机制，对同批次的低碳城市绩效进行评比，否则低碳城市试点只是数量上逐渐增加，实施的成效无从检验。

（四）建设多元化协同治理体系

国际低碳城市发展经验表明，地方政府以低碳政策提供者与低碳消费者参与到低碳城市建设中，企业、居民等多元主体共同推进了地方低碳建设与经济发展，体现出明显的"自下而上"的治理特征。而在我国低碳城市建设初期，城市政府则更多地表现为监管者和政策提供者通过"自上而下"的方式在低碳行动方向、规划与制度建设、低碳经济投资与发展方面起着核心作用。城市低碳发展牵涉市政建设、税收调整、绿色经济、社会生活方式各方面的转变。技术产业、科研机构、非营利组织、社区居民、相关地区都是低碳发展的"利益相关方"和实践者。因此，我国城市地方政府需要转变角色，通过协调政府、企业与公众在低碳发展中的关系，完善低碳市场机制，增强企业与公民的低碳意识与行动力，逐步建设多元主体的协调治理模式，同时，应强化城市政府也是消费者的理念，加强政府自身低碳化，从内部经营管理、绿色采购、低碳投资与招商、日常工作消费等方面促进市政低碳行动，从而增进政府低碳治理的综合能力。

三、优化城市能源结构

（一）大力发展清洁能源，带动能源系统低碳化

能源利用是影响城市碳排放的重要因素，因此要积极调整化石能源消费现状，优化城市能源结构；推广光伏、风电，加快可再生能源开发利用，推进生物质发电，进一步提高城市垃圾的利用水平；推进新型电力系统建设，引导虚拟电厂、电动汽车充电网络、自备电厂等参与系统调节，提升电力系统调节能力；建设多能互补的综合能源服务系统，发展"新能源+储能"、源网荷储一体化和多能互补；培育节能与电力负荷管理相结合，咨询、设计、生产、运维为一体的综合能源服务商；深化科技创新支撑，加大新型电力系统关键技术研究应用，强化前沿技术研发和

核心技术攻关。

(二) 推进分布式、可再生能源供给

我国应完善分布式能源战略,提供高效、低碳、清洁的能源供应,降低对区域电网的依赖;积极建设分布式可再生能源发电站,配合分布式储能系统,挖掘太阳能、风能、氢能等可再生能源的潜力;鼓励垃圾发电并入区域电网,提高清洁能源的供给规模。同时,政府通过可再生能源购买补贴、气候变化税、可再生能源刺激政策等一系列财政税收手段促进低碳能源的发展。

(三) 提高能源开发与利用效率

开发新能源需要大量资金,新能源基础设施的建设也需要较长的建设周期,因此,在大力开发新能源的同时还应提高能源利用效率。在我国主要的能源消费中,煤炭位居第一,油气能源位居第二,这种以煤为主的能源结构在长期内仍然会持续,而煤炭消耗产生的污染气体也会不断增加。要发展低碳城市,走低碳经济之路就应制定能源利用总体规划,逐步转变以煤炭为主体的能源结构,发展海洋能、太阳能、风能、核能等可再生能源和清洁能源,促进循环经济的发展,提高能源利用效率。同时,政府应该制定并完善发展,利用可再生能源企业的补贴制度,对可再生能源制定合理的价格,让利用可再生能源的企业有利可图。

四、调整产业结构,限制高碳产业准入

(一) 深化产业调整升级与制造模式转型

统筹城市规模与产业发展,集约运用有限的土地、空间、基础设施等资源,通过合理控制节奏,统筹人口、产业和城市建设,使城市的发展健康有序。生产方式集约高效,以提高资源生产效率为目标,从"自然资源—产品和用品—废物排放"流程组成的开放式线性经济模式向"自然资源—产品和用品—再生资源"的封闭式流程为特征的循环经济模式转变。我国应推广新型制造技术,引导高端制造业转型,打造数据制造系统、智能控制系统、可重构制造系统等,增强制造系统的包容性、灵活性,根据用户需求快速完成产品设计和生产。

(二) 推进产业结构调整优化

国际城市低碳建设成功要归功于地区经济结构相对从重工业向轻工业和服务业的转移。通过减碳政策与行动,挖掘绿色"经济红利",将气候变化与城市经济发展有机结合。产业结构与能源结构调整成为我国低碳城市发展的内核。在产业结构调整上,中国需要在制度、体制、组织结构、运行机制等诸多层面,倡导产业结构的优化升级和低碳布局,持续加强低碳技术研发水平,出台政策,鼓励企业加大低碳技术创新投入,推广采用先进的低碳技术、节能减排技术、资源综合利用技术、能源技术等,一方面,通过发展先进、适宜的技术特别是低碳技术,结合数字技术,不断改造提升传统产业,推进产品设计与生产的低碳化、智能化,突破发展中的"低端高碳"锁定;另一方面,加快发展高新技术产业、现代服务业等相关产业,重视发展资源深加工产业和低碳绿色产业,通过新技术、新产业的发展,延伸产业链,促进城市绿色就业,推进绿色经济增长与社会发展。

(三) 大力实施"绿色低碳招商"

在低碳城市的打造过程中,还需特别注意的一点就是在城市招商引资的过程中充分发挥环保执法部门的积极作用,做到"绿色低碳招商",首先,在城市进行招商引资的时候,应预先构

建起一套行之有效的投资项目环境保护以及资源能源消耗准入指标体系,确保所招项目绿色低碳化;其次,还要积极研究制定城市低碳产业能效指南,有步骤地开展低碳产业年度统计,以土地、能源、水资源等为核心,积极对城市资源生产效率、成本、循环利用情况以及减排情况进行考核,高效、高质地落实好环保审批工作,保障"绿色低碳招商"审批进程中决策的科学性;最后,还应该严格落实低碳产业规划布局,与招商及规划部门紧密配合,科学地对项目进行选址,最终为打造真正的低碳城市保驾护航。

五、加强低碳技术的自主研发

低碳技术的来源渠道有两个:一是引进;二是自主研发。引进技术主要指的是直接引入国外的先进技术,但引进的技术往往有所保留,因而必须加强自主研发。低碳技术的自主研发需要大量的资金和科技人才支撑,所以在低碳技术人才方面,应通过建立人才激励机制、提供适当的研发环境、改善企业吸引人才的氛围等方式加快培养和引进低碳技术人才,在资金方面,可以尝试设立"碳基金",专款用于鼓励和支持广西低碳技术的自主研发;还应设立低碳技术研发中心,推动减碳技术、无碳技术、去碳技术的研发与创新。

建立国内低碳技术和项目储备通用清单。从各国及主要城市的经验来看,低碳发展根本上还是依靠技术进步推动,而且现有的商业化和未来一个时期即将商业化的技术已经足以推动城市的零碳发展,在未来20—30年内可预见世界上将出现若干个近零或零碳的城市。当前,我国正在全国广泛开展低碳城市试点,城市间的发展阶段和自身禀赋差别较大,选择合适的技术路径不仅需要结合当地实际,也要比较分析技术和项目的技术性、经济性,有必要筛选和论证具有全国指导意义的低碳技术和项目储备通用清单。其中,通过总结国内外低碳发展技术路线,对典型技术和项目的成本单价、技术方案、实施条件等进行分析论证和排序,进而可以为各有关城市提供可选择的低碳技术和项目组合。

六、构建低碳交通网络,发展低碳建筑

(一)完善城市公交系统,推动交通能源革命

(1)在城市空间结构及规模方面,加强城市空间尺度控制,发展混合功能社区;提高公共交通工具使用率,增加边缘地区轨交和公交车班次,进一步提高智能化水平,增强公共交通的便捷性;大规模建设市郊铁路,加密郊区公交网络,建设立体步道以完善慢性交通;应用交通新技术,发展城市郊铁、地铁、公交车相结合的多层次、高质量公共交通体系;采取智能交通技术,建立城市智慧交通管理体系;推进新能源汽车大规模替代,加大财政投入,坚持牌照优惠政策,促进充电桩等基础设施建设。

(2)大力发展节能型电动汽车,提供电动车购买刺激政策,优化城市充电网络基础设施;同时,加强公共交通基础设施建设,推动巴士、地铁出行,建成多网并联轨道交通体系,为城市居民提供新的公共交通服务选择,增加自行车停车点;推行交通管理措施以提升运行效率,如实行"拥挤定价"机制、"低排放区"政策,促进城市区域的降碳减排。

(二)发展零碳建筑,推进建筑领域减排

加大研发机构与企业、高校之间的合作,加快建筑节能技术、低碳建筑技术的研发与运用;

引导新能源在建筑领域的应用,发展"光伏+建筑"一体化技术;提高社会建筑存量中低排放或零排放建筑的比例,对存量住宅、存量公共建筑进行节能低碳改造,建设示范型零能耗建筑,确保所有的新建建筑都是低耗甚至零。

低碳城市的建设离不开低碳建筑,而低碳建筑不仅要求低碳设计,而且要求能够低碳运行。我国应在建筑设计上引入低碳理念,实施节能规范,在建筑物建设过程中使用环保节能材料,并对所使用的材料进行监督和检测,对于已建成的公共建筑应实行节能改造;发展基于技术升级的节能建筑;对存量住宅建筑进行节能评估,为住户提供提升能源效率的解决方案,加装住宅隔热层,支持安装智能电表,推行炉灶改造项目,补贴可再生能源发电;对存量公共建筑,启动"绿色机构计划",通过创立成本中立的方法来提高能源利用效率,加大建筑技术的研发和更新技术的应用,建立绿色建筑标识体系并配合严格的监督和监察机制。新建建筑全面建成分布式能源供应系统,并在建筑设计中强化对节能的要求,鼓励企业和科研机构积极开发节能建筑技术,建设示范项目。

降低建筑能源消耗具体包括:(1)选择合理的建筑朝向和遮阳方式等途径以加强建筑保温;(2)合理设计建筑结构,以充分利用自然通风,实现建筑降温;(3)充分利用建筑热回收系统;(4)通过地下水、室外空气和海水对建筑降温;(5)增加建筑透光性,解决建筑照明要求;等等。哥本哈根还采取减少化石燃料使用的主动式节能方法,发展以热电为核心的建筑节能技术,大量采用沼气、热泵、太阳能等可再生能源技术进行集中供热,鼓励使用节能电器。

七、发挥公众参与的积极性

在推进低碳城市建设进程中,我国还应提高公众参与度,健全公众监督机制,充分发挥公众参与的积极性,提高居民的低碳意识,推动城市低碳发展。首先,合理利用公共监督机制来推进低碳计划的实施,定期发布低碳城市实施计划的进展情况,定期召开会议,赋予公众参与和监督的权利;其次,建立和完善全民决策和监督机制,积极推动科研机构和政府机构合作的制度化、公民参与决策的制度化、促进决策的科学化和民主化,提升决策的透明度;最后,加强居民、新闻和各类非政府组织对规划实施和执法的监督作用,加强政府、企业和公众之间的相互作用,并根据相关情况及时讨论、研究、调整和落实低碳城市规划的实施;在空间、交通、建筑设计的同时必须注重与城市文化和意识的配合,加强公民的节能减排意识,提高其参与度,否则,单纯的政府驱动不能达到理想的效果。

八、融入全球低碳城市合作网络

当代的环境问题是一个超国界或超区界的全球性问题,无论是环境污染防治、生态保护还是气候变化应对,都需要各国、各地区通力合作。国际低碳城市建设一般基于两个跨区域尺度:一是跨区域的国内合作。如东京政府的政策创新基于与国内都市圈内各地政府之间的联系与合作行动。通过各项低碳合作项目的实践,建立区域内的创新合作组织与管理制度,从而保证进一步推动新的低碳项目设计与实施。二是跨区域的国际交流。注重国际联合和交流是国际城市低碳发展的一个成功要素。全球城市合作网络是跨区跨国层次上应对全球气候变化的重要组织形式。城市政府加入全球城市合作网络,一方面能够参与到全球低碳发展讨论和创新政策中,分享经验并对其他城市产生影响,从而在新的全球竞争中占据领先地位,确立城市品牌与形象;另一方面,通过国际交流,参与国际层面的合作伙伴项目,有利于地区获得全球低碳技术、多元化融资、其他资源与信息的支持。实践表明,国际非营利机构及其平台和网络对城市政府制定气候政策起到了很大的促进作用。中国城市要积极增强与国内外城市间的合作,共同创新低碳城市合作模式和机制,嵌入全球低碳城市网络,建设低碳发展国际合作新平台。

第七章 低碳园区

第一节 低碳园区概述

一、低碳园区建设的背景与意义

(一)我国低碳园区建设的背景

我国作为最大的发展中国家和新兴经济体,二氧化碳排放量位居世界第一。低碳经济是以低能耗、低排放、低污染为主要特征的一种新型经济形态。发展低碳经济,已经成为各个国家应对全球气候变暖、资源过度消耗与自然生态环境日益恶化等方面达成的普遍共识。顺应这一国际潮流,建设低碳园区、推动经济发展的低碳化是我国为控制全球温室气体排放做出努力的大国责任与担当。据统计,我国与能源有关的二氧化碳排放量约占全球排放总量的1/4,比美国高出30%。经济的低碳化发展是我国为应对能源资源约束、缓解生态环境压力做出的积极回应。低碳园区的提出与实践,正是迎合了全球低碳经济发展和我国加快经济增长方式转变的时代诉求,并将成为推动我国经济低碳转型的重要阵地。

我国目前共有国家级、省级开发区2 500多家,以及数量更为庞大的市级、县级、乡级等各种类型的工业园区。广布全国的产业园区作为生产要素集中配置的核心区域,在促进我国产业结构优化调整、推动区域经济增长、提高产业国际竞争力等方面扮演了举足轻重的角色。但同时,这些以生产为导向的产业园区也是高能源消耗与高污染排放(包括碳排放)的重点区域。过去,我们更多强调产业园区的经济功能,而忽视了它的环境效应以及其本应担负的环境功能。在生态价值更加凸显、"绿水青山就是金山银山"的今天,推动产业园区的低碳转型,把低碳产业园区建设成为发展低碳经济的重要空间载体,也是我国发展低碳经济的具体彰显。在加快供给侧结构性改革的背景下,低碳产业园区对于加快我国产业的优化升级、节约能源资源、缓解生态环境压力与实现我国经济的低碳高增长方面,依然具有不可替代的积极作用。

(二)我国低碳产业园区建设的意义

低碳园区是走新型工业化发展道路的具体探索,也是转变经济发展方式和控制温室气体排放的有效途径。当前,我国工业化水平推进到工业化后期的后半段,但并不意味着我们可以一帆风顺地实现工业化。今后相当长的一段时期,工业的快速增长将对我国经济发展产生举足轻重的作用。面临日益严峻的生态环境压力,我国传统的高投入、高排放、高污染的粗放型工业已不适应当前发展的需要。推动低碳园区建设,对减少温室气体排放、控制全球变暖、促进我国低碳经济发展、推动生态文明建设具有重要的意义。

我国正处于工业化、城镇化快速推进时期。产业园区是工业化、城镇化的重要载体,在国家和地方发展格局中具有重要地位。国家级经济技术开发区的第二产业增加值占全国的比重达到20%左右;有21家国家高新区GDP占所在城市的比重已超过30%,其中7家甚至超过50%。此外,国家级综合保税区、边境经济合作区、出口加工区、旅游度假区等百多家,各类省级产业园区有1 600多个,较大的市产业园有1 000多个,县以下的各类产业园有上万个。产业园区在引领经济发展、推进体制创新和科技创新等方面发挥了重要作用。产业园区也是资源消耗的集中区域,是二氧化碳排放存量、增量的集中区域。随着减排压力越来越大,构建低碳园区已经刻不容缓。建设低碳产业园区是我国转变经济发展方式的有效手段。目前,我国人均国内生产总值超过1万美元,已进入中等收入国家行列。从世界经济发展来看,中等收入阶段是一个国家社会矛盾激增、收入差距拉大、生态环境质量逐步恶化的阶段。不少国家人均收入水平达到中等收入阶段后,其增长的动力开始衰竭,经济社会发展徘徊不前,陷入"中等收入陷阱",这警示我国必须加快转型的脚步。低碳园区以新的发展思路、发展模式、发展方式,从能源利用方式、产业结构内部进行调整,为我国经济内生增长提供新的增长极,是我国转变经济发展方式的重要抓手。低碳园区是连接低碳产业和低碳城市的桥梁,能够将低碳产业和低碳城市有机的串联,通过园区建设的规模化实现低碳高质量发展。

二、低碳园区的含义

从词语结构看,"低碳产业园区"这个术语包括"低碳"和"产业园区"两部分,认识其含义,需要把握好"低碳"和"产业园区"两个词的含义。

(一)关于"低碳"

我国的产业园区数量、名目众多,不同园区在规模、定位、产业结构等方面经常存在显著差异。所以在衡量是否低碳时,不宜采用碳排放的总量为标准,而应强调碳排放的相对量,即碳排放强度(单位产出的CO_2排放量)。同时,当前我国绝大多数产业园区尚未建立碳排放统计体系,缺乏碳排放强度的具体数据。因此,低碳产业园区的"低碳"通常是定性的,指碳排放强度达到同类型、同行业园区的先进水平,明显低于多数同类型、同行业的其他园区。常用的碳排放强度指标包括单位GDP或单位增加值的CO_2排放量、单位工业总产值的CO_2排放量、单位产品产量的CO_2排放量等,广义而言,还可纳入其他温室气体的排放量,将CO_2排放量改为CO_2排放当量。

(二)关于"产业园区"

我国总体上处于高碳发展阶段,需要各地区、各行业全面推进低碳发展。全国所有客观存在的各种产业园区,包括各级政府设立的,划定一定范围,以园、区、城、基地、中心等各种名义进行招商引资、土地连片开发的各类园区(含经济技术开发区、高新技术产业开发区、保税区、边境经济合作区、出口加工区、高新科技园区、旅游度假区、中心商务区、特色工业区、工业集中/集聚区、文化产业基地、创意产业中心、农业科技园、环保产业园、创业园、软件园、物流园等),还可以包括由大型企业(集团)建设形成的具有统一管理性质的企业集中区。

(三)低碳园区内涵

随着绿色生态环保理念的广泛传播,人们对于低碳的认知不断加深,并且兴起许多和低碳挂钩的项目。低碳科技园区、低碳生态园区、低碳示范技术园区等,虽然都以低碳为主要经营理念,但是在实际运行过程中其核心技术和基础设施装备方面还存在诸多差异,需要管理人员和研究人员根据实际情况建立最优化处理机制。低碳园区就是为了实现园区的低碳环保经济目标,利用优化资源配置以及优惠政策制定等要素进行整体结构转型,运用最佳优化运行机制促进和吸引更多的企业向园区集聚,从而优化产业空间布局。低碳园区以温室气体排放强度和总量为核心管理目标,园区系统在满足必要的运行条件下产生最少的温室气体排放,获得最大的社会经济产出。在建立低碳园区过程中,我国不仅要统筹兼顾实际排放量,也要有效地走可持续高质量发展道路,利用清洁生产技术进行项目集中升级,利用技术提升原材料以及能效结构,尽可能地将生态环境污染物投入有效消解生产项目中,合理布局,优化安排,顺利推进低碳产业集群的建立。低碳园区的核心在于产业发展低碳化,能源结构以绿色低碳为主,大量运用低碳技术,注重园区绿色建筑及绿色交通,同时稳步推进林业碳汇建设,实现园区整体低碳发展和生态环境的有机融合,在消费方面,培育居民的低碳意识以及实现低碳消费模式的转变。

综上所述,低碳园区是指以可持续发展为目标,以绿色低碳理念为指导,追求低碳高增长的产业集聚区,在满足系统必要的运行条件下,使生产、生活、生态形成良性循环的产业园或地块。低碳园区以"低能耗、低排放、低污染"和"高效能、高效率、高效益"为基本特征,以节能减排为发展方式,以能源结构优化、产业结构调整和技术体系创新为主要手段,为应对全球气候变化、转变经济发展方式和促进经济内生增长提供了有效的模式和途径,对于我国今后一段时期的经济发展具有十分重要的意义。

三、低碳园区的主要类型

我国产业园区种类多样,不同类型的产业园区,其低碳化发展的模式和侧重点必然有所区别。

(一)从建设时间的角度

在低碳理念引入之前,我国已经设立了大量的产业园区,进行了多年的产业园区建设;在低碳理念正式引入之后,这些既有产业园区需要实行低碳化改造。未来随着工业化、城镇化的继续推进,全国还将新规划建设一批产业园区。与既有园区相比,新建园区在低碳发展方面具有不同的基础和特点,可形成不同的模式。从建设时间的角度,低碳产业园区可以分为新建型和改造型两大类。我国当前已有大量产业园区,能否尽快对这些既有园区进行有效的低碳化改造,将对全国能否按时完成碳排放强度控制目标产生重要影响;新建的产业园区尽管数量预计不会太多,但往往具有后发优势,有条件、高起点地将低碳理念贯彻在规划建设和运营管理的全过程中,并对既有园区产生示范带动作用。

（二）从产业构成的角度

不论是新建型还是改造型低碳产业园区，产业都是园区发展的核心内容，也是园区碳排放的主体。不同产业构成的园区，其碳排放的强度、结构往往具有不同的特点，需要不同的低碳化路径和策略。因此，分析低碳产业园区的类型时，园区的产业构成应当作为一个重要角度。从产业构成的角度看，我国低碳产业园区主要分为低碳工业园区、低碳服务业园区、低碳农业园区和综合型低碳产业园区，其各有特点。

工业是当前我国碳排放的主要来源，而且未来一段时期内仍将如此。故低碳工业园区是我国低碳产业园区建设的重点。工业园区数量众多，一般可根据碳排放的密集程度，分为碳排放密集型和碳排放非密集型两类。碳排放非密集型低碳工业园区是我国未来工业园区的发展趋势，对优化全国产业结构具有不可替代的作用。碳排放非密集型工业园区的低碳化路径则包括产业结构、产品结构优化升级，企业节能改造，能源结构调整（加强可再生能源利用、降低煤炭消费总量和比重）等。同时，考虑到我国需要持续发展和优化低碳产业（包括可再生能源产业，碳捕获、利用与封存产业，节能产业等）、再生资源产业，这两类产业对全国的低碳发展也具有重要意义。

低碳服务业园区的产业构成以服务业为主，其低碳化路径多侧重于低碳建筑、低碳交通、低碳商业、可再生能源利用、碳汇建设。低碳综合型产业园区一般包括多个主导产业，较大的园区往往还承担着一定的社会功能。碳排放来源较多，故低碳化路径需要兼顾产业、能源、建筑、交通、生活及文化价值观等诸多领域。低碳农业园区的产业构成和碳排放以低碳农业为主，可在农业源温室气体减排、生物质和太阳能利用、碳汇建设等方面形成低碳发展的特色。

随着国家"双碳"战略的稳步推进，人们对于气候变化问题的关注度也在不断增高。低碳产业园区类型与发展模式还会持续更新与优化，将会迭代更高附加值的低碳园区模式，从而高效推进我国园区高质量可持续发展。

四、近零碳排放区与碳中和园区

（一）近零碳排放区

2015年10月，《中共中央关于制定国民经济和社会发展第十三个五年规划的建议》首次提出"实施近零碳排放区示范工程"的概念。2016年10月，国务院印发的《"十三五"控制温室气体排放工作方案》明确提出"创新区域低碳发展试点示范，选择条件成熟的限制开发区域和禁止开发区域、生态功能区、工矿区、城镇等开展近零碳排放区示范工程，到2020年建设50个示范项目"。

在近零碳排放区地方实践上，我国已经开展了一定的工作。陕西省、广东省、浙江省等率先开展近零碳排放区示范工程试点建设工作，均提出了"近零碳排放"定义。在实施对象选择方面，陕西省优先重点在工矿区、农业园区和民用建筑三个领域进行试点示范；广东省优先在城镇、建筑、交通、城市和农村社区、园区、企业六个领域进行试点示范，并且确立四个试点示范工程，分别为汕头市南澳县近零碳排放区城镇试点、珠海市万山镇近零碳排放区城镇试点、广东状元谷近零碳排放区园区试点和中山市小榄镇北区近零碳排放区社区试点；浙江省则在城镇、园区、社区和交通等领域选择一批具有良好的低碳工作基础、减碳潜力较大、有一定示范带动作用的主体开展近零碳排放区示范工程试点，并已经开展15个试点示范工程。对已有研究进行分析发现，近零碳排放区实施对象主要集中在禁止开发区、生态功能区、限制开发区、工矿区、农业园区、城镇（县级行政区）、园区、社区、建筑、企业、交通等领域，但绝大多数缺乏具体的近零碳排放目标和技术路径。

1. 近零碳排放区内涵

近零碳排放区是在以低碳经济为发展模式和方向、居民以低碳生活为理念和行为特征、政府公务管理层以低碳社会为建设目标和蓝图的基础上，通过综合利用各种低碳技术、方法和手段，降低城区总体的碳排放量，实现近零碳排放的城区在一定尺度的地理范围内或者明确的组织运营边界内，通过减源、增汇或者贡献零碳能源等途径，实现净碳排放总量不断减少且趋于零的目标，使减少碳排放的模式可复制、可推广。近零碳排放区碳排放计算边界：以各级行政主管部门所管辖的范围为物理边界，碳排放源主要包括其内部的建筑、产业、交通、市政路灯等能源活动以及废弃物处理等产生的碳排放，同时考虑区域内植物碳汇的减碳作用。

近零碳排放园区是在碳达峰碳中和新形势下推动园区绿色低碳、可持续、高质量发展的一种新模式，以碳排放总量和强度控制为突出导向，以产业低碳化、低碳产业化为发展方向，以能源清洁低碳转型为核心，以技术研发应用为支撑，通过调结构、上工程、推技术、促交易、强管理等方式的有效组合，最终实现园区碳排放逐渐趋近于零。近零碳不是不排放，而是要求碳排放总量稳步减少，单位碳排放经济产出更多，能效碳效具有先进性、引领性。与绿色园区相比，近零碳园区路径更聚焦降碳；与低碳园区相比，近零碳园区目标更高；与零碳园区相比，近零碳园区强调少排放、低强度。

2. 近零碳排放区实施对象选取过程

一般来说，对于构成要素单一、排放源类型单一的可再生能源富集区、碳汇密集区等，不宜作为近零碳排放示范区建设的遴选对象。由于各个实施对象的实施难易程度、投资额等均不同，为了保证零碳排放区示范工程建设工作顺利推进，需进一步对各个实施对象进行深入分析，主要在其发展现状的基础上对其低碳基础、实施主体、碳排放计算边界以及可实施性进行调研，综合评价各个实施对象。近零碳排放区实施对象选取时一般应符合以下原则：具有典型示范特征；较好的前期低碳基础；实施主体具体、明确；实施对象边界清晰；项目实施可行性。

3. 近零碳排放园区碳排放计算边界

一般来说，园区管理委员会、经济开发区管理委员会、物业管理单位等所管辖的范围为物理边界范围内活动产生碳排放，包括生产区以及生产配套区。其中，生产区建筑类型主要为生产厂房，主要碳排放源包括厂房内空调系统、照明系统、空气压缩机、电梯、水泵等通用设备设施、生产工艺设备设施（注：工业废水、工业废气等处理设施设备纳入生产工艺设备设施范畴）以及交通车辆（注：交通车辆仅针对工业园区内生产工艺过程交通产生的碳排放，如叉车、起动机等，其他交通碳排放不考虑）。生产配套区建筑主要包括行政、宿舍与食堂等办公与生活服务性建筑。根据建筑类型，主要碳排放源包括空调、照明、插座设备、动力以及炊事等设备，同时考虑区域内植物碳汇的减碳作用。

（二）碳中和园区

2015年12月，《巴黎气候协定》正式签署，其核心目标是将全球气温上升控制在工业革命前水平的2℃以内，并努力控制在1.5℃以内。为实现这一目标，全球温室气体排放需要在2030年之前减少一半，在2050年左右达到净零排放，即碳中和。我国在2016年9月就完成了《巴黎协定》国内审批程序。2020年9月，习近平主席在第75届联合国大会期间提出，"中国二氧化碳排放力争于2030年前达到峰值，努力争取2060年前实现碳中和"。可以说，"碳中和"将理所当然地成为企业和产业园建设的目标之一。

1. 建设的必要性

"碳中和愿景"的实质，是应对和解决工业化过度排放的温室气体所产生的气候变化问题。而经济社会的发展，不能缺少工业建设的支撑，因此，"碳中和愿景"的关键是实现在一个国家之内二氧化碳的净零排放，即一个国家领域内的二氧化碳排放与大自然所吸收的二氧化碳相平衡。产业园区是为了促进某一产业发展目标而专门创立的特殊区域，是促进经济发展、产业调整升级的重要空间聚集形式，对聚集创新资源、培育新兴产业、经济转型、自主创新、城市化以及文化塑造等都具有十分重要的意义。建设碳中和产业园区，首先有利于改变既有能源系统和传统产业体系，推动新技术、新模式、新业态快速发展；其次，有利于建设"美丽中国"的中长期战略目标的实现；最后，碳中和产业园区建设，将以更高标准、更高质量促进经济结构、能源结构、产业结构转型升级，加速推动我国经济由高速增长阶段转向高质量发展阶段。

2. 含义

所谓碳中和园区，是指在园区范围内企业、产品、活动或个人在一定时间内直接或间接产生的二氧化碳或温室气体排放总量，通过节能减排等各种形式，以抵消自身产生的二氧化碳或温室气体排放量，实现基本平衡，达到相对"零排放"。由此可见，碳中和园区建设的核心是"节碳"和"耗碳"的中和。在新时期"碳中和"愿景下，产业园区建设的生态性和"碳中和"特性将会得到更强关注，建设"碳中和"园区将成为新建产业园区的标准和现有产业园区未来发展方向。

五、低碳化国家级新区

在全球应对气候变化的背景下，国家级新区成为中国以低碳发展为导向的新型城市化重要路径。作为国家级战略，国家级新区是中国新型城市化的重要路径：它是由国务院批准设立，承担国家重大发展和改革开放战略任务的国家级综合功能区，从1992年浦东新区到2017年4月雄安新区，共计有19个国家级新区。"国家级新区"已成为生态文明和可持续发展的重要载体，新区低碳化发展已经成为国家级新区战略的发展方向。

目前，既有的19个新区或已从减碳增汇的角度提出新的规划，或正在加快制定低碳城市发展实施意见。新区低碳化已成为城市空间可持续扩张的一种新形式和新区空间规划的重要主导方向，在优化空间结构、解决土地集约利用、改善公共交通及促进城市可持续发展方面取得了阶段性成果。下一步，国家级新区低碳化空间体系及结构模式应该以低碳生活与绿色出行为导向，建构多中心、紧凑型、网络化的城市空间格局，建立以低能耗、低污染、低排放和高效能、高效率、高效益为特征的新区低碳化结构模式，并针对城市各主要空间系统制定目标与优化路径。通过分析多层级碳排放与碳汇目标政策，设定基准、低碳、强化低碳多政策情景模式，新区总体空间规划层面可以从7个方面归纳低碳发展目标：规模控制、空间管制、土地利用、生态绿地、道路交通、产业发展、市政系统。从城市总体层面入手，结合城市空间结构与减碳排、增碳汇，低碳化城市空间体系应从空间形态、土地利用、交通系统、生态绿地、市政设施五个系统加以优化提升。

新区低碳化空间体系与结构模式的目的，不仅在于空间紧凑、职住平衡、步行生活圈及土地混合利用等空间结构问题，更在于通过空间规划方式的改变，引导生活方式的改变，在传统的"生态、宜居、高效、人文"的规划原则中加入"低碳"理念，促进新城新区建设向"低碳＋活力＋健康"多维目标相互促进的格局发展。我国城市发展随着改革开放40多年经历了单中心、郊区化、多中心、城市簇群等一系列变革，城市空间结构模式也形成了传统稳定增长的"外溢式"模式、高速发展下的"跨越式"模式，包含网格状模式、环形放射状模式、星状模式、组团状模式、带状模式和多中心网络式模式。未来国家级新区发展应结合自身的气候、地貌特征和新区空间类型，合理确定空间结构、布局及形态，遵循国土空间规划"三区三线"要求，按照"生产空间集约高效、生活空间宜居适度、生态空间山清水秀"的要求低碳化与高质量发展。

第二节 低碳园区发展现状与问题

一、低碳园区的建设现状

我国政府把推动产业园区低碳化作为控制温室气体排放的一项重要战略举措，在2011年国务院公布的《"十二五"控制温室气体排放工作方案》中明确提出"依托现有高新技术开发区、经济技术开发区等产业园区，建设以低碳、清洁、循环为特征，以低碳能源、物流、建筑为支撑的低碳园区"。2013年，工信部和发改委联合发布《关于组织开展国家低碳工业园区试点工作的通知》，一些产业园区低碳化转型的意愿比较强烈，并进行了一些有益尝试。2014年，55家园区率先获批成为低碳工业园区建设试点，2015年和2016年又先后有39家和12家国家低碳工业园区试点实施方案成功获批。从这些试点低碳工业园区看，涵盖装备制造、石油化工、生物医药、电子信息、新材料、新能源等众多产业领域。随着低碳产业园区试点的积极推动和园区转型升级的实际需要，我国创建低碳产业园区的热情会越来越高，低碳产业园区的数量也在不断增加。

我国工业园区经历了由点到面、由沿海向内地阶梯式推进、并进式发展，已遍布全国各地，成为重要的工业生产空间和布局方式，也是工业化和城市化发展的重要载体。统计数据显示，截至2022年底，我国共有国家级和省级工业园区2 500多家。截至2023年11月，国家高新技术开发区总数达178家，建设了23家国家自主创新示范区，多数位于环渤海、长三角、珠三角一带，贡献了全国工业产值的50%以上，各类工业园区所产生的二氧化碳排放大约占到全国的30%左右。作为未来产业的主要集聚地，工业园区低碳转型，是从源头推动和实现未来产业的低碳化发展。节能减排工作是各级政府长期以来推动的一项重要工作，并非我国提出"双碳"工作目标后才推动实施。从"十一五"开始，为规范引领工业园区绿色可持续发展，生态环境部、国家发改委、工信部根据自身职责分别制定了创建生态工业示范园区、推进园区循环化改造示范试点、创建绿色工业园区的政策文件。截至2020年11月，国内已有通过验收的国家生态工业示范园区48家、通过验收的园区循环化改造示范试点44家、171家国家级绿色工业园区。这些工作举措对推动工业园区绿色发展发挥了积极的引导作用。

我国承诺 CO_2 排放力争于 2030 年前达到峰值,努力争取 2060 年前实现碳中和。在工业部门深化应对气候变化和全面推进绿色转型的背景下,数量庞大的工业园区已然成为"十四五"乃至今后一个时期工业领域实现科学、精准碳减排的关键靶点。研究显示,2015 年中国工业园区 CO_2 排放总量约为 28 亿吨,占全国总排放量的 31%。通过产业结构调整、能效提升、能源结构优化、碳捕集等低碳路径,2015—2050 年全国园区预期可减排 CO_2 18 亿吨,在 2015 年基础上减排 60% 以上,其中,2015—2035 年减排 8 亿吨,2035—2050 年减排 10 亿吨。中国工业园区数量多、种类广、发展阶段各异,其低碳发展对于缓解全球气候变化具有重要作用。

(一)城市低碳产业园区仍处于初级发展试点阶段

从现有发展状况来讲,我国低碳产业园区的建设和发展不论从其核心竞争力还是综合水平而言,应该说都处于初级阶段,究其原因,这是因为这类园区本身在我国各地建设的时间相对还比较短、良性循环发展建设的经验积累还很不足,特别是欠发达地区大多数城市以及一些重点县城镇的低碳园区建设,还仍然停留在规划、概念、战略、谋划层面的萌芽初始状态,缺乏一个系统性与合理性紧密结合的科学实践,且还没有探索出适合当地、具备科学性、系统的、成型的低碳产业园区发展实施路径与创新形态。

"十二五"规划实施时期,我国国家发改委等相关部门先后曾经在 2010 年、2012 年分别组织和部分地开展了两批次、共计 42 个国家级的低碳发展省份和低碳城市建设试点。这些试点城市分布范围涵盖发达地区和欠发达地区。在此基础上,国家相关主管部门在其后出台的《"十三五"时期控制温室气体排放的工作实施方案》中则进一步提出,要继续开展国家级低碳省区和城市试点的示范推进工作,积极探索具有不同特色、不同实施重点的城市低碳产业发展类型和特色模式,进一步积极推动已经批准的试点城市在其碳排放方面要率先达到峰值;通过各地实践,不断积极探索和创新适于不同区域的低碳园区发展新方式、新模式。除此之外,国家一些部门还提出开展低碳产品的认证试点工作,例如,可以在条件成熟的地区,择机实施碳普及利用、碳技术推广和碳交易、封存试验示范等系列化的重点重大建设项目。

(二)城市低碳产业园区呈现差异化发展形势

自从 2010 年 8 月国家发改委牵头开展低碳试点省市以来,中国各地低碳园区的发展正在逐渐引起国家相关部门的高度关注,各园区管理单位都有强烈的发展意愿,积极开展和落实低碳园区相关规划和试点工作。与低碳概念相关的低碳园区名目繁多,各个地方紧密结合地方特色产业的发展,一方面,各园区充分发掘低碳产业,新建以现代服务业、新能源产业、高新技术产业等为主体的能够有效地降低耗能、减少排放的企业;另一方面,在推进产业低碳化上,对现有产业园区进行低碳化。低碳经济园区是建立在减少碳排放的基础上,各园区都在积极想方设法利用高新低碳技术加快改造传统产业和淘汰落后产能。到目前为止,各地基本形成了以低碳工业园区为主体,低碳循环经济园区、低碳技术产业园区等多种园区共同发展的局面。

(三)城市低碳工业园区是节能减排的关键领域

自从 2013 年 10 月开始,工信部和国家发改委正式启动国家低碳工业园区试点以来,我国产业经济发展在结构方面的重大转变表现在逐步迈入转型升级发展阶段。工业园区产业结构的这种低碳化方向发展趋势,需要不断淘汰传统落后的高能耗、高污染特征显著的第二产业领域中的部分不符合发展趋势的行业,还需要不断开展关于产业领域的技术革新、技术升级改造,以此逐步实现各个层次的节能减排任务和减少碳排放,并促进能源结构的进一步改善,其主要做法就是通过完善工艺改造和技术水平提升,提高能源的综合利用效率和产出水平,特别是逐步加大使用可再生的水能、地热能、太阳能等清洁能源的力度,加强对旧建筑在材料使用方面、后续使用环节的节能减排以及新建筑的初始环节的节能设计要求,从而逐步达到提高新旧建筑节能率的要求。在产业园区发展中的低碳技术研发领域,现实迫切要求既依托现有的已具备基础的高新技术产业开发区、各级经济技术开发区等基地,充分利用国内外同行业的先进技术,制定技术发展战略,引进吸收政策,鼓励低碳技术的本土化研发和技术成果的产业化转化,逐步加强企业在低碳技术领域的研发投入和产出。

(四)我国工业园区碳排放总量

在 2 500 家左右省级以上园区中,国家级经济技术开发区(以下简称国家经开区)共 218 家,是中国工业园区中发展相对成熟和领先的一批,具有较好的经济绩效,数据可得性和可靠性也较高。有学者采集了 213 家国家经开区基础数据,基于园区分品种能耗数据清单,核算得出 213 家国家经开区在 2015 年能源消费总计 3.9 亿吨标准煤,占同年全国能源消费总量的 10%。其中,燃煤消耗占能源总消费量的 74%,明显超过同年中国工业部门的燃煤消费份额(56%);原油和天然气的份额分别为 36% 和 8%,分别排名第二和第三位。213 家园区能源消费品种的多样化特征明显,非常规能源如余热、生物质、生活垃圾、煤矸石、工业固废已实现一定程度的利用,然而其总份额仅为 2%,表明园区的低碳能源发展还有很大提升空间。2015 年,213 家国家经开区的温室气体直接排放(园区边界内燃料燃烧产生的排放)和间接排放(园区所用燃料的上游生产运输过程排放和外购二次能源的生产运输过程排放)分别为 10.4 亿吨 CO_2 当量和 1.8 亿吨 CO_2 当量,各占总排放的 85% 和 15%。间接排放占比不可忽略,园区低碳化发展中对间接排放的责任和减排义务同样需要加以关注。213 家国家级经开区 2015 年工业增加值为 4.7 万亿元,CO_2 总排放量为 11.3 亿吨,其单位工业增加值 CO_2 排放平均为 2.4 吨/万元。2015 年,全国工业园区的工业增加值约达 11.7 万亿元,按上述 2.4 吨/万元排放强度估算,全国工业园区的 CO_2 排放量约为 28.2 亿吨。根据国际能源署数据,中国 2015 年能源相关 CO_2 排放量为 91.4 亿吨,由此初步判断工业园区贡献了全国 CO_2 排放的 31%。随着近年来工业企业入园率逐步提升,例如,至 2020 年,许多地区的化工企业入园率已达到 80%,工业园区碳排放在全国的贡献率未来将持续攀升,明确工业园区碳减排路径并推广行之有效的碳减排措施已刻不容缓。

(五)我国工业园区碳减排潜力

总体来看,未来园区经济增长带来的碳排放新增量仍将十分显著,有学者通过研究表明通过四种减排途径有望将其抵消并实现净减排,即实现 2015—2035 年和 2035—2050 年分别减排 28% 和 51% 的目标。具体而言,2015—2035 年产业结构调整与能效提升(即单位工业增加值产出的能耗下降)的碳减排潜力最为显著,提高非化石能源占比和增加 CCUS 应用也可带来可观的碳减排潜力。电网碳强度下降的减排效果并不明显,这是由于园区从电网净输入电力在园区总体能源消费中占比有限,仅不足 3%,即园区物理边界内自备的能源基础设施在 2015 年已基本能实现电力的自给自足。此外,从生命周期碳排放因子来看,由于电力的生产、转换、传输过程中的损耗较大,对于园区这一直接耗电量较大的经济体而言,由本地生产电力并实施大用户直供实现就地消纳,将具有更好的低碳绩效。从时间跨度来看,产业结构优化、能效提升、能源结构优化在2035—2050年的减排潜力将明显减小,表明至2035年此三方面的碳减排潜力基本能充分释放,远期的深度减排需主要依靠持续推进工业生产活动中的系统优化、区域层面的产业布局优化和末端针对性的CCUS来进一步完成总体碳减排目标。进一步,能源结构优化的碳减排潜力分解为生活垃圾、生物质和污泥、余热、风、光、氢六种能源,研究各自的减排贡献。结果显示,预期碳减排贡献最显著的依次为氢能、风电、光伏,此三者在2015—2035年的减排贡献率总计可达79%—84%,尤其氢能在2035—2050年可贡献100%的减排潜力,是通过调整能源结构深度减排最有潜力的措施。生活垃圾、生物质和污泥、余热三类非常规能源由于在能源结构中占比较小,贡献并不显著,因此,现阶段应充分利用园区的产业集聚优势,挖掘园区内部和园区间的产业共生潜力,加大生产过程中的副产品及废物等的回收利用,从源头削减资源消耗和碳排放,例如,城市生活垃圾、污水厂剩余污泥的焚烧产能,以及化学反应余热的再利用等。

我国产业园区种类繁多、布局又较为分散,再加上园区规划、产业类型、低碳技术应用以及园区低碳管理等各个层面的差异,不同园区之间的物质流、能源流也不尽相同,低碳园区可谓"千园千面"。低碳产业园区并没有固定的模式可寻,只有在遵循园区低碳发展基本规律的基础上找到完全适合自身发展的独特道路,才能真正实现园区的低碳化、高质量、高增长。

二、我国低碳园区的发展模式

(一)江苏苏州工业园区模式

苏州工业园区位于苏州市东,1994年2月由国务院批准设立,已获"国家循环经济试点园区""低碳工业园区试点""国家级绿色园区"等多项荣誉,其发展经验归纳为以下四点:一是政策、管理精细化,落实降碳减排要求。管委会发布一系列具体、明确的政策,实施问责和表彰奖励制度,将各项节能低碳工作落实到具体单位、企业;加强能源审计与考核管理工作,制定完善的考核办法及评分标准。二是产业、技术升级精细化,推动园区低碳转型。优化产业结构,进行产业再开发;加快传统产业的改造升级,推动商贸、服贸、旅游、文化、生物医疗、纳米技术和云计算等新兴产业的发展;积极推动企业看齐国外先进标杆企业,实施低碳技术改造,降低碳排放水平;将低碳技术研发使用作为低碳发展的重要内容,积极组织汇编先进的节能降碳技术,帮助企业寻找节能降耗的方式方法。三是垃圾分类精细化,完善垃圾再利用体系。从垃圾分类、垃圾再利用等多角度入手,建立生活垃圾再利用体系,有效实现资源循环再利用。四是金融支持精细化,盘活低碳机制建设。建立风险补偿资金池,减轻企业降碳负担;设立1 000万元的低碳节能贷款风险补偿资金池,可为园区的低碳节能发展提供最大1个亿的银行信贷支持,解决了低碳节能服务企业发展"融资难"的问题;同时,设立绿色发展专项引导资金,鼓励企业、单位积极开展节能改造。

(二)中新天津生态城模式

在我国经济迅速发展的当下,中外合资项目具有非常广泛的应用前景,而中新天津生态城模式是中国和新加坡的战略性合作项目,特别在低碳项目运行结构方面,我国在项目模式中借鉴了很多宝贵的经验。该模式的空间布局、功能定位以及产业引进机制方面都与低碳项目融合在一起;另外,针对交通和能源项目也实现了低碳环保机制,在实际低碳指标管理过程中要针对具体情况制定GDP碳排放强度。管理人员根据实际园区运行模式,对绿色出行比例以及可再生资源利用效率等项目进行重点分析。在园区的运行模式中,管理人员要规范园区内建设过程的各项指标,确保设计理念中充分融合项目低碳技术,将低碳理念融入园区的各项结构设计中,并且设计人员在设计之初要以低碳规划和低碳指标作为设计行为的引导,从而顺利推动中新天津生态城园区在低碳生态产业体系以及可再生能源利用方面特色化发展结构建设,顺利推动整体园区模式向绿色建筑、低碳交通以及低碳消费等发展,真正推进整个园区的运行项目。

(三)保定国家高新技术产业开发区"中国电谷"模式

在保定国家高新技术产业开发区"中国电谷"模式运行过程中,基础项目主要是为了打造新能源产业集群结构,促进整体项目的顺利运行,有效推进整体结构实现低碳产业集聚式运行和发展。主要的能源集聚项目包括风电、光电以及高效节能等项目,促进其运行最优化的能源产业集群结构,在利用自身产业基础项目的同时实现了产业集聚项目优化运行和有效途径循环累积效应运行。

三、国外园区发展现状

国外园区的建设重点主要是主导产业选择、完善相关政策法规体系、建设基础设施、融合城市与低碳产业发展等。

(一)丹麦的卡伦堡工业园

卡伦堡工业园是世界上工业生态系统运行最为典型的代表,以发电厂、炼油厂、制药厂和石膏制板厂四个企业为核心,政府在制度安排上对外部性很强的污染排放实行强制执行的高收费政策,同时对减少污染排放给予利益激励。四个企业互相使用废弃物或副产品作为生产原料,建立工业横生和代谢生态链关系,在减少成本形成客观经济效益的同时,实现了园区的零污染和低排放。

(二)美国的切塔努嘎生态工业园

切塔努嘎生态工业园是全球节约能源、降低资源能源消耗及提高园区生产效益的典型代表。切塔努嘎生态工业园通过资源化原有老企业的工业废物,大大减少了园区污染,增加了园区的经济效益。园区内原有废旧的钢铁铸造生产车间经过环保改造,变成采用太阳能处理污水的生态车间,临近车间附近建设了利用循环废水的肥皂厂,紧临肥皂厂又建设了以肥皂厂副产物做原料的一家企业。一系列企业之间能量和物料的上下游利用和循环,最终实现了园区的废弃物"零排放"。

(三)日本的北九州生态城

北九州生态城以钢铁、化工、机械、窑业以及信息关联产业等为主要产业。政府建立了生态工业园区补偿金制度,实施了包括缔结防止公害的协议、设置公害监视中心、建设污水处理厂等一系列措施,构建了"北九州学术研究城",形成了产学研一体化的园区管理和运作模式。北九州低碳工业园项目创建于1997年,是再利用型低碳园区的代表,利用技术、人才、工业设施,基于政府、企业、研究机构、市民建立的网络,实现了产业振兴与低碳发展。北九州工业园区打造的以三大分区为基础,以资源再利用再循环为模式的经验方法,具体包括以下内容:一是建立综合环境产业区,企业协作形成能源循环系统。综合环境产业区即响滩循环利用区,在北九州低碳园区响滩周围建立零排放资源循环基地,各个企业相互协作,开展环保产业企业化项目,形成废弃物及能源循环系统。二是建立实证研究区,研究机构突破废弃物处理技术。实证研究区是北九州低碳工业园区的第二大支柱,该区域占地16.5公顷,汇集企业、行政部门和大学,联合建立实验基地,研究尖端废物处理技术。该区域还建立了低碳学习中心,主要用于提供学习场所,接待学习考察团,支持研究活动以及展示技术和产品,促进研究成果的交流、转化。三是建立再利用工厂群区,汽车循环再利用与中小企业孵化。该区域分为汽车循环区和新技术开发区。汽车循环区是由分散在城区内的汽车拆解厂集体搬迁而形成的厂区,通过共同合作,实施更为合理、有效的汽车循环再利用。新技术开发区是当地中小企业和投资公司应用创新技术的区域,通过制定优惠政策,吸引一些小型废弃物处理企业进入该区,以扶持中小企业在低碳领域的发展。四是关注环保低碳宣传,提高公众参与度。北九州工业园区内的企业对居民实时公开信息,共同制定风险管理与风险评估的方法,加深互相的理解与信任。

四、绿色低碳园区建设存在的问题

我国低碳产业园区建设总体上处于初级阶段,产业园区内不同的产业和企业发展水平参差不齐,拥有的高新技术应用能力也不尽相同。低碳园区的主要问题有以下几个方面:

(一)低碳园区建设的系统性与整体性不足

我国的低碳产业园区建设仍处于积极的探索阶段,更多停留在概念规划、战略规划层面,低碳园区建设的系统性与整体性相对不足。与国外低碳产业园区在低碳技术、低碳成果转化、碳金融和碳交易等发展支撑下的综合低碳型产业园区模式不同,城市低碳产业园区系统建设自我能力不足。城市低碳园区的建设主要体现在政府的引导方面,社会团体、企业以及公众的参与度在构建低碳园区中过于薄弱,这就减弱了市场从经济学角度在低碳园区建设中具有的合理性,满足了公共需要。因此,目前政府主导的试点工作也会因为政府部门特有的"内部性"而导致试点工作的形式化和私立化,进而使得公共资源没有得到合理的分配和使用。从长远的眼光来看,现阶段很多低碳园区的建设可能存在单纯响应国家政策,没有从城市发展的长远规划出发综合考虑各方面的因素。

(二)低碳园区功能定位单一

我国大部分低碳园区的功能定位相对单一,普遍集中在低碳技术的推广应用、新产品的开发、低碳成套设备的专业化生产等方面。各地的低碳产业园区主要的涉足内容存在趋同中的小差异,普遍存在相互借鉴、相互模仿的现象。国外低碳产业园区的发展与国内存在很大区别,特别是在低碳技术、低碳成果转化、碳金融、碳交易等发展支撑下的综合低碳型产业园区的模式,已经为更多区域发展低碳园区提供了低碳经济导向下的榜样。与此形成鲜明对比的是,国内的低碳产业园区由于没有差别而导致重复建设,不仅造成抵消生产、阻碍产业链生成,而且导致我国低碳产业发展领域在国际上缺少核心竞争力。

(三)缺乏完善的体制机制、法规政策与管理制度

制度经济学的研究表明,日益完善的制度安排和设计是低碳产业园区可持续发展与生存的重要保障基础条件。我国虽然已有一些节能、环保类的法律法规,但是缺乏综合的促进低碳发展的立法,一些有关发展低碳经济的综合性制度不能得到集中规定。法律中的规定由于标准缺乏和机制不完善,产生了一定程度的落实困难现象。在园区创建与管理方面,虽然国家已经出台低碳工业产业园区相关标准和试点工作方案编制指南,但在具体标准的制定上、方案的指导性和可操作性上仍然有待进一步完善与提升。同时,我国产业园区的多部门分头管理体制,虽然目标都是推动产业园区的生态环境保护,但是在指标选择和标准规范上并不完全一致,给园区的执行和管理带来一定的困扰。

(四)低碳技术创新不足,缺乏知识产权保障支撑

如果说数字技术的发展带来了数字化革命,那么,随着绿色理念的深入,绿色低碳技术的迅猛发展将催生低碳革命,给我国的经济发展带来新的经济增长点。但是,入园企业的低碳意识淡薄、低碳转型的积极性不高,导致合理用能技术、能源资源梯级利用技术、碳封存和碳捕捉等低碳技术研发投入严重不足,低碳技术成果转化方面也不尽如人意,这构成了低碳产业园区发展的技术约束。

我国低碳技术水平还无法支撑低碳发展,整体上呈现关键技术少和低碳技术研发成果转化不足等特点。在低碳园区发展上,低碳技术研发投入、创新成果产出能力都不足。我国的一些低碳园区过分强调单一主导产业或主流产品的低碳化生产,在研发、技术创新方面,还没有形成市场环境长期教育下所形成的核心技术知识产权,以及相应的对知识产权的保护。与此同时,保护创新、鼓励创新、清晰产权的法律法规实施还存在问题,造成了低碳园区总体发展水平较低的状况。

(五)缺乏科学的碳排放核算体系和资金投入

碳排放相关数据的整理分析是进一步深入研究园区碳减排的重点领域,也因此成为最终提出园区碳减排措施的重要参考依据,这方面我国还缺乏完善、准确的碳核算体系。另外,在低碳产业园区发展中,必须有资金保障,这在欠发达地区尤为重要;必须保证资金投入和金融支撑,低碳园区才能顺利发展。但是,根据我国节能行业相关部门的统计数据显示,我国过去10年间在节能装备、节能服务公司及其相关园区参与主体每年从政府直接得到的现金投入远远达不到预期水平,节能环保行业的发展受制于资金约束。

(六)政府与企业各自的功能及其协同作用未有效发挥

协同发展、互动发展是低碳园区形成可持续发展的基础条件,这也是国内外成功的低碳园区证明了的基本经验。自我国建立市场经济制度以来,政府与企业在市场运行中各自形成了相对合理的作用边界,完全能够在低碳减排、低碳发展、技术创新及减缓区域性气候变暖等方面承担各自重要的责任。但是,政府与企业功能峰会的科学与否,取决于二者能否形成良性的协调互动关系,这在低碳产业园区发展中更为重要。在现实层面,我国的低碳园区大多数是由政府强力推动的,在缺乏利益预期的情况下,企业市场主体一般先观望,而非主动融入。等到有了一定的利益,企业才会想方设法融入,这就隔离了政府与市场间的融合关系,无法生成有效的协同放大效应,也严重影响和制约了我国低碳产业园区的顺利发展。

五、碳中和产业园区建设现状

(一)我国碳中和产业园区建设的探索

我国对于碳中和产业园区建设的探索,始于国家"双碳"战略的确定及"碳中和"概念和愿景的传播。2020年11月6日,河南省信阳市人民政府与住房和城乡建设部科技与产业化发展中心签订了《关于共同推进上天梯非金属矿管理区绿色发展和产业升级合作协议》。协议约定,双方将在建筑节能与绿色建筑、装配式建筑、低碳城市、产业转型升级等方面深化合作,共同致力于将上天梯打造成我国首个碳中和发展先行先试区,推动信阳绿色发展和产业转型升级,助力信阳快速集聚超低能耗建筑相关产业集群。协议的签订标志着国内首个碳中和示范园区正式启动建设。

2021年1月,中国首个可再生能源"碳中和"智慧园区认证仪式在新疆金风科技股份有限公司亦庄智慧园区内举行,北京绿色交易所向金风科技股份有限公司亦庄智慧园区颁发了碳中和证书。金风科技股份有限公司亦庄智慧园区的生态系统集可再生能源、智能微网、智慧水务、绿色农业和运动健康等功能于一体。通过部署4.8MW分散式风电、1.3MW分布式光伏和钒液流、锂电池、超级电容等多种形式储能在内的智能微网,实现2020年清洁能源电量占比50%,并通过购买中国核证自愿减排量(CCER),抵消园区内所排放的全部温室气体。此次碳中和认证由中国合格评定国家认可委员会(CNAS)授权的第三方认证机构,按照ISO14064-1:2006标准对园区进行温室气体排放核查。根据核查报告,在园区2020年自发自用电量不计入碳核查范围的基础上,其他所有与温室气体排放相关的生产经营活动所产生的总温室气体排放量约合11 937吨二氧化碳当量,整个园区实现碳中和。

在企业层面,我国企业也对参与碳中和愿景进行了积极反馈。烽火通信通过建设新一代园区全光网络(POL)方案,以其优秀的智简网络架构、绿色节能和便捷运维能力,各行各业提供超宽全光网络覆盖,助力行业数字化绿色转型。其中,POL由局端OLT和终端ONT无源光网络设备构成。相比传统园区以太网络,三层网络架构简化为两层,可实现设备部署量降低30%、布线空间节省80%、能耗节省60%;AN6000系列OLT平台通过提升芯片集成度,显著降低单PON平均功耗;AN6000系列OLT支持基于ONU终端和数据流的业务切片能力,可针对不同的业务切片提供不同的业务保障,满足企业多业务承载需求;烽火运营商级UNM2000云化一体管控平台,可快速定位光模块等引起的故障,运维效率比传统园区网络提升60%以上。目前,烽火园区全光网络方案已在企业园区、交通、校园、酒店、医疗等行业得到广泛应用,取得了显著的经济、社会与生态效益,为实现国家"碳中和"目标贡献力量。

(二)国外碳中和园区建设现状

目前全球224个国家和地区中已经有28个国家和地区明确表示将在21世纪中叶前后达成碳中和目标。在"碳中和"愿景的促进之下,一些国家已经开展了碳中和产业园区的探索,并积累了一定的经验。

在丹麦,由于绿色发展已经形成共识,该国2018年制定了新丹麦能源协议,重申了丹麦2030年气候和能源目标,以及到2050年达到"碳中和"的目标。丹麦南部的森纳堡市可以说是一个成功的碳中和绿色产业社区。该市拥有500平方公里土地和8万人口,以节能和提高能效为核心的能源转型之路,催生了庞大的绿色产业链,比如建立以建筑节能为核心的区域能源系统,有效实现了占总能耗40%的建筑领域节能。2007年,该市开始实施"零碳项目",设定在2029年之前成为"零碳城市"的目标。项目启动初期,森纳堡居民人均碳排放量为12吨/年,同丹麦总体平均数持平。"零碳项目"的目标是:到2029年,城市能耗与2007年相比降低38%,同时通过开发利用可再生能源,实现零碳排放。该项目得益于政府部门、企业界以及能源供应公司等多方共同协作,并获得包括森纳堡市政府和丹佛斯集团、丹麦国家能源公司等企业在内的五大基金的支持。"零碳项目"由公共领域的市政和私人领域的公司进行商业合作,成为丹麦公私合作的一个典型范例。通过建设零碳之乡、零碳社区等可持续发展的城镇和社区,丹麦立志成为全球绿色转型的先行者。

在瑞典,产业园区建设主要通过改善建筑的采暖结构,让建筑内部供暖系统达到平衡。同时,一些企业根据自身特点率先进行了尝试。比如,2013年12月,沃尔沃建筑设备的布拉奥斯工厂就实现了其碳中和的原定目标。该厂位于瑞典南部,占地45 000平方米,专门从事铰链式卡车的设计与生产。现在,该厂完全由包括风力、生物能源和水力在内的可再生能源为其提供电力和热力。这些能源既不会产生有害物质,也不会助长温室效应。布拉奥斯工厂下一步的碳减排重点将是开展更多节能降耗的举措,特别是减少工厂内的闲置能耗。其中的一项应对措施是将热处理炉和燃烧炉产生的多余的热能用于建筑供暖。布拉奥斯工厂在碳中和方面所取得的成绩,是继兄弟公司沃尔沃卡车在2007年实现二氧化碳零排放工业生产之后的又一重大成就。正如沃尔沃的比利时根特工厂是全球汽车产业内首个二氧化碳零排放工厂,布拉奥斯工厂成为全球工程机械设备领域实现碳中和的标杆。

企业是产业园区的重要主体。除了以上园区建设,一些全球化大企业也在积极构建自己的碳中和经营体系。如苹果公司发布的《2020环境进展报告》,就宣称在企业运营中已经实现了碳中和,主要是指苹果各地的办公室、数据中心和Apple store都使用了100%的可再生电力。同时,苹果公司还承诺在2030年之前会实现供应链和产品100%的碳中和。微软在2020年初宣布将于2030年实现碳中和,2050年偿还所有碳足迹。微软公司的比尔·盖茨不仅多次在公众场合呼吁控制碳排放,而且就产生碳排放的产品与不会产生碳排放的替代品之间的成本差异,提出了"绿色溢价"的概念,为减排算了一笔完整的经济账。

从国外碳中和园区建设的实践来看,主要有以下几点经验:一是以提高传统能源效率为核心,以智能家居、智能建筑的技术创新为重点,推广使用零碳和低碳技术。二是发展清洁能源技术,为清洁能源在交通、建筑和制造业领域的使用提供和创造机会。三是激发产业园区、企业等对绿色产品和服务的需求,包括但不限于创造有利的政策与投资环境、提供清洁能源应用税收优惠、制定碳定价政策、引入新的清洁燃料标准、对垃圾进行分类回收和循环再利用等。

第三节 低碳园区发展对策

我国应对气候变化的目标是在2030年实现碳排放达峰,到2060年左右实现碳中和,这意味着中国必须用30年的时间完成发达经济体60年完成的任务。可以预见,我国碳中和之路将是艰巨的。而这个过程不会是线性的,而是一个逐步加速的过程。产业园区作为国家经济、文化的创新先行者,更应在实现全国"碳中和"的愿景中做出努力。

目前来看,我国低碳园区建设的比例有待进一步提升,园区的生态化水平也有待提高。为进一步推动我国工业园区低碳发展,为国家"双碳"战略目标的实现发挥关键支撑作用,提出工业园区深化低碳发展政策建议,具体内容如下:

一、完善园区绿色转型的政策支持体系,制定园区低碳发展路线图

工业园区作为未来产业发展所需生产要素集聚和技术创新的重要平台,在推动低碳经济发展以及实现"双碳"目标中将起到越来越重要的作用。工业园区在加快自身能源结构转型发展的过程中亟须政府在绿色发展理念引导下加大政策统筹协同,完善政策保障体系,推动工业园区与城市同步绿色转型,为进一步推进工业园区的绿色发展转型提供保障。

(一)以碳达峰行动方案统领园区绿色转型的政策协同

当前,园区管理机构对绿色生态、低碳等政策的理解掌握程度不一,对于园区具体符合哪个申报类别并不完全清楚,这主要源于目前关于绿色园区的概念和标准不统一、政出多门。中共中央、国务院下发《关于完整准确全面贯彻新发展理念做好碳达峰碳中和工作的意见》,对完整、准确、全面贯彻新发展理念,做好双碳工作提出更加全面的要求。国务院印发了《2030年前碳达峰行动方案的通知》,为新时代节能降碳工作提供了根本遵循,建议从国家层面统一园区的碳减排工作标准,建立统一的政策协调机制,用"双碳"目标分级命名工业园区或碳达峰示范区,取代现有园区的各类绿色名称。

(二)完善园区绿色转型的政策支持体系和激励制度

目前,我国工业园区低碳产业所占比重普遍较低,未来产业的发展基础不足。在双碳战略目标已经明确的前提下,我国应在构建稳定、经济、清洁、安全能源供应体系的同时进一步完善能源体制改革,形成配套齐全的政策和法律保障体系;落实好《国务院关于推进国家级经济技术开发区创新提升打造改革开放新高地的意见》,加快推进园区绿色升级,综合利用金融、财税等政策支持手段,充分发挥政府引导、市场为主体的优势,加大园区绿色循环化改造力度,实施环境优化改造项目;落实《国务院关于促进国家高新技术产业开发区高质量发展的若干意见》,建设绿色生态园区,加大国家高新区绿色发展的指标权重,支持符合条件的国家高新区开发建设主体上市融资;研究制定"中国工业园区温室气体及多污染物协同控制行动路线图",支撑园区深入打好污染防治攻坚战和绿色低碳转型攻坚战;将园区按照绿色发展水平、经济规模、主导产业、基础设施建设状况等属性进行分类分级,明确各类各级工业园区低碳化转型的行动重点;模拟我国工业园区未来碳排放演化路径,结合国家自主贡献和 $2℃/1.5℃$ 全球温控目标,识别工业园区碳达峰关键时间节点,建立深度减排动态优化方案。

(三)加大宣传低碳园区的新型发展理念,倡导园区低碳绿色运营新的方式

在理念生成方面,园区管委会要积极宣传低碳经济的理念,奖励园区内在减排方面有突出表现的企业,积极搭建园区内以减排技术为主的信息交流平台;同时严厉打击高碳化的工业企业,限制其碳消费的配额,根据企业污染的实际情况给予责令停产、限期整改等多层次的改造意见,确保园区低碳或零碳化运营;而且园区内工业企业要积极节能减排,通过技术创新等方式孕育新的产业模式,凭借技术扩散机制、国际贸易机制和金融创新机制等,将生产技术的提

高和生产结构的调整视为主要抓手,实现企业高碳发展理念和高碳运营方式的变革;园区的相关工作人员要提倡绿色出行,尽量采用公共交通工具等低能耗的出行方式,提倡低碳无纸办公,减少资源浪费。

(四)实施园区低碳化、精细化管理,健全园区低碳服务体系建设

各园区管委会要注重低碳绩效和低碳服务,不断提高自身的管理水平,培养管理能力,推行科学的管理策略,在园区低碳化的治理过程中善于总结经验,大胆创新示范。例如,园区企业上下游之间也许存在碳排放等相关利益关系的纠纷,只有园区具备完善的法律制度体系,这样的问题不仅可以得到迅速解决,而且为园区企业明确责任提供法律规范。注重城市低碳园区的管理机制创新,为园区的平稳运营提供保障;注重园区管理系统的协调,对于园区的治理集思广益,健全民主机制,扩大公众参与。园区管委会要注重园区的低碳服务,积极搭建园区低碳服务平台,打通园区企业对外合作的窗口,简化园区企业行政审批手续,完善园区企业低碳激励机制,优化资源共享的信息服务。例如,园区管委会要建立专门的网站,详细介绍园区的发展动态,确保园区信息公开、透明;同时要畅通多种渠道的意见反馈方式,认真虚心对待每一条意见和建议,给予及时、准确的答复,提升服务质量和水平;积极实行园区企业能源使用定期审计和能源交易合同管理制度,对于园区的企业碳排放实行定期披露的信息公开制度。

二、开展"双碳"示范试点园区建设

结合当前正在开展的国家生态工业示范园区、绿色园区、循环化改造试点园区等项目,建议主管部门间深化协作,选择一批绿色发展基础好、产业体系优势足、低碳达峰意愿强、经济实力有保障的工业园区,从全生命周期温室气体核算、定制化碳达峰路径规划等方面开展示范试点,并争取给予专项资金支持,在"十四五"期间形成一批碳达峰示范试点园区。

(一)协同推进工业园区与城市能源绿色转型

当前,城市同样面临着能源结构转型的现实问题,因此实现能源系统清洁化发展和低碳化发展,成为城市能源转型的必然趋势。城市与工业园区具有互动共生关系,在推动"产城融合"的过程中实现能源结构绿色转型是共同目标。统一部署"能源革命"的相关工作,统筹能源供给和提高能效工作标准,充分挖掘风电、生物质、光伏等绿色清洁能源的潜力,以最大限度利用清洁能源;统筹考虑能源资源条件与可通过大电网等渠道获取的外部资源,优化平衡内外部资源搭配,在能源加工转换环节,推动电与热、气等能源系统的协同优化,科学规划热电联产、热泵、燃气三联供等多能耦合环节的规模和布局,建立城市综合能源系统,实现冷、热、电等多能协同互补,提高能源利用效率。在能源存储环节,根据城市能源利用特点,合理配置储电、储热、制氢等能量的多元存储方式,提高综合能源的系统灵活性,促进清洁能源消纳。

(二)建设碳中和示范园区

碳中和示范园区建设,是双碳目标约束下的有益探索和尝试,为建立可复制、可推广的产业模式和商业模式奠定实践基础。通过碳中和示范园区建设,可发挥多重效应,构建管理制度体系,建立区域发展新模式,在区域低碳经济一体化发展实践的基础上,进一步将理论与实践相结合,发展和完善相关理论。第一,发挥多重效应。建设碳中和示范园区,依托区位优势、资源优势和产业优势,以及良好的基础设施,坚持市场化运作方式,重视园区建设规划,整合人才、资源、资金等要素,发挥集群效应和区域协同减排效应,努力形成有机共享、多元共建的区域低碳经济一体化发展生态系统。第二,构建管理制度体系。建设高标准的产业园区,完善园区管理制度体系,增强创新动力,加强技术系统集成,辐射带动区域发展,健全能源、绿色交通等公共服务体系,降低综合成本,提高能源综合使用效率,促进区域协调发展。第三,建立区域发展新模式。总结示范园区先进的经验和做法,调整能源消费结构,减少化石能源消费,增加新能源市场化消纳,发挥碳资产保值增值效应,最终形成可推广的产业化、商业化运行的发展模式。

(三)做好顶层设计

做好顶层设计,构建政策体系,统筹规划布局,成立碳中和专班,为低碳经济一体化发展奠定制度和组织基础,也为构建新发展格局、务实擘画未来新图景创造发展平台和机会。第一,构建政策体系。双碳目标实现的首要任务是构建"1+N"政策体系。政策体系的建立健全,有利于发挥政府宏观调控作用,有利于在一定时期内抓住重点任务和重点工作,如期完成既定目标和任务。第二,统筹规划布局。园区低碳经济一体化发展是一项极其复杂的"系统工程",需要某一部门或机构作为主体,站在高质量发展的全局高度,以系统思维规划布局碳中和工作,积极推进源网荷储一体化和多能互补平台建设,促进能源数字化、信息化、智慧化建设。第三,成立园区碳中和专班。以碳减排目标和问题为导向,组建碳中和专班,推动产业结构调整,促进能源结构调整,推进协调发展和产业高质量发展,立足于实现碳中和目标的路径,设计低碳发展政策支撑体系、技术集成创新等重要方面。在企业层面,成立碳中和发展集团,将原有能源公司改组升级,推动碳中和产业重大项目建设,科学配置资源,形成碳资源的经营权。

(四)开发标准的工业园区温室气体排放核算方法

建议基于生命周期方法开发并编制工业园区温室气体核算框架与实施细则,开发在线核算工具包。推动工业园区碳达峰,首先需要解决核算方法的可行性、核算范围的一致性、核算结果的可比性,为此可将能源相关温室气体排放作为首要核算对象,形成直接排放和间接排放核算的标准性工具方法;进而在全国范围内选择一批工业园区开展温室气体核算试点,为后续全面深化工业园区温室气体减排工作提供基础。

三、把产业低碳化作为产业园区低碳化的核心

(一)依托园区产业低碳与脱碳,努力打造园区低碳产业集聚发展格局

城市低碳园区建设要努力构架低碳或者脱碳产业链,注重园区产业间耦合和协作,增强园区产业的韧性,及时应对各种风险,为此,首先要实行绿色招商,在园区建设初期充分考虑产业结构的比例,在招商的过程中降低重化工业企业的比重;在产业选择上努力构建低碳型、生态型、智慧型的产业体系,培育低碳产业集群,不断提高园区低碳产业的比重。同时园区已有重化工业企业,要优化企业工业结构,调整产业发展方式,碳密集型工业企业要树立明确的低碳经济理念,扩大低碳和脱碳产业发展的市场空间;低碳和脱碳企业的产业集群作为城市低碳园区的心脏,丰裕的知识外溢和学习效应有利于推进园区经济结构创新升级,一体化的产学研平台搭建园区企业可持续发展之路。一个运行良好的低碳产业园区,是产业低碳化、能源低碳化、基础设施低碳化、建筑低碳化、服务低碳化等的统一集合体。

(二)从调整园区产业结构入手实现园区产业的低碳化

传统的钢铁、水泥、石油化工、电力等高耗能产业与以高新技术为代表的战略性新兴产业之间的产品附加值、能源消耗水平、二氧化碳排放水平存在巨大差异。园区内的产业结构制约着园区发展的路径模式,同时也对园区温室气体排放强度产生重大影响。要实现园区的低碳发展,必须对园区的产业结构进行有效调整,通过加快淘汰高耗能、高污染的落后生产能力,提高高耗能、高污染行业准入门槛,因地制宜地引入节能环保、新一代信息技术、生物、高端装备制造、新能源、新材料和新能源汽车等战略性新兴产业,从而降低高耗能行业占比,提高高新技术产业占比。

(三)构建新型产业发展方式

在"双碳"目标引领下,采用不同的发展策略,因地制宜,促进园区协调发展和产业高质量发展。第一,转型升级传统产业。传统产业的碳排放压力非常大,关乎产业生死存亡,特别是高耗能、高污染产业。传统产业需要在淘汰高耗能、高污染产业的同时以新能源耦合传统产业等方式进行转型升级,形成绿色生产系统和体系,如新能源耦合煤化工产业、新能源耦合焦炉煤气产业等。第二,培育新兴产业。如培育"CCUS+"、CO_2-ECBM(二氧化碳驱替煤层气)等新兴产业,有利于新能源开发融入协同减排,促进低碳经济一体化发展。以 CCUS 产业为例,CCUS 可以提高石油、煤层气的采收率,提高碳的资源化利用,实现大规模减排,发挥碳资产保值增值效应,深度助力园区经济发展。第三,建立园区产业发展新模式。以新能源开发嵌入产业园区为例,可以将新能源纳入供电系统及绿色基础设施建设,创新新能源消纳模式、方法,也有利于构建产业园区内部企业综合能源利用场景,构建新型产业发展模式,促进区域经济社会发展。

四、清洁能源是工业园区低碳转型的根本

(一)优化能源结构

能源活动是碳排放的最主要来源,优化能源结构至关重要。要实现双碳目标,必须进一步调整能源结构,一方面,需合理控制化石能源消费总量,提高化石能源利用效率,推进天然气等清洁能源代替煤、石油等能源;另一方面,积极发展风能、太阳能、生物质能等可再生能源,对于生产端而言,提高各行业煤炭利用效率,推动煤炭消费减量替代;对于生活端而言,提高居民日常电力、燃气等的使用效率。产业园区能源结构优化过程中可以充分抓住国家现阶段对天然气及新能源利用的有利政策,降低改造成本,引导企业积极对自身的能源结构进行优化。

(二)科学制定有效实施能源绿色转型发展规划

园区要完整、准确、全面地贯彻新发展理念,对标国家"双碳"行动方案,结合地区资源能源禀赋、经济发展规划、园区总体规划、新能源产业规划等,制定具有前瞻性、切实可行的园区能源绿色转型发展规划;充分利用工业园区经济基础好、负荷聚集且负荷类型多元,具有能源梯级利用的客观优势,统筹规划园区电、气、热等综合能源系统,提升园区综合能效;合理选择集中式与分布式能源供应方式,协同源网荷储,促进多种能源形态高效协同转化;发挥储电、储热、储冷等灵活资源的调节能力,挖掘需求侧响应、辅助服务市场潜力;切实有效地改进用能结构,激发绿色能源生产、传输与消费的效应,将能源绿色转型规划统一到碳达峰碳中和行动中。

(三)加快发展新能源产业

开发新能源是实现低碳转型的重要手段和方式,不仅要发展风能、水能、太阳能等单一新能源产业,也要建立多元化消纳途径和模式,发展绿色储能,促进产业可持续发展,同时,合理利用和保障与新能源开发相关的矿产资源。第一,发展绿色储能。储能是亟待解决的重大科技难题,是未来一个时期内的重点发展领域和方向,如采用"新能源+制氢""新能源+新型储能"等方式,不断增强绿色储能水平和能力。"新能源+制氢"是将新能源与氢气产业融合发展,发挥绿氢的作用,从根源上促进新能源消纳。"新能源+新型储能"是新能源与新型储能(如电化学储能、锂离子电池等)相结合,促进电源侧、电网侧、用户侧合理化、多元化发展,构建新型综合能源利用模式。第二,合理利用和保障与新能源开发相关的矿产资源。在双碳目标引领下,新能源的快速发展,带来了与之相关的矿产资源的大量利用和消耗,也必然带来资源的紧缺以及供应的紧张。做好此类矿产资源的合理开发利用和持续稳定供应,是保障国家能源安全的重要方面,也是一个战略性、前沿性重大课题。

(四)创新发展模式,为绿色城市分忧赋能

通过参与园区能源规划和建设,系统开展城市能源诊断,建设一批智慧楼宇、绿色工厂、零碳园区等示范项目,全面融入经济社会发展,全情投入能源绿色低碳转型进程,实现建筑智慧节能、水陆交通电气替代、传统产业低碳发展、园区清洁电力贴标、城市新区零碳运营、城市能源一网尽揽,构建以新能源为主体的新型电力系统,以高品质能源助力园区高质量发展,把园区打造成绿色发展的典范、零碳运行的标杆,实现生态环境效益、经济效益和社会效益的有机统一。通过发展冷热电汽水氢多能协同、源网荷储用互动优化的智慧综合能源体系,对能源生产、输配和消耗环节实施动态监控和数字化管理,为园区因地制宜选择安全可靠、智慧经济的能源提供了更多选择,满足全生命周期绿电生产的用户用能需求,助力能源结构转型与零碳园区绿色再造。

五、推动低碳产业园区管理与服务的智慧化

智慧低碳产业园区是产业园区未来的发展方向,要把绿色低碳理念贯彻到低碳产业园区构建和发展的全过程。低碳产业园区的智慧化、数字化、精细化管理就成为落实设计者意图、实现园区可持续发展的基础性保障。首先,围绕低碳高增长目标,重点加强公共技术服务平台、物流仓储平台以及基于云计算、数据中心的公共基础设施平台等生产性服务平台建设和"一站式"政务服务平台、能源智能化应用和可视化管理平台、园区综合监控等管理型公共服务平台建设,从而实现低碳产业园区的精细化管理、智慧化服务。其次,围绕碳排放创新与完善园区管理制度,合理确定园区内碳排放阈值,做好履行碳信用的激励制度、园区碳汇制度、企业间和园区间的碳排放交易制度等安排。比如,建立激励低碳技术创新的政策法规,并对从事绿色技术创新、采纳绿色技术的企业或个人给予财政补贴、政府采购、税收优惠等方面的倾斜;对超过碳排放标准的企业,则要采取排污收费、排污许可等经济手段,将污染负外部性内部化,减少污染企业的利润空间,倒逼其进行积极的低碳化改造。

低碳产业园区的创建过程也是一个制度创新与变迁的过程,尤其是在低碳核心技术研发、碳预算制度、碳交易制度、园区管理模式等方面,国外的一些低碳产业园区建设走在世界前列,

学习它们的成功经验为我所用,可以为我国低碳园区的基础实践提供科学的理论支持。在国内,一些低碳产业园区发展态势良好,其低碳发展模式也已经初具雏形,为其他园区的低碳化转型树立了标杆。其他园区可以在借鉴其发展模式的基础上根据自身独特的地理区位、经济结构、资源禀赋、能源结构等特征,制定符合自身条件的园区低碳发展路线图,走出各具特色的低碳发展之路。

六、优化产业园建设模式

优化产业园建设主要有两种模式:一是现有产业园区的转型升级模式;二是新建产业区的规划先行模式。针对现有产业园区,借鉴国外经验和我国的具体情境,主要采取以下路径和做法:一是熟悉国家关于碳中和的目标及相关政策,理解和顺应我国能源结构、产业结构都将出现对应的重大变化,明确园区转型升级的碳中和压力所在,做好调整园区化石能源碳排放量结构、转移产能的各项准备。二是在碳中和的形势下,制订优化能源结构和"去碳化"进程计划,优化存量产能,推动其进行节能改造,调整产品和产业结构。三是加大园区及企业低碳和零碳技术的应用,如加大照明、制冷等节能技术产品的应用,对既有建筑进行节能低碳改造,提高新建筑的绿色标准,鼓励建筑领域清洁、低碳电力和天然气的使用等,依靠技术进步和创新驱动产业增长,促进传统产业的低碳转型,大力发展新型绿色低碳经济,降低工业产业的能源消费和碳排放,逐步实现经济增长和碳排放的脱钩。四是利用好碳交易市场政策工具,在碳排放配额、企业参与范围、产品定价机制等方面作出系统性的安排,通过节能减排、植树造林、购买碳配额等形式得到抵消,实现二氧化碳零排放。

针对新建产业园区,必须坚持碳中和产业园区的建设定位,全面全程实施碳中和产业园区建设。一是在规划设计环节,继续严格落实生态环境部《关于进一步加强产业园区规划环境影响评价工作的意见》,各类产业园区在编制开发建设有关规划时应依法开展规划环评工作,编制环境影响报告书;在产业园产业优化设置方面,必须严格控制上述几大传统高耗能行业新增产能,加快现代服务业、高技术产业和先进制造业、数字经济等新兴产业发展,因地制宜地发展绿色经济,推动产业绿色转型与资源合理优化配置,在碳中和大目标下充分发挥各自的资源环境优势。二是在运营管理环节,关注碳中和及相关政策重点影响的具体产业,对园区匹配度较高的重点产业进行针对性招商。通过加强清洁能源技术创新,加快能源体制机制改革,加快成熟低碳技术的推广与应用,提高能源效率,设计有益于提升清洁能源企业竞争力的政策等方式,努力实现低碳能源的规模化,降低低碳能源使用成本;研究重点区域及行业非二氧化碳温室气体减排技术,形成全口径温室气体管控技术方案等。三是在激励监督环节引导金融机构提前布局净零碳经济,激发资本市场对低碳转型的支持力度,加强气候投融资的国际合作,并通过国家绿色发展基金、绿色债券等引导社会资本流向低碳行业。

优化园区空间结构,促进职居平衡。园区空间结构影响城市交通分布和流量,职住分离等不合理的园区空间结构会带来大量通勤交通,增加碳排放,需合理布局各项用地,促进园区职住空间平衡、产城融合。中心园区可通过适度高密度开发和混合的土地利用,实现功能集聚,提高园区紧凑度,减少能源消耗,如依托站点布局商业商办等各类功能。新拓展园区可加强其产业功能和各类配套设施建设,打造具有区域辐射带动作用的独立的综合性节点园区,使园区自成体系,减少不必要的碳排放。

七、构建园区绿色基础设施共享体系

当前,低碳经济发展成为工业园区的必然选择。工业园区的绿色基础设施是实现转型发展的物质基础。工业园区经推广使用节能交通工具,优先发展园区公共交通,加大新能源和清洁能源在公共交通中的应用;开展新能源汽车及加气站、充电站、加氢站等配套设施的建设发展规划,做好充电设施在工业园区的总体布局;鼓励园区内部物流车、商务用车使用电动汽车、LNG、油电混合动力、燃料电池等节能车辆;在濒临江海河港口的园区大力推动岸电布局,推广靠港船舶使用岸电和装卸机械"油改电";完善智能化、网联化、数值化交通体系,推动智能化交通管理和智能化交通服务,同时加快推动园区建筑节能改造,对既有建筑实行建筑能源审计,根据实际建筑负荷特性,充分利用园区本地工业余热、清洁能源,积极使用水源热泵、地源热泵、储能等技术,提升建筑能效;在新规划的建筑物中直接应用绿色材料,加装光伏等分布式发电设施,在土地出让、规划设计等环节严格把关,明确其绿色建筑星级及能耗标准要求,从源头上推进建筑节能,丰富和优化园区降低能耗的有效途径;利用能源互联网新技术、新模式和新业态,建立能耗监测系统,完善能效测评、能源审计、节能服务等能源管理工作;打造一批"绿色工厂""绿色园区"等示范项目,推动绿色建筑发展;从长远看,完善智慧管理平台对各类能源管理系统的兼容和扩展能力,为工业园区绿色转型做好技术准备。

八、发挥园区碳资产保值增值效应

园区碳资产一方面来源于新能源等自身发展带来的碳资产,另一方面来源于园区低碳经济一体化发展带来的碳资产。发挥碳资产保值增值效应,主要体现在设立园区碳中和产业基金、建立园区碳金融商业模式和积极参与碳市场交易、利用园区碳金融杠杆等几个方面。

第一,设立园区碳中和产业基金。采用政府主导、市场运作的方式,与金融机构、行业协会等联袂组建碳中和产业基金(区域碳基金),开放全产业链投资。在双碳目标引领下,该基金注重对前沿低碳产业的战略布局,聚焦清洁能源、能源替代、绿色技术、CCUS技术、环境保护、污染防治等重点领域和方向,深度融入低碳产业投资,培育一批在资本市场上具有影响力的优质项目和企业,提升区域整体竞争力,助推产业高质量发展。

第二,建立园区碳金融商业模式。具体而言,碳金融商业模式可以分为合同新能源管理(节能反哺开发)模式、综合能源服务(资源整合优化)模式、区域共享联盟(全要素共享提效)模式、区域碳减排交易(配额交易增值)模式和区域碳金融(价差收益增值)模式五种,为园区低碳发展提供资金支持和保障。

第三,积极参与碳市场交易。如在园区低碳发展过程中所形成的碳指标,通过碳市场交易,形成经济收益,不仅体现了碳的生态环保价值,也促进碳中和产业发展,提高市场主体参与的积极性、主动性;培育产业发展新的增长点,提高产业竞争力,形成产业可持续发展新模式。

第四,利用园区碳金融杠杆,搭建园区低碳国际合作平台。为了驱动园区企业的经济发展,园区管理者要积极推动建设园区交易碳配额和碳抵消产品市场。园区管委会可以通过财

政转移支付，为园区企业提供物美价廉的低碳服务，注重通过低碳基金、低碳证券等融资方式吸纳社会资本；同时管理层也要关注园区碳税以及碳排放权的市场交易动态，重点发挥财政和税收的调剂余缺职能，完善园区碳补偿救济制度；建立园区低碳政策性银行，积极开展基于CDM的信贷融资，提供对于重大低碳项目风险融资的免费咨询业务。园区企业可以通过国际化合作引进先进的国际低碳或脱碳技术，不断吸收国际低碳园区建设的成功经验。

第八章 低碳社区

第一节 低碳社区概述

随着环境问题日益引起全球的广泛关注,各国经济走向生态化发展道路已得到世界范围内的广泛认同,低碳经济、低碳城市的概念由此提出。社区作为城市功能的基本单元,其建设发展与城市生产、生活的发展息息相关。在低碳城市建设的背景下,社区建设也呈现出新的特点和趋势,社区在城市功能中扮演的角色也开始发生新的变化。自党的十九大提出加快生态文明体制改革、建设美丽中国以来,城市低碳化成为热点议题。低碳社区是低碳城市规划、建设的基本单元,为居民的健康生活提供根本保障。低碳社区是未来居住社区的一个良好样本,也是发展低碳城市的一个重要组成单元。

一、低碳社区内涵

随着全球气候变化加剧,降低碳排放、实现碳中和已经成为全球各国的共识。碳减排和碳增汇是实现碳中和的两个决定性因素:碳减排的核心就是节能、调结构、提质增效和发展清洁能源;碳增汇的核心则是生态恢复和提高生物固碳能力。碳中和涉及经济社会的方方面面,影响深远。发展低碳社区成为公众参与、实现碳中和的重要方式。低碳社区是实现低碳经济的重要空间载体,是建设低碳城市的基本单元,低碳社区的建设也是引领目前低碳生活的新契机。低碳社区建设直接关系到低碳城市和低碳经济高质量发展。随着低碳经济概念在国际社会得到广泛认同,低碳转型(low carbon transition)、低碳发展(low carbon development)等概念也陆续出现,并逐渐从社会经济层面延伸至城市、社区和建筑等物质空间层面。如今欧洲多地已经着手推动当地社区向可持续能源社区或低碳社区转变,我国也于2014年起在全国范围内开展低碳社区试点工作。

国际上有代表性的建筑/社区评估标准(如美国的 LEED-ND、英国的 BREEAM Communities、日本的 CASBEE for Home)多项指标涉及社区减碳的内容,鼓励社区建设的低碳发展,若社区能达到其设定的相应评分标准,则可以认为这些社区也属于低碳社区。这些工具旨在根据一套定义的标准和主题来评估社区。它们提出了一个标准清单(大部分是可选的)和一系列各种指导方针,以帮助当地利益相关者、设计师和公民走向更加可持续的发展模式。

目前对于低碳社区的定义,不同学者有不同的理解,概括起来主要有以下几个角度:(1)低碳社区就是在低碳经济发展模式下实现传统社区的生产和生活方式、价值观念的变革;(2)通过绿化、节能措施等实现将社区排放的碳降到最低或达到社区零碳排放;(3)从可持续发展角度,认为低碳社区是通过改变社区居民行为模式,从而降低能源消耗和减少CO_2排放,突出社区居民生活方式的可持续性和适应性改变;(4)在城市建设方面,认为社区结构与建筑密度对城市能源及CO_2排放起到了关键作用,因此低碳社区建设需要在城市规划和建设初期就必须考虑城市建设和运行期间CO_2排放的潜力及控排措施。

总体而言,低碳社区是通过相应的减碳措施使得社区二氧化碳排放量比基准值有所降低的情形,通常以二氧化碳排放下降率来衡量,而碳排放下降程度则因具体情况而异。对于"低碳"的界定,二氧化碳排放下降率并无明确的区间范围,相应的取值通常取决于设计者或政策制定者,故低碳社区指的是实现设定的减碳目标或者碳排放相对基准情景有所减少,并长期稳定在低碳水平的社区。国内外低碳社区的功能基本一致,归纳起来,低碳社区就是旨在社区层面上建设一个生态、合理的运行机制,实施合理的碳中和措施,将所有人类活动所产生的碳排放降到最低,甚至达到零碳排放的目标,从小范围看,可以增强居民间的凝聚力和归属感;从大范围看,是一个能够改善整个城市微环境、可以独立运转的现代社区模式。

一般来说,低碳社区主要有以下特点:(1)自上而下的全方位发展理念。如荷兰制定的《能源节约法》,明确以低碳化节能示范项目作为社区节能改造先行实践与试验。英国政府基于《气候变化法案》《英国低碳转换计划》,制定了低碳社区能源发展规划基本框架,从国家、城市和地区三个层面提出了低碳社区规划与建设方案。(2)规划—建设—行动全过程的实践模式。低碳社区强调规划与建设、实践行动的有机结合,将低碳发展的理念贯穿规划、建设和行动中,通过全过程低碳理念实践达到低碳社区发展的目的。(3)社区居民互动—集体协作的公众参与模式。强调公民在社区日常管理中的作用、城市可持续发展项目的参与性以及政策制定的话语权,在低碳社区发展中,尤其关注个人、社区、政府的作用,提倡集体参与、共同负责,通过法制和机制建立、社区建设和个人行为引导实现低碳社区发展。

二、近零碳社区与零碳社区

随着我国城镇化进程加速和城乡生活水平的提高,社区日常生活和消费成为碳排放量的重要领域。据国际能源机构数据显示,经济合作与发展组织(OECD)公布的国家的碳排放占比中居住部门(residential sector)占10%左右,而电力和热力的碳排放中居住部门又占20%左右,若再加上社区交通出行对交通等部门的碳排放贡献,社区的碳排放量则更大。据估算,中国每年有将近2 000万的人口从农村迁入城市,如果社区居民都采用城市高碳的生活方式,当每个中国家庭的碳排放都达到当前城市高收入家庭的人均水平时,则中国整体碳足迹将增长3倍。作为城镇化发展过程中碳排放的重要构成,社区减碳将对我国减少二氧化碳整体排放水平发挥积极的作用。

(一)近零碳社区

2016年11月,国务院印发的我国《"十三五"控制温室气体排放工作方案》提出建设近零碳排放区示范工程,到 2020 年建设 50 个示范项目。然而,目前对于近零碳社区及零碳社区的内涵缺乏明晰而统一的定义。"近零碳"的概念在国家层面得到认可和支持,广东等地也相继展开相关探索。近零碳社区(nearly zero carbon community)是上述零碳社区的一种类型,即社区碳排放接近零排放,又称为近零排放(nearly zero emission)或近零能耗(nearly zero energy)。近零碳的概念于 2010 年由欧盟能效经济委员会(ECEEE)提出,截至 2020 年 12 月 31 日,欧盟所有新建建筑必须消费近零能耗(Consume "Nearly Zero" Energy)。目前尚未有近零碳社区的统一定义,近零碳社区的定义可参考欧盟建筑能效指引(EPBD)对近零碳建筑(NZEB)的定义——"近零碳建筑指的是能耗极低的建筑,近零或者非常低的能源需求几乎完全由可再生资源所产生的能源来承担,包括场地内或附近产生的可再生能源。"同理,近零碳社区可以理解为碳排放极低的社区,近零或者非常低的能源需求由社区基地内或基地周边生产的无碳排放的可再生能源来承担,完全替代传统能源,从而在满足社区运行阶段的能耗需求的同时几乎不产生二氧化碳排放。

(二)零碳社区

零碳的概念是在低碳的基础上进一步发展而来的。与零碳(zero carbon)相类似的概念还包括净零碳排放(net zero carbon emission)、零排放(zero emission)、零碳排放(zero carbon emission)和碳平衡或碳中和(carbon neutrality)等。相比低碳的概念,零碳的目标较为清晰,即实现净零碳排放。如《联合国环境规划署排放差距报告》认为,全球碳中和意味着全球范围内的人类活动产生的二氧化碳为净零(net zero)排放。净零指的是一些现有的二氧化碳排放可以通过相同的二氧化碳吸收量进行补偿,即负排放(negative emissions),只要是由进入大气的人类活动产生的净碳排放为零即可。英国可持续社区评价体系 BREEAM Communities 也指出,碳中和是在透明的碳排放计算框架下减少碳排放量并补偿剩余的碳排放,使净碳排放为零。国际气候行动网络(CANI)发布的声明认为,零碳意味着化石能源时代的终结,所有的化石能源都被无污染的可再生能源 100% 所取代;也有观点认为,要实现真正的零碳,必须开发负碳排放("negative carbon" emissions)技术,即直接从大气中对碳进行捕集、利用与封存。

上述对零碳的认识主要基于全球范围,在该尺度下的碳排放边界(boundary)基本不存在争议。而一旦具体到较小的尺度(如建筑的碳排放),由于碳排放计算选取的边界存在差异,对零碳便产生了不同的解读。如澳大利亚可持续建设环境委员会(ASBEC)在定义零碳建筑时提出零碳的五种情况:零产碳(zero carbon occupied)、零含碳(zero carbon embodied)、全生命周期零碳(zero carbon life-cycle)、自主零碳(autonomous zero carbon)和碳正建筑/负产碳(carbon positive);英国社区及地方政府部(DCLG)引进零碳层级的概念,将实现零碳分为"碳允许值"(carbon compliance)和"零碳"(zero carbon)两个层级;Torcellini 等也总结了零能耗定义的 4 种类型:净零场地能源(net zero site energy)、净零能源资源(net zero source energy)、净零能源消耗(net zero energy costs)和净零能源排放(net zero energy emissions)。也有观点认为零碳分为两种情况:一是在场地内实现碳排放和碳汇的中和。在森林覆盖率较高和化石能源消费量相对较少的地区,通过节能减排措施可实现碳中和目标;二是如果在场地内无法实现碳中和,则通过碳补偿(carbon offsetting)手段在场地外进行弥补(如植树造林和投资绿色技术)。

而作为低碳社区的终极目标,零碳社区(zero carbon community)的概念也同样面临这样的问题,尽管零碳社区从字面上理解即为碳排放为零的社区。与零碳社区相近的概念还包括零排放社区(zero emission community)、零碳排放邻里(zero emission neighbourhood)和碳中和社区(carbon neutral community)等。目前零碳社区尚未有权威的定义,对零碳社区的内涵存在不同的观点,如英国的《生态镇大纲》(Eco-towns Prospectus)认为零碳意味着家庭所有用能的净碳排放(net carbon emissions)为零,来自电网的能源消耗量小于或者等于可再生能源技术的能源产量。随后发布的《生态镇规划政策声明》(Eco-towns PPS)又指出,生态镇的零碳是指生态镇发展中建筑所有能源使用的年度整体的净碳排放为零或者低于零,并提出生态镇发展的所有规划都应该说明如何实现这个目标。有观点认为碳中和邻里包括4个层面的内容:(1)最小化邻里的能源消费;(2)最大化社区的可再生能源生产能力及其使用率;(3)使用当地碳补偿方式来处理残余的碳排放(residual carbon emissions);(4)改变居民的生活方式和行为。也有观点认为,社区的净零意味着所有建筑物每年使用的能源总量大致等于在该地区创造的可再生能源的数量,提出要实现净零需重点关注主要碳排放源、能源使用和能效的问题。欧洲可持续能源转化系统项目(RETS)提出零排放村(zero emission village)并非完全没有碳排放产生,而是其碳排放量不至于破坏大气中二氧化碳的平衡(二氧化碳被植物等吸收即可)。澳大利亚零碳社区项目(BZE)提出建设零碳社区应包括设定减碳目标、设定碳排放基线、减碳策略制定和社区参与等内容。有学者认为零能耗社区(zero energy community)需要考虑两个主要问题:一是能源需求(指空调采暖、通风、照明、热水等)和就地的可再生能源生产;二是社区交通的能耗消费,并提出一个简易的零能耗社区分析框架和计算方法。有学者提出,对于零碳住宅的界定,其减碳要求必须透明化和可量化(transparent and quantified)——明确传达结果;可验证(verifiable)——明确传达的验证方法;可证明(certifiable)——可由合格的人员随时和重复地进行检测。

通过梳理"零碳"和"零碳社区"可发现,由于文献中对于碳排放计算边界的不同,在社区层面的"零碳"可以包括多种解读:(1)社区在全生命周期内各系统产生的碳排放为净零;(2)社区在全生命周期内各系统产生的剩余少量净碳排放通过场地外的碳补偿方式中和;(3)社区在运行阶段各系统产生的碳排放为净零;(4)社区在运行阶段各系统产生的剩余少量净碳排放通过场地外的碳补偿方式中和;(5)社区在运行阶段的能源需求由通过场地内或场地外的无碳排放的可再生能源满足,能源消耗产生的碳排放为净零。

对应上述社区层面"零碳"的不同层次,零碳社区5种层级总结为:零碳社区(全生命周期零碳)、碳中和社区(全生命周期碳中和)、零产碳社区(运行阶段零产碳)、产碳中和社区(运行阶段碳中和)和近零碳社区(运行阶段零能耗)等。零碳社区概念的定义需要一个缜密且灵活的开放框架,根据项目需求、目标及条件(如经济条件、气候、减碳需求或者当地可再生能源特点等)适当调整(或增减)内容,在保持框架整体性的前提下综合不同的要素,形成因地制宜的零碳社区模式。

通过对低碳社区和零碳社区概念的分析可以看出,两者并非完全对立的关系,而是各有侧重。零碳社区比低碳社区在社区减排目标的设定上更为明确。由于零碳社区涉及量化分析,更为关注碳排放边界问题,不同层级的零碳目标对应不同深度的减碳方案(如近零碳社区主要考虑的是运行阶段零能耗,实现全生命周期零碳则还要考虑碳补偿等手段)。低碳社区几乎没有涉及社区碳排放的计算方法方面的内容,而零碳社区主要通过碳排放计量框架或评估模型来量化分析社区碳排放。零碳作为低碳的更高要求,低碳社区和零碳社区在社区减排策略上所涵盖的内容差别不大(如都涉及用地布局、交通、能源系统、节水、废弃物处理、社区绿化和社区参与等内容),但由于社区用能的碳排放在社区碳排放中占据较大的比重,因此零碳社区更加注重社区能源规划在实现零碳目标过程中发挥的重要作用,强调整体性的社区能源概念。总之,低碳社区更多地反映一种社区规划建设(或改造模式)的转变,是相对高碳排放而言的可持续新型发展模式。而零碳社区则可以被看作低碳社区发展的最终目标,社区的净碳排放在设定的碳排放边界下为零。

低碳社区是实现零碳社区的必经之路,零碳社区是低碳社区的终极目标,是对社区发展模式所提出的更高要求。无论是低碳社区还是零碳社区都是实现降低碳排放量的具体形式,对建设美丽中国、实现我国可持续发展都有重要的意义。零碳社区的概念与低碳社区相比,在目标的设定、碳排放的边界以及碳排放量化等方面更为明确。零碳社区是以实现零碳为目标导向,以整体性的社区能源方案为重点,以碳排放为核算评估手段的新型社区,其零碳概念存在多种层级。在理论上,如果能把社区的整个生命周期的各个碳排放纳入碳排放的界定边界,对社区的碳排放进行系统的计量,就能够较为全面、准确和客观地评价低碳社区/零碳社区的碳排放,特别是对于新建社区。但这在实际操作中难度较大,难以对这部分碳排放进行完整的追溯,尤其是既有社区。社区内诸多的间接碳排放完全发生在社区范围之外,已经远远超出社区层面所能解决的范畴。因此,在现有的技术水平下,零碳社区的不同层级概念中以近零碳社区较为可行,可逐步向更高层次的零碳推进。

三、低碳社区理论

(一)国外低碳社区规划理论研究

国外低碳社区规划主要研究能源与制度两方面。在能源方面,Smith 等以贝丁顿社区为例,特别介绍了水处理规划。Jenssen 等将生物质能的概念引入乡村地区。Jennifer 定性研究了木材作为再生性能源对社区产生的影响。David Saah 等利用网络分析方法评估多个能源燃烧比,计算得出与化石燃料方案相比,生物能源燃烧产生的温室气体排放节省了 70%以上。Rakhyun Kim 认为,目前的碳足迹评估方法只聚焦评估能源消耗所产生的碳排放是不全面的,并据此建议在节能建筑的施工与使用阶段也要评估碳足迹。还有一些学者从制度方面提出规划。E. Heiskanen 等认为,依赖居民个人基本不可能降低社区碳排放量。为此,他们提出了"曼彻斯特是我家""绿色办公室""碳排放利益共同体""绿色交易空间"4 项有利于居民合力减排的社区规划项目减少碳排放。Nady 认为,对低碳社区的前景规划可通过 SWOT(优势与劣势、机会与挑战)分析法进行整合分析,为低碳社区的发展提供一个全面分析的思路。

(二)国内低碳社区规划理论研究

很多学者强调理解社区要素是完善社区规划的前提。有学者建立了 4 个要素列为低碳社区的规划基础,分别是技能要素、组织要素、文化要素和制度要素等。通过改进技术、加强组织、深化文化精神、统一制度等要求,低碳社区才能较好地建立并发挥其作用。也有学者以绿地碳平衡理论为基础,阐述低碳型社区绿化技术,并对低碳型社区的绿植、种植思路进行规划分析,得出社区绿化技术要素对增加碳中和量贡献较多的结论。还有学者详实地研究了英国贝丁顿低碳社区的规划情况,并针对中国目前低碳社区的规划情况提出应该学习国外 4 点意见:规划为先、技术支撑、制度保障、公众参与。有学者定性分析了 PPP 模式应用在低碳住宅上的阻碍,并通过政府与私人企业之间的沟通交流、社会资本与政府管理的结合等方式得出对以上阻碍的解决方式,这也是组织要素的良好应用。通过分析我国近年来的经济走势,得出低碳社区在规划建造方面应用 PPP 模式的必要性与可行性。另有学者认为,从制度要素方面考虑可以对低碳社区规划起到保障作用,提出应用 3R 管理体系构建一个自给自足的可持续能源管理体系,旨在帮助拥有成本效益的基础上实现温室气体减排,并促进环境、经济和能源资源的长期社区发展。完善的能源规划可以使低碳社区更好地发挥出其节能、低碳的效应。规划中主要的一点就是管理能源的使用。有学者认为,实现资源可持续的具体形式之一是建设功能完备的低碳社区,其核心就是零能源消耗系统的规划,以达到最大限度降低碳排放的目的。

我国学者主要研究低碳社区规划的组成要素,大多数人从国外低碳社区入手,强调了制度对社区规划的重要影响,这一点我国学者与外国学者的思路类似。而在能源规划方面,国外学者多在实证方面研究具体能源规划对低碳社区的贡献程度;我国学者多在理论层面分析可再生能源对低碳社区的贡献程度,完全有必要将理论应用于实践,从实践中丰富和完善理论知识,这样才能快速推进我国低碳社区的发展。

(三)国内外低碳社区人文理论

1. 国外低碳社区人文理论研究

人通常是影响环境的主要因素,而人际关系通常也可以对社区碳足迹产生影响。Koji Shimada 等通过平均家庭碳排放总数研究碳排放总量并得出结论:减少碳足迹方面,技术方法的贡献只有大约 54%,有必要通过其他方法减少另外的 46%。通过自下而上的方式,即地方政府根据所反馈的实际情况制定相关政策,增强效率,增加基础设施的投资,加强公共环境教育和公共服务能够达到这一目标。Peters 等发放调查问卷并进行实证研究,认为通过利用社会资本,强化社会认知,维护人类的低碳未来是有必要的。Ramaswami 结合美国丹佛与布鲁姆菲尔德两个案例,引进学者、政府与低碳社区成员参与研究的低碳城市气候行动计划,强调了参与式流程对城市微环境碳排放的贡献。最近几年,一些国外学者从社区居民生活角度出发,探讨其生活对碳足迹的影响。Ewing 和 Kaza 认为,多户聚居有利于减少能源消耗。Ewing 通过调研发现多户聚居在供热方面可以减少 54% 的能耗,在制冷方面能减少 26% 的能耗。Ngah 提出沟通对低碳社区建设的重要影响,参与式交流能够充分发挥社区内的居民资源,减少低碳政策的实施阻碍。Kondo 等认为居民生活方式的不同(例如,夜跑或是在家里看电视)对社区碳排放量产生不一样的影响。Yun 等对美国的 2 718 户居民家庭空调碳排放进行统计,选取 5 个因素建立数据模型框架,通过一般线性模型分析方法,得出家庭空调制冷能耗主导影响因素为空调的使用频率这一内部因素。

2. 国内低碳社区人文理论研究

我国部分学者通过介绍国外低碳社区管理模式给国内提供借鉴。有学者介绍了英国低碳社区挑战项目并强调了公共参与的重要性,政府作为推进社区建设的辅助力量,更需要社区居民一致配合;介绍了英国贝丁顿社区最有特色的部分——居民的低碳生活理念,着重强调如果低碳的生活态度以及对自然的尊重能够深深植根于每个人的思想,那么零碳生活指日可待。也有学者研究了丹麦太阳风社区并着重强调其100%的公众参与度,小区居民共同参与、共同设计,不仅能增加居住者的归属感,还能使低碳理念在社区范围更加高效实施。也有学者着眼于低碳生活理念。还有学者以三个家庭为研究对象,通过对其空调使用行为模拟分析,探讨不同生活方式对能耗产生的影响,强调健康的节能生活方式的重要性。另有一些学者从低碳社区管理角度出发,并提出通过相关机构进行低碳化宣传,有利于居民自觉增强低碳意识。经过对比,可以了解我国学者很少讨论国内社区居民对社区建设方面的影响,大部分低碳社区是处于政府主导、自上而下的建设体制。而国外低碳社区多从居民本身出发,从居住模式到生活方式都基本实现居民主导,这导致我国居民在低碳建设方面参与积极性不高,融入程度不够,而社区居民配合与否在很大程度上影响着社区的低碳进程,所以在未来低碳社区的建设中要加以重视居民参与这一十分重要的因素。

四、低碳社区主体

低碳社区作为一个综合系统,需要多元主体(multi-stakeholder)协作共同建设。目前普遍认为,政府、开发商、社区居民、企业是低碳社区建设的直接主体。伴随着民间环保组织的迅速发展,这类非政府组织也被认为是低碳社区建设的重要力量。

(一)政府

政府是低碳社区建设政策、制度与标准的制定者和监督者,同时也是高效技术的提前试用者以及应对气候变化行动的守护者。"全球着眼,地方着手"(think globally, act locally)是低碳社区建设的重要思路。在中央政府制定并推行全面的低碳生态政策、制度、法规与规范的同时,地方政府应配合制定相应的激励政策,对低碳社区开发项目及相关环节给予支持,以实质性举措推进低碳社区建设。

(二)开发商

开发商既是建造城市物质社区的主体,也可能造成"建设性的破坏",但由于市场的不完全性和外部性的存在而给予开发商非理性行为的机会将逐渐不复存在。目前,低碳技术的高成本与慢收益成为开发商走向低碳建造的重要障碍。

(三)社区居民

社区居民是低碳社区建设的直接参与者,同时也是维护者。社区的低碳化转型,意味着社区内人与人以及人与自然之间双重"社会关系"的再生产和社区发展模式的变迁。低碳社区的建成只是一个开始,认同并维系这个社区需要全体居民的努力,通过居民建立起低碳环保生活概念,推行低碳生活方式。

(四)企业

各类企业作为社区的重要成员,有责任也有义务,为实现社区绿色低碳发展贡献力量,这一方面可以提升社区低碳建设的综合竞争力,同时也是企业履行社会责任、提升其品牌美誉度和社会影响力的重要途径。各类企业通过积极融入低碳社区的建设,参与构建绿色低碳社区共同体,从而产生低碳社区联合治理的合力。

(五)非政府组织

以保护全球生态环境为宗旨的各类非政府组织近年来在低碳社区建设中扮演着重要角色。可以说,生态环保方面非政府组织的出现某种程度上是由于政府在气候问题上的反应机制不健全,或者说非政府组织正在做一些政府缺位的工作。即便如此,非政府组织开展的工作需要政府的长期支持,也依赖于政府必要的系统性改变。

就低碳社区建设的复杂性而言,除以上主体外还存在更多的主体,如大众传媒、研究机构、规划师与建筑师乃至低碳产业链与供应链制造商等。在低碳社区建设过程中,多元主体通过联合治理,有助于提升低碳社区的质量与核心竞争力。

第二节 低碳社区发展现状与问题

一、国外低碳社区发展现状

低碳社区起源于欧洲,在英国、德国、瑞典等国家,关于低碳社区建设与实践已经取得了比较成熟的经验,并形成了可以借鉴与推广的模式。从现有低碳社区建设看,比较著名的低碳社区实践有英国的贝丁顿(Beddington)社区、德国的沃邦(Vauban)社区、瑞典的哈马比(Hammarby)社区等。英国贝丁顿社区的突出特点包括两个:一是充分利用太阳能、风能等可再生能源,以达到化石能源零消耗的目的;二是就地选材,通过充分利用本地可再生或可回收材料,最大限度地实现建筑材料的循环利用,其主要目的是通过筛选建筑材料、优化结构设计和改变居民的日常行为,实现社区零碳排放。德国沃邦社区的特点是以步行为导向,致力于交通绿色出行,减少日常生活中的碳排放。该社区以"无车社区"和"零容忍停车"政策作为首选,通过城市规划及社区布局优化达到低碳出行。瑞典哈马比社区比较特殊,在城市的废弃地进行社区建设,主要实现居民生活的废弃物循环再利用的一个模式,充分利用城市废弃地,开展生态恢复与重建,提高碳汇功能,以及提高资源利用效率,尤其是可再生资源的开发利用。丹麦有一个社区叫太阳风,其最大的特色是以太阳能和风能作为主要能源,并且在这里发展出一套比较成熟的公众参与制度,由社区居民自主规划和设计,负责日常维护,这也是一种新的社区运营模式。

欧洲是全球公认的低碳发展理论与实践先驱,目前已开展了诸多不同类型的低碳社区建设实践。欧洲在低碳发展政策与行动方面卓有成效,尤其偏重生活与消费领域的节能减碳。长期以来,这种节能减碳的行为改变都是针对个人;而近年来,欧洲当局者意识到低碳社区提供了能源终端用户行为改变的新环境,从而开始转向低碳社区这一层次。通过激励社区成员改变自己的行为模式,进而影响社区中其他成员、整个社区环境,以达到降低社区总碳排放强度的目的。综观欧洲低碳社区发展,其研究与实践多在可持续社区、生态社区、"一个地球生活"(one planet living)等概念基础上发展起来的。以英国为例,建成于1998年位于诺丁汉郡的Hockerton Housing Project,是英国第一个完全实现运营期零碳排放的社区,它选用了被动式设计、主动式提升、可再生能源、绿色建材、行为减碳等多种低碳技术与方法。2000年左右,世界自然基金会和英国生态区域发展集团(Bio-Regional Development Group)共同发起"一个地球生活"活动,旨在让可持续的居住方式在全世界范围内变得易行,有吸引力,并提出社区开发建造时需遵守零碳排放、零废弃物等10项原则。2002年建成了世界上首个"零能耗"社区——贝丁顿社区。2005年,英国政府颁布可持续发展战略——保障未来,包括2020年社区行动计划——我们携手合作。2006年颁布可持续住宅标准CSH(Code for Sustainable Homes),积极推进低碳、零碳建筑的普及工作。低碳社区已经成为英国当前推崇的居住模式,其政策目标是从2016年开始,所有在英国国内建造的住宅都要达到"零碳"标准。为促进社区节能,2008年,英国城乡规划协会(TCPA)出版《社区能源:城市规划对低碳未来的应对导引》,从区域、次区域、地区三个层面来界定社区能源规划的范围和定位,构建社区能源发展的框架。2010年,英国能源与气候变化部开展了低碳社区建设,这需要开发商转变短期利益驱动的意识,也需要政府在低碳生态开发推广初期予以开发商适当的补偿与激励措施。2015年,布里斯托哈汉姆(Hanham Hall, Bristol)和2019年约克德文索普(Derwenthorpe, York)相继建成,建筑达到CSH不同等级,达成低碳目标,并且在概念与实践中从生态村走向生态社区。

贝丁顿是生态村的典例,堪称为生态技术的里程碑,但相较于哈汉姆和德文索普,后者更具备社区规模与完善的设施,堪称生态社区的代表。从生态村到生态社区,从理想的乌托邦生态村到现实的生态社区,其不仅是设计理念、生态技术上的进步,而且从更全面、更人性化的角度看待技术发展,可持续且宜居的生态社区更具有科学性、社会性与人文性。生态社区的区位良好,与主城联系紧密,公共交通便捷,公共服务设施齐全,生活便利,在硬件设施方面更具优势。虽然生态社区在技术和设计上仍有提升空间,针对低能耗也需要进行试验验证,但生态社区已经成为英国新建住区的主流。生态社区营造了良好的邻里氛围,在生态性、可持续性、宜居性等方面取得共赢,创造出生态与人文和谐共处的住区。

二、国外四种典型低碳社区建设模式

根据低碳社区建设的核心主体与组织方式的不同,国外低碳生态社区大致可分为四种类型:政府与开发商主导型、政府与居民组织协作型、非政府组织运作型、居民自发建设型。但需要说明的是,这四种模式并不能囊括国外所有的低碳社区建设类型;在各类模式中,除核心主体外,仍存在其他多元主体不同程度地参与低碳社区建设。

(一)政府与开发商主导型:以瑞典哈姆滨湖城为例

哈姆滨湖城(Hammarby Sjostad)占地204公顷,曾是斯德哥尔摩市郊污染最严重的旧工业港区,20世纪90年代初被市政府规划为生态奥运村,后来因为申奥失利,又被改为可持续发展的样板社区。哈姆滨湖城的主要计划是整合水、卫生设备、排水系统和固体废弃物管理等环境基础设施,环境愿景是至2015年其碳排放量相比同年代建设的其他住区减半。在总体愿景指导下,斯德哥尔摩城市规划署组织编制了战略性总体规划,划分了12个次区域,并任命私立部门三至四位建筑师/总体规划师制定次区域的详细总体规划。为了补充详细总体规划,城市规划署的规划设计团队与选定的开发商和建筑师共同商议,为每个次区域制定设计准则,设计准则必须通过当局法定程序。一般而言,设计准则包括次区域特征、布局、形式与结构,建筑风格、类型、元素、标准与色彩、庭院设计与开敞空间等内容。最后,每个次区域依据开发规模与复杂程度划分为4—11个地块,城市规划署邀请了多个开发商与建筑师的联合体来参与地块或建筑开发,以确保在设计准则框架下的建筑多样性。

哈姆滨湖城开发的主要资金来源于市政府、市道路交通部门和私人资金。其中,市政府的资金大部分来源于瑞典地方投资项目(LIP)基金。为促进项目实施,1997年斯德哥尔摩市政府成立了专门的项目团队,负责哈姆滨湖城的财政、设计、实施以及净化土壤、修建桥梁、道路、公园、公用设施等工作。项目团队由项目经理和环境专员领导,成员包括规划、房地产、交通、污水、废弃物和能源部门代表,加强了政府的主导性与专业的协调力度。

(二)政府与居民组织协作型:以德国弗班社区为例

弗班社区(Vauban District)位于弗莱堡市郊,曾是废弃的军事区,1992年弗莱堡市政府出资200万欧元从联邦政府手中购买了社区所在的38公顷土地,并将其纳入城区的发展规划中。1994年,"弗班论坛"(Forum Vauban)成立,并于1995年初被弗莱堡市批准为协调市民参与的官方组织。1995—1996年,市政府经过反复论证后精心制定了一个适应不同环境的开发规划,将该地区定位为生态住宅区,并规定"人""创意""居民参与"等理念为该地区可持续发展的核心,通过集中的规划宣传与公关行动,吸引潜在居民。随后,市政府将规划用地分割成多个区块,并在出售土地产权时事先规定土地容积率与空间环境品质。1997年,社区首期开始筹划实施,在商议制定详细政策后,如"生活无须有车"(living without an own car),每个区块所属居民自行委托承包商与建筑师,居民对于住宅方位、平面配置、立面设计与颜色搭配、材料选择、节能措施、开放空间比例与用途都有充分的选择权,建筑师则担任专业咨询的角色。2000年,首期主体部分基本完成,为近2000人提供了住房。1999年开始销售二期产权,参照一期建设模式,2000年开始二期建设,2006年完成了三期建设。弗班社区最为成功的经验是推行了"居民参与机制"(forms of citizen participation),形成由市府执行单位、专属市议会和弗班论坛三大组织构成的行政运作平台。其中,市府执行单位是弗班社区项目的协调者,其核心任务是出售建设地块,并开发建设学校、幼儿园等设施;专属市议会介于市政府与社区居民之间,是负责信息交换、讨论与决策准备的平台;弗班论坛是弗班社区的居民组织,受到弗莱堡市财政和行政管理方面的支持。论坛成立了多个工作小组应对建筑、法律、财政、社会、妇女事务、运输和能源等领域的创新或矛盾,并对专家和居民开放。原则上,只要市府执行单位与弗班论坛双方取得同意,政策就可以实施,整体决策的风险也明确由所有居民共同分担。正是在这一模式运作下,弗班社区的居民在规划之初就得以参与整个社区运作,所有人在规划之初便因此熟识,一个稳定的社区架构在规划过程中逐步建立。

(三)非政府组织运作型:以英国贝丁顿社区为例

为践行"一个地球生活"活动,表明在保证良好的生活质量前提下生态建设和绿色生活方式是简单、易行且可负担的,世界自然基金会和英国生态区域发展集团倡导建设了世界上首个"零能耗"社区——贝丁顿社区。社区选址在英国南部萨顿市,那里曾是荒芜废弃的污水处理厂,占地1.65公顷。生态区域发展集团是该项目的环境顾问,负责分析和撰写生态社区的可持续发展评估报告。项目引入伦敦最大的非营利性福利住宅联合会皮博迪信托开发组织,作为投资者和开发商。另外,世界自然基金会为该项目提供了资助,萨顿市政府也以低于正常价格的地价作为鼓励提供用地。1999年,皮博迪信托开发组织指定奥雅纳工程顾问公司(ARUP)和英国著名的生态建筑师比尔·邓斯特(Bill Dunster)作为项目设计团队。1999年11月社区规划被批准。社区于2000年正式开始建设,2002年基本建成,建成后由皮博迪信托开发公司对项目运营进行监测。

（四）居民自发建设型：以丹麦太阳风社区为例

太阳风社区(Sun & Wind Community)位于丹麦贝泽市,由居民自发组织建设的合作居住社区(Cohousing Community),共30户家庭。社区建设的构想来源于三个单亲母亲,为了寻找适宜独自抚养孩子的社区环境。1976年,她通过报刊、会议等途径,寻找对社区提议感兴趣的成员,并由此成立了社区团队。该团队由场地、财务、能源、生态、住房、儿童利益等多个工作小组组成。经过多次交流与讨论,该团队商定了"互助""共享""多样""低能耗"为社区建设的总体目标。为将总体目标转化成详细目标,太阳风社区成立了社区规划建设委员会,由各工作小组的代表组成。如住宅组负责调查住宅和设施的比例以及厨房、餐厅、浴室的大小等,场地组负责与县政府讨论购买县属土地等相关事宜。另外,社区聘请了律师处理房地产转让、居民协议以及其他法律问题,并精心挑选了建筑师团队。

经过综合比选,最终确定社区场地后,便开始制定社区规划方案。社区成员被分成四个小组,每个小组有详细的场地地图和该场地相应的住宅、公共用房、停车区模块。四个场地规划最后拼合成一张图,供进一步讨论,并形成社区规划方案,提交规划部门审批。1979年,社区收到来自欧洲经济委员会(EEC)和丹麦政府5.9万美元的拨款。在有限的预算控制下,建筑师开始和居民一起设计住宅,并创造出住宅的基本范式,居民可以在此基础上增加、移除或调整,以适应不同家庭的需求。在此过程中,建筑师参与讨论。之后,建筑师根据居民讨论的结果对场地和住宅设计进行优化,形成社区施工图,提交建设部门审批。获得建造许可后,社区聘请了施工管理公司,并通过竞标协调确定了承包商。尽管预算有限,居民并没有降低建设标准,而是通过自己完成壁橱、天花板、油漆、绿化等工作降低成本。1980年,太阳风社区建成,居民逐步入住。

迄今为止,哈姆滨湖城、弗班社区、贝丁顿社区、太阳风社区被认为是全球低碳社区建设的典范,其所代表的四种建设模式应用广泛。总体而言,低碳社区建设无疑都以"低碳排放"为重要导向,但因建设主体与组织方式的不同,社区的核心价值取向仍有差异,也表现出不同的优、缺点。

三、国外低碳社区核心价值取向

一般而言,政府与开发商主导型社区多以城市形象和公共住房需求为导向,开发商以此实现利益最大化。在哈姆滨湖城,由政府主导的大目标始终放在项目首位,开发商是实现这一目标的重要建设者,其商业利益追求也直接影响项目的进程。

政府与居民组织协作型社区一般会兼顾城市综合利益与居民利益。在弗班社区,政府在规划之初便设定好地块容积率、建筑能源标准等约束指标,以保证城市综合利益,在此基础上给予潜在居民充分的自主裁量权,决定社区的基本政策与建筑形式。

非政府组织运作型社区大多以社会环境利益最大化为出发点。贝丁顿社区作为"一个地球生活"活动的首个示范社区,其建设之初便被定位为简单、易行、可负担的低能耗社区样板。在社区建设过程中,非政府组织机构对其提供主要的资金、技术、管理支持。

居民自发建设型社区则以居民利益为主。由于社区建设的构想来自居民而非开发商,居民能自发讨论商议,自始至终地参与社区的规划设计、建设全过程,居民利益得到最充分的体现。

四、国外低碳社区优、缺点评价

低碳社区的优、缺点主要从环境效果、社区氛围、社会影响等方面进行评价。环境效果方面,非政府组织运作型社区作为环境利益最大化的典范,一般环境效果较好;而政府与开发商主导型社区、政府与居民组织协作型社区在居住需求和商业价值导向下社区开发密度较高,环境压力较大,但单位能耗往往较低;而居民自发建设型社区多以居民舒适为前提,开发密度低,环境负荷小,但单位能耗往往较高。良好的社区氛围是实现可持续低碳的重要基础。政府与开发商主导型、非政府组织运作型、政府与居民组织协作型、居民自发建设型,这四种模式的居民参与程度由低到高,社区氛围由弱到强。在欧洲,低碳一般不是社区建设的唯一目标,而多与其他社会目标结合。除居民自发建设型社区外,其他三类社区一般均会考虑社会住宅的供应,并具有良好的示范与带动作用。如哈姆滨湖城、弗班社区、贝丁顿社区都是城市更新项目,位于工业港区、军事区或废弃污水处理厂等地段,是城市重点示范项目与样板工程。相比而言,太阳风社区多考虑居民自身利益,对周边地区的带动作用较弱,但太阳风社区这类合作居住社区的最终影响是作为未来的一种人居方式来传播。近年来,合作居住作为一种创造邻里之间"社区感"的创新策略,经过不断发展演变,逐步从北欧传播至北美、澳大利亚、英国、新西兰以及日本、韩国等国家和地区,正产生着越来越广泛的世界影响。

五、我国低碳社区发展历史与现状

社区碳排放主要包括居民在社区内使用的电力、燃气、水资源、垃圾碳排放及交通出行导致的碳排放等,是城市碳排放的重要组成部分。构建低碳社区,能够控制居民生活产生的温室气体排放,引领低碳的生活方式和消费模式。低碳社区建设的主要目的就是提升城市碳中和能力。为了推动低碳城市绿色发展,我国各级政府部门从不同方面开展了试点,如低碳城市试点、节能减排财政政策综合示范城市试点、可再生能源规模利用市场试点、低碳交通城市试点、智慧城市试点、海绵城市试点、资源转型城市试点、生态文明先行示范区等,结合不同部门职能,从不同角度来探讨城市的可持续发展模式。

近些年来,发改委、住建部、工信部等都在不同的领域对低碳社区相关工作有所涉及。现在大家听到比较多的特色小镇的建设,住建部以前做的棚户区改造、保障住房的建设,发改委主导的低碳省市试点,还有智慧城市、绿色建筑等工作,对低碳社区的各个方面都有所涉及。低碳社区更主要的是发展模式和生活方式,我们现在说要统筹规划和系统实施,把低碳社区打造为综合性工作平台。

低碳社区在我国起步较晚,为了建立资源节约型、环境友好型社会,我国在低碳社区建设上采取了一系列举措。2000年,我国制定的《全国社区建设示范城基本标准》,将"社区内净化、绿化、美化、生态环境保持良好"作为硬性标准;2004年,国务院又进一步提出了在我国开展"绿色社区"建设,与低碳社区建设目标一致;2010年左右,北京、上海、湖北等地依托低碳社区建设项目先后开展了以低碳基础设施为主的社区低碳建设,但普遍忽视了社区碳排放管理的基础能力建设和居民低碳消费模式、低碳生活方式的养成。2010年,我国颁布了《生活垃圾处理技术指南》,旨在从源头避免和减少生活垃圾产生,通过把日常生活垃圾分类回收,确保垃圾得到无害化处理或处置;2011年,国家把开展低碳社区试点作为推进控制温室气体排放的重要抓手;2014年,国家发改委发布了《关于开展低碳社区试点工作》的通知,要求各地政府做好低碳园区和低碳社区的组织、创建和落实工作;2015年,国家发改委又进一步印发了《低碳社区试点建设指南》,目的是推进城镇低碳化发展,控制居民生活碳排放。我国国民经济和社会发展"十四五"规划已经明确加快发展绿色建筑、降低碳排放强度、优化产业结构、实现高质量发展,将是未来我国实现双碳战略的重要任务,由此倡导绿色低碳生活方式、打造宜居的生活环境、开展低碳社区创建也将成为必然选择。2016年11月发布《"十三五"控制温室气体排放工作方案》,这是国家应对气候变化的总纲,对低碳社区提出具体要求。"十三五"期间在全国推动开展1 000个左右的低碳社区试点,并且组织创建100个国家低碳社区的示范。"十三五"期间,国家层面的重点是低碳社区的重点工作,对试点工作进行考核、验收,并且遴选出国家层面和省级层面低碳社区示范。截至2020年,全国共建设了400多个低碳社区。

不同省区都开展低碳社区试点工作。低碳社区是属于城市的组成最小单元,它的工作主要是由省级层面来组织申报,由市级层面来具体实施的。国家从东到西、从南到北都有一些低碳社区试点的工作。一些省市编制了低碳试点的实施方案,还有一些地区出台了技术导则。浙江省做得比较好,在省区市几个层面都建立了比较完备的政策体系,自上而下地开展了一些战略规划、技术扶持与基层工作的机制和政策的完善,建设重点包括建筑方面的节能改造。还有浙江的特色,就是建设以自行车为导向的公共交通系统,并且非常重视低碳家庭的创建活动。北京市发改委有另外一个特色社区的创建案例,健全了配套的指导政策,编制了低碳社区的评价技术导则和编制指南,为不同地区建设低碳社区开展具体工作提供了很好的技术基础。在北京和上海,低碳社区的建设已有不少阶段性成果,并且由于各方面资源充足,部分低碳技术的研究和应用,比如,垃圾分类和循环利用资源取得了一些成就。低碳理念能够得到较多人的认可,政府对于低碳社区的建设也给予足够的重视。在广州、苏州、温州等经济发达、对外交流较多的地区,除了注重传统的工业低碳发展,在低碳建设上引进国外先进技术,寻求新型公众参与方式,这些创新为低碳建设注入了新的活力。一些旅游城市,如桂林、云南等地,在推动绿色旅游的同时寻求较好的低碳发展模式。由于旅游业的经济刺激,低碳建设能获得政府较多支持,低碳旅游既帮助了当地旅游转型,吸引更多游客光顾,也促进了地区的经济发展,提高了当地人民的生活水平。在一些畜牧业较发达的地区,比如乌鲁木齐等地在能源结构调整上做出较多努力。低碳社区建设虽处于初级阶段,但当地居民已受益匪浅,并对低碳社区建设更有信心。我国低碳社区建设多集中在大型城市、经济发达地区,发展不平衡现象较明显。从地区发展角度看,因地制宜地进行低碳发展,能帮助一些地区通过建设低碳社区开辟一条新的发展道路。

目前,我国在政策上已经形成了较为明确的低碳社区试点建设指南,但关于试点社区的具体政策建议与实施办法相对欠缺。低碳城市和低碳社区建设涉及产业结构调整、能源结构调整、碳汇能力核算、碳汇交易市场建设、政策法规以及体制机制等工作。低碳社区已经成为实现低碳城市和低碳经济发展的重要途径,是公众参与低碳经济发展的重要方式。国内现在已经建设的低碳社区可以分为两类:一类是与商业产业园区相结合的新兴社区,以产业为主导,实施零排放区域;另一类是以社区街道活动形式开展,强调低碳生活或节能减排的理念。不同学者从不同角度提出了诸如可持续发展社区、生态宜居社区、绿色低碳社区、碳中和社区等概念。尽管这些概念的名字存在差异,但其侧重点和内涵均聚焦于居住环境舒适、健康、节能、环保等方面,强调CO_2减排与增汇和社区居民的日常行为,最大限度地减少温室气体排放,达到社区及城市的碳中和目标。

六、我国低碳社区案例

(一)北京康隆园社区

北京康隆园社区位于北京市大兴区的西北部,大约有770户居民和人口2 360人,其主要的低碳特色表现在两个方面:第一是社区生态环境的建设。该社区的生态农业种植已覆盖75%的社区庭院,有机果蔬自给自足。同时,社区的原生林木打造的园林环境和水系景观营造的良好的居住环境也使社区居民收益颇丰。第二是该社区公众参与低碳建设情况较好,获得了地方政府和民间组织的支持,共同展开环保项目、垃圾分类的实施,试点推行生物质能垃圾分解,组织环保讲座,让社区居民提高了生态保护意识,将低碳理念融入居民生活,使得社区活动能够持续地进行下去。

(二)上海万祥社区

上海万祥社区位于上海东南角的临港新城,具有较好的周边环境,有1.5公里的湿地公园,又借助上海发达的经济,经济基础较好,新能源领域发展较快,充分利用区域内丰富的太阳能、风能、海洋能,能源效率先进,奠定了良好的低碳技术基础。同时,作为上海的三大低碳示范区之一,万祥社区的发展得到了政府的大力支持。

(三)武汉百步亭社区

武汉百步亭社区位于武汉市北部,总占地面积7平方公里,入住人口约为10万人。社区提倡居民自治管理,其居民收入处于中等水平。该社区不断提高低碳水平,从最初的环境建设到如今关注社区空间布局综合生态效益,是值得借鉴的模范社区。对于资源的合理利用,百步亭社区从合理安排土地资源、优化配置水资源、运用生态技术入手,在社区的组织规划中对景观慢行道建设、建筑布局安排使低碳理念融入居民生活的每一个细节。

通过对国内低碳社区的政策、实践的汇总,我们发现低碳社区的内涵在中国有一些本土化的概念变化。中国还处于城镇化的建设过程中,很多社区是大量的新建社区,还有老旧建筑的改造也有既有社区的改造。另外,城镇化的过程涉及农村人口的迁移和农村的撤并,还有美丽乡村建设,使得农村也成为人们关注的重点。因此,社区可以分为城镇新建、城镇既有和农村社区,从三种不同类型开展,关注的是建设、运营到管理的全生命过程不同模式。我国低碳社区是以碳排放绝对量的下降为一个核心目标。它的建设在发改委颁布的建设指南中有了明确表述,主要分成六个方面,即低碳理念、文化、运营管理、建筑、基础设施和社区环境开展建设。

七、我国低碳社区建设存在的问题

气候变化是当前全球面临的最严重的挑战之一,各国政府纷纷采取措施积极应对。社区是城市居民居住的基本单位,低碳社区建设与发展一直得到国家高度重视。低碳社区建设推广势在必行。虽然说低碳社区的工作已经开始起步,但是也面临不少问题与挑战。目前,我国低碳社区建设存在的问题主要表现在以下几个方面:

(一)立法保障不足,规划建设粗放,推广实施有难度

国内学者对于低碳社区的研究涉及的宏观层面相对较少,缺乏顶层设计措施保障,面临价值和制度层面的整合困境,即需要解决低碳价值观念及低碳制度滞后问题,存在一定的体制障碍,需要从立法和规划建设两个方面进行改进。有学者在研究低碳社区建设时指出,当前的大多数社区在规划建设方面存在不合理问题。也有学者在探究我国低碳社区建设的集体行动时指出,当前中国的低碳社区建设缺乏自上而下的法律体系和相关领域的立法保障,当前的规划建设不具有普适性,另外,缺乏实际可行的支持政策来鼓励居民参与行为的产生。还有学者在研究低碳示范社区建设路径的文章中提出,社区建设和模式推广仍存许多难题,如社区缺乏统一的规划设计标准,缺少对各个低碳要素和环节的全盘考虑,因此在规划设计方面问题较为突出。

在现阶段的低碳社区建设中,政府更注重打造模范标准的低碳社区,所以从试点地选择上都以标准化为重要因素,一些城市的政策文件中没有或淡化了促进行为改变和个人行动的努力。一般试点选取遵循以下原则:(1)具有地域和文化特色,低碳社区建设具有典型性和代表性;(2)社区管理具有明确的主体,符合城市总体定位和土地利用规划;(3)具有较大发展潜力,对当地低碳发展具有引领示范作用;(4)国家低碳城市试点、智慧城市试点、循环经济城市试点等社区将是优先考虑的对象;(5)优先选择能源消耗较大、节能设施相对落后急需改造的社区。低碳社区建设的这一策略具有示范带动作用,但低碳生活不仅是试点社区、试点城市才需要发展,而是涉及国家的所有地区。或许大部分社区不能贯彻执行试点政策,但依然可以从低碳生活宣传、低碳环境营造、基础设施建设等方面进行推进,通过公民个人的行动推动碳中和目标实现,从而全面实现碳中和。

(二)建设过程缺少评估,社区维护缺少监督

我国低碳社区建设的主要路径是规划设计低碳化、建筑材料低碳化、社区环境低碳化、能源系统低碳化、资源利用低碳化和生活方式低碳化。低碳社区建设过程中尤其重视规划设计、建筑材料使用、能源系统以及资源利用。但在建设中常常为了追求设计亮点、环保材料、清洁能源和废物的循环利用,导致过度设计、忽略运输过程、能源设备制造维护造成的再次污染。因此,贝丁顿社区作为成功的案例,最突出的特点就是就地取材,就地使用能源材料。如何避免建设过程中的疏忽,有必要为过程中的每一环节进行监督和评估。建设评价指标体系不仅是用在科学研究或项目验收阶段,而且建设过程中的评价监督也是不可忽视的环节,这样才能切实做到低碳发展。低碳社区的维护需要社区服务(管理)方与居民共同努力完成。但是,社区有复杂的管理模式和多个参与主体,各个参与主体的权益和责任未能明确界定,这给社区管理维护工作造成诸多困难,所以,需要明确社区负责维护低碳建设的主体,也需要提高公民低

碳环保意识,从而实现双向监督;或者提出第三方监督策略,维护低碳社区的发展。

(三)公众参与意识不足,未能形成居民行为准则

低碳社区建设是未来我国实现碳中和目标的重要举措,而发展低碳社区主要有两种模式:自上而下和自下而上。政府在低碳社区建设与发展上秉持大力支持的态度,"自上而下"这种模式比较适合我国低碳社区建设初期;"自下而上"这种公众参与模式存在争议,虽然国家政策指明要大力推广低碳生活方式,提高公民低碳意识,但公民低碳环保意识的形成是一个长时间的过程。如何从思想认识方面改变居民理念、提高公民环保意识、了解低碳生活的本质和意义十分必要。民众自发参与管理是最有效维持社区稳定与发展的方式。在我国,社区居民在参与低碳社区建设过程中一般性的节能环保行为较多,专业性低碳参与活动相对较少;个体行为较多,相互协助、互动行为较少;多数居民将低碳社区建设的最重要职责寄希望于政府行为。低碳社区作为城市的基础微观空间,是城市生态文明建设与可持续发展的重要基础空间,但目前低碳社区的建设成果并不显著,要让居民从被动参与发展到主动参与、个体参与发展到相互影响、共同参与的全方位层面。个人践行低碳实践的自觉性是实现低碳社区发展的内在驱动力,但是目前社区居民参与低碳社区建设时存在"被动式参与"和"形式性参与"的特点。低碳观念没有在生活中践行,导致居民对于低碳城市和社区的建设参与度不够,主要表现在城市居民的低碳消费不积极,城市的绿色交通方式普及度不够,城市居民未养成自觉的低碳生活习惯。

(四)技术水平较低,引进的技术与实际应用不匹配

我们发现低碳社区建设存在技术方面的障碍,需要进一步提升低碳社区建设过程中的技术水平,才能更好地推进我国低碳社区的发展。毕金鹏提出部分示范社区以开发商口头宣传为主,尚未将各项低碳政策和技术落到实处,在低碳社区建筑建设方面技术水平较低。陈谊结合扬州市低碳城市案例实践,分析当前扬州市推行低碳社区面临的主要问题,提出低碳技术水平落后是一个重要因素。何明伦在研究我国低碳社区建设的集体行动困境中提出,我国低碳社区发展并没有开发适合我国现状的技术系统。目前,我国大部分低碳社区多引进国外成熟的技术,未充分考虑我国的实际情况与技术的匹配和适用程度,在引进和应用时会存在诸多不匹配的现象。

(五)低碳社区试点建设面临挑战

低碳试点社区的工作呈现出明显的"两极化"分布,如多数试点社区在低碳宣传活动、倡导绿色出行、节能改造、改善交通配套设施、建设雨水回用收集设施、开展餐厨垃圾处理、拓展社区绿色空间、美化社区环境等方面参与度和行动深度较高,但在碳排放评估和碳盘查、制定低碳改造方案和低碳发展目标、能源计量改造等方面的行动却鲜少开展。其中,参与度较低的工作可以分为三种类型:工作实用性较低、缺少减碳效果评估、工作任务超出社区工作能力。尽管上述问题是直接在低碳试点社区层面暴露出来的,但对其进行归因分析则不难发现,除社区试点存在低碳认识不足、能力不足、资金支持不足等共性问题,省级和国家低碳社区试点主管部门相关工作开展不到位、不充分也是重要原因。低碳社区试点创建涉及多部门、多层级的多个责任主体,因此,如何统筹做好低碳社区建设与各领域具体工作的融合、协调好各管理层级间的管理权限和工作职责,是有效推动低碳社区试点工作的关键。

第三节 低碳社区治理对策

我国低碳社区建设正在逐步推进，为实现"双碳"目标，低碳社区建设将会起到重要作用。当前碳中和的技术路径尚不成熟、经济成本较为高昂，短期内从碳吸收端实现碳中和的目标并不符合实际，目前实现碳中和的建设策略理性选择应是加快建设低碳社区。我国低碳社区的建设和发展取得了一些进步，但是国内低碳社区建设还停留在低碳建设的基础阶段，缺少先进的技术和政策支持及公众参与机制，距离构建一个完整的低碳生态圈还有很大的发展空间。当然，与此同时也代表了我国低碳社区建设有很强的可塑性，说明在这一方面还有很大的建设、改造的空间，一旦突破了当前的"瓶颈"时期，就可以借助低碳社区的快速发展，带动我国低碳经济的进步，从而找到一个经济发展的新的平衡点。我国低碳社区建设正处于起步阶段，目前也是发展的最佳时机。如何通过低碳社区建设，助推我国"双碳"目标是目前亟待思考的重要课题。针对"双碳"目标，强化低碳环保理念、优化低碳社区建设路径势在必行。

一、建立政府主导、公众积极参与的低碳社区发展模式

低碳社区建设是一个典型的"自下而上"发展模式，亟需公众的积极参与。公众参与低碳社区建设主要有三种途径：个人自身的学习与行动、个人之间的相互影响与学习以及有组织的集体行动。通过社区成员自身学习低碳生活所需的环境学、生态学、化学、气候学等各个相关领域的专业知识，增强对低碳文化发展和低碳社区建设的意识，提升居民在低碳社区建设中的获得感。通过社区成员之间思想交流，可以促使社区成员的低碳意识共同进步，达到社区成员思想和行为一致，形成有利于低碳社区建设的行为准则和组织体系。社区的集体行动不仅有利于社区内部形成低碳文化的氛围，而且可以通过社区的集体行为向社会传播正能量，具有示范带动作用。在我国，政府主导往往起到了非常重要的作用。建立适合我国政府主导、公众积极参与的低碳社区发展模式将是未来工作的重点。

创新社会公众参与方式。普遍提高公众的低碳意识是调动公众积极参与低碳建设的基础，需要社会各方面对低碳理念的宣传和引导；有效运用政府的相关政策，引导公众参与低碳建设，相关的奖惩措施可以起到激励作用；利用社区的组织行为，社区组织、物业中心积极行动，改变原有的居民被动管理现状，使每个居民都能参与到低碳社区的建设中，相互影响、共同进步，营造一个良好的低碳氛围；结合现代网络和智能手机软件等媒介，引导公众形成低碳理念；充分发挥社区资源优势，对低碳社区建设要坚持因地制宜的理念。每一个社区都应该寻求一个符合该社区特点的低碳发展方式。合理利用社区的区位优势和资源优势，以寻求发展突破点，再从各方面积极配合，逐步带动全方位的发展是一个比较好的发展方案。

二、完善低碳社区政策制度，健全立法和机制

（一）构建完善的低碳社区试点工作制度

以上海为例，目前已经建立起"试点启动、试点遴选、示范评审和示范公示"等一套完整的低碳社区试点工作制度。上海结合试点单位的政策需求和各自的特点，由试点主管部门依托

上海市认证协会制定颁布了多个低碳社区试点工作的指导性、支撑性文件,并开展了首批试点的验收评审工作,采用"试点毕业"与"动态调整"相结合的"滚动推进"管理模式,经专家评审评选出首批4个低碳示范社区,同时启动了第二批试点工作。在淘汰机制方面,对于连续两个创建期后均未被列入示范社区的,将取消其试点资格,一定程度上为社区试点创建的质量提供保障。

(二)制定配套指导性文件

部分省(区、市)出台了与社区试点建设相配套的低碳社区试点建设指南、工作方案、编制大纲或评价指标体系,有效支撑了省级低碳社区工作。如北京、上海、江西、广西四省区市发布了试点建设指南。评价指标体系方面,北京发布地方标准《低碳社区评价技术导则》,广西印发《广西低碳社区试点建设评价指标》,河北制定《低碳社区指标体系评估标准》。

(三)试点工作机制与配套制度建设

上海市应对气候变化主管部门牵头构建起"省(市)主管部门统筹协调、区县主管部门动员遴选、街道办事处牵头实施、社会第三方提供技术支持"的联动机制,由主管部门负责统筹协调、搭建市级低碳社区试点工作平台。区县主管部门负责区域内低碳社区创建工作的组织和指导协调,街道办事处作为责任主体进行申报并牵头实施具体创建工作,具体由社会第三方承担申报的受理、审核、组织评选、跟踪推进和日常事务管理工作。此外,广东省中山市成立"中山市小榄低碳发展促进中心",大力开展低碳城镇化建设,并围绕碳足迹评估和认证方法学、碳普惠制等开展了低碳社区配套制度研究实践。

(四)国家主管部门应做好顶层设计

规范引导试点建设,加快低碳社区评价标准和技术导则的制定出台,加强对社区在低碳技术、低碳运营管理等方面的指导培训;加快研究制定低碳社区相关评价标准、技术导则、社区示范遴选的相关指导性文件,开展国家或者省级社区低碳建设技术培训,明确社区层面适用的低碳技术种类、范围与实施细则要求。

(五)地方主管部门应完善配套政策

做好社区低碳建设支撑工作,创新投融资机制,精准支持低碳社区建设。省级相关部门应明确"给予低碳社区建设相应资金支持"或"优先考虑低碳社区试点"的政策支持;提倡相关社会资金的适度灵活使用;鼓励省级、市级相关部门设立低碳社区建设专项资金,或将相关资金用于低碳社区建设,以财政补贴、以奖代补、贷款贴息等方式加大对低碳社区建设的投入力度;提倡与金融机构共同探索构建适应社区工作特点的投融资机制。

(六)建立完善的低碳社区试点工作评价考核制度

完善试点遴选、监督、考核验收、经验推广的工作流程,建议研究发布低碳社区试点评价指标体系和评价标准,制定试点评价考核工作方案,鼓励先进,督促后进,对于符合评价标准的授予"国家示范低碳社区"称号。

(七)搭建交流平台

围绕低碳社区建设工作,开展片区或点对点地方培训,对低碳社区建设意义与实际做法进行宣传普及;及时总结现有各省(区、市)在组织低碳社区试点创建、推进低碳社区试点工作、社区建设与运营等方面好的经验和做法,促进经验分享和交流,加强指导;构建低碳社区试点间、社区试点内部、试点与非试点间的沟通交流机制,促进先进经验和做法的推广。

三、完善低碳社区运营管理

(一)构建多层次、多途径的资金支持机制

试点在资金支持方面开展了广泛探索,街道办事处的低碳社区专项建设资金、省市级低碳发展资金,节能减排、大气污染防治、循环经济、科技创新、可再生能源、智慧城市、生态文明等各项资金,国内外NGO组织、企业、高校的合作经费等,都成了低碳社区试点创建的资金来源。此外,广东中山市小榄村镇银行的"小榄居民'光电宝'个人消费贷款产品"创建出"光伏互联网+绿色金融"的低碳社区融资新模式。

(二)制定社区低碳建设制度

如浙江杭州的良渚文化村制定了年度低碳工作计划,对低碳工作进行了明确分工,并将责任落实到人,为社区配套设施安排工作人员及志愿者,负责日常管理和日常活动的开展。河北秦皇岛在水一方社区、大森店村研究制定了《低碳社区垃圾分类管理制度》《低碳设施维修保养管理制度》《社区低碳考评办法》等低碳社区管理、运营、评价文件。

(三)成立社区低碳建设队伍

通过成立低碳社区试点管理团队,明确权责分工。部分试点已经基本建立起"社区居民自治"的社区管理手段,如浙江良渚文化村有登记在册志愿者350多名,上海梅陇三村的"绿主妇"联盟发挥了低碳社区管理"催化剂"的作用。部分试点将社区或街道党支部、居委会、业委会、物业公司等组织纳入低碳管理团队,协同发挥作用。

(四)形成社区低碳工作的推广路径

初识"低碳",即创造社区居民近距离接触低碳技术的机会,让低碳进入居民的日常生活视野;试用"低碳",即让居民从低碳实践中"得实惠",如低碳产品有偿试用活动,让居民产生低碳"获得感";践行"低碳",即定期、深入、持续地开展日常工作,以获得居民的"认同感",如开展低碳评比等;自发"低碳",即建立社区间/社区内的沟通机制,扩大低碳影响力。通过与社会第三方开展合作,部分试点社区的低碳设施运营管理实现了自负盈亏。

四、优化低碳技术措施

技术方面,需要加强科技创新,推广新型低碳技术,具体可以从以下几方面着手:

(一)建造节能建筑技术

只有居民协力实施节能降耗的行动,人类才能实现远大的环境目标。当代技术的不断更新,如更具绝缘和节能特性的供热系统的推出,使得现有的住宅建筑利用率更高,极大地降低了对环境造成的负面影响。低能耗、低环境冲击的设计,显示了未来的城市设计方式。为了减少建筑能耗,贝丁顿社区的设计者探索了一种零采暖的住宅模式,通过各种措施减少建筑热损失及充分利用太阳热能;采用了三层窗户,而且所有的房子都坐北朝南,以最大限度地储存热量;采用了自然通风系统来最小化通风能耗;经特殊设计的"风帽"可随风向的改变而转动,以利用风压给建筑内部提供新鲜空气和排出室内的污浊空气,而"风帽"中的热交换模块则利用废气中的热量来预热室外寒冷的新鲜空气。根据实验,最多有70%的通风热损失可以在此热

交换过程中挽回。弗班社区有超过65%的住户用电来自区域供电系统,并大量推广太阳能及社区能源循环系统,这让弗班社区更加节省电力,并且减少了二氧化碳的排放量。

(二)采用绿色环保材料

贝丁顿社区为了减少对环境的破坏,在建造材料的取得上制定了"当地获取"的政策,以减少交通运输,并选用环保建筑材料,甚至使用了大量回收或是再生的建筑材料。项目完成时,其52%的建筑材料在场地56.3平方公里范围内获得,15%的建筑材料为回收或再生的。

(三)利用新能源技术

可再生能源的开发以及对生物质能的积极利用使得能源供应更多地脱离了传统化石燃料。同时,小型热电联产、太阳能、风能装置具有分散式能源的特点,综合供暖、供电更具能源效率,且无污染性。贝丁顿社区充分利用了太阳能和生物能。一方面,整个小区的生活用电和热水的供应由一台130千瓦的高效燃木锅炉来提供,燃木来源于包括周边地区的木材废料和邻近的速生林;另一方面,交通工具的能源需求由太阳能电力来满足。

五、低碳社区建设模式差异化

我国城市社区形成机制复杂、建设背景独特、类型多样,其低碳社区建设面临诸多障碍,不能照搬国外模式,应根据我国城市社区的差异特征进行差异化建设。我国低碳社区差异化的低碳建设路径主要涉及目标设定、规划建设以及运营管理三个方面。

(一)目标设定:低碳理念与导向的差异化

"低碳排放"是低碳社区建设的共同目标,但不同类型社区的现状条件差异巨大。考虑到低碳建设的成本与收益,社区的低碳理念与导向应有差异,而不应统一强调各项指标均达到理想低碳状态。例如,单位社区职住接近、服务设施配套齐全、交通碳排放较低,而传统建筑节能改造、垃圾与水资源回收利用往往是这类社区低碳建设的重要方向。

(二)规划建设:组织与建设模式的差异化

在规划建设过程中,应根据不同社区的特性采取差异化的组织方式与建设模式。商品房社区应以开发商为重要建设主体,政府提供政策、标准、资金或土地,支持低碳建设,但同时也要规避欧洲政府与开发商主导型低碳社区的缺点,注重适宜的环境负荷,引导居民参与并营造良性社区氛围。保障房是重要的民生工程,具有较强的社会效应,其低碳建设可以考虑引入政府延伸机构或非政府组织,同时鼓励潜在居民参与。单位社区在低碳方面的作用近年来被重新认识,其低碳建设可以考虑政府与企业单位协作,充分发挥企业单位在低碳建设中的主体作用。城中村社区在低碳建设过程中可考虑政府与村集体协作,并积极发挥居民的作用。

(三)运营管理:低碳管理与运行的差异化

社区的低碳,除前期投入与硬件建设外,后期的管理与运行也相当重要,因此在针对不同类型社区选择建设模式时还需要考虑后期管理与运行的适宜性,通过政策制度设计及公众行为方式的引导,以维护低碳建设成果,保证低碳社区可持续发展。国内社区类型多样,存在商品房、保障房、单位社区和城中村等特征各异的社区。如何因社区而异、选择适宜的建设模式,是今后我国低碳社区规划建设的重心。考虑到我国地区差异巨大,社区面临的具体情况各异,未来应结合地区发展,开展多类型的低碳社区建设实践,进一步探索我国城市低碳社区建设的高效途径。

六、积极探索碳中和社区建设路径

社区碳排放是指社区因生活消耗能源所导致的碳排放,包括化石燃料燃烧、居民交通出行及外购电力和热力生产导致的碳排放。碳中和社区是在低碳社区的基础上再次进化,最理想的状态是在本社区内实现碳源(碳排放)和碳汇(碳吸收)平衡相抵;次理想状态是本社区内碳源和碳汇无法相抵,通过生态补偿或借助碳排放交易市场等方式,购买其他地区的碳汇,达到平衡。据相关数据测算,中国人均社区碳排放量约为人均碳排放量总量的34%。社区内居民建筑、居民交通和公共设施的能耗占据社区碳排放的份额最大。碳中和社区的建设不在于选取实现碳中和的哪种方式,而在于达成碳中和目标的真实效果。

社区碳中和目前技术路径尚不成熟、经济成本较高,短期内从碳吸收端实现碳中和的目标并不符合实际,可行之策应是加快建设低碳社区,这样就为下一步碳中和社区建设夯实了坚定基础,应在充分总结前期低碳社区建设经验的基础上,系统出台低碳社区建设指南和评估办法,科学核算低碳建设运维成本,力争在"十四五"期间低碳社区建设能够实现质的飞跃。政府应鼓励社区在引入商场、超市、餐饮等服务企业时落实低碳商业作为准入要求,鼓励社区加快制定具体的既有建筑节能低碳改造实施方案,引导业主科学选择低选购、低碳装修装饰材料和节能家电等。

探索社区碳汇和碳交易机制。要结合本地居民的生活习惯、气候条件、居住环境等特征,探索制定科学的社区碳排放核算方法,建立社区碳排放数据库;探索将"对口支援"与异地购买碳汇结合,鼓励有条件的社区先行先试异地购买碳汇;积极论证在碳交易市场开设社区碳交易专门板块,鼓励农村与城镇社区在交易平台上开展碳交易活动;鼓励专业机构以合同能源管理模式投资社区节能改造;鼓励新兴减排技术在社区的应用;鼓励在社区改造中选用冷热电三联供、地源热泵、太阳能光伏并网发电等技术,鼓励安装太阳能发电、热水装置;推广新型高效燃煤炉具、太阳能照明、LED灯等节能设备;鼓励数字孪生技术在社区建设和社区改造中的应用,通过将智能传感装置与大数据算法结合,优化社区内公共设施的运行效率,降低设备能耗;鼓励生物碳汇技术研发,探索高效率、小型化、无污染的生物碳汇技术开发。

七、定量核算低碳社区,完善社区核算方法学

加快制定社区碳排放统计核算方法,构建社区碳排放数据统计核算体系和常态化的碳排放数据统计机制;探索建立社区碳排放统计核算方法学,明确社区能源消费和碳排放量的温室气体种类、测算边界、能源利用类型,合理设置碳排放因子,规范数据来源,明确数据提供单位的职责分工;探索建立常态化的碳排放数据统计机制、动态监测、控制社区碳排放情况,探索形成降碳减排的长效机制。城市碳排放通常经历增长、达峰、中和等阶段,社区也不例外。目前,随着我国社会经济发展和人民生活水平提高,社区碳排放仍处于增长阶段,碳中和社区建设主要受限于社区居民的低碳生活意识以及碳吸收技术效率等"瓶颈"。结合低碳社区"自下而上"的发展模式,亟须制定科学的社区碳排放核算方法,建立社区碳排放数据库,通过开展碳中和社区愿景规划,培养市民的低碳素养以及低碳消费行为和生活方式。为此,定量核算低碳社区

碳中和潜力及其实现路径，提高居民对低碳社区建设在我国"双碳"战略中重要性的认识，对于推广低碳社区建设、助推我国实现碳中和目标具有重要意义。

随着我国城镇化的快速推进，现有的社区碳核算方法学更多的是在城市级方法学的基础上得到，对社区碳核算实践中遇到的细节问题关注不够，难以满足核算实践的要求。根据社区定义，自然不存在工业碳排放；除非存在特殊情形，否则不在社区层面考虑碳汇吸收量及其增量。社区碳排放的核算范围就是基准情景下通常是指建筑、交通、废弃物处理三大系统的碳排放。进行社区碳减排的核算时，除了要计算低碳情景下建筑、交通、废弃物处理系统的碳减排量，还需要考虑社区可再生能源替代所产生的碳减排量。这里的社区可再生能源替代与建筑可再生能源利用不同，后者已经被纳入建筑系统碳减排考虑中。新建低碳社区碳核算方法学应该主要注重以下几个方面：其一，不考虑社区化石能源基础设施对外供能，也不考虑社区土地利用变化、林业与碳汇的影响，可将社区碳排放核算范围确定为建筑、交通、生活垃圾处理和水资源四大系统的碳排放；区分建筑可再生能源应用和社区可再生能源应用，从而将社区碳减排核算范围确定为上述四大系统碳减排之内，加上社区层面可再生能源应用的碳减排。其二，在现有建筑类型基础上，应基于社区层面的规划及初步设计，进一步细化单体建筑内的功能占比，从而使得建筑系统碳核算更为精细。其三，建筑单位面积能耗方面，明确可使用邻近地区或相同气候区的建筑节能相关标准，而既有建筑单位面积能耗统计、建筑能耗模拟等手段均为条件具备时的替代手段。其四，交通碳排放方面，明确了以社区居民出行需求为基础的核算框架，而计算非社区地理边界范围内的交通排放，虽然有可能高估交通碳排放，但对于引导社区居民低碳出行具有指导意义。与城市级减排通常采用交通能源替代策略有所不同的是，社区减排应更强调出行结构的优化，以体现社区的精细化管理。

当今社会，人们日益提高的生活品质需求使得各式居住社区越发强调"奢华品质""贵族享受"，为能源资源的节约利用带来了挑战，但是调查显示，在人们被问到什么让他们感到更幸福时，回答"在健康或是社会福祉上有所改善"的人数是回答"拥有更多消耗品的人数"的3倍，可见降低社会资源能源消耗的低碳生活模式更可能提升居民的幸福感。当前我国在某些新型零碳技术领域的建设能力尚且有限，从相对易推广的低碳生活模式的规划设计着手能降低低碳社区建设的门槛。城市社区建设可以充分汲取国内外零能耗社区的先进经验，并结合当地的实际情况，重视低碳生活模式在城市社区内的推广以及和谐人居环境的创造，为未来构建更高质量的低碳社区奠定基础。

第九章 全球气候变化与低碳经济

第一节 全球气候变化概述

近年来,包括气候变暖在内的全球生态环境问题引起了全球多元利益相关方的普遍关注。由于气候变化事关各国福祉,影响到人类社会的发展前景,世界都致力于寻求解决全球气候变化问题的方法和途径。国际社会为减缓全球气温升高持续进行的艰难而不懈的谈判足以表明,在全球生态环境日益恶化的今天,世界各国已经意识到气候变化问题的复杂性、严重性与紧迫性。严峻的现实促使各国政府通力合作采取积极有效的措施,共同遏制全球气候问题的进一步恶化。

一、全球气候变化的内涵

一般认为,全球气候变化(global climate change)是指世界范围内温度的上升和风暴活动的增加等,是气候平均状态统计学意义上的巨大改变或者持续较长一段时间的气候变动趋势。尽管引起气候变化的原因可能是自然内部的因素,也可能是外界强迫或者人为造成的。按照目前的科学研究成果,气候类型的长期改变很大程度上是由人类排放的二氧化碳等温室气体引起的。对于气候变化这样的全球问题,必须而且只能通过一种全球性的解决方案才能得到最终解决。如《京都议定书》《巴黎协定》等国际协议就表明国际社会为共同应对全球气候变化问题的坚定决心。

2006年10月,英国政府委托前世界银行首席经济学家尼古拉斯·斯特恩(Nicholas Stern)完成了一项耗资巨大的研究,这一研究旨在重新评估气候变化对英国的影响以便政府可及时采取相应之策。这份被称为"斯特恩报告"的长篇大作一经发表就引起了世界媒体的广泛关注。报告指出,如果忽视全球气候变暖所造成的环境恶化,人类将再次面临类似20世纪30年代的全球性经济危机和衰退。有证据表明,过去50多年气温升高的趋势可能与人类燃烧化石燃料(如煤、石油和天然气等碳氢化合物)等导致的温室气体排放有关。一些气候变化已经可以明显地观察到如雪与冰层减少、海平面升高、极端温度的范围和严重性都有扩大的趋势等。报告认为,到21世纪初,全球可能因气候变暖损失5%—20%的GDP。报告强烈呼吁世界各国采取迅速而有效的应对措施,以减缓全球气候的进一步变暖。许多国际组织的研究报告与斯特恩报告前后呼应。如2007年2月联合国政府间气候变化专门委员会(IPCC)发表了第四份气候变化评估报告以及2007年11月联合国开发计划署(UNDP)发布的《人类发展报告》都强烈敦促世界各国紧急行动起来,采取切实有效的措施减少温室气体的排放。应该说斯特恩报告和国际组织与机构发布的气候报告大多相互支撑,在研究方法和政策建议上也较为相近,都呼吁立即采取全球行动以应对气候变化问题。斯特恩报告呼吁世界各国立即采取行动以稳定当前的温室气体,因为对缓解气候变化而言,采取较早行动的收益会大于为之付出的成本。围绕斯特恩报告的争论集中体现在折现率的大小上,而这实际上是个由来已久的老问题。由于我们没有足够的知识储备准确地测算气候变化所造成的损害,因此围绕气候变化损害的争论和研究还将进行下去,而折现率的取舍正是引起这种争论的焦点所在。

随着近年来科学界对气候变化影响的观察、分析和预测逐步加深,越来越多的人认为过量的温室气体排放和大气温升已经造成陆地冰川和北极海冰融化、海平面上升、海洋酸化、生物多样性消失,以及包括干旱、洪涝、火灾、热浪、极寒、暴风雨雪等各种极端天气发生频率增加等多方面问题。2017年,美国俄勒冈州立大学瑞珀(William J. Ripple)等人发出"世界科学家对人类的警告:第二次通知",得到全球184个国家或地区15 364名科研界人士联署。2019年,瑞珀等人发起"世界科学家关于气候应急状态的警告",得到全球153个国家或地区11 000多名科研人士的响应。他们在2021年7月发表的"世界科学家关于气候应急状态的警告2021"中指出,2019年以来与气候相关的灾难"前所未有地增加"。越来越多的证据表明我们正接近或越过了地球系统关键组成部分的临界点,他们追踪的31项指标中有18项达到创纪录的高点或低点。2021年9月5日,包括《柳叶刀》《新英格兰医学杂志》和《英国医学杂志》等在内的全球230多家医学专业刊物联合发表社论,呼吁采取紧急行动,限制全球气温上升,恢复生物多样性,保护人类健康。2021年10月5日,真锅淑郎(Syukuro Manabe)和德国马克斯·普朗克(Max Planck)气象学研究所哈塞尔曼(Klaus Hasselmann)因"对地球气候的物理建模、量化可变性和可靠地预测全球变暖"的开创性贡献被授予诺贝尔物理学奖。

当然,气候变化涉及地球整个气候系统的运动规律以及和人类各种活动的互动关系,是一个非常庞大、复杂的系统,相对于个人生命而言,又是一个长时间变量。因此,气候变化与个人直观的感受和认知会存在差异和脱节,对气候变化科学性一直存在怀疑甚至否定的声音,如何持续提升全球多元利益相关方的全球气候治理信心与共识至关重要。

二、气候变化的实质:一种全球公共产品的视角

在当前的国际政治格局下,气候问题的解决必须而且只能通过有关主权国家签署的国际环境协议来进行,并通过国际合作得以落实和解决。国际环境合作提供的国际公共产品,即温室气体的减排和全球环境质量的改进,正是一种类似于国防的纯公共产品,同时具有非竞争性和非排他性两个本质特征。简要地说,就是一个国家对这种公共产品的消费并不影响其他任何一个国家的消费,也不可能阻止某个国家对这种公共产品的消费,这是非竞争性的体现。另外,这种公共产品所带来的好处也无法被它的提供者所独享,这是非排他性的特征。然而,减少温室气体的排放并不是免费的,有时甚至代价高昂。对于这种全球公共产品,各个国家都会

倾向于从别国减排的努力中享受到好处,而自己不愿做任何努力。结果是这些"搭便车"的行为不仅损坏了国际生态环境合作的有效性和稳定性,而且还阻碍国际社会解决气候变化问题的努力。由此我们或许不难理解为什么国际社会围绕温室气体的减排所达成的《京都议定书》及《巴黎协定》等后续减排目标的谈判会如此艰难。至今为止的气候政策更多关注的是如何减少温室气体的排放和降低大气层中温室气体的浓度,这种政策目标要求尽可能广泛的国际环境合作,然而国际社会为此付出了极大的努力但效果令人沮丧。当今世界除去气候变化问题以外,还有许多和气候变化问题本质上极其类似的问题,比如核扩散问题和全球范围传染病暴发问题,都会对我们的生活造成潜在的重大影响。预防这些威胁意味着我们将面临严峻的挑战,而忽略这些威胁又可能造成灾难性的后果。因此,如何设计出适当的制度与规则来管理有关国家提供这些全球公共产品的预期与动机,不仅是现实中亟待解决的一个难题,而且是一个极富挑战性的理论问题。

三、气候变化的特征

在过去的30年中,以气候变暖为主要特征,全球范围内的大气平衡正在受到破坏,这会对人类生活产生全面和长期的重大影响。很多研究者利用一些相互独立的数据观测到外力导致的气候变化,发现过量燃烧化石燃料破坏了大气平衡并且导致全球变暖。这些研究证实了IPCC第三次评估报告的结论,即50年来的全球变暖很可能应该归因于人类导致的温室气体的增加。据研究,全球平均表面气温在过去的100年里上升了0.3℃—0.6℃。Hasen和Lebedeff每5年取一个平均值,得出的结论是全球平均表面气温从1880年的-0.5℃上升到1980年的0.2℃。IPCC第三次评估报告预计从1990—2100年全球平均表面气温将上升1.4℃—5.8℃。全球变暖的一个直接影响就是海平面的上升。IPCC第四次评估报告指出,全球海平面在1961—2003年间每年上升了1.8毫米,上升速度在1993—2003年间加快,约每年为3.1毫米,并预计到21世纪末全球平均海平面会上升0.18—0.59米。该报告认为全球变暖带来的极端天气事件的频率和强度的变化以及海平面上升将对自然系统和人类系统产生不利影响。

全球变暖的主要原因是辐射强迫剂浓度的增加。辐射强迫剂的作用是将红外线从地球表面遮挡出去并将地球表面气温维持住。辐射强迫剂通常被称为温室气体,是由水蒸气、二氧化碳(CO_2)、甲烷(CH_4)、一氧化二氮(N_2O)、氟氯烃(CFCs),以及一些其他气体组成。其中,二氧化碳起了重要的作用。大气中二氧化碳浓度过量会导致地球温度明显上升。大气中二氧化碳浓度很高的金星,表面温度的估计值达到470℃。根据Keeling等人的估计,从工业革命之前到现在的这段时期,大气中的二氧化碳浓度从280 ppm上升到360 ppm。大气中二氧化碳浓度的增加主要由两个方面引起:一是人类活动尤其是化石燃料的燃烧;二是热带雨林的锐减。据估计,后者起到的作用大约是前者的1/3。

四、全球气候治理形势

2015年,巴黎气候大会达成的《巴黎协定》确立了全球合作应对气候变化的新机制,开启了气候变化全球治理的新阶段。然而,全球气候治理仍然面临新的挑战,特别是在减排、资金、技术和领导力等方面的"缺口"。

(一) 资金缺口

《巴黎协定》第九条第一款明确提出,发达国家缔约方应为协助发展中国家缔约方减缓和适应两方面提供资金。为实现全球目标,无论是减缓和适应行动,都需要在世界范围内扩大气候供资规模。发展中国家有效实施 NDC(Nationally Determined Contribution,国家自主贡献)需要发达国家提供充足的资金支持。研究表明,为实现全球 2℃ 目标,发展中国家每年需要 3 000 亿—10 000 亿美元的资金支持。根据历史排放量等指标核算,美国应是最大的资金来源国,美国提供资金的力度,也会影响其他发达国家出资的意愿和力度。《巴黎协定》下到 2025 年前发达国家每年负责筹集 1 000 亿美元,资助发展中国家,减缓和适应气候变化的目标困难重重,将使小岛屿国家、最不发达国家及非洲国家应对气候变化的影响和损失面临更大困难。目前虽然有全球环境基金(GEF)、绿色气候基金(GCF)等融资机制,但资金规模有限,延缓了应对气候变化的相关行动。在落实《巴黎协定》的后谈判以及 2023 年全球盘点的谈判中,要同时强调发展中国家的行动与发达国家的资金、技术、能力建设的支持两个方面的协调推进,确保《巴黎协定》中"共同但有区别的责任"原则得到具体体现,使全球气候治理走上公平、公正的轨道。

(二) 技术缺口

自政府间气候变化专门委员会(IPCC)成立以来,气候科学研究持续进行,观测手段、分析方法、解决不确定性难题的方法学已经有很大进展。IPCC 的情景分析也表明,目前实现深度减排的大多数减排技术已经具备,但其经济性和竞争力仍有待提高。根据目前全球的产业结构和技术路线判断,尽管近年来低碳技术与碳中和技术进步很快、市场普及率逐年提高,但仍很难全面支撑世界范围的实质性减排,特别需要重大技术(如储能、提高资源利用效率、适应和碳汇以及地球物理工程等)的重要突破,在能源生产、能源消费、科技和体制机制方面引领革命。特别是为实现全球深度减排目标,生物质能+碳捕获封存技术(BECCS)成为非常关键的负排放技术。在 IPCC 评估报告的大多数 1.5℃ 与 2℃ 的情景中,均需要实现负排放,因此 BECCS 被广泛纳入这些低排放情景。尽管 BECCS 在理论上可行,但是大规模使用该技术还未被试验,可能在实施中面临公众接受度、成本压力及与粮食生产存在竞争水资源与土地资源等一系列障碍。

(三) 领导力缺口

中国的"双碳"战略,为中国进一步引领国际气候治理制度的走向提供了领导力机遇。但发展中国家和发达国家仍会面临尖锐矛盾和复杂博弈,中国应当妥善应对。美国并不会轻易放弃全球主导地位;欧盟是曾经的"气候领袖",而且一直没有放弃其领导全球气候治理的雄心,但目前被经济、难民问题以及内部矛盾掣肘;发展中国家中,"基础四国"具备一定影响力,但因发展中国家谈判集团多,各国政治背景、经济背景和诉求不尽相同,在关键问题上凝聚力和战斗力不足。在世界范围内,国际制度安排的"一超独霸"局面已经不复存在,多边化的趋势已经成为主流,这也是中国深度参与并积极引领全球治理的重要契机,国际社会对中国进一步发挥领导力更是充满期待。中国发挥影响力和领导作用,并不意味着要做出超越国情和自身能力的贡献,更不是要额外分担美国所放弃的责任义务,而是要引领全球气候治理始终坚持公平公正原则,充分反映并维护中国及发展中国家的利益诉求。中国可与欧盟、加拿大、"基础四国"等各方加强磋商和沟通,在新的形势下,根据我们的能力和发展阶段承担负责任大国的义务,把握好时机和切入点,做出长远计议,努力引领全球气候治理的机制规则、行动准则和道德规范建立,体现中国公平正义、合作共赢、打造人类命运共同体的全球治理新理念。

第二节 气候变化经济学

一、气候变化经济学概述

气候变化是全球性、系统性、长期性问题。不断加剧的温室效应严重影响全球经济社会发展,危及人类生存与发展。如何有效地应对气候变化、管控气候风险,不仅是全球面临的共同难题,而且是各国实现可持续发展的内在要求。学术界积极推动气候变化经济学的研究,并提出政策措施,为推动全球应对气候变化进程发挥了重要作用。2006年,英国政府委托前世界银行首席经济学家、伦敦政治经济学院尼古拉斯·斯特恩教授评估气候变化对英国的影响及政府可采取的对策,报告一经发布就引起了世界各国的高度关注。2008年,斯特恩在《美国经济评论》上刊发《气候变化经济学》一文,全面阐述气候变化经济学的理论内涵与政策主张,此后引发了"气候变化经济学之争",参与者包括诺贝尔经济学奖得主乔治·阿克洛夫教授、托马斯·谢林教授、哈佛大学经济学教授马丁·魏茨曼以及耶鲁大学威廉·诺德豪斯教授等经济学泰斗级人物。

气候变化既是全球性问题,也是国内发展问题。气候变化经济学从经济学角度来认识并解决气候变化问题。从气候变化的全球治理看,如何提供全球公共产品以及强化国际气候合作,要明确全球减排协议的基本要素,以及在全球气候风险和经济损失评估的基础上提出科学、有效的控制温室气体排放的目标与路径;从应对气候变化的国内行动来看,温室气体减排、适应气候变化、发展转型、碳达峰碳中和以及气候融资问题等是中国应对气候变化的关键所在,政策建议要保持战略定力,强化统筹协调,有效管控气候风险,加大对低碳基础设施的投资力度,为我国经济高质量发展和全面推动社会主义现代化强国建设提供有力保障,为提升全球气候安全与构建人类命运共同体做出中国贡献。

气候变化问题本身涉及多个学科,对它的整体把握需要跨学科的综合视野。但至少有两个方面的因素表明经济学对于理解气候变化问题的实质和制定相关的政策是大有裨益的:第一,全球气温的上升通常是由某些国家过度排放温室气体造成的,但其影响跨越了国境,波及其他国家,而这一问题正是经济学中外部性效应的延伸;第二,气候本身属于典型的全球公共产品,如何在提供这种国际公共产品的同时阻止"搭便车"行为就成为亟待解决的问题,而现代经济学关于公共产品的相关研究为我们理解这类棘手问题找到了一种思路。从经济学角度看,气候变化源于跨国外部性效应的影响,此时一个国家的行为使其他国家获利或受损,且无法通过市场来进行弥补,无法实现内部化。需要强调的是,气候变化问题并不是传统外部性问题的一个简单拓展,因为此时的环境问题已经不再局限于那些最初产生这些问题的国家,而是跨越了国境,影响到周边国家甚至全球的生态环境状况。传统智慧在解决这种发生在主权国家之间市场失灵的外部性问题往往显得无能为力。在一个主权国家境内发生的由环境外部性所引发的问题,一般可通过"谁污染,谁治理"即环境施害者对受害者的补偿原则来治理,然而这些做法在国际场合实施起来一般不具有可操作性,而且非常困难。从 20 世纪 80 年代开始,经济学家逐渐开始关注气候变化问题,他们使用经济学的研究方法对控制全球变暖、温室气体减排的成本,以及由此为人类带来的收益进行比较。如果后者比前者更高,则温室气体减排不仅在生态意义上,而且在经济上是可行的。

从经济学的角度来看,气候变化问题对传统经济学的研究边界以及分析范式都提出了严峻的挑战。气候变化问题解决之复杂,使得经济学家不得不对如风险、不确定性以及贴现等一些最基本的经济学概念进行重新审视,而如何重新界定这些传统意义上的分析概念将是一项艰巨的任务。气候变化经济学研究已成为现代经济学的一大热点问题,许多国际一流期刊用大量篇幅刊登了这方面的最新研究成果。在中国,对气候变化问题的研究日渐增多,中国政府对气候变化问题也非常重视,特别是 2020 年我国提出的"双碳"战略,更是为应对全球气候变化问题提供了十分有力的支持。

结合气候变化经济学的理论发展与各国实践,气候变化经济学重点研究气候变化以及应对气候变化引起的经济问题,并提出解决措施,主要包括三个方面:一是从经济学角度如何评估气候变化问题,重点评估全球气候变化对经济增长、产业技术、社会福利、气候风险等经济问题;二是应对气候变化的全球治理问题,研究如何解决全球公共产品的提供问题,包括如何促进各国集体行动、设计并评估全球减排方案对经济增长的影响、国际排放空间的分配、减排责任与成本的公平分担等;三是研究国内如何制定减缓、适应措施来有效应对气候变化,如温室气体排放控制、能源系统转型、低碳与零碳技术示范应用、推动适应型发展等。

二、国外研究进展概述

(一)总体概况

高碳燃料长期过度使用引起的气候变化问题成为全球面临的共同挑战,也逐渐成为经济学界的研究热点。不同学者基于不同的假设条件和模型设定,得出了不同的气候政策主张,其中主要包括以斯特恩为代表的激进派,以诺德豪斯、魏茨曼为代表的保守派及以阿西莫格鲁为代表的综合派。当前对于气候变化的政策主张仍存在较大分歧,其核心原因主要在于对时间偏好、效用函数的设定,对气候变暖未来损害的不确定性的处理以及对导向性技术变迁的考量等方面。目前关于气候变化的经济学分析仍存在较多待解决的问题,如对时间偏好进行经验验证,更好地刻画气候变化的不确定性,引入内生的导向性技术变迁来建立更合理的多国模型以分析各国气候政策的协调等。

科学研究表明,人类的许多活动,如发电、交通运输、砍伐森林、工农业生产等都是温室气体的重要来源。由于许多温室气体包括二氧化碳可在大气中残留长达一个多世纪的时间,因此它对气候的影响具有极大的滞后性。即使温室气体排放量未来能逐步稳定下来,其对全球温度的影响也将是巨大的。因此,温室气体排放及其引致的气候变化、全球变暖等问题成为全球面临的共同挑战。由于气候变化与经济系统之间密切的内在联系,气候变化的经济学分析自然成为众多经济学家的研究热点。

从经济学本质来看,气候变化问题主要涉及外部性。标准的外部性理论指出,在确定性条件、完全竞争以及单一政府的前提下,可以通过征收庇古税、采取科斯提出的产权分配以及直接管制等手段加以解决。但全球气候变暖是在较大不确定性和市场失灵条件下的跨期国家间协调的集体行动问题,该问题涉及面广、跨度长,且更加复杂。气候变化问题作为一项全球性挑战,同时存在明显的不均衡性。从温室气体排放量来看,发达国家与发展中国家对温室气体排放所承担的历史责任不同。发达国家现期排放量所占比重较大,而发展中国家的温室气体排放量将可能随着经济发展而大幅增长。从气候变化的未来影响来看,如不对温室气体加以控制,生态环境恶化问题会对各国产生深远的影响,其中,发展中国家的情形更为糟糕。因为受到低收入和资本有限的约束,发展中国家要平衡经济增长与气候变化的关系面临着更大的挑战,所以,要遏制全球气候进一步变暖,发达国家与发展中国家的共同参与和合作是必不可少的。而要推行一种有效的国际合作机制,避免"搭便车"现象出现,就要在气候变暖的后果、各方的责任、激励机制等问题上达成共识。为形成有效、可行的国际协定,所有国家都必须了解减缓气候变化对于其增长、产业竞争力、安全、公共经济及环境的影响,尤其是减排成本对增长可能带来的冲击,减少其对各国尤其是发展中国家的增长前景的负面影响。可见,气候变化的经济学研究进展对于各国制定可行的减排政策、促进气候政策的国家间协调、有效平衡经济增长与气候恶化提供了重要的理论依据。

2006年10月,受英国政府的委托,由斯特恩主持的团队历经1年的调研时间,发布了一份关于全球气候变化的详实报告(The Economics of Climate Change: The Stern Review,下文简称为 Stern 报告),全面阐述了气候变化对社会、经济、环境等带来的影响,引起了各界人士的高度关注。Stern 报告围绕气候变化问题,运用经济增长理论框架,采用成本—收益方法展开了详尽的经济学分析,系统剖析了气候变化与增长的关系,平衡减排成本与气候损害的政策决策,遏制气候变化的政策手段以及国际合作的开展等,得出了许多有益的结论。该报告最重要的主张是与不采取减排行动可能带来的未来损害相比,各国立即采取强有力的减排行动是必要的、合适的。Stern 报告发布以后,引起了众多学者的批判与质疑,其中较为有影响的是威廉·D. 诺德豪斯教授(William D. Nordhaus)的研究。他对 Stern 报告的分析提出了强烈的疑问,指出该报告提出的应立即采取有力减排措施的结论很大程度上依赖于近似为零的时间贴现因子和特定的效用函数假设。如果根据当前的市场真实利率和储蓄水平而改变假设条件,则该报告较为激进的结论不再成立。马丁·L. 魏茨曼教授(Martin L. Weitzman)也对 Stern 报告较为激进的结论提出了疑问。他指出该结论主要依赖于低贴现率的假定以及分析过程中对难以量化的不确定性的忽略。如果对这两大因素重新加以考量,得出的气候政策主张则会明显不同。美国经济学家肯尼斯·J. 阿罗(Kenneth J. Arrow)也同样针对 Stern 报告中对未来远期进行近似于零的贴现因子的设定提出了疑问,但他仍基本认同该报告的主要结论,认为各国应迅速采取行动,减少温室气体的排放,而不要甘冒气候变化可能带来的巨大的未来损害风险。多数经济学家对气候变化问题的争论及其政策主张的分歧主要源于时间贴现因子的设定及对气候变化损害的不确定性的考量,而对于技术进步对气候政策的内生性回应没有予以充分考虑。戴龙·阿西莫格鲁(Daron Acemoglu)等学者引入导向性技术变迁(directed technical change),从全新的视角分析了气候变化政策。他们在环境约束和有限资源条件下将内生的、导向性的技术进步引入增长模型中,基于不同类型技术(清洁型技术和污染型技术)对环境政策的内生性回应,对不同环境政策的成本与收益进行分析。

气候变化经济学分析关注的焦点包括:用模型来刻画增长对温室气体排放的影响,对技术选择进行经济学分析和建模,计算碳的社会成本以及探讨碳税、市场机制及其他政策安排等方面。而分析的关键在于探讨如何平衡减排成本和不采取减排行动的风险的战略,即对采取不同环境政策所带来的遏制环境退化的收益以及减缓经济增长的成本两方面的权衡比较。因此,面对全球变暖的威胁,国际社会应当做出多大程度、多快的反应,是当前经济学家分析的主要问题。目前国内外学者对于各国是否应立即采取大幅度的减排行动,仍存在较大分歧,需要通过持续的研究与政策实践,不断优化气候经济学的方法体系与理论解释框架。

(二)诺德豪斯气候变化经济学概况

1. 分析框架

诺德豪斯教授在气候变化经济学领域的主要学术贡献最重要的是他用可计算一般均衡方法提出的气候变化经济学分析框架(即 RICE/DICE 模型),以及在此基础上衍生出来的研究成果。从 20 世纪 80 年代开始,早在国际社会开始关注气候变化问题之前,诺德豪斯就带领耶鲁的一支团队开始建设气候变化经济学领域的动态一体化评估模型(RICE/DICE)。RICE/DICE 模型是一个庞然大物,因为这个模型不仅模型庞杂,还覆盖了从能源消耗、碳排放到气候环境变化,再到经济和政策等跨学科问题,需要若干跨学科的知识背景和研究成果。在当时的数据统计条件下,模型分析还在极大程度上受限于极为有限的统计数据。也正因为如此,在过去 30 多年里,随着信息变得更加充分,诺德豪斯不断调整完善分析框架,使之逐步逼近气候变化背后的现实,然后通过模型分析,寻找气候变化与经济发展之间的规律。值得一提的是,诺德豪斯推崇自由市场经济原则,认为解决气候变化等环境问题并不一定需要政府的强势干预,而是要尊重市场,利用市场工具来提高应对气候变化的有效性。

诺德豪斯将气候变化因素纳入索洛经济增长模型,从而构建了整个气候变化经济学的分析框架。首先,诺德豪斯在索洛经济增长模型的基础上结合气候变化问题做了三重机制扩展。第一,经济活动的碳排放如何影响大气中的碳浓度;第二,大气中的碳浓度如何通过增强能量辐射,影响全球平均气温;第三,全球平均气温的变化又如何对人类的经济活动和福利产生各种影响(主要体现为"损害")。如果再加上碳减排政策对经济活动碳排放的影响机制,诺德豪斯所提出的综合评估模型实际上包含四重影响机制。最终,他将这四重影响机制纳入同一个模型中,形成了动态综合评估模型(DICE 模型)。其中的"动态"指的是该模型所评估的是不同经济增长路径所产生的跨期福利影响。在这个动态模型中,由人类社会经济活动所造成的碳排放通过一个链条影响未来福利:碳排放→碳浓度→全球变暖→经济损失,这个链条本身体现了全球层面上市场经济在气候变化问题上的外部性和失灵。尤其重要的是,通过动态综合评估模型,我们可以在新古典经济增长框架内对气候变化所造成的跨期福利影响进行定量的计算和比较。也就是说,诺德豪斯所提出的动态综合评估模型并不是对索洛经济增长模型的偏离,而是将气候变化这个经济增长约束性问题内生化到新古典的经济增长分析框架中,这显然是诺德豪斯对新古典经济增长分析框架与气候变化经济学进行双向扩展所形成的重要贡献。

其次,诺德豪斯通过引入贴现率将时间因素纳入应对气候变化的分析过程,也就是将时间价值引入一般均衡分析框架中。引入贴现率因素本身并不新奇,其中的关键是采取何种水平的贴现率。在诺德豪斯看来,这个贴现率水平不能过分低估,只有符合社会贴现率的正常水平才足以推演出最优的政策,否则就会形成"(现在的)穷人补贴(未来的)富人"的倒置现象。上述两点对于包括气候变化应对在内的相应环境保护有着重要启示,即要将经济因素纳入环境保护的决策中,同时实现环境部门与经济部门的双重均衡(最优);否则,过度强调某个方面的结果将不仅损害该部门自身,还会损害到整体福利的优化。

再次,诺德豪斯提出了明确的气候变化应对政策,如果观察当前气候变化应对的政策实践,我们可以发现这些政策实践与诺德豪斯所提出的政策建议紧密关联。在气候变化动态综合评估模型中,诺德豪斯的分析指出,正是由于碳排放所带来的外部成本高于社会从碳排放中所获得的收益,造成社会福利的损失,因此有必要通过外部政策干预,让碳排放者来承担边际的排放成本,即实现外部成本的内部化。尽管模型本身并没有说明应该采取哪种政策工具(碳税或碳排放权交易)来实现外部成本内部化,但诺德豪斯明确了一个原则,即碳税或碳排放权交易都必须实现全球性覆盖。例如,制定全球碳税,将所有国家和地区都纳入碳税体系中,在此情况下,碳税和碳排放权交易的效果其实是等价的。诺德豪斯论证了不同气候变化应对情景下的福利效果,提出在稳步应对的情境下采取碳税等政策将有利于实现福利的最大化。诺德豪斯认为,市场的有效性(定价的合理性)会帮助实现应对气候变化所需的节能减排,出清市场。当然,要做到这一点并不容易,必须在碳社会成本、减排成本等方面进行科学的核算。

最后,诺德豪斯的分析框架还非常重视政策本身的效益(效率)问题。在他看来,提出制定和实施应对温室效应的政策时,要以更加谨慎的态度权衡气候变化与减排政策的利弊得失。为此,诺德豪斯开创性地提出了一个简便的经济模型,用于量化评估旨在延缓气候变暖的政策,其中的基本思路是估计可选政策未来的成本与收益并计算现值。最优化的减排政策可以使净收益最大,也就是成本与收益边际相等。这一点对于当前的环境保护尤其重要,我们不能不计代价地实施某些环境保护政策,而是有必要进行成本-收益分析,以此来决定政策实施的"度"。

2. 气候变化动态综合评估模型(DICE模型)概要

根据诺奖委员会的报告,诺德豪斯所提出的气候变化动态综合评估模型共有五方面的特征:第一,模型分析了大气碳浓度对全球平均温度的影响;第二,模型纳入了碳循环模型;第三,模型描述了气候变化对经济的"损害"影响;第四,模型对新古典的经济增长分析框架进行发展;第五,模型具有较强的调整和校准能力。

(1)气候变化造成的损害

在气候变化动态综合评估模型中,诺德豪斯增加了一个将全球平均温度上升折算成经济损害的损害函数,开创性地使用自下而上的方式来探究损害形成的过程。诺德豪斯集中了大量关于气候变化各种影响后果的微观经济研究成果。例如,气候变化对农业、沿海地区、舒适度价值、生物多样性和人类健康造成的损害。同时,诺德豪斯也意识到,这种基于自下而上的损害测算方法注重对研究成果的总结和提炼,而这些研究成果所计算的往往都是低概率下的某种极端后果。用诺德豪斯的话说,我们只是对气候变化及其可能引起的社会反应情景进行

"最佳猜测"。而这种忽视气候变化与损害相关性的"最佳猜测"模型可能会产生非常具有误导性的政策寓意。为了弥补这一不足,诺德豪斯精心挑选了专门研究气候变化及其后果的科学家,组成一个小组,然后对这个小组成员开展调查,征求他们对气候变化及其潜在破坏性后果相关概率的评估结果。这项调查结果及分析后来被浓缩为"灾难性影响"一节。为此,诺德豪斯最终确定了一个函数式来表示气候变化后所损失的 GDP 份额(区域性的 RICE 模型和全球性的 DICE 模型),该损害函数描述了受气候变化影响的消费和投资损失。

(2)经济增长

如前所述,气候变化动态综合评估模型中所包含的经济增长模块源自索洛模型,模型继续沿用了规模报酬不变的效用函数。体现在 RICE 模型中,世界由八个地区组成,分别是美国、经合组织—欧洲、其他高收入国家、俄罗斯和东欧、中等收入国家、中低收入国家、中国和低收入国家。在价格给定时,消费者通过选择储蓄和消费规模来最大化他们的效用。

(3)模型的校准和福利计算

诺德豪斯认为,气候变化经济学的理论可以用于对未来进行预测。由此,他在确定经济模型的过程中也遵循了宏观经济学的研究方法,利用历史数据和微观经济信息来校准不同的参数。其中的一些参数存在价值判断问题。以贴现率 β 为例,贴现率是用于捕捉未来几代人福利在整个模型中的相对权重。这个参数无疑是可以被校准的,在规范分析的基础上对贴现因子进行调整,以重新考虑未来福利的权重水平。在此,值得注意的是,诺德豪斯的模型在分析家庭个人决策机制与评估总福利时分别引入了不同的贴现率水平。尽管经济学中最常见的选择是在两种情况下使用相同的贴现率,但是由于气候经济学所关注的时间远比在其他研究中所关注的时间更长,因此气候变化经济学可以对总体和个体福利的贴现率进行差别化处理。一般来说,如果个体福利的贴现率高于总体福利,那么就需要出台其他相应政策,如对储蓄和投资进行补贴等。如何确定最优的福利权重(分配)又带来一个伦理问题,比如,如果穷人承担了更多的成本,那么这将不仅对最优碳税产生不利影响,而且还对福利的国际转移也有不利影响。

3. 理论缺陷

诺德豪斯因为气候变化经济学的研究获得诺奖,但其理论中也有一些不足。第一,忽略了国际社会应对气候变化问题过程中的种种"非市场"因素。诺德豪斯曾经提出在国际社会推行统一的"碳税",而统一碳税的前提是市场的完备性,但事实上,国际碳市场的建设严重缺乏这样的市场基础,在很长一段时间内都无法真正实现建设全球统一碳市场的目标。第二,诺德豪斯的研究过多地侧重于对美国因素的分析,从而得出某些"有利于"美国的气候变化应对策略。比如在贴现率的设置上,他选择偏低的水平,得出的结果便倾向于"保守地"应对气候变化。事实上,如果将全球其他地区的因素纳入,美国相对消极的应对策略则在很大程度上延缓了气候变化应对的进程,损害了其他国家和地区的利益。

(三)哈塞尔曼的气候交叉科学研究

自然科学家哈塞尔曼在气候科学领域做出了杰出贡献。2021 年,瑞典皇家科学院授予他诺贝尔物理学奖,以表彰他在"地球气候的物理建模、量化变化并可靠预测全球变暖"方面的贡献。气候系统是一类复杂的物理系统,随机和无序中蕴含着可预测性。哈塞尔曼将短期天气与长期气候联系在一起,这对于理解和探究更广泛意义的复杂系统也具有方法论意义。哈塞尔曼从自然科学跨入气候经济学交叉科学研究领域。他意识到除了揭示气候变化成因和复杂的物理机制,更亟待解决如何应对气候变化问题;但后者不是纯粹的自然科学问题,还依赖于气候科学与社会经济科学的交叉研究。

哈塞尔曼把复杂的系统思想和方法论用到气候经济系统研究中。工业革命以来,气候系统不再是一个纯自然演化的系统。它与社会经济系统耦合,互为反馈,形成一类更高层级的复杂系统——简称为"气候经济系统"。人类利用和改造自然系统具有目的性、目标性,甚至在此过程中人类内部还有互动性和博弈性。社会经济系统短期内表现出随机、噪声甚至混沌特征,但也蕴含着长期性规律和秩序,如同短期天气变化与长期气候演变的关系。气候经济系统研究可以部分借鉴气候科学研究中的复杂系统方法。气候经济学的主要研究内容包括:一是成本效益及风险视角下的最优减排和适应路径选择,二是实现该路径的机制设计及其公正性问题。这两个内容是互为关联的,哈塞尔曼在这两个方面都卓有建树:(1)提出对气候损失和减缓成本采用差异化的贴现率,并将短期非均衡因素、主体间互动行为纳入气候经济综合评估模型;(2)针对应对气候变化中的不确定性、博弈和机制设计等问题开展了系列研究,并在此基础上提出了破解气候谈判困局、改进气候治理的思路。这些工作对于气候变化研究有重要的方法论意义。

跨入气候经济领域后,哈塞尔曼致力于构建气候经济耦合模型。他从气候科学家视角,与他的学生和合作者们共同开发了基于多主体的新型气候经济综合评估模型(multi-actor dynamic integrated assessment model,MADIAM)。哈塞尔曼将短期非均衡性因素纳入气候经济综合评估建模中。哈塞尔曼认为非均衡因素源自决策主体的多目标和互动性。他指出,很多 IAM 模型是在可计算一般均衡(CGE)模型基础上演变而来的,这些模型在均衡框架下探讨市场对外部条件变化的响应,无法满足决策者统筹多个发展目标(例如,就业、不平等、能源安全等)的需要,也无法捕捉多区域多主体经济社会系统对气候变化的响应。这些模型大多忽略了主体间的互动作用,脱离了实际情况,而正是主体间的相互作用在中短期导致经济不稳定。这些问题无法通过基于均衡的完美市场模型来刻画,但又是气候政策制定和国际气候治理不可回避的问题。哈塞尔曼在 MADIAM 模型中允许经济系统出现正的利润和结构性失业,以反映中短期"非均衡"经济状况,由此探究气候政策工具的中短期社会经济影响。他在 21 世纪初就高度认识到这一点,具有很强的前瞻性。

哈塞尔曼将多主体的互动行为纳入气候经济综合评估模型中。多数气候经济综合评估模型往往假定有一个超级"社会计划者",由他来代表全社会的利益,并规划未来的经济发展和气候应对路径。这样得到的"最优路径"过于理想化,即便最具"成本效益",也很难付诸实践。社会经济系统有很多参与者或主体,他们之间有矛盾和分歧,有不同认识,有互动行为,有各自不同的约束条件和目标函数。哈塞尔曼开发的 MADIAM 中,经济系统由多个主体的行动策略共同决定:劳动者通过调整目标工资参数以最大化工资水平并保持高的就业;企业通过将利润配置在实物资本投资、人力资本投资、能效提升等方面以追求未来利润最大化;政府通过设定碳税和税收分配机制,追求公共福利最大化。这些主体对气候变化做出不同的、相互作用的反应,并通过商业投资决策、企业竞争、劳动力供给、政府监管等共同影响系统演进。

哈塞尔曼强调制定气候政策必须充分考虑不确定性，进一步扩展了 MADIAM 模型以处理不确定性问题。他在模型中连接生产部门和金融部门，将金融危机等不稳定、不确定性因素考虑在内。在该模型中，企业的投资决策既能带来经济系统绿色增长也可能引发金融危机。此外，他和合作者 Kovalevskiy 等将不同的气候敏感性参数以先验分布形式嵌入一套简化的系统动力学评估模型中，用以描述气候系统的不确定性，同时测试该不确定性的影响。他还提出用多模型"相互兼容和集成"方法制定气候政策，以减小不确定性对政策效果的冲击。

哈塞尔曼中肯评价气候经济模型的有益性和局限性。他指出，气候变化并不是社会面临的唯一问题，还与其他重大问题紧密相连，如生物多样性、全球贫困、南北不平等、粮食供应、水和其他资源短缺、移民压力以及区域或更大规模的武装冲突的可能性等问题。他倡导并践行气候经济模型要力求反映现实。同时他也认为，尽管模型无法完全或准确刻画复杂的国际谈判，也无法改变不同利益者的立场，但可以指导谈判者制定减缓气候变化的长期战略。

哈塞尔曼明确指出，科学家的任务是通过分析，提出合理的气候政策建议以实现合作共赢。他也强调，应对气候变化不仅仅是科学技术问题，也是伦理道德问题。只要发达国家与发展中国家的人均排放量之间存在巨大差距，解决这个问题的道义责任就在于发达国家。他通过建模分析认为，发达国家必须更快地减少人均排放量，新兴经济体的排放量最初应被允许增长。只要发展中国家的人均排放量低于发达国家，就不能强制它们在没有发达国家某种形式补偿的情况下实施排放限制。

哈塞尔曼开展了一系列应对气候变化合作与博弈的研究。他在一个简化的气候经济成本效益模型中分析了参与主体间的博弈行为。在多主体博弈行为中，他以各主体行为策略是否会对其他主体的福利产生除气候损失之外的影响作为划分依据，探究了两类情景并发现，在没有额外影响且行为主体个数有限时，非合作情景与合作情景下的减排路径比较接近，"搭便车"现象不严重。

哈塞尔曼的研究显示，在国际气候政策中，部分国家可能因无法从合作中获得收益而退出联合减排行动。他还进一步将全球模型扩展至区域层面，探究碳税政策对不同经济发展水平区域的异质性影响。模拟发现，碳税从长期看具有积极影响，因为其可通过再分配缓解区域气候损失的不平等。哈塞尔曼等还调研了欧盟、美国等经济体的气候政策实施情况，揭示了各国对于实现减排目标所做的努力，并探索了不同经济体有效实施气候政策背后的关键驱动力量。此外，考虑到实际气候谈判进程中很难达成完全一致的意见，哈塞尔曼提出采用"可容忍窗口"方法为减缓政策设置可接受的范围，有利于推动气候合作。

哈塞尔曼进一步指出，人类福祉不局限于以货币价值衡量，"搭便车"问题没有想象的那么严重。许多群体对优良生态环境的关切和追求远超过经济增长或货币收入，他们自愿合作为减缓气候变化做贡献，例如，群众自发的可再生能源倡议或自愿的碳补偿行为。当有更多的维度来衡量人类福祉时，减缓行动将并非只是提供公共物品的行为，部分收益也可以内部化。例如，对绿色产业投资的支持，可以带来就业人数增加，这并不意味着 GDP 增加，但对于关切失业率的国家而言是积极的。相应地，哈塞尔曼认为经济发展本身并非实施有效气候政策的先决条件，高水平的公共教育、社会公平、完善的医疗等非货币福祉也不可或缺。

哈塞尔曼认为充分考虑各利益攸关者诉求是气候政策成功的关键。在哈塞尔曼看来，气候变化是一个全球性问题,达成一项气候政策是一个复杂的过程,涉及众多利益主体。气候变化谈判频频出现僵局的一个主要原因是公众愿景与政府决策之间的差距。政策是由科学家和决策者共同制定,但其针对的是企业、消费者和劳动者等普通公众,政策制定的目的不仅仅是避免气候损失,更是让人们认识到绿色经济转型带来的好处。他认为,如果将应对气候变化视为当今人类生存发展的博弈,那么决定博弈结局的关键因素是参与者对博弈各方反馈互动的理解。因此,科学家和决策者必须学会与整个世界进行沟通,纳入更多主体开展气候政策分析。

哈塞尔曼直言气候经济综合评估模型需要正确描述经济主体的行为和决策。他把由4类决策主体组成的MADIAM拓展至包括科学家、媒体、政策制定者等更多主体。这些主体的决策控制策略形成了从科学家、媒体、消费者、非政府组织、教育工作者、宗教团体等到政策制定者,最后至公司的传导链条。链条中每个环节都意味着谈判和沟通,气候变化科学知识在转化为有效的减缓政策之前必须跨越这些多层次的沟通。在2019年的一项研究中,哈塞尔曼采用系统动态建模框架量化参与者行为对气候政策目标的影响,不对参与者的行为做出假设,而是基于实际数据模拟参与者的可能行为。结果表明,需要重视谈判各方的力量权衡,否则难以实现全球气候减缓目标。

哈塞尔曼提出识别参与主体的利益驱动因素,有助于制定多赢的气候政策。他认为,考虑利益攸关方的互惠政策可以产生激励效应,使得政策实施者获得额外收益。哈塞尔曼据此思路设计了反映欧元危机的模型,表明合理考虑参与者利益的气候政策,例如,有针对性的绿色投资,可以在就业率小幅下降情况下应对欧元危机。他同时强调向低碳经济转型的速度取决于相关主体是否认识到转型过程中存在多赢机会。科学家无法代替社会经济主体,但可以利用系统模型来模拟各主体行为以及捕捉他们的战略需求,从而协助他们增进认识。哈塞尔曼列举了一些可能存在多赢机会的减缓策略,这些都强烈依赖于各个行为主体(政府、企业、民间社会和个人行动者等)的利益诉求。处在不同发展阶段的国家追求的发展目标有所差异。对于经济发展水平较高的发达国家,避免气候变化带来的健康、精神、环境上的损失是更迫切的任务。而在新兴或较不发达国家,消除极端贫困和实现经济发展仍是首要目标。因此,发达国家对发展中国家提供资金和技术支持是存在可能的,进而气候减缓政策可以在全球层面实现有效减排和低收入国家经济增长多赢。

哈塞尔曼在推进气候变化交叉科学研究、搭建交流合作平台、参与全球气候治理实践等方面都做出了杰出贡献,也为后来者树立了榜样。他没有因为研究气候变化就单一地强调碳减排,而是从更高的站位探寻气候治理之道,将气候变化与发展、公平、安全等问题综合考虑,这都是出于他对人类社会发展的强烈责任感。

三、气候变化经济学关键问题

气候变化引发严重的安全和发展后果。联合国政府间气候变化专门委员会的评估报告表明,21世纪气候变化带来严峻的发展与安全威胁,引发大规模的人口迁徙、自然灾害及生命损失、栖息地丧失和全球生态安全等问题,进一步增强当今世界面临的局部冲突,危及过去几十年的发展成就。如果不加以控制,气候变化则可以从根本上重新绘制全球地图,危及人类和其他物种生存。气候变化是全球最大的系统性风险,并随时间推移;气候风险会突破阈值,引发突变,危及人类社会的生存与发展。应对气候变化是一个风险管理过程,国际社会要从更广泛的视角评估气候变化导致的不利后果,制定并实施积极的气候政策以有效管理风险,避免气候变化对人类生存与发展造成损害。

(一)全球公共产品提供与国际气候合作

气候变化问题难以解决的主要原因是其全球公共产品的特征,以及公共产品提供的"搭便车"行为。"搭便车"将直接削弱各国提供公共产品的动力,导致国际社会减排温室气体的努力大打折扣,使气候谈判和国际合作难以取得明显成效。在当前的国际政治格局下,气候变化问题的解决必须且只能通过有关主权国家签署国际协议,并通过国际合作得以落实。减少温室气体排放,重点在于通过机制设计吸引更多国家参与扩大合作范围,并确保合作稳定有效。通过设计灵活、有效的激励机制,有助于提升有关国家的减排意愿。加州大学洛杉矶分校经济学教授赫舒拉发指出,全球公共产品具有的显著特点包括:这种公共产品的供给有时仅仅取决于最弱环节的最低投入,那些贡献最小的国家往往决定着公共产品的可供给总量;全球公共产品的供给有时取决于全体国家的总努力,全球性公共产品的供给总量有时需要大量且持久的集中投入。类似地,国际社会在温室气体减排方面的成效既取决于那些拒绝减排国家的排放水平,也取决于各国为减排所做的持久努力。《巴黎协定》提出的全球盘点与评审机制有助于提高各国减排的透明度,可以创造信任并鼓励互惠行动。对子孙后代的共同责任感也是开展全球气候合作的重要推动力。通过少数国家加强气候合作或采取新型技术手段,有助于防止"搭便车"。气候合作的首要问题是如何阻止"搭便车"。少数国家进行气候合作可取得更好的效果,通过转移支付、议题关联和贸易制裁等手段可减少"搭便车",使气候合作更加稳定、有效。

(二)全球减排协议的基本要素与主要目标

全球减排协议的基本要素有:(1)加快推进全球向低碳经济转型。在充分理解当前气候风险规模与减排紧迫性基础上充分认识向低碳经济转型过程中蕴藏的巨大机遇,以及伴随转型而来的创新以及更清洁、安全的经济增长模式。(2)构建全球减排与气候谈判的战略互信。深入了解主要国家与集团近年来在气候谈判中的主要利益诉求,推动建立战略合作与互信机制,促进《巴黎协定》实施细则达成。(3)制定有效的实施机制链接全球减排与国内发展。深入理解国家行动与国际协议在解决全球气候变化问题上的定位与作用,通过自上而下与自下而上相结合,有利于实现国家行动和国际协议的相互支持。全球减排协议的主要目标有:(1)有效的减排目标。全球应对气候变化的行动规模必须与气候风险和挑战相称,通过设置稳定的排放控制目标或减排路径,将气候风险保持在可接受的水平上。(2)较低的减排成本。推动国家之间进行碳排放交易,实现最低成本减排,为各国参与全球气候协定提供激励,改革现有的清洁发展机制,通过部门或技术基准衡量减排效果。(3)公平的实施机制。全球减排责任的认定与减排成本的分担应考虑收入水平、减排能力与历史排放等因素。发达国家应提供资金支持,如针对减少国际森林砍伐,支持绿色低碳技术研发和技术共享等。

(三)气候风险评估与经济损失评估

随着气温上升,气候变化的范围和影响都有扩大的趋势,会破坏潜在的生态环境临界点,带来粮食危机、淡水资源短缺、极端天气频发、城市覆灭等气候灾难,并且由于气候变化影响分布不均,穷国人民受伤害最大。即使《巴黎协定》提出的 1.5℃—2℃ 也不应被视为绝对的安全界限,因为这个范围内仍可能出现一些不可逆转的结果。现有的气候变化影响评估模型仅限于当地,没有考虑全球层面对当地的关联性影响,从而大大低估了气候风险的规模。斯特恩报告提出,如果系统考虑气候变化引起的生命损失与生活标准下降、大规模的迁徙与冲突等风险因素,"照常情景"下气候变化的总成本将相当于当前及未来全球 GDP 的 20%,所以现在付出 2% 的 GDP 很合算。如果忽视全球气候变化,人类将面临类似 20 世纪 30 年代的全球性经济危机和衰退。斯特恩报告在估算气候变化造成的损失时采用了接近于零的贴现率,成为争议的关键。贴现率的选择对气候损失估计有重要影响,进而影响到气候政策的制定。耶鲁大学诺德豪斯教授提出,如果按照目前市场的真实利率和储蓄率来重新计算,斯特恩报告的主要结论就不成立。哈佛大学魏茨曼教授指出,一个显著为正的贴现率才是适当的,斯特恩报告是从错误的原因中得出了正确的结论。IPCC 第五次评估报告也表明,运用综合评估模型(IAMs)对应对气候变化经济成本进行估计,结果对模型假设高度敏感,只要参数值有很小的变化,就对温室气体排放及减排路径产生较大影响,碳排放社会成本从每吨几美元到几百美元不等,这种范围过于宽泛的评估结果对政策制定价值比较有限。

(四)控制温室气体排放的目标与路径

(1)温室气体浓度控制目标与成本。基于气候变化风险管理的经济学分析,斯特恩提出将大气温室气体浓度控制在 550ppm 甚至更低,是当前温室气体减排的合理目标,并主张全球尽快积极行动,现在开始减排每年花费大约为 1% 的全球 GDP,延迟减排成本巨大,30 年后开始减排,每年将花费 4% 的全球 GDP。(2)实现减排目标的路径。斯特恩探讨了不同减排路径的成本,为实现 550ppm、500ppm、450ppm 目标,到 2050 年实际的减排幅度分别是 2000 年的 30%、50%、70%,相对于"照常情景"实际减排量分别为 60 亿吨 CO_2、65 亿吨 CO_2、70 亿吨 CO_2。将温室气体浓度控制在 550ppm 以内,排放量需在 20 年内达到峰值,对于更低的浓度目标,峰值应更早实现。为实现上述减排目标,多部门需联合行动。到 21 世纪中叶,全球经济规模将达到现在的 3 倍,排放量绝对减少 50%,意味着单位产出排放要减少 80%—85%,农业等部门几乎不可能完成这样的减排目标。发达国家要比发展中国家减排更多,需将电力、交通部门排放降至接近于零,以及转变生活和消费方式。

(五)减缓气候变化政策及效果评估

减缓气候变化政策对宏观经济与就业的影响非常复杂,短期内部分行业会产生失业,长期气候政策将引起经济结构调整,以及价值链和生产贸易模式变革,整个经济系统发生改变,带来的"创造性破坏"往往伴随着技术创新、创造就业和经济增长等动态效应。斯特恩提出了减排政策的三要素:碳定价、技术政策、消除改变行为的障碍。(1)通过税收、碳交易或管制确定碳价格,是气候政策的重要基础。温室气体排放具有外部性,碳定价意味着人们要承担自己行为的全部社会成本,这可以引导个人和企业放弃高碳商品和服务,转向低碳替代方式。为实现全球温室气体浓度稳定在 550ppm 的控制目标,碳价格应为每吨 30 英镑。政策工具的选择将取决于各国的国情、特定行业的特点以及气候政策和其他政策的相互作用。税收的优点是可以提供稳定的财政收入。在碳交易中增加拍卖比例可在效率、分配和公共财政方面带来明显收益。(2)气候政策必须服务于技术进步并以加快研发为导向,要加大公共财政对基础性技术研发的支持力度,推动低碳技术联合研发,有利于克服研发与市场风险。(3)需要消除改变行为的障碍,即使减排措施具有成本效益,也可能存在诸如缺乏可靠信息、交易费用以及组织行为惯性等行动障碍,此时能效标准、规划规则和建筑规范等管制措施可发挥巨大作用。

(六)成本—收益分析:外部性条件下最优减排额的确定

很多经济学家致力于研究减排措施的成本和收益以及最优减排额的确定。诺德豪斯提出的 DICE(Dynamic Integrated Climate Economy)模型就是这样一个最优化模型。该模型以 Ramsey 经济增长模型为基础,在初始禀赋既定的条件下对减缓气候变化最有效率的路径做出估计。克莱因构建了一个成本—收益模型,该模型由 36 个全球变暖政策函数组成。在模型中,需要计算每个函数的成本—收益比率。由于使用的贴现率不同,这两个模型得出的结论大相径庭,分别对温室气体减排的投资做出消极和积极的评价。里奇斯和埃德蒙兹采取了成本—效率框架而不是成本—收益框架,以确定大气中的二氧化碳浓度目标为开始,研究测算了实现目标的总成本和最优途径,认为对政策选择来说,实现目标的时间路径和目标本身同样重要。斯特恩将较长时间周期内的减排成本和减排收益做出估计并转换成现值,然后将成本和收益进行比较,认为在未来的 100 年中每年温室气体的减排成本应该占当年世界生产总值的 1%。斯特恩、格斯特分别给出了一个存在外部性条件下最优减排额的理论模型,认为至少在理论上对每单位的排放征收与相关的外部性数额相等的碳税,可以迫使企业将其外部成本内部化。这就是说,外部成本会变成企业自己的成本。

(七)气候变化的两个公平问题

1. 气候变化的代际公平与代际贴现率

代际贴现是环境经济学研究中所使用的一个经典方法。环境经济学家认为,应该将每一代人从环境和自然资源中获得的利益考虑在内。人们更偏好于尽早获取收益而不是推迟到未来,机会成本的存在使得代际之间的贴现方法变的必要,因为温室气体会在大气中存在很长时间,后人需要承受全球变暖的后果,气候变化经济学的研究也需要将代际公平的考虑纳入分析之中。帕迪利亚提出一种与可持续性的要求相一致的评估程序,利用多学科的信息来有效地保障子孙后代的权利。为了使这种评估程序和保障措施得以顺利实施,建立一些相关的机构和机制也是必要的。但这种研究方法偶尔会招致非经济学家的谴责,他们认为贴现方法少给了后代应得的东西,是一种欺骗行为。在如何确定合适的代际贴现率这一问题上存在一个传统争议,一部分人主张基于高机会成本,确定一个高贴现率来减少当前对气候变化的控制;另一部分人主张基于低时间偏好率,确定一个低贴现率来加强当前对气候变化的控制。这种争议一直持续。

2. 气候变化的全球性特征与国际公平:国际合作机制

经济发展水平不同的国家和地区对气候变化的影响也不相同。资本的积累和增长与温室气体排放呈现一种正相关的关系,但是气候变化的社会和环境成本在边缘国家并不成比例。与此同时,不同发展水平的国家和地区,应对气候变化的能力也有明显差距。与发达国家相比,发展中国家虽然对气候变化施加的影响较小,但是应对气候变化的能力却较差。同时,气候变化的收益和成本并不在国家间统一分配。由于气候变化会给发展中国家的疾病控制、教育、国家建设等方方面面带来不利影响,因此气候影响会使发展中国家更加落后。各国在寻求全球变暖解决办法中根据自身不同的适应能力持不同立场。关于国际不公平的解决方案,主要有以下几种观点:第一种观点是依照纵向公平的原则,每个国家承担的减排数量应该和他们的人均GDP相一致。第二种观点认为,既然在目前环境受到的破坏中发达国家的责任要更大一些,那么在清理这些污染的问题上它们理应承担更大的责任。第三种观点是以机会公平为基础。这种观点认为,发展中国家应该得到像发达国家那样实现工业化的机会。为了实现工业化,从一定意义上来说,发展中国家在环境破坏问题上受到的管制应该更宽松一些,建议以历史责任和支付能力的结合作为基础分配减排量。总而言之,这些方案的主旨类似,即发达国家应该在控制全球变暖、进行温室气体减排方面承担更大的责任。而以上任何解决方案的实现,都需要建立一个应对气候变化的国际合作机制。

四、气候变化经济学的焦点

不同经济学家从各自的政治立场和价值观念出发,基于不同的假设条件、考量因素和模型设定,围绕气候变化问题进行系统的经济学分析,从而得出不尽相同的结论。总体来看,相关研究争论的主要焦点在于政策主张(包括减排目标、减排行动的快慢、减排的阶段性安排等)以及减排措施等诸多方面,而政策结论存在分歧的主要原因在于时间贴现因子和特定效用函数的设定两大关键假设、对不确定性因素以及技术变迁因素的考量等方面。

(一)政策主张

Stern报告率先提出了较为激进的气候政策主张,指出要遏制气候变化的恶劣影响,各国必须迅速采取有力的大幅度的减排措施。该报告收集了大量关于气候变化的影响及其经济成本的证据,并用不同的手段评估成本和风险,得出尽早采取有力行动的收益远远超出不行动的经济成本的重要结论。基于标准经济模型的结果,报告估计如果不采取减排行动,则气候变化的整体成本和风险相当于每年全球GDP至少损失5%。如果将更大范围的风险和影响考虑进来,损失估计会上升到20%甚至更多。因此,尽管采取长期持续的措施来实施减排,控制气候变化的成本较高,但是从成本和收益的对比可看出立即采取有力的行为是十分必要的。另外,根据该报告的测算,若对温室气体排放不加以控制,气候变化则将会对增长和发展产生严重影响。据测算,如果当前不采取减排措施,大气中的温室气体浓度在2035年可能会达到前工业时代水平的两倍,即全球平均气温至少升高2℃多。长期来看,气温甚至有50%的可能性会升高5℃,这无疑会对自然地理、人们的生产生活产生不可估量的影响。由此可见,不论是从成本—收益的对比,还是从对气候变化不加以遏制可能带来的未来损害程度来看,Stern报告都认为各国迅速采取强有力的减排行动势在必行,延迟行动的代价极大。

诺德豪斯认为采取渐进性的全球减排路径是最优的,即起初实施缓慢温和的减排政策,随后在中长期加大减排力度,减缓全球变暖的政策是逐渐紧缩的,最后将温室气体浓度稳定在650—700ppm水平上,其原因在于资本回报率的变化。目前,回报率较高的投资主要在于有形的、技术的和人力资本投资,而随着时间的推移,气候变化带来的损害预计将远超产出,因而转向更为集约型的减排投资更加有效。实施减排的组合方式及时机则取决于成本、气候变化带来的损害程度等。相类似地,魏茨曼也不赞同Stern报告较为激进的政策主张,认为减排并非一个紧急性的行动。尽管许多批评者认为由于全球气候变化的成本和损害程度存在极大不确定性,并且这种成本和损害将发生在遥远的未来,因此斯特恩所倡导的迅速有力的温室气体减排行动是不成立的;但艾罗认为,即使 Stern 报告中的假设条件存在缺陷,其报告的基本结论仍是合适的。阿西莫格鲁等学者通过引入导向性技术变迁的视角,设立两部门模型,得出当清洁型投入品和污染型投入品的替代性强度不同时,气候政策也随之变化的结论。他们认为当清洁型投入品和污染型投入品有较强替代性时,只要对污染型投入品的生产征收暂时性的碳税(或对清洁部门补贴),就可实现经济的可持续长期增长,这一结论比诺德豪斯更加乐观;当两部门的替代性不够高时,与斯特恩的观点类似,要避免气候灾难,需永久性的政策干预;但当两部门生产的投入品是互补品时,要阻止气候持续恶化的发生必须以牺牲经济长期增长为代价。同时阿西莫格鲁等也认同 Stern 报告中延迟政策干预的代价十分昂贵的观点。他们指出,政策反应速度越快,低速增长的转换期就越短,但代价高昂的原因不仅是由于直接的环境损害,而且是因为政策干预的延迟进一步扩大了清洁型和污染型两部门间的差距,延缓了从污染型技术导向清洁型技术的转变。

(二)减排措施

在减缓气候变化的措施手段方面,不同学者也有不尽相同的主张。Stern 报告提倡全面、多种减排手段并用,并对气候变化的国际合作协议框架的主要内容进行了阐述。Stern 报告指出,由于温室气体主要来源于能源消耗、农业和森林砍伐,因此有效的减排治理也应从这些主要领域着手。第一,要减少能源消耗引起的温室气体排放,可通过提高能源利用效率,改变需求以及推广清洁能源、电力、交通运输技术来实现,这需要各国共同采取有力而审慎的政策手段来进行有效激励。第二,非能源消耗,如森林砍伐、工农业环节等引起的温室气体排放的减排也同样重要。对于许多相关节能减排技术的开发和应用,私人部门起到主要作用,而这需要清晰、长期可靠的市场结构和激励政策。有效的政策选择主要包括三大方面:通过碳税、基于产权分配的贸易或管制手段进行碳的合理定价;推行鼓励低碳技术创新和应用的政策;采取措施减少影响能源效率的壁垒,并通过教育宣传手段告知大众应对气候变化的方式,通过信息交流、讨论和教育手段来改变人们的偏好和行为。

尽管诺德豪斯对于 Stern 报告激进的政策主张持怀疑态度,但他仍肯定了 Stern 报告的主要贡献在于选择气候变化政策时综合考虑了经济目标和环境目标,从原则上纠正了《京都议定书》的致命缺陷。对于该报告中提及的多种减排手段,他更侧重于提倡征收碳税的手段。他认为,与总量管制以及《京都议定书》中减排机制安排等数量导向性的手段相比,运用价格导向机制,提高碳排放定价,建立透明可比的全球性碳价信号(碳税等),对于温室气体排放的社会成本内部化以及激励低碳技术的研发十分关键。阿西莫格鲁等人的研究发现,最优的减排手段包括碳税和对清洁型投入品的研发补贴两部分,因为仅仅依靠碳税来减少碳排放并影响研究投入的方向会导致过度扭曲,因此碳税的过度使用是可以避免的。他们通过数值较准,在合理的参数设定以及两种投入品间的替代率足够高时进一步验证了通过有效的减排措施迅速将技术进步导向清洁技术是最优的,并且最优的气候政策不会减缓经济的长期增长的结论。这一研究对于有些学者关于征收碳税会产生过度扭曲,并对经济增长产生负面影响的观点给予有力的回应。此外,他们将一国模型扩展为两国模型,研究发现当世界范围内仅存在国际技术联系而无国际贸易发生时,且两部门投入品间是高度可替代的,仅仅发达国家实施环境管制就足以遏制气候灾难的发生。但在自由贸易条件下,若没有全球政策协调,发展中国家则将沦为"污染天堂",从而导致气候加速恶化,这无疑为世界各国进行气候变化政策的积极合作与协调提供了有力的理论依据。

(三)贴现率和效用函数的假设

在假设条件方面,Stern 报告运用 RCK 最优经济增长模型,分析社会决策者最大化无限期内贴现后的消费效用,即社会福利函数的经济路径选择。在该分析框架下,Stern 报告设定了近似为零的贴现率和效用函数中的消费边际效用不变弹性,并充分反映了英国当局"政府大厦"功利主义(government house utilitarianism)色彩。作为全世界的社会计划者,决定着全球应对气候变暖风险的方式。而这种分析用于指导各主权国家进行气候变化磋商谈判显然不太合适。事实上,各国在进行商讨温室气体减排和责任分摊的磋商谈判过程中会充分权衡自我收益以及减排投资与其他投资的收益比较。显然,Stern 报告的激进结论与其他研究的分歧主要源于贴现率的假设。零贴现率意味着无限远期的未来世代的经济福利与当代人同等对待;而正贴现率指未来世代的福利与当代人福利相对是缩减的(discounted)。时间偏好无疑是气候变化的经济学分析的焦点问题。Stern 报告认为,设定正贴现率,意味着忽略遥远未来的巨大成本,在此假设前提下进行长期决策是不可靠的,因而将实际时间贴现因子设定为每年 0.1%。近似为零的时间贴现因子实际上代表着基本的伦理道德标准所提倡的代际中立(intergenerational neutrality),同样是英国政策功利主义传统的体现。而诺德豪斯指出,零贴现率使得分析气候变化问题时将大多发生在遥远未来的气候变暖损害的贴现值夸大,现期决定对于未来不确定性事件变得更为敏感,从而导致牺牲现期较多的收入(消费),以小幅度地增加未来收入(消费)。

从伦理学出发,对代际间时间偏好的设定也有不同的观点,比如劳斯福利函数[Rawlsian(minimax)welfare function]等,而该报告对其他可能的选择并未加以提及和比较。同时诺德豪斯对于 Stern 报告中设定的对数效用函数及消费边际效用不变弹性,即不变相对风险规避系数(弹性设为 1)也提出了疑问。在有限时期内,人们等量的消费可视作拥有相同的福利水平,但研究气候变化问题时我们考虑的是无限远期,不同代人的消费效用存在着极大不确定性。未来世代的各种偏好,比如不同消费的效用水平,与老一代人消费的差别,对不同消费(物质或精神追求)的不同偏好等,为我们建模分析气候变化政策提出了巨大的挑战。

诺德豪斯进而指出 Stern 报告中贴现率和效用函数的两大假设与现实市场利率水平是严重脱节的。从资本实际回报率角度来看,在最优增长模型框架中,该实际回报率是内生取决于时间贴现因子、消费边际效用弹性和人均产出增长率的。根据 Stern 报告的相关假定(人均产出长期增长率的 1.3%),实际利率的均衡水平仅为每年 1.4%,与现实实际利率水平不太匹配,相应的全球最优净储蓄率也为现实水平的两倍。事实上,减排决定是基于当前减排边际消费成本与未来减少的气候变化损害的贴现后的边际消费收益的平衡做出的,其中,资本实际回报率起关键作用,但该报告对这种内在联系也并未考虑。

为进一步证实 Stern 报告两大关键假设的不合理性,诺德豪斯通过不同的贴现率和消费弹性设定和 DICE 模型进行了校准,证实了 Stern 报告所得出的激进结论主要依赖于贴现率和消费弹性两大关键假定,进而通过资本实际回报率来产生影响的。米迪亚科夫运用另外一个关于气候变暖的校准模型,发现 Stern 报告关于贴现率的假定使得气候变暖损害的现值夸大了 8—16 倍。艾罗同样对 Stern 报告中贴现率的设定提出了疑问,但其观点略有不同。他认为对成本—收益进行估算时,要适当地权衡未来影响与现期影响间的关系,其中,时间偏好是关键因素。他同样也指出 Stern 报告中所采用的近似为零的贴现因子与现实观察到的储蓄率和利率水平不太匹配,但他利用 Stern 报告中的成本、收益方面的数据,将边际消费弹性设定为 2(与当前大多经验证据一致),发现只要时间贴现因子低于 8.5%,减排取得的收益(相当于避免气候变化的损害)都会超过气候变化的成本。因此他认为支持立即进行强有力的减排措施以控制二氧化碳(及其等价物)水平的结论对时间贴现因子的取值并不敏感。实际上,贴现因子和边际消费弹性两大假设是通过共同影响资本实际回报率来起作用的,因此,他的观点与诺德豪斯的质疑并无矛盾。

(四)不确定性

不确定性是气候变化经济学研究的一个重要方面。评估各种决策的有效性必须充分考虑不确定性程度、较长的时间跨度和可能的各种结果。因此,气候变化的科学、经济及社会后果的综合不确定性使得各国要达成温室气体排放目标的一致意见十分具有挑战性。同样地,不确定性也会影响税收、产权分配和管制手段等政策工具的选择,例如,存在不确定性和信息不对称时价格工具或数量工具(税收或配额)的取舍。因此,不确定性的普遍存在意味着采用简单的方式进行未来贴现和效用函数的设定可能有误导性。

由于气候变化损害发生在未来远期,并且存在极大的不确定性。魏茨曼指出,Stern 报告的激进主张主要源于低贴现率的假定以及未充分考虑不确定性。同时他认为对气候变化问题进行贴现还存在很多未解决的问题。关于气候变化政策的研究没有充分考虑到小概率的气候变暖损害的影响,而收集更多关于具有厚尾型概率分布的不确定性的信息,对结构性参数不确定性进行更好的量化是研究的重要问题。因此他认为将遏制气候变暖问题简单地概念化成一种最优的消费平滑(consumption smoothing),相当于购买保险来抵消一种小概率的可能发生的大灾难的行为是不妥当的,要将气候变化的不确定性正式纳入分析框架进行考虑。艾罗也同样指出,对减排收益和气候变化的成本进行估算时要考虑到气候变化恶劣影响的不确定性及体现风险规避倾向的行为(偏好)影响,尤其是对不确定的未来损害的态度。因此,对气候变化的未来损害的不确定性进行更精准的刻画和模拟,将有效弥补当前大多研究气候变化经济模型的不足,更准确地拟合气候变化与增长的动态变化,为气候政策的设定与协调提供更切实有力的依据。如何处理模型参数的不确定性,解决这个问题的办法在于确定参数的概率分布,并在每种参数分布组合基础上求解模型。诺德豪斯利用 DICE/RICE 模型,针对 5 个具有不确定性的参数做了敏感性分析:一是损失函数中温度平方的系数,二是总生产率增长速度,三是技术进步带来的减碳率,四是气候变化敏感度,五是中间层碳库 MU 的碳储存能力。诺德豪斯对 5 个参数分别确定了五分位概率分布,产生相应的参数组合,并对每一种组合都进行了求解,进而开展福利最优化的计算。参数的不确定性显然造成了政策上的极大不确定性。

(五)碳社会成本

通过气候变化动态综合评估模型计算碳社会成本是诺德豪斯在气候变化经济学上的一个重要贡献。"碳社会成本"被定义为由化石能源消耗所带来的碳排放边际损害。如果不考虑与其他市场失灵的相互作用,碳排放的社会成本理应与最优碳税相一致。要相对准确地计算出碳社会成本,就需引入综合评估模型。其一,需要使用碳循环模块来预测单位碳排放如何影响未来大气中二氧化碳浓度的路径;其二,气候模块是用来预测二氧化碳浓度变化对气候(全球温度)的影响;其三,经济模块用于衡量经济和社会损失。

(六)参数更新

诺德豪斯的气候变化动态综合评估模型具有很强的开放性,一是模型非常重视吸收自然科学和经济学研究的最新成果,二是模型本身是开源的,可得性较高,公开透明,具有人性化。使用者既可以重新复制计算诺德豪斯的结果,又可以直接改变模型参数,比如采用在损失函数中用到的参数来计算出新的结果。事实上,诺德豪斯也一直在更新他的模型并记录演进过程。比如诺德豪斯对海平面上升幅度及其损失成本做了调整,对二氧化碳循环参数重新校准,以适用于海洋越来越难以吸收碳排放的情况。另外,损失估计值则一直在不断地调整和更新。对这些参数进行更新的最重要结果是大幅提升了碳社会成本和最优碳税的预测值。在过去25年里,经过不断修正,诺德豪斯模型计算所得的碳社会成本已经从5美元/吨CO_2上升到31美元/吨CO_2。诺德豪斯认为,尽管这个巨大的变化令人不安,但必须认识到在碳社会成本的计算中的确存在很大的估计误差。

五、气候变化问题的对策

在当前的世界政治格局下,气候变化问题必须而且只能依靠各主权国家的合作才能得到合理有效的解决,由此我们不难理解国际社会不遗余力地为寻求解决问题的方法所进行的种种努力,比如围绕气候问题正在进行的多边磋商和冗长的谈判等。对于如何抑制有关国家"搭便车"行为,以确保国际合作得以落实,成为应对气候变化问题绕不过去的一道坎。

(一)加强国际合作

国际环境合作归根结底是一个主权国家之间的合作问题。经济学家对一般的合作问题大体上形成了两类研究思路:一派以奥尔森为代表,认为合作仅能在少数的参与者和博弈方中开展和进行;另一派以阿克塞尔罗德及其追随者为代表,如阿克塞尔罗德和基欧汉等,认为可以将国际合作看成非合作博弈在互惠策略路径上的一个均衡解,并由重复博弈的一个子博弈均衡来支持。从重复博弈的角度看,如果仅考虑博弈方单边的偏离行为,而不考虑另一方以牙还牙的报复等行为,那么自利个体间长期的相互作用及其合作就可以由一个自我执行的协议来维持。这两派的差异原则上可以用"无名氏定理"(Folk Theorem)来解释,即只要贴现率足够小,那么作为一种均衡结果,合作的局面可以在任何数目的博弈方中出现。

现有的研究文献为国际环境合作及其动机提供了解释,这些文献也可以分成两组:第一组分析了有关博弈方参与合作的动机,而合作的指向就是温室气体的减排,以赫尔和巴雷特及其追随者为代表。这一组文献大多认为,在适当的假定之下,由全体国家都参加的国际合作是很难实现的,但部分合作即由部分国家达成的协议和组成的联盟是有可能出现的。第二组文献是在强调由数目较少国家参与的合作更有现实可能性的基础上,探询如何增强合作的稳定性并扩大参与国的数目,以卡拉罗和西尼斯卡尔科为代表。这一组文献认为,通过合作联盟内部的财政转移,如实施旁支付计划就可以吸引合作联盟外非签字国家的参与,从而使现有联盟的规模扩大。通常情况下,参与合作的国家数目越多,合作就越难维系。巴雷特为我们描绘了一种两难的局面:当合作带来的收益很少时,国际社会能够通过一个自我执行的协议维持全球约200个左右国家或地区参与的合作;而当合作带来的收益很大时,不仅愿意参加合作的国家急剧减少,而且合作本身也难以维系。尤其是当合作所产生的损益在各国之间分配不均时,合作更是难以实现。于是在现实世界中,能够带来实质意义的全球性合作如果不是不可能的,也是很难实现的,此时合作的成本变得无穷大。可以说这种现实和理论上的窘境正是由全球公共产品的本质特征所决定的。

1. 保障国际环境合作的稳定性

在现有世界政治经济格局下,国际环境问题的解决只能而且必须建立在各国自愿合作的基础之上,这一特点就决定了全球环境问题的解决必须是"自我执行的"。"自愿"还意味着参与合作的国家能够获益。显然,一个合作联盟和协议要稳定,就必须对包括"搭便车"在内的各种不遵守协议的行为具有免疫力。为此我们不难归纳出,一个具有实际意义且能够付诸实践的国际协议必须同时具备自我执行性(self-enforceability)和获益性(profitability)。我们初步定义为:国际环境合作必定是自我执行的;国际环境合作必定是能够获益的;一个合作联盟被认为是自我执行和稳定的;一个合作联盟被认为是有利可图和稳定的。总之,对于减少温室气体排放这样一种旨在提供全球公共物品的活动而言,吸引更多国家的参与和扩大合作的范围无疑是重要的,但这仅是一个手段而已,保持合作的有效和稳定才更为重要,因为只有这样,才能达成持久减排的目标,从而实现遏制气候变化趋势、改善全球环境的目的。

2. 优化全球气候合作的机制

如果我们能突破传统思维的桎梏,设计出灵活、有效的激励机制,改善和提升有关国家的减排意愿,那么国家间的气候谈判就有了成功的可能。机制设计理论为我们提供了解决问题的灵感。

(1)全球气候合作的"搭便车"难题

造成气候变化问题难以解决的根本原因有两个:一是气候本身全球公共产品的特点,二是公共产品与生俱来的"搭便车"行为。"搭便车"行为的出现将直接削弱各国提供公共产品的动机,导致国际社会为减少温室气体排放的种种努力大打折扣,国际合作难以取得实质成效。因此,这些问题不仅是当前气候谈判必须面对和克服的现实障碍,也是气候变化研究中不可回避的理论难题。依照赫什利弗的经典分析,全球公共产品有两个显著特点:一是这种产品的供给有时仅仅取决于最弱环节的最低投入即所谓的"最弱联系"(weakest-link),那些贡献最小的国家往往决定着公共产品的可供总量,这是由于公共产品的生产函数并非匀质同一所致;二是全球公共产品的供给有时取决于全体国家的努力,即全球性公共品的供给总量有时需要大量且持久的集中注入即所谓的"最优注入"(best-shot)。国际社会在温室气体减排方面的成效既和"最弱联系"有关,即与那些拒绝减排国家的排放水平有关,又取决于各国为减排所做的持久努力。因为欲使当前气候变化的趋势得以遏制,就需要各国持续不懈的减排行动和大量的投入,以达到"最优注入"水平取得的成效。而按照"最弱联系"的逻辑,国际社会就应该把有限的资金和技术优先配置在发展中国家,这也是"共同但有区别责任"原则在推动气候谈判和落实各国减排目标上应该得以体现的。由此可见,全球气候合作的首要问题并不是关注对协议的遵守,而是如何阻止"搭便车"行为的发生,因为如果"搭便车"行为制止住了,对协议的遵守就水到渠成,不再成为问题。

(2)机制设计的运用:旁支付与议题关联

一般认为,旁支付是指通过国家间的财政转移支付来弥补某些国家由于参加国际合作和履行国际义务可能遭受损失的一种机制,例如,发达国家向发展中国家提供资金和技术等援助以帮助后者更有效地减排。显然,旁支付计划是在承认国家间存在差异的基础上设立的。另外,由于现实中参与同一个国际环境协议对不同的国家有着不同的意义,有些国家能够从履行协议中获得利益,而有的国家在履行国际协议规定的义务时有可能蒙受损失。由此可见,要使合作意愿并不高的国家承担减排的义务,提供资金和技术上的援助确实是一种有效的机制,因为当发展中国家履行对其相对而言较为严厉的环境标准时,通常会牺牲一些经济利益,至少从短期来看是这样。在旁支付计划下,这些国家就可以通过"合作待售"(cooperation for sale)来弥补由于参与减排所遭受的损失,即可以通过设立一个适当的旁支付机制来支持众多国家都参与的气候合作。另一种可以推动气候问题有效解决的机制是议题关联(issue linkage),它可简单地理解为与国际环境协议密切相关的一组问题。这些问题既可以是环境问题,又可以是其他非环境问题,关键是这些问题影响和决定着有关国家参与保护全球环境的意愿和行动。议题关联推动国际合作的作用体现在它能够有效抑制"搭便车"的动机,这是由于现实中国家间往往会同时进行若干问题的协商,协商的内容既有环境方面的问题,也有其他问题,如发达国家向欠发达国家的财政援助和技术支持等。当这些问题相互交织和冲突时,如果将环境问题与其他问题相互捆绑,那么就可使那些不愿参与国际合作的国家做出让步,从而采取保护全球环境的行动。

(二)解决气候变化外部性

1. 气候变化外部性的解决方式之一:碳税

碳税的经济学原理是著名的"庇古税",由剑桥学派经济学家庇古在著作《福利经济学》中提出。庇古税在理论上无懈可击,但在实践中有绕不开的难题:为了征税,我们需要知道最合适的污染水平。但如果最合适的污染水平已知,就可以通过行政指令直接告诉污染企业精确生产那么多,而完全没必要实施这种税收计划。与庇古税相对,碳税作为解决气候变化外部性的一种工具目前被广泛关注并且在有些国家已经开始实施。因为二氧化碳是目前全球变暖的重要原因,而且相对容易监测,所以作为第一种温室气体被征税。由于前述提到的气候变化外部性的全球性特征,所以需要在全球范围内征收碳税。全球碳税征收前必须解决三个问题:首先,分配控制份额需要公平;其次,碳税的具体形式需要得到认可;最后,要鼓励各国参与其中,使"搭便车"的机会降到最低。就如何征收碳税的问题,有学者探讨了三种征税方案:第一,由专门的国际机构征收全球税,按固定比例对参与减排的国家给予报销。第二,征收与国内税相协调的全球税,对所有国家实行相同的税率。第三,为实现国内目标而设计的国内碳税应成为实现成本—效益体系的手段之一,但国家间的"搭便车"行为使得这种国内碳税的政策不能有效拓展至全球。有学者研究发现,在不同的国家,减排政策和现行税收之间的相互作用是不同的,因此由一国经验外推至其他国家的做法是不够严谨的。还有学者对征收碳税的影响进行了调研,结论是大多数分析者认为严格的管制能减少50%的全球碳排放量甚至更多。全球税使发展中国家和转轨国家从控制全球变暖中获益,由此导致资金向发展中国家大规模转移,使发达国家从全球税蒙受的持续损失比国内税大。从碳税中获益使发展中国家参与国际协议的动机强烈,但这种协议是否在政治上可行仍有待时间检验。

2. 气候变化外部性的解决方式之二:可交易许可证

可交易许可证的基本原理是由"科斯定理"引申出的排污权市场和许可证交易。这种做法在理论上可以解决庇古税的困境。与排污权交易相对,温室气体的排放权也可建立一个这样的市场,这个市场发放的配额称为可交易许可证,从而进行全球变暖的控制。首先确立各国每年排放的最高限额。各国减少温室气体排放若低于最高限额,则可将多余许可证卖给其他国家。通过购买许可证,需求国可增加温室气体排放以达到平衡。只要排放量之和等于每年允许的排放总量,则无论排放许可证起初在各国间如何分配,成本—效益体系都会实现。要实施可交易许可证体系,关键议题是如何分配许可证。按道德原则,地球上所有人都有平等地排放碳的权利。有学者提出并分析了基于人口的许可证分配体系。对于世界上大多数已经实现工业化的发达国家而言,其当前排放量远远超过基于人口的初始分配量。要以最小成本实现许可的排放目标,需获得来自发展中国家的许可证。从道德角度讲,基于人口的初始分配并不是唯一可能的策略。罗丝和史蒂文斯列举了10个源自道德基准的分配规则,比如,削减各国的排放比例,给最贫穷的国家分配较大比例的许可证等。他们的研究证明,基于这两个分配规则下的许可证贸易会大幅度减少成本,并且许可证初始分配会使所有国家福利改善。从目前的实践情况来看,欧盟、澳大利亚新南威尔士以及新西兰、韩国等国家和地区已经成功建立并实施了强制减排的法律框架,为企业规定一个碳排放的上限,在框架内实行碳排放的配额交易,并一定程度上允许境外减排产生的碳资产在体系内进行交易,以弥补企业的碳负债;美国和日本等国家则在特定地区实行碳排放的自愿减排及交易机制。由于这种机制的市场定价实施起来更具效率,因此可交易许可证将比碳税拥有更加广阔的发展空间且市场效率更高。

(三)应对气候变化要与经济增长、发展转型协同

诺德豪斯构建的动态综合评估模型有两个显著特征:一是考虑资源(能源)、气候(环境)与经济(生产消费)等因素在实现福利最优化过程中的多重均衡。以气候与经济的双重均衡为例,在应对气候变化的政策选择中,不仅要考虑对气候环境的影响,而且需测算不同政策对于经济增长造成的影响,只有同时实现两部门内部各自的均衡关系,此时应对气候变化所支付的各种成本对于福利的总体负面影响才能降到最低限度。二是通过引入贴现率,考量应对气候变化中的时间因素,将时间价值纳入均衡的框架中。在诺德豪斯看来,这个贴现率水平不能过分低估,只有符合社会贴现率的正常水平才足以推演出最优的政策,否则就会形成现在的穷人补贴未来的富人的倒置现象。这表明要将经济因素纳入环境保护的决策中,同时实现环境部门与经济部门的双重均衡(最优);否则,过度强调某个方面的结果,将不仅损害该部门自身,而且会损害到整体福利的优化。

(1)要通过发展转型适应气候变化。全球大约60%的排放问题源于基础设施和使用,随着亚洲、非洲和拉丁美洲新兴市场城市化进程加快,需要开展大规模的基础设施和能源系统建设,发达国家也要更新其破旧的基础设施,未来20年所做的投资决策与发展选择将决定全球气候变化问题的发展前景。(2)推动气候适应型发展,降低气候风险。气候适应力和经济发展

密切相关,如教育、卫生、良好的机构和获得信贷是经济发展的重要保障,也是人们应对环境风险能力的重要决定因素。但并非所有的发展形式都对气候适应能力产生同样的影响。托马斯·谢林是研究应对气候变化的首批经济学家之一,他指出经济发展是最好的适应形式。随着国家经济结构从农业转向工业和服务业,尽管农业对气候变化高度敏感,但只有当其他部门受到的气候风险低于农业时,经济发展才能提升整体的适应能力。宏观层面将适应型发展纳入国家及区域发展规划,提高气候适应力。发展选择对降低气候脆弱性具有重要意义,与传统的将适应气候变化视为一系列独立具体威胁加以应对不同,推动适应型发展要综合考虑宏观和微观因素,以及减缓与适应问题相互交织的特点,将提升气候适应能力纳入长期发展、基础设施和空间规划决策,通过转变发展方式提升气候适应能力。

(四)重视市场型政策工具在应对气候变化中的作用

要借助市场化工具来应对气候变化,在稳步应对的情境下采取碳税与碳交易等政策将有利于实现福利的最大化。本质上而言,碳税与碳交易的实质是对碳排放进行定价,这是典型的基于市场的环境经济政策工具。这一工具的最大特点在于,将碳排放作为经济要素纳入经济增长过程,由市场(而不是政府)来对其进行定价,并选择最优的定价水平。市场的有效性(定价的合理性)会帮助实现应对气候变化所需的节能减排,出清市场。当然,要做到这一点并不容易,必须在碳社会成本、减排成本等方面进行科学的核算。不过,强调市场工具的理念同样可以适用于其他生态环境保护的领域。强调政策本身的成本-收益分析,重视政策本身的效益(效率),提出制定和实施应对温室效应的政策,要以更加谨慎的态度权衡气候变化与减排政策的利弊得失。估计可选政策未来的成本与收益并计算现值,最优化的减排政策可以使净收益最大,也就是成本与收益边际相等。这一点对于当前的环境保护尤其重要,我们不能不计代价地实施某些环境保护政策,而是有必要进行成本-收益分析,以此来决定政策实施的"度"。

(五)完善绿色气候融资,应对气候变化

气候融资指以推动低碳发展或提高气候适应能力为目标的资金流动。近年来,国际气候融资取得较大进展,但资金问题仍是气候谈判中争议较大的关键议题。2011年,德班气候大会正式启动绿色气候基金,支持发展中国家开展REDD+、适应行动、能力建设、技术研发和转让等。谈判中发达国家提出通过公共渠道资金、发展银行类工具、碳市场资金和私人资金等多渠道筹集资金,而发展中国家强调援助资金的稳定性,主张以公共资金为主。自金融危机以来,发达国家公共债务普遍恶化,履行出资义务将面临更大挑战。目前,我国气候融资尚处于起步阶段,大体呈现如下特征:(1)国家制定了一系列应对气候变化的政策措施,大力支持节能减排与可再生能源发展,公共资金示范带动效果明显,各类金融机构、私募基金、大型企业等积极投资低碳产业与新能源等领域。(2)近年来,绿色金融发展较快,但规模和体量仍有待加强,引导社会资金流向的作用还有待强化。(3)气候融资仍以中央财政拨款和补贴等财政投入为主,与应对气候变化的需求相比还存在较大的资金缺口。(4)我国气候资金投向存在结构性错配问题,未能兼顾减缓和适应需求。节能减排、可再生能源等减排投资较多,而可持续农业、生态系统、生物多样性保护、土地和水资源保护等适应投资相对较少。

(六)持续优化乃至调整IAM(Integrated Assessment Model)

应对气候变化的经济学标准分析方法(IAM)把简单的外生增长理论作为主要的理论工

具,通过假设气候变化的边际损害和应对气候变暖边际行动成本的增加提出政策建议。但随着时间的推移,以外生增长理论为基础构建的各种气候变化模型的缺陷清楚地表明它在解决气候变化的核心问题方面的作用有限,特别是对潜在的巨大风险和深度不确定性的忽视。结果是大多数使用 IAM 模型及其变体的经济学家的政策建议与科学界的其他成员的政策建议存在巨大分歧。尽管经济学界对 IAM 模型进行了改进并出现了新的应对气候变化模型,但是它们在提供政策指导方面的价值仍然有限。即使有更多关于气候变化以及可能应对气候变化的政策和行动的信息,情况仍将如此。首先,即使假设更加接近现实,模型更加精致,但它们对指导政策决策仍没有多大帮助,除非对关键函数及其参数都非常有信心,而这通常无法做到。其次,与不同浓度的温室气体有关的风险程度、将这些风险强加给子孙后代的意愿、深层次的不确定性等。一些经济学家除了过分关注 IAM 模型外,还将关键问题定性为只是一个跨期权衡的问题,这是错误的。最后,IAM 模型支持者对变革保持沉默,他们意识到气候行动可以带来一种全新的增长和发展方法,从而产生比以前通过污染实现增长更具活力和吸引力的道路。IAM 模型隐含的假设是,市场运行良好,市场有效率(虽然也承认市场应对气候变化失灵)。这种假设没有说服力。正是认识到改变发展方式的新机会的存在,导致许多国家的政策方法发生了变化。

应对气候变化带来的挑战需要一整套政策和一系列概念、理论、实证和建模方法,而不仅仅是单一的模型。学术界和决策者不应高估 IAM 分析框架对制定应对气候变化政策的指导作用。要形成更有效的应对气候变化的方法,了解 IAM 模型的局限性是必要的。设定合理的气候目标的关键是构建深度不确定性和极端风险条件下的模型,例如,识别众多的非线性点,并评估避免最坏结果的方法及其投资和成本。在存在极端风险和深刻不确定性的情况下,对决策进行更深入的定性分析有重大意义。学术界能否进一步阐明如何描绘和理解不同性质和规模的灾难,以期望既能分析又能解决"负无穷大"的问题,有应对各种无穷大和不确定的方法。这可能是一项深入而艰巨的工作,但很重要。国际社会已经做出了判断,即与气温上升超过 2℃ 相关的风险高得令人无法接受,并设定了远低于 2℃ 或 1.5℃ 的目标。随着对 2℃ 的风险的了解,目标越来越接近 1.5℃。做出这一决定说明国际社会在制定应对气候变化的政策时 IAM 模型的指导作用未被接受。在目标确定之后,经济学的分析重点应放在研究实现这些目标的最佳方式上,构建实现目标的最佳模型并将风险控制在可接受的水平。IAM 模型对目标制定而且对如何最好地实现目标提供的指导并不充分。IAM 模型主张依赖价格干预,就应对气候变化而言,多种干预手段比单一的价格干预更可取,碳的社会成本远高于 IAM 模型推算的社会成本。接受 IAM 模型推算的碳社会成本将导致碳浓度和气候变化的水平远远超出国际共识的水平。

大多数 IAM 模型将总消费视为社会效用函数的参数,这种办法忽视了分配的影响。因为受气候变化影响最严重的是最贫困者,这些人保险最少,可用的资源最少,通常生活在保护最少的地区,所以他们承担的损害需要在损耗估价中加权,而 IAM 模型采用的总量方法在很大程度上忽略了这一点。同样不能简单地假设政府能够或将会采取行动和政策来消除这些分配效应。有学者已经证明,嵌入公平权重的气候变化造成的全球损害明显高于未经修改的 IAM 报告的损害,这些模型被称为不平等气候经济模型。另有学者指出,消费和损害的分配对于气候变化政策的影响可能与贴现率的选择一样重要。不平等气候经济模型还被用来研究时间偏好的比较重要性、不平等厌恶、损害在贫富之间分配和减排费用分配的不平等以及在全球平均温度升高时承担或不承担灾难性影响的损耗函数。已有大多数文献未同时考虑风险和分配。正如已经指出的那样,一个社会的底层人群面临的风险最大,最无力承受环境灾难性影响。因此,几乎可以肯定的是,同时考虑风险和分配将导致更强有力的气候政策。

制度结构在管理不确定性和预期以及制度变革等方面都至关重要。制度经济学将在这一系列方法中发挥核心作用。总量模型显然不适合研究结构转型和促进结构转型的政策,而是需要对每个关键部门进行详细建模,包括投资、法规和价格指导,以最有效地实现所需的转型。鉴于金融在现代经济社会中发挥着重要作用,因而需要一些模型解决金融部门普遍存在的市场失灵问题。例如,通过披露要求和中央银行多方面提示碳风险,解决信息不完善问题;通过政府在降低气候投资风险方面发挥作用,解决风险市场不完善问题;通过创建绿色开发银行,解决金融机构不完善问题。解决这些市场失灵问题可以大大降低实现转型的成本,从而影响最佳转型轨迹和碳的社会成本。

应对气候变化的经济学新方法必然涉及微观、结构、技术和宏观经济变化,也必然涉及经济学与自然科学、技术和其他社会科学甚至人文科学合作。这项工作将涉及经济分析的各个方面,包括围绕创新、行为、政治经济以及增长和发展,这些都是变革的核心。科学界的直觉可能是正确的:经济学家的简单化模型没有捕捉到社会决策问题的基本面。在调整及完善现有IAM的同时,也需要开发一系列新模型和新方法,以指导实现气候目标、结构变化以及最能实现这些目标的新增长方式和发展方式。转变经济发展方式,不仅要从成本的角度来考虑行动,而且应该从投资、创新与社会综合效益的角度来考虑。实现"既要金山银山又要绿水青山"的绿色发展需要统筹考虑多元要素及多元主体的博弈均衡。

第三节　中国在全球气候变化中的贡献

中国在国际上积极促进《巴黎协定》全面均衡落实和实施的同时要利用当前减排压力相对宽松的国际环境和全球能源变革与低碳发展的有利形势,立足国内可持续发展的内在需求,加快促进经济绿色低碳转型,打造先进能源和低碳技术的核心竞争力,为应对未来全球减排进程更为紧迫的形势奠定基础;以习近平新时代中国特色社会主义思想为指导,研究并制定中长期应对气候变化和低碳发展的战略。外树形象和领导力,内促发展和转型,仍是中国当前从容应对全球气候治理新形势的战略选择。党的十九大报告指出,中国"引导应对气候变化国际合作,成为全球生态文明建设的重要参与者、贡献者、引领者",要"建设美丽中国,为人民创造良好生产生活环境,为全球生态安全做出贡献"气候变化问题必然是生态文明建设的重要内容。全球环境与气候变化得到了世界各国的广泛认可,紧迫性日益加剧。近百年来,中国陆地平均增温 0.9℃－1.5℃,增温幅度高于全球水平,与气候变化相关的灾害发生的频度和振幅加剧。

从国际角度看,《巴黎协定》达成以来,全球气候治理出现了新的形势,不确定性有所增加。从国内看,"双碳"战略背景下,中国以可再生能源发展、碳排放权交易等为特点的低碳发展取得了可喜的成绩,应对气候变化的各项政策行动顺利实施。国内低碳发展的外溢效应日趋明显,中国正逐步从全球气候治理的参与者、贡献者向引领者发展。在国际气候制度继续发展进程中,中国有能力更加主动提出新思路,探索新问题,实施新机制,为引领全球生态文明建设提供中国智慧。

一、应对气候变化的国内需求

中国作为世界上最大的发展中国家,仍处于工业化阶段,产业结构和能源结构尚未完成根本性的转型,经济增长质量与发达国家相比仍然面临巨大挑战,同时也面临着较强的资源环境约束。因此,中国必须走出一条有别于发达国家发展历程的新路,必须把经济发展和环境保护作为同等重要的目标,深入推进社会主义生态文明建设。就应对气候变化而言,中国在制度建设、市场手段、国际合作等方面还存在着巨大需求。

(一)中国正处于关键的转型期

十九大的召开对中国实现现代化提出了高质量发展的目标。2020年提出了"双碳"发展战略,在节能减排、环境治理方面,已有的计划和安排部署与十九大及"双碳"战略提出的目标有不小差距。我们不能用过去的模式来外推今后的发展,需要用确定的目标倒逼目前的政策,因此,需要对中国节能减排、结构调整、提质增效进行新的策划。十九大确立了新时代到2050年中国特色社会主义现代化建设两个阶段的发展目标。《巴黎协定》也提出了到21世纪下半叶全球实现温室气体净零排放的应对气候变化目标。中国应在同一时间框架内统筹考虑这两个目标,研究并制定中国2035年和2050年温室气体减排目标和低碳发展战略及相应的实施规划和行动方案。

(二)中国碳市场建设有待加快

中国已经启动全国统一碳市场,对全球的节能减排将产生重大影响。中国启动的碳市场将是有效减缓和适应的调控手段,是政府引导企业参与发挥市场积极作用的尝试。做好中国的碳市场对于国内、国际未来的发展路径将起到非常重要的作用。碳市场建设需稳步推进,并不断完善,适时实现全覆盖;同时结合全国碳排放权交易市场发展,把现行对企业的用能权管理逐渐统一为二氧化碳排放权管理,以控制和减少二氧化碳排放为抓手和着力点,体现促进节能和能源替代的双重目标和效果,并为可再生能源快速发展提供更为灵活的空间和政策激励。

(三)强化绿色"一带一路"建设

中国提出的"一带一路"倡议,不仅丰富了古丝绸之路的新时代内涵,而且绘制了中国与沿线国家或地区共同发展的宏伟蓝图。"一带一路"沿线国家或地区大多依赖农业,正遭受海平面上升、水资源短缺、大气污染和生物多样性丧失等巨大的生态环境威胁,而以增暖为主要特征的气候变化正加剧这些威胁,给"一带一路"建设带来了巨大风险。同时,这些国家人口密集,所处发展阶段各不相同,气候变化应对能力薄弱,如何帮助其评估气候变化影响及风险,开展适应与减缓行动,已成为保障"一带一路"建设顺利实施和推进绿色"一带一路"建设的重大命题。绿色"一带一路"是生态文明建设的国际化平台,关系到中国与周边国家的共同命运,因此是"一带一路"建设的重要内容。同时,按照政策沟通、设施联通、贸易畅通、资金融通、民心相通的要求,环境、生态、能源等方面的合作符合"一带一路"国家或地区的共同利益,符合"五通"的建设方向。中国的转型在绿色"一带一路"的整体框架下应该大有作为。

(四)适应能源结构调整的市场化改革非常关键

中国高质量发展的核心问题之一是改善能源结构,新能源是根本出路。中国是可再生能源生产大国,目前遭遇到阶段性的新能源消纳困境、新型电力系统建设不到位等问题的制约。电力生产和供应方式需要从自上而下的垄断式供应体系转变为自下而上和自上而下相结合的协调体系,这也是电力能源领域体制机制改革和市场化改革的重大方向,主动控制温室气体排放,要求建设绿色低碳的能源系统,优化能源结构,控制化石能源总量。全球合作应对气候变化的低碳转型需要约90万亿美元的投资,低碳基础设施和先进能源技术的投资将催生经济增长的新热点和新动能。低碳能源新技术与现代信息、材料和先进制造技术正不断深度融合,新能源和可再生能源技术不断突破,能源技术进步与创新正成为全球价值链重构的重要竞争制高点。我国的新能源投资总量世界领先,相关产业迅速发展,但也存在短期产能过剩、核心技术缺失及海外贸易壁垒等一系列问题。通过积极应对气候变化,推动全球低碳转型,可以创造促进我国新能源企业"走出去"的良好外部国际环境,通过在发展中国家投资和发达国家并购,培育具有全球竞争力的世界一流企业,成为我国经济发展转方式、换动能、提质量的关键引擎。

(五)二氧化碳总量控制逐步替代目前的能源总量控制

今后几十年内,尽管能源增长的趋势放缓,但是总量还会增加,增加部分主要靠非化石能源,需要及早制定高比例的非化石能源发展规划和实施方案。在新的形势下逐渐以二氧化碳排放总量控制代替能源消费总量控制,不仅强化节能,而且强化能源结构的低碳化,促进新能源和可再生能源发展。中国应以控制和减少温室气体排放为抓手统筹并强化生态文明建设和绿色低碳发展的目标取向。规划中实施的GDP能源强度、二氧化碳强度和能源消费总量控制目标,应逐渐整合为二氧化碳排放总量控制目标。

二、气候变化研究的基本方向

(一)新能源技术研究和产业化

近30年来,世界新能源领域的技术正处于快速发展和不断突破期,光热技术、光电技术、风能、地热能、潮汐能等技术百花齐放,发电和利用效率大幅度提高,成本大幅度降低,世界各先进国家均把可再生能源技术作为未来市场竞争的制高点,采取了各自不同的激励措施。技术先进性实质上标志着市场的占有率,技术能力也是国际问题的发言权和主导权。加强新能源技术的研究和产业化应用,如电动汽车、智能电网、绿色建筑、智能交通、CCUS等是重要方向。同时为了保障未来高比例可再生能源供应体系的顺利实施,储能和智能电网技术的进一步研发与产业化也必不可少。数字技术的飞速发展也为未来新能源技术的发展提供了新的可能,未来新能源技术与人工智能的深度融合是重要的发展方向。同时应对气候变化不能仅关注一种技术,而需要关注各领域技术的均衡进展。加速清洁能源技术进步,可以实现经济增长、能源安全、可持续发展等多问题的协同解决。

(二)国际制度安排和新型地缘关系

应对全球气候变化的国际制度安排,是新型地缘关系的反应。新的国际规则需要全新的发言权、主导权和方案设计,需要从长周期、大尺度的视角来统一协调。在这一新的转型期中,中国必须具备主动性和积极参与的精神,在平台搭建中以科学的话语体系发挥引领作用,锻炼和培养人才队伍,在向世界逐渐开放的过程中,发挥中国的参与、贡献和引领作用,以科学的新视角、思路和策略为全球治理贡献中国方案和中国智慧。强化气候变化南南合作,应对全球气候变化不可能独善其身,要与周边国家和全球各方面采取积极行动。中国是个发展中国家,南南合作是中国发展过程中不可缺少的措施。中国在过去已有了南南合作的较好基础,分享了经验。在应对环境与气候变化过程中南南合作的方式和手段,要从简单的技术延伸到文化、政治、法律等多方面的交流,把硬基础设施和软基础设施有效结合,真正起到事半功倍的作用。

(三)环境气候经济学及绿色创新经济学研究

习近平总书记提出的生态文明思想和"两山理论"是环境与经济协同发展的重要理论指导,国际上给予高度赞誉,为环境和气候经济学提出了新的领域和方向。环境和气候经济学及绿色创新经济学研究已经远远超出传统的区域范围,并引入无形资产和智力资本等新型社会和组织形态的内容。我国要通过自然、经济、社会学的融合研究,从理论创新、文化创新、科技创新和制度创新等层面入手,对全球环境治理的环境成本效益、风险治理、权利与义务、责任与利益、国家安全等方面提出中国方案。

(四)完善气候变化立法

气候变化立法是保障应对气候变化长期稳定开展的制度基础,碳交易中排放权等确权问题也需要气候变化立法的支撑。目前,一些发达国家已经实施了气候立法,把法律保障、制度安排以及公众参与统一纳入整体行动之中。中国在世界生态文明建设中的引领作用,必须要有立法保障,因此,应该加快应对气候变化的立法研究和推进进程。

(五)强化气候变化的风险研究

在全球应对气候变化的大背景下,应对气候变化与经济发展的关系需要进一步明确,既要考虑近期的效益,也要考虑长远的风险,需要把各类研究包括环境、经济、国家安全等要素统筹平衡;把科学的认识(影响、风险)与政策紧密联系,特别要注重不可逆的突变事件和可能的系统性风险,需要把适应和减缓并重,在气候变化风险研究中考虑其对关键基础设施的影响,以及气候变化与其他因素叠加可能引发的地缘冲突等系统性风险。

三、应对气候变化的对策建议

作为世界第一大排放国,中国减排对全球应对气候变化至关重要,否则其他国家会将中国持续大量排放作为自身不承担减排责任的借口。中国应对气候变化中的长期战略要以习近平新时代中国特色社会主义思想为指导,与现代化建设"两个阶段"发展目标相契合,统筹国内和国际两个大局,顺应并引领全球应对气候变化合作进程,做出与中国国情和发展阶段、不断上升的综合国力和国际影响力相称的积极贡献,到2050年建成社会主义现代化强国的同时,实现与全球减排目标相适应的低碳经济发展路径,为全球生态文明和可持续发展提供中国智慧和中国经验。合作应对气候变化是全人类的共同利益,世界各国有广泛的共同意愿、合作空间和利益交汇点,但不同国家和国家集团之间在诸多议题上也存在利益冲突和复杂博弈,这也为中国深度参与并积极引领全球治理体系改革和建设提供了平台和机遇。气候变化领域可成为中国构建相互尊重、公平正义、合作共赢的国际关系,打造人类命运共同体的重要领域和成功范例。

(一)以习近平新时代中国特色社会主义思想为指导,研究并制定中长期应对气候变化和低碳发展的战略

在当前国内国际新形势下,要以新时代两个阶段发展目标为指引,依据《巴黎协定》确立的全球温室气体减排目标,统筹国内和国际两个大局,根据二十大与"双碳"战略提出的发展目标,组织应对气候变化对标分析研究,调整过去已有的计划和安排,并落实到各项规划和实施部署中。研究并制定中国中长期应对气候变化和低碳发展战略,首先要制定 2035 年应对气候变化的中期战略和规划,制定落实国家自主贡献承诺的实施规划和行动方案,规划二氧化碳排放达峰的具体时间表以及峰值排放量控制目标,在此基础上进一步提出 2035 年强化行动的目标和对策,并与第二阶段实施更为强化的减排目标和对策相衔接。其次要制定 2035—2050 年温室气体低排放目标和低碳发展战略。《巴黎协定》要求各缔约方 2020 年前提交本国 2050 年温室气体低排放战略,中国要根据协定要求,研究中国需要和可能承担的责任义务,制定 2050 年全经济范围的温室气体绝对量减排目标和对策。外树形象,为全球生态文明和可持续发展发挥积极引领作用;内促发展和转型,实现建设社会主义现代化强国目标与能源经济低碳化转型目标的协调统一。

(二)加强气候变化的非传统风险问题研究,提出应对措施和全球治理的中国方案

气候变化将对未来社会、经济、政治和安全领域产生显著的直接和间接影响,并进一步危及社会经济的平衡与充分发展,成为全球可持续发展的共同威胁。未来气候变化将成为新时代中国特色社会主义现代化建设进程中潜在的巨大风险,成为威胁中国发展目标和总体国家安全的"灰犀牛",需要妥善应对。随着气候变化的重要性日益突出,中国需要在战略高度上更加重视气候安全和气候风险管理问题。

(三)正确看待气候变化经济学发展过程中存在的理论争议,保持我国应对气候变化的战略定力

尽管有经济学家对斯特恩研究报告提出的观点与政策提出了不同认识,认为其在高估全球变化经济影响的同时又低估了从目前经济体系到低碳经济过渡的转型成本,对于全球合作应对气候变化问题仍具有普遍共识,区别在于提出的解决问题方式和方法有所不同,但不能由此否认气候变化经济学的科学性。我国应对气候变化国家评估报告也显示,气候变化对我国经济社会发展的不利影响不断深化,不同区域和行业发展面临的气候风险日益凸显,因此我国要保持应对气候变化的战略定力,更好地发挥气候变化经济学对政策制定的指导作用,统筹考虑气候变化对保障我国经济、能源、生态、粮食安全以及人民生命财产安全可能带来的重大影响和系统性风险,围绕当前国内低碳发展路径与碳排放达峰以及国际气候谈判中减排责任的公平分担等重大问题开展理论创新。

(四)统筹协调应对气候变化与经济社会发展,为我国经济高质量发展和全面建成小康社会提供有力保障

应对气候变化与实现经济繁荣并不矛盾,向低碳或零碳经济转型可产生新的经济发展机遇,创造新的增长方式和就业机会,提供更好的空气、更清洁的水和更健康的生态系统。当前,我国经济正由高速增长阶段转向高质量发展阶段,要统筹协调气候变化、环境治理、发展扶贫等相互关联的一系列重大民生问题,大力培育绿色低碳新动能,建立健全绿色低碳循环发展的

经济体系,加快建立清洁、低碳、安全、高效的能源体系,引导建立绿色低碳生活方式,在实现经济繁荣的同时有效应对气候变化。

(五)借鉴相关气候变化模型时应注意其适用性

DICE等气候模型为我国开展气候变化相关问题研究提供了模型参考,同时,在借鉴时要充分考虑中国实际,并着重注意纠正其不足之处。一是关于气温上升造成经济损失程度的函数设定,没有充分考虑到非线性尾部风险,即当气温上升超过一定水平时,环境将严重失衡并产生重大影响。二是折现率的设定对定量分析结果有较大影响。如果将贴现率设定得较高,就会极大降低气候变化带来的未来损失估计值,应根据社会制度文化、人均收入和时代背景等因素综合设定贴现率。三是未能考虑到气候变化应对政策可能会促进技术进步,一定程度上忽略了气候变化应对政策带来的正外部性。

(六)财政税收政策是应对气候变化的主力,货币政策也同样大有可为

确保企业的生产决策应充分考虑气候变化的负外部性,最优的解决方法是,通过增收碳税或实施碳排放配额,增加高碳企业的碳排放成本,并通过产品价格上升,抑制社会需求;财政政策还可以出台针对绿色产业技术研发的补贴政策,助力高碳企业破解低碳转型的技术"瓶颈"。在此基础上,货币政策可通过资产购买或结构性工具支持,一方面防范高碳企业融资风险溢价过快上升,另一方面对绿色低碳转型领域加大资金支持力度。

(七)深化符合"双碳"战略的电力能源市场化改革,与"一带一路"国家或地区开展友好合作

深化电力体制改革,积极构建全国统一的电力市场;加快推进油气体制改革,坚定不移地缩减煤炭工业,推动能源发展质量变革、效率变革和动力变革,努力构建清洁、低碳、安全、高效的能源体系,为经济社会发展和人民美好生活提供坚实的能源保障和低碳源泉。在国际合作方面,一方面,通过中国气候变化南南合作基金等平台,为"一带一路"国家或地区应对气候变化提供资金和技术援助;另一方面,增强政治互信,凝聚"一带一路"沿线国家或地区共同应对气候变化的愿景,并通过统一相关技术标准等手段,以市场化手段促进绿色"一带一路"建设,为全球应对气候变化做出更大贡献。

(八)推动各国尽快开展集体行动,多措并举,有效管控全球气候风险

要尽快推动全球气候适应型经济发展,以低碳方式满足发展面临的能源需求,帮助气候敏感地区和行业提高适应能力,有效管控全球气候风险,这需要大量投资。据估计,未来20—30年全球至少投资100万亿美元用于城市基础设施、建筑、道路、铁路、港口和新能源系统等可持续基础设施建设。这需要全球各国快速行动和通力合作,加快推动落实《巴黎协定》和《2030年可持续发展议程》,将应对气候变化纳入各国总体发展战略,加快向低碳经济转型,调整投资方向,加大对可持续基础设施的融资力度,坚持减缓与适应并重,大力推动气候适应型发展。

总而言之,在应对气候变化的问题上,我国要保持战略定力,强化统筹协调,有效管控气候风险,加大对低碳基础设施的投资力度,为我国发展新质生产力、经济高质量发展和全面推动社会主义现代化强国建设提供有力保障。深入学习领会习近平的生态文明思想,认真贯彻全国生态环境保护大会精神,坚定不移地实施积极应对气候变化的国家战略,推动和引导建立公平合理、合作共赢的全球气候治理体系,积极推动构建高质量的人类命运共同体。

参考文献

（一）中文参考文献

[1]道格拉斯·C.诺斯.制度、制度变迁和经济绩效[M].杭行,译.上海:上海三联书店,1990:11—13.

[2]R.科斯,A.阿尔钦,D.诺斯,等.财产权利与制度变迁——产权学派与新制度学派译文集[M].刘守英,译.上海:上海三联书店,1994:384.

[3]钱颖一.理解现代经济学[J].财经科学,2002,(7):1—8.

[4]潘家华,庄贵阳,陈迎.减缓气候变化的经济分析[M].北京:气象出版社,2003.

[5]大卫·格里芬.后现代科学——科学魅力的再现[M].马季方,译.北京:中央编译出版社,2004:93.

[6]王军.气候变化经济学的文献综述[J].世界经济,2008(8).

[7]康保锐.市场与国家之间的发展政策[M].隋学礼,译.北京:中国人民大学出版社,2009,3:21.

[8]龙惟定,等.低碳城市的城市形态和能源愿景[J].建筑科学,2010,26(2):13—18,23.

[9]潘家华,庄贵阳,等.低碳经济的概念辨识及核心要素分析[J].国际经济评论,2010,(4):88—101.

[10]杨丹辉,李伟.低碳经济发展模式与全球机制:文献综述[J].经济管理,2010,(6):164—171.

[11]刘文玲,王灿.低碳城市发展实践与发展模式[J].中国人口·资源与环境,2010,(4):17—22.

[12]潘家华,陈洪波.低碳技术:需要厘清几个认识问题[J].中国高新技术企业,2011,7:22—23.

[13]周五七,聂鸣.促进低碳技术创新的公共政策实践与启示[J].中国科技论坛,2011,7.

[14]申萌,等.技术进步、经济增长与二氧化碳排放:理论与经验研究[J].世界经济,2012,(7):83—100.

[15]王铮,等.寻求合理的全球碳减排方案——气候变化经济学集成评估:建模、开发与系统应用[J].中国科学院院刊,2012,27(5):595—601.

[16]陈凯芳,朱隆斌.英国低碳社区挑战项目的经验及借鉴意义[J].现代城市研究,2013(12):37—41.

[17]秦亚青.全球治理失灵与秩序理念的重建[J].世界经济与政治,2013(4):4—18,156.

[18]魏一鸣,米志付,张皓.气候变化综合评估模型研究新进展[J].系统工程理论与实践,

2013,33(8):1905-1915.

[19]袁路,潘家华.Kaya恒等式的碳排放驱动因素分解及其政策含义的局限性[J].气候变化研究进展,2013,(3).

[20]何建坤,等.新气候经济学的研究任务和方向探讨[J].中国人口·资源与环境,2014,24(8):1-8.

[21]李珀松,等.中国低碳产业园区的实践与发展模式选择[J].生态经济,2014(2):143-147.

[22]方虹,等.尼古拉斯·斯特恩对气候变化经济学的贡献[J].经济学动态,2015(5):98-107.

[23]杜祥琬,等.中国经济发展与能源消费及碳排放解耦分析[J].中国人口·资源与环境,2015,25(12):1-7.

[24]史丹,王蕾.能源革命及其对经济发展的作用[J].产业经济研究,2015,74(1):1-8.

[25]潘恩荣.科研伦理问题背后的两种科学:一种技术辩证法视角[J].中共浙江省委党校学报,2015,164(4):22-28.

[26]邓荣荣,陈鸣.中国低碳发展的国际比较——历史、现状、问题与对策[J].现代经济探讨,2015(10):20-24.

[27]吕斌,等.中国产业园区温室气体排放核算方法研究[J].中国能源,2015,37(9):21-26.

[28]沈鹏.发达国家循环经济发展经验及启示[J].环境保护,2016,44(23):68-71.

[29]卢洪友,等.中国财政政策的碳减排效应研究——基于符号约束模型[J].当代财经,2016(11):32-44.

[30]欧阳慧.基于碳减排视角的国家试点低碳城(镇)发展路径[J].城市发展研究,2016,(6):15-20.

[31]李小胜,张焕明.中国碳排放效率与全要素生产率研究[J].数量经济技术经济研究,2016,33(8):64-79+161.

[32]王岩.国外低碳城市建设模式与经验:以哥本哈根和东京为例[J].现代商业,2016(2):177-178.

[33]杜祥琬.应对气候变化进入历史性新阶段[J].气候变化研究进展,2016,12(2):79-82.

[34]方创琳.中国低碳生态新城新区:现状、问题及对策[J].地理研究,2016,35(9):1601-1614.

[35]何明伦.我国低碳社区建设问题分析及建议:基于集体行动理论的视角[J].城市开发,2016(4):82-83.

[36]《低碳社区建设初探》编写组.低碳社区建设初探[M].北京:中国环境出版社,2016:1.

[37]何延昆,等.国内低碳社区建设研究综述:基于中国知网的核心期刊文献分析[J].改革与开放,2016(13):85-87.

[38]中关村国标节能低碳技术研究院.低碳社区碳减排量核算方法学[R].2016.

[39]马俊.构建中国绿色金融体系[M].北京:中国金融出版社,2017.

[40]魏一鸣,等.中国碳排放与低碳发展[M].北京:科学出版社,2017:1—8,115.

[41]柴麒敏,等.中国重点部门和行业碳排放总量控制目标及政策研究[J].中国人口·资源与环境,2017,27(12):1—7.

[42]魏丹青.从"低碳"到"零碳"[J].浙江经济,2017(10):44.

[43]朱婧,等.中国低碳城市建设评价指标体系构建[J].生态经济,2017,33(12):52—56.

[44]赵燕.中国城市低碳园区建设研究[J].生产力研究,2017(6):59—62.

[45]邵帅,等.中国制造业碳排放的经验分解与达峰路径——广义迪氏指数分解和动态情景分析[J].中国工业经济,2017,12(3):44—63.

[46]冯蕾.城市既有社区低碳试点建设技术导则[M].北京:中国环境出版社,2017.

[47]孙金颖.城市新建社区低碳试点建设技术导则[M].北京:中国环境出版社,2017.

[48]潘先果.促进低碳经济发展的财税政策探讨[J].经贸实践,2018(24):65.

[49]刘建,高维新.国际碳税制度建立的主要内容及对我国的启示[J].对外经贸实务,2018(5):46—49.

[50]何建坤.新时代应对气候变化和低碳发展长期战略的新思考[J].武汉大学学报(哲学社会科学版),2018,71(4):13—21.

[51]夏太寿,等.低碳技术及其推广创新研究[J].科技创新,2018(25).

[52]任晓松,等.中国碳排放研究热点演化知识图谱分析[J].科技管理研究,2018,38(10):235—243.

[53]吴智泉,等.近零碳排放区示范工程理论研究[J].中国科技论坛,2018(9):148—155.

[54]欧阳慧.低碳城镇化空间布局与规划对策研究[M].北京:中国建筑工业出版社,2018.

[55]叶凌寒.低碳经济背景下碳排放交易与碳税协同机制研究[J].广西民族师范学院学报,2019,036(005):80—82.

[56]魏利敏.促进我国低碳经济发展的财税政策研究[D].山西财经大学,2019.

[57]王遥,等.气候融资国际国内进展及对中国的政策建议[J].环境保护,2019,47(24):11—14.

[58]邹骥,柴麒敏,等.碳市场顶层设计路线图[J].气候变化研究进展,2019,15(3):217—221.

[59]李博,冯俏彬.气候变化经济学研究发展历程追踪[J].经济研究参考,2019,(9):60—69.

[60]张涛.低碳理念下产业经济的发展趋势研究[J].经济管理文摘,2019(12):109—110.

[61]齐树婷,王峰虎.欧洲碳市场交易机制对中国碳市场建设的借鉴与启示[J].西部金融,2019,(6).

[62]张丽君,等.基于DPSIR模型的中国城市低碳发展水平评价及空间分异[J].世界地理研究,2019,28(3):85—94.

[63]国家发展和改革委员会.国家级新区发展报告 2019[M].北京:中国计划出版社,

2019.

[64]边防,吕斌.转型期中国城市多元参与式社区治理模式研究.城市规划,2019(11):81—89.

[65]朱东波.习近平绿色发展理念:思想基础、内涵体系与时代价值[J].经济学家,2020(3):5—15.

[66]潘家华.压缩碳排放峰值加速迈向净零碳[J].环境经济研究,2020,5(4):1—10.

[67]林伯强.新能源车发展主要矛盾已转变,政府补贴如何助力实现碳中和目标[N].第一财经日报,2020-12-16(A11).

[68]田丹宇,等.加快构建碳排放总量控制的长效机制[J].环境保护,2020,48(12):55—57.

[69]姜维.威廉·诺德豪斯与气候变化经济学[J].气候变化研究进展,2020,16(3):390—394.

[70]樊威.澳大利亚碳市场执法监管体系对我国的启示[J].科技管理研究,2020,40(8):267—274.

[71]王灿,张雅欣.碳中和愿景的实现路径和政策体系[J].中国环境管理,2020(6).

[72]胡珺,等.市场激励型环境规制可以推动企业技术创新吗?——基于中国碳排放权交易机制的自然实验[J].金融研究,2020,(1):171—189.

[73]胡玉凤,等.碳排放权交易机制能否兼顾企业效益与绿色效率?[J].中国人口·资源与环境,2020,30(3):56—64.

[74]廖文龙,等.市场型环境规制的经济效应:碳排放交易、绿色创新与绿色经济增长[J].中国软科学,2020,(6):159—173.

[75]乔国平.碳排放交易制度对企业创新激励研究——基于企业现金流和资产收益率视角的分析[J].价格理论与实践,2020,(10):167—170.

[76]翟章芬,吴琼.中欧贸易中的碳边境调节税合理性问题研究[J].价格月刊,2018(8):80—84.

[77]雷小苗,何继江,等.能源转型视域下"零碳乡村"的可行性和环保性——以陕西关中C县F村为例[J].北京理工大学学报(社会科学版),2020(5):32—41.

[78]平新乔,等.中国碳排放强度变化趋势与"十四五"时期碳减排政策优化[J].改革,2020(11):37—52.

[79]张立辉,等.碳交易机制下计及用电行为的虚拟电厂经济调度模型[J].电力系统保护与控制,2020,48(24):154—163.

[80]宋怡,等.基于电力现货市场仿真的海上风电接入对广东省电力行业碳减排影响评估[J].全球能源互联网,2020,3(4):363—373.

[81]朱佩誉,凌文.不同碳排放达峰情景对产业结构的影响:基于动态CGE模型的分析[J].财经理论与实践,2020,41(5):110—118.

[82]尹利欣,张铭远.国外生态社区营造策略解析——以德国弗莱堡沃邦社区、丹麦太阳风社区为例[J].城市住宅,2020(5):24—26.

[83]庄贵阳.中国低碳城市试点的政策设计逻辑[J].中国人口·资源与环境,2020(3):19—28.

[84]刘慧,等.防止企业碳信息造假可从三大方面着手[N].每日经济新闻,2021-10-13(006).

[85]连世洪,梁浩.国内外绿色建筑发展对比研究[J].建设科技,2021(11):75—80.

[86]董战峰,等.应对气候变化与生态环境保护协同政策研究[J].中国环境管理,2021,13(1):25—34.

[87]任柯.长三角建设碳中和社区的愿景和路径[J].城市开发,2021(11):20—22.

[88]佟哲,周友良.新发展格局下中国实现碳达峰、碳中和的现状、挑战及对策[J].价格月刊,2021(8):32—37.

[89]张莉,马蔡琛.碳达峰、碳中和目标下的绿色税制优化研究[J].税务研究,2021(8):12—17.

[90]日本公布2050年碳中和目标的绿色增长计划[J].中外能源,2021,26(3):97—98.

[91]刘燕华,等.中国实现"双碳"目标的挑战、机遇与行动[J].中国人口·资源与环境,2021,31(9):1—5.

[92]徐政,等.碳达峰、碳中和赋能高质量发展:内在逻辑与实现路径[J].经济学家,2021(11):62—71.

[93]乔晓楠,彭李政.碳达峰、碳中和与中国经济绿色低碳发展[J].中国特色社会主义研究,2021(4):43—56.

[94]沈小燕."双碳"目标下择时开征碳税[J].探索与争鸣,2021(9):20—22.

[95]刘彬.中国实现碳达峰和碳中和目标的基础、挑战和政策路径[J].价格月刊,2021(11):87—94.

[96]黄震,谢晓敏.碳中和愿景下的能源变革[J].中国科学院院刊,2021(9):1010—1018.

[97]童光毅.基于双碳目标的智慧能源体系构建[J].智慧电力,2021,49(5):1—6.

[98]郭士伊,等.调整产业结构降低碳排放强度的国际比较及经验启示[J].中国工程科学,2021,23(6):22—32.

[99]翟桂英,等.全球主要经济体碳中和愿景、实施举措及对我国的启示[J].环境保护,2021,49(11):69—72.

[100]吴茵茵,等.中国碳市场的碳减排效应研究——基于市场机制与行政干预的协同作用视角[J].中国工业经济,2021(8):114—132.

[101]王灿.碳中和愿景下的低碳转型之路[J].中国环境管理,2021(11):13—15.

[102]刘晓龙,等.碳中和目标下中国能源高质量发展路径研究[J].北京理工大学学报(社会科学版),2021,23(3):1—8.

[103]江亿,胡姗.中国建筑部门实现碳中和的路径[J].暖通空调,2021,51(5):1—13.

[104]郭新双.大力发展绿色金融 助力实现碳中和目标[J].清华金融评论,2021,(1).

[105]陈永伟.推进碳中和:数字经济能做什么[N].经济观察报,2021-03-22(36).

[106]安国俊.碳中和目标下的绿色金融创新路径探讨[J].南方金融,2021,(2):3—12.

[107]全球能源互联网发展合作组织. 中国 2060 年前碳中和研究报告[R]. 2021,3.

[108]胡文娟. 浅谈"碳达峰、碳中和"过程中的发展与公平问题[J]. 可持续发展经济导刊, 2021(3).

[109]张贤,等. 碳中和愿景的科技需求与技术路径. 中国环境管理, 2021(1).

[110]白永秀,等. 双碳目标提出的背景、挑战、机遇及实现路径[J]. 中国经济评论, 2021(5):4.

[111]张锐,相均泳. "碳中和"与世界地缘政治重构[J]. 国际展望, 2021,13(4):112—133.

[112]丁仲礼. 中国碳中和框架路线图研究[J]. 中国工业和信息化, 2021(8):54—61.

[113]姜克隽,冯升波. 走向《巴黎协定》温升目标:已经在路上[J]. 气候变化研究进展, 2021,17(1):1—6.

[114]落基山研究所,能源转型委员会. 电力增长零碳化(2020—2030):中国实现碳中和的必经之路[R/OL],2021.

[115]有贺涼、池田大輔,等. 气候变化经济学:欧美主要研究介绍[R],日本银行金融研究所金融研究, 2022(7):87—122.

[116]杨婉琼. 碳达峰碳中和的国际经验及启示. 中国工业信息化[J]. 2022(6).

[117]庄贵阳,窦晓铭. 新发展格局下碳排放达峰的政策内涵与实现路径[J]. 新疆师范大学学报, 2022(1):1—10.

[118]刘仁厚,等. 国际净零排放路线及其对中国双碳战略的启示[J]. 改革与战略, 2022(1):1—12.

[119]王永中. 碳达峰、碳中和目标与中国的新能源革命[J]. 社会科学文摘, 2022(1):5—7.

[120]蔡中华,等. 中美"技术脱钩":领域研判与应对[J]. 科学学研究, 2022,40(1):29—36.

[121]陈毅晰,等. 基于知识图谱的碳中和相关主题文献研究[J]. 经济研究参考, 2022(1):123—144.

(二)英文参考文献

[1]Acemoglu D., et al. (2012). The Environment and Directed Technical Change[J]. *American Economic Review*, 102(1):131—16.

[2]Aldy J. and Stavins R. *Why cooperate? The incentive to supply global public goods*. Oxford: Oxford University Press, 2007.

[3]Arrow, K. J. (1951). Social choice and individual values. New York Wiley.

[4]Arrow K. J. Global Climate Change: A Challenge to Policy[J]. *Economists' Voice*, 2007,7:1—5.

[5]Arrow K, et al. Determining benets and costs for future generations[J]. *Science*, 2013,341(6144):349—350.

[6]Bai Y, et al. The framework of technical evaluation indicators for constructing low-

carbon communities in China. *Buildings*, 2021. 11:479.

[7] Bayer Patrick. The European Union Emissions Trading System Reduced CO_2 Emissions Despite Low Prices [J]. *Proceedings of the National Academy of Sciences of the United States of America*, 2020, 117(16).

[8] Berry S. Defining zero carbon and zero energy homes from a performance-based regulatory perspective [J]. *Energy Efficiency*, 2014, 7(2):303—322.

[9] Bill G. How to avoid a climate disaster: The solutions we have and the breakthroughs we need [M]. New York: Alfred A. Knopf, 2021.

[10] Brambilla A, et al.. Nearly zero energy building renovation: from energy efficiency to environmental efficiency, a pilot case study [J]. *Energy & Buildings*, 2018, 166.

[11] Bye B. Are differentiated carbon taxes inefficient? A general equilibrium analysis [J]. *The Energy Journal*, 2003, 24(2):95—112.

[12] CAI B F, et al.. Local strategies for China's carbon mitigation: An investigation of Chinese city-level CO_2 emissions [J]. *Journal of Cleaner Production*, 2018, 178:890—902.

[13] Ciscar, J. C., et al. (2019). Assessing future climate change impacts in the EU and the USA: Insights and lessons from two continental-scale projects [J]. *Environmental Research Letters*, 14(8), 084010.

[14] Decanio S. J. The political economy of global carbon emissions reductions [M]. *Ecological Economics*, pp. 915—924, available at www.sciencedirect.com. 2008.

[15] Energy Transition Commission. 2020. "Making Mission Possible: Delivering a Net-Zero Economy." https://www.energy-transitions.org/publications/making-mission-possible/ (accessed April 14, 2021).

[16] Goldman Sachs. 2021. "Carbonomics, China Net Zero: The Clean Tech Revolution." https://www.goldmansachs.com/insights/pages/gs-research/carbonomics-china-netzero/report.pdf (accessed April 22, 2021).

[17] Gorman H S, Solomon B D. The origins and practice of emissions trading [J]. *Journal of Policy History*, 2002, 14(3):293—320.

[18] Grimaud A, Rouge L. Carbon sequestration, economic policies and growth [J]. *Resource and Energy Economics*, 2014, 36(2):307—331.

[19] Guo Y, et al., Exploring greenhouse gas-mitigation strategies in Chinese eco-industrial parks by targeting energy infrastructure stocks [J]. *Journal of Industrial Ecology*, 2018, 22(1):106—120.

[20] Hänsel, M. C. Climate economics support for the UN climate targets [J]. *Nature Climate Change*, 2020, 10(8):781—789.

[21] Harrington W. Economic incentives vs. command and control: What's the best approach for solving environmental problems? [M]//Acid in the Environment. Springer US, 2007:233—240.

[22]Hasselmann K. Intertemporal accounting of climate change:harmonizing economic effciency and climate stewardship [J]. *Climatic Change*,1999,41 (3):333—350.

[23]Hasselmann K,et al.. The challenge of long-term climate change [J]. *Science*, 2003,302 (5652):1923—1925.

[24]Hasselmann K. Detecting and responding to climate change [J]. *Tellus B:Chemical and Physical Meteorology*,2013,65 (1):20792.

[25]Hasselmann K,Cremades R,Filatova T,et al.. Free-riders to forerunners [J]. *Nature Geoscience*,2015,8 (12):895—898.

[26]Heal G. Climate Economics:A Meta-Review and some Suggestions. NBER Working Paper 13927,2008.

[27]Hewitt R,Hasselmann K,et al.. The transformative role of actor interactions:new approaches to the climate policy narrative [C/OL]2019.

[28]Hockerton Housing Project:Bringing Sustainability to Life[EB/OL]. (2019-01-10). https://www. hockertonhousingproject. org. uk/.

[29]HU Y,et al. Determinants of GHG emissions for a municipal economy:structural decomposition analysis of Chongqing[J]. *Applied Energy*,2017,196:162—169.

[30]International Energy Agency. Status of power system transformation 2019 power system flexibility [EB/OL](2019-05-01).

[31]International Renewable Energy Agency. World energy transitions outlook:1. 5℃ pathway [R]. Abu Dhabi:International Renewable Energy Agency,2021.

[32]International Energy Agency. An energy sector roadmap to carbon neutrality in China [R]. Paris:International Energy Agency,2021.

[33]International Energy Agency. Global Energy Review:CO_2 Emissions in 2021[R]. Paris:IEA,2022.

[34]IPCC. *The First Assessment Report of the Intergovernmental Panel on Climate Change*[M]. Cambridge UK:Cambridge University Press,1991.

[35]Kamei M,et al.. Urbanization,carbon neutrality,and gross national happiness: Sustainable development pathways for Bhutan. Cities,2021,111:102972.

[36]Laine J. Pathways to carbon-neutral cities prior to a national policy[J]. *Sustainability*,2020,12:2445.

[37]Lenton,T. M. et al.. Climate tipping points-too risky to bet against[J]. *Nature*, 2019,575(7784):592—595.

[38]Li H M,et al. A holistic overview of the progress of China's low-carbon city pilots [J]. *Sustainable Cities and Society*,2019,42:289—300.

[39]Li Nan. Experience and Enlightenment of Energy Transition in Germany [J]. *IOP Conference Series:Earth and Environmental Science*,2021,621(1).

[40]Lim J,Kim Y. Combining carbon tax and R&D subsidy for climate change mitiga-

tion[J]. *Energy Economics*,2012,34:S496—S502.

[41]Liu Q et al. Pathway and policy analysis to China's deep decarbonization[J]. *Chinese Journal of Population,Resources and Environment*,2017,15(1):39—49.

[42]L Price,N Zhou,D Fridley. Development of a Low Carbon Indicator System for China[J]. *Habitat International*,2013,37(1):4—21.

[43]Mckibbin W. J. Uncertainty and climate change policy design[J]. *Journal of Policy Modeling 31*,(2009):463—477.

[44]Net Zero by 2050—A Roadmap for the Global Energy Sector[R],IEA,2021.

[45]Nordhaus W D. *Managing the Global Commons: The Economics of Climate Change*[M]. Cambridge,Mass and London:MIT Press,1994.

[46]Nordhaus W D. Climate Change:Global Warming Economics[J]. *Science*,2001,294(5545):1283—1284.

[47]Nordhaus W D. A Review of the Stern Review on the Economics of Climate Change[J]. *Journal of Economic Literature*,2007,45(3):686—702.

[48]Nordhaus W. D. The Options on Global Warming Policies[M]. New Heaven Connecticut US:Yale University Press,2008.

[49]Nordhaus W D. Evolution of Modeling of the Economics of Global Warming:Changes in the DICE Model,1992—2017[Z]. NBER Working Paper 23319,2018.

[50]Nordhaus,W. D. Projections and uncertainties about climate change in an era of minimal climate policies[J]. American *Economic Journal:Economic Policy*,2018,10(3):333—360.

[51]Olson M. *The Logic of Collective Action*[M]. Cambridge:Harvard University,1965.

[52]Peters G P,et al.. Key indicators to track current progress and future ambition of the Paris Agreement[J]. *Nature Climate Change*,2017,7(2):118—122.

[53]Pigou A. C. *The Economics of Welfare*[M]. London UK:Macmillan,1920.

[54]Reith A,Orova M. Do green neighbourhood ratings cover sustainability?[J]. *Ecological Indicators*,2015,48:660—672.

[55]Ren H,et al.. A novel 3D-geographic information system and deep learning integrated approach for high-accuracy building rooftop solar energy potential characterization of high-density cities[J]. *Applied Energy*,2022,306:117985.

[56]Sandler T. *Global Collective Action*[M]. Cambridge University Press,2004.

[57]Schelling T. C. Some Economics of Global Warming[J]. *American Economic Review*,1992,82. pp. 1—14.

[58]Schelling T C. International coordination to address the climate challenge[J]. *Innovations Technology Governance Globalization*,2009,4(4):13—21.

[59]Schumacher. The aggregation dilemma in climate change policy evaluation[J]. *Cli-*

mate Change Economics, 2018, 9(3), 1850008.

[60] Shen L, et al.. Analysis on the evolution of low carbon city from process characteristic perspective [J]. *Journal of Cleaner Production*, 2018, 187: 348—360.

[61] Solow R. M. A Contribution to the Theory of Economic Growth [J]. *Quarterly Journal of Economics*, 1956, 70(1): 65—94.

[62] Song D. Greenhouse gas emission accounting and management of low-carbon community [J]. *The Scientific World Journal*, 2017(2): 613—621.

[63] Sovacool B K, Brown M A. Scaling the policy response to climate change [J]. *Policy and Society*, 2009, 27(4): 317—328.

[64] Stern N. The Economics of Climate Change: Stern Review [M]. London: Cambridge, 2006.

[65] Stern N. What is the Economics of Climate Change? [J]. *World Economics*, 2006, 7(2): 1—10.

[66] Stern, N. Why are we waiting? The logic, urgency and promise of tackling climate change [M]. MIT Press, 2015.

[67] Stern, N., & Stiglitz, J. The social cost of carbon, risk, distribution, market failures: An alternative approach. NBER Working Paper 2021, 28472.

[68] SU M, et al.. Practice of low-carbon city in China: the status quo and prospect [J]. *Energy Procedia*, 2016, 6(88): 44—51.

[69] Tozer L, Klenk N. 2018. Discourses of carbon neutrality and imaginaries of urban futures [J]. *Energy Research & Social Science*, 35: 174—181.

[70] United Nations Environment Programme. Emissions Gap Report 2021 [R]. UNEP, 2021.

[71] U. S. Green Building Council. LEED v4 for neighborhood development [S]. 2016.

[72] Van S, H. L., Den E, et al.. Net-zero emission targets for major emitting countries consistent with the Paris agreement [J]. *Nature Communication*, 2021, 12: 2140.

[73] Walter V Reid, José Goldemberg. Developing countries are combating climate change: Actions in developing countries that slow growth in carbon emissions [J]. *Energy Policy*, 1998, (26): 233—237.

[74] Wang C. Overview of research on China's transition to low-carbon development: the role of cities, technologies, industries and the energy system [J]. *Renewable and Sustainable Energy Reviews*, 2018, 81: 1350—1364.

[75] Wang, P., et al.. Estimates of the social cost of carbon: A review based on meta-analysis [J]. *Journal of Cleaner Production*, 2019, 209: 1494—1507.

[76] World Meteorological Organization. State of the Global Climate 2021 [R]. WMO, 2021.

[77] XU H, et al.. Economic growth and carbon emission in China: a spatial econometric

Kuznets curve? [J]. *Journal of Economics and Business*, 2018, 36(1):11−28.

[78] Yue Yu, Zhixin Jin & Jizu Li. Research on the Impact of Carbon Tax on CO_2 Emissions of China's Power Industry[J]. *Journal of Chemistry*, 2020.

[79] Zhao X, et al. Challenges toward carbon neutrality in China: Strategies and countermeasures[J]. *Resources, Conservation and Recycling*, 2022, 176:105959.

[80] Zhijie Jia & Boqiang Lin. Rethinking the Choice of Carbon Tax and Carbon Trading in China[J]. *Technological Forecasting & Social Change*, 2020:159.

[81] Zhou Nan, et al.. Elite cities: A low-carbon eco-city evaluation tool for China[J]. *Ecological Indicators*, 2015, 48:448−456.